华人国学大典论丛

肖永明　陈仁仁　主编

探骊得珠

第五届华人国学大典国学星斗计划名家集

岳麓書社·长沙

丛书前言

一

学术当从寂寞出，思想宜向静中来。获得首届全球华人国学大典终身成就奖的饶宗颐先生在感言视频中如此独白：“我享受孤独。”孤独之可享受，乃由于其中有学术和思想之可乐。多少厚重的学术，由那些专家在孤独寂寞的书斋里打造出来；多少深邃的思想，由那些学者从冷眼旁观的头脑里创造出来。

面临西学的冲击和国人的反省，近现代中华文化日渐式微。此一时，彼一时，在中华民族走向伟大复兴的今天，中华传统文化起死回生。想当年，朱熹和张栻在岳麓书院会讲期间有联句云：“怀古壮士志，忧时君子心。”怀古不是为了复古，而是忧时。复兴传统文化，不是要良莠不分，精糟并用，而是要在兼具客观性和批判性研究的基础上，帮助我们理解和解决今天的问题，推动社会进步与发展。

一百年来，对传统文化作保守维护式的研究、纯粹否定式的研究和客观中立式的研究并行不悖，而以倾向于反对和否定为得势。不论何种立场的研究，都各有其价值。“国学”概念也便随之流行起来。到目前为止，对于“国学”并没有一个人们普遍接受的学理性的定义，对国学的拥护和反对，也都是各执一词。尽管如此，从当前社会上“国学”观念的流行，亦可见其中流行的“国学”观念大概与“中华优秀传统文化”相当。弘扬中华优秀传统文化，绝非单一的国家提倡可以实现，它必有广泛而深厚的民意作基础。而不论“国学”观念如何流行，若是没有精深的学术性和思想性的研究，它终究只能如浮萍般停留于表面漂流。而对传统文化的学理研究之开展，其实并不需要建立在对“国学”这一概念进行严格界定的基础之上。正是在这样一个背景之下，“华人国学大典”应运而生。岳麓书院，一座在历史的星空中安静地存在了一千多年的山间庭院，这些年便也开始热闹起来。

二

2014 年，岳麓书院与凤凰网携手联合主办了“首届全球华人国学大典”。一发不可收，一办就是十年。隔年一届，已满五届。从第二届开始，浙江敦和慈善基金会加入联合主办，为国学大典提供经费支持。十年磨一剑，国学大典已经成为中国传统文化研究与传播领域的一个著名品牌。岳麓书院是湖南大学的历史和哲学学院，是高校教育和学术研究机构，是需要坐冷板凳的地方。凤凰网是中国乃至全球领先的新媒体平台，是一个热闹的所在。两家联手时，岳麓书院是千年学府，凤凰网还只有十多年的历史。很多方面，似乎都存在着巨大的反差。然而，“致敬国学”这一共同的愿景，让我们走到了一起。

“致敬国学”是首届国学大典的主题，经过不断丰富和完善，从第四届开始，主题确定为“致敬国学，继承创新，文明互鉴，重建斯文”十六字。“致敬国学”是一种态度，即钱穆先生所谓“对其本国以往历史之温情与敬意”，即陈寅恪先生所谓“了解之同情”。对传统作纯粹否定式的研究固然至少也有其反面价值的作用，但容易陷入历史文化虚无主义的深渊，与绝对维护的态度一样，不能以一种客观的态度对待本国历史文化。而“致敬国学”并不影响态度之客观，因为“了解之同情”正是对待本国历史文化的客观态度。“继承创新”则表明对传统不能只有致敬的态度，必须有深入的研究，以便分清精华与糟粕，继承优秀传统并立足当下有所创新，以促进传统文化的发展。“文明互鉴”则需要我们进一步拓展眼界，在全球文明的视野下来看待和研究中华传统文化的意义和价值，一方面吸收世界其他文明的优秀资源来发展自己，一方面让我们有所贡献于世界文明。而“重建斯文”则是最终的落脚点，为当下“重建斯文”，不是要回复到过去，而是在吸收古今中外优秀资源的基础之上，服务于当前时代社会文化和文明的建设与发展。

由于自身理念的完善与发展，也由于国家相关政策的调整，国学大典从名称到组织方式、具体方案也经历了一些变化和提质改造，但是十六字主题和主旨是不变的，核心的内容是不变的。核心内容是从国学研究和传播两大领域评选人物和成果。岳麓书院主要负责组织国学人物和成果的评选，其中国学人物的评选倾向于最年老和最年轻这两端，而国学成果的评选则集中在作为学界中坚的中老年学者群体。凤凰网主要负责组织评选国学传播领域的人物和成果。然后以一场文化盛典向这些国学人物和成果致敬。十年五届以来，饶宗颐、李学勤、张岂之、杜维明、许倬云、陈来、成中英、楼宇烈等德高望重的学界大先生们先后入选国学终身成就奖或“国学耆宿计划”。郭齐勇、杨国荣、王子今、邓小南、桑兵、彭林、陈尚君先生等数十位国学中坚学者入选“国学星斗计划名家组”，数十部厚重的学术著作被推选出来。李巍、谷继明、程苏东、苗润博、程少轩、刘增光、郑泽绵等十余位年轻学者入选国学新秀。

除此之外，以国学研究与传播领域的人物和成果评选为基础，我们还开展了系列人文讲座、论坛等活动，凤凰网还组织了传统文化调研和许多地方性的国学文化活动。这样就把国学大典办成了常年维持热度的系列活动。

三

开展各种活动可以形成一波又一波的传统文化热度，而热度总是难于一直保持，难免热度过后有沉寂。沉寂其实是积累学术和思想的前提条件。所以，第五届华人国学大典增加了一个重要内容，就是为入选“国学耆宿计划”的学者出版著作，为入选“国学星斗计划”的学者出版论文集。我们希望进一步聚集和展示这些能“享受孤独”的学者在寂寞的书斋里取得的重要学术成果，同时也是为国学大典留下能广布社会和流传后世的看得见的成果。尽管这些成果可能在一定时期内，依然可能是寂寞的，但它们却是传统文化能够真正热起来的最深厚的土壤。

本届“国学大典论丛”一共有四本书，两本专著和两本论文集。两本专著的作者分别是成中英先生和楼宇烈先生。两位老先生入选了本届国学大典“国学耆宿计划”。两本论文集分别是本届国学大典入选“国学星斗计划名家组”的论文集和入选“国学星斗计划新秀组”的论文集。

成中英先生是现代新儒家代表人物。他曾两次入选国学大典，2018年获第三届全球华人国学大典之国学传播奖“海外影响力奖”，2023年入选第五届华人国学大典“国学耆宿计划”。“国学耆宿计划”即往届全球华人国学大典最高奖“国学终身成就奖”。成先生以美国夏威夷大学马诺阿分校为基地，向世界讲述中国哲学。同时，他与国内学界也有着非常密切的联系。他还积极投身学术实践活动，办刊物、办学会，都产生了很大影响，为中国哲学自身从传统到现代的发展和走向世界做出了杰出贡献。这次我们为成中英先生出版的专著是《理解之根：本体存在论与本体诠释学》。本体诠释学是成先生哲学思想中最重要的原创性成果，而本书则是成先生关于这一成果的一生的理论结晶。成先生在本书中对“本体存在论”和“本体诠释学”作了系统的总结，对其基本概念和范畴、命题作了理论界定和分析，对“本体诠释学”的基本架构和作为哲学方法学的展开作了深入论证。由此可见，本书在成先生一生的学术思想中有着不言而喻的重要地位。至为遗憾的是，成先生没能看到本书的正式出版，就已经永远离开了我们。谨此向成中英先生表示深深的敬意和缅怀之情。

本届国学大典组委会为成中英先生撰写了致敬辞，大体能表达我们对成先生的理解和敬意，谨录如下：

曾几何时，中国文化花果飘零，现代新儒家因时而起，志在守护中华文化慧命。

先生生于南京，祖籍湖北，学于台湾，负笈美国，毕业于哈佛。师从世界哲学大师，深入西方哲学堂奥。创办国际刊物，组织国际学会。足迹遍布五大洲，为中国文化鼓与呼；文章不写一句空，为中国哲学论与辩。明辨笃行，求真致用，终成一代新儒家。

先生学贯中西，在中西互释中挺立中国哲学与文化；思通古今，在古今融汇中彰显传统智慧与价值。创立本体诠释学而归本于大易精神，诠释当代新易学而转化为世界哲学。开创中国管理哲学，树立哲学实践典范。

先生面向现实世界，勇立学术潮头，重建中国哲学，推动中国哲学现代化和世界化。

致敬第五届华人国学大典“国学耆宿”成中英先生！

楼宇烈先生是北京大学哲学系宗教学系老教授，他曾两届以三个名目入选国学大典，分别是2018年第三届全球华人国学大典国学成果奖和传播奖之“公共建设力奖”，2023年入选第五届华人国学大典“国学耆宿计划”。楼先生已是九十高龄，他从念大学开始，就在北大哲学系，从未离开。楼先生的学问出入融贯儒释道，注重阐发中国文化之根本精神及其当代价值，主张以人文立本，改善世道人心。这次我们为楼宇烈先生出版的专著是《中国文化修养论》，主题由北京大学哲学系宗教学系李四龙教授与楼先生商量确定，然后由李四龙教授从楼先生已发表的学术论文和讲演录中精选出25篇文章编为一册。全书分为五个主题：人文立本、君子之德、自然合理、道艺并进、返本开新。楼先生治学非常注重以文献整理为基础。他在这方面最重要的成果有《王弼集校释》《中国佛教思想资料选编》，以及中国近代学人著述编选。楼先生不只是做专精的学术研究，还擅长讲演，不辞辛劳地讲解和弘扬中华优秀传统文化的方方面面。楼先生的文字和语言深入浅出、雅俗共赏，这主要源于楼先生对中国传统文化之理解和身体力行之修养的通透。楼先生在日常生活中雅好琴棋书画茶医，并以此修身养德。传统修养论不只是其学术思想中“人文立本”说的重要基石之一，也是楼先生的生活本身。

本届国学大典组委会也为楼宇烈先生撰写了致敬辞，以表达我们的理解和敬意，谨录如下：

上世纪三十年代，先生生长于杭州西湖之畔；五十年代，求学于北大燕园之中。继而任教北大数十年，桃李栽培无数；接续传统几千载，薪火相传无穷。

先生平生论学以人文立本，出入融贯儒释道；终日讲道以国学为教，上下同流天地人。精研覃思，探究中国文化之根本精神，为民族复兴铸魂；取精用宏，阐发国学传统之当代价值，为世道人心张本。

先生是谦谦君子，硕学鸿儒，学术与人生相融；乾乾黾勉，力行不怠，思想与社会不离。但有来学，不分老幼未尝无诲；亲赴往教，讲学四方席不暇暖。与时偕行，知行合一。岂以祸福趋避，但求奉献家国。

致敬第五届华人国学大典“国学耆宿”楼宇烈先生！

本论丛包含两本论文集，一是中老年学者的《名家集》，一是青年学者的《新秀集》，分别题为“探骊得珠”和“其命维新”。所收论文有的已发表在重要学术刊物上，有的为新作，皆为第五届华人国学大典“国学星斗计划”入选者的代表作。他们都是学有专攻、视野宏阔的学者，是国学研究领域近两三代优秀学人的代表。因为都是多人论文集，作者来自不同学科和领域，文章主题各异，所以，只能大体按文史哲或传统经史之学来进行分类编排，学科或主题相近者，则序齿。名家集的作者有 15 位，依齿序，分别是黄俊杰（台湾大学）、郭齐勇（武汉大学）、彭林（清华大学）、邓小南（北京大学）、董志翘（北京语言大学）、陈尚君（复旦大学）、桑兵（浙江大学）、杨儒宾（台湾清华大学）、杨国荣（华东师范大学）、景海峰（深圳大学）、陈少明（中山大学）、黄勇（香港中文大学）、荣新江（北京大学）、杜泽逊（山东大学）、陈赟（华东师范大学）教授。新秀集的作者有10位，依齿序，分别是李霖（北京大学）、程少轩（南京大学）、郑泽绵（香港中文大学）、刘增光（中国人民大学）、郜同麟（中国社科院）、李敬峰（陕西师范大学）、李猛（复旦大学）、陈民镇（北京语言大学）、苗润博（北京大学）、程浩（清华大学）教授。他们的论文或考订字词，或校勘文献；或究观念，或述制度；或论方法，或谈思想；或指问题，或倡精神；或微观，或宏观；或专论，或比较；或考古，或思来。不一而足，繁星满空。

本届国学大典组委会为入选“国学星斗计划”的学者们撰写了一份总的致敬辞，表示我们对这一学术群体的总体印象和敬意。致敬辞谨录如下：

苏东坡有言：“久仰圭璋之望，素钦星斗之名。”学界如浩瀚星空，而“国学星斗计划”入选者，犹如满天繁星之最为闪亮者。

他们或精通文史哲，或融贯儒释道，或兼治中西，或古今互诠，在各自领域成果璨然，熠熠生辉。从名家到新秀，论年龄，至少两代人；论师承，甚或传三代。师生从游，其乐融融；如父如母，如兄如弟。济济一堂，切磋琢磨；砥砺学术，共进于道。

透过这星空，我们可粗览中华文化之学术生态；携手向未来，我们盼重建中华民族之千古斯文。

致敬第五届华人国学大典“国学星斗”十五位名家和十位新秀！

四

成为传统文化领域“华人世界最具人文厚度、最有公信力的文化盛典”是国学大典的目标，而国学大典又是服务于弘扬中华优秀传统文化、助力中华民族伟大复兴这一更为宏伟的目标。在一个深受西学影响的多元现代社会，要想通过复兴传统，实现人文化成、凝聚共识、形成合力，谈何容易。不过，孔子“人能弘道，非道弘人”的精神理念已经融入我们民族的血脉，国学大典在社会各界的关心、支持和帮助下，一步一步地走到了今天，发挥了它应该发挥的社会价值。

国学大典最初由时任岳麓书院院长朱汉民教授和时任凤凰网总裁李亚先生共同发起。第九、十届全国人大常委会副委员长许嘉璐先生担纲历届国学大典总顾问。同时，得到了时任湖南省委常委、宣传部部长、省委秘书长许又声同志，以及历任湖南省委宣传部领导的关怀和指导，得到了湖南省教育厅、文旅厅以及本校领导的鼎力支持。凤凰网总编辑邹明先生、副总编辑侯春艳女士以及凤凰网国学频道创始主编和国学大典策划顾问总撰稿柳理先生，在不但不能为公司获利而且还要付出成本的情形下，依然带领凤凰网同人不遗余力地推动国学大典，他们对弘扬传统文化的一腔热忱，令人感佩！浙江敦和慈善基金会是极少数资助传统文化的基金会之一，是唯一一个深度参与和资助经学研究的基金会。敦和基金会创始人叶庆均先生，前后两任理事长陈越光先生和沈旭欣先生，以及敦和基金会经学资助管理委员会主任康晓光教授，带领基金会理事们支持传统文化的研究和传播，这种文化情怀，同样令人感佩！

国学大典还得到了人本智汇、政邦智库的协办，得到了十余家国家一级学会和机构的学术支持，包括中华炎黄文化研究会、中国哲学史学会、中国训诂学研究会、中国比较文学学会、中国秦汉史研究会、中国唐代文学学会、中华孔子学会、中国孔子基金会、中国辞书学会、中华文化促进会、中国实学研究会、中国文化书院等。这是我们要特别感谢的。当然，作为联合主办方和首席学术支持单位，岳麓书院在肖永明院长、陈宇翔书记的带领下，以孙建平、李清良、陈仁仁、陈岘、夏金龙、陈永豪等为代表的许多老师，都在自己的教学科研和行政工作之外，投入了大量时间精力，来落实和完成国学大典的很多具体组织工作。也要向他们致敬！最后要感谢的是岳麓书社，尤其是书社学术文化图书事业部主任刘文兄及相关编辑，他们克服了很多困难，付出了大量艰辛，才使得这套丛书得以顺利出版。

毫无疑问，没有一种使命感，没有社会各界的积极参与和支持，国学大典就走不到今天。单丝不成线，独木不成林。国学大典这一弘扬中华优秀传统文化的事业，是社会共同的事业。文化的本质是人文化成，若不能化成社会共同的事业，实际上谈不上文化。所以，我们期待社会各界更多朋友来了解、支持、参与和推动国学大典，为实现传统文化的复兴贡献自己的一份力量。

肖永明　陈仁仁

目录

弓檠、弓韣考

彭林①

一、秦俑坑出土弓弩附件概说

近十年来，秦始皇陵一号坑不断发现弓弩遗迹，仅第一次发掘即多达132处。弓弩都装在弓韬之内，袁仲一先生指出，“韬由两片半月形的麻布合成，背部用线组缝合，前侧开口，口沿部分有用组缝的缘边”；其中特别重要的发现是，韬内弓背两侧各有一细长的木条，袁氏认为，木条的作用是“为了开合方便，在韬的内侧用两根呈八字形的长方木条支撑。两根木条的下端分别撑着韬的左右两角，上端顶住韬顶”。② 而发掘者认为，长方木条是弓背的“辅助木”，其功用是“增强弓背的张力”③，并作了复原图（见图1）。

---

① 作者简介：彭林，清华大学文科资深教授，清华大学人文学院历史系教授。

② 袁仲一：《秦始皇陵兵马俑研究》，文物出版社，1990年，第177页。

③ 始皇陵秦俑坑考古发掘队：《临潼县秦俑坑试掘第一号简报》，《文物》1975年第11期，第8页。

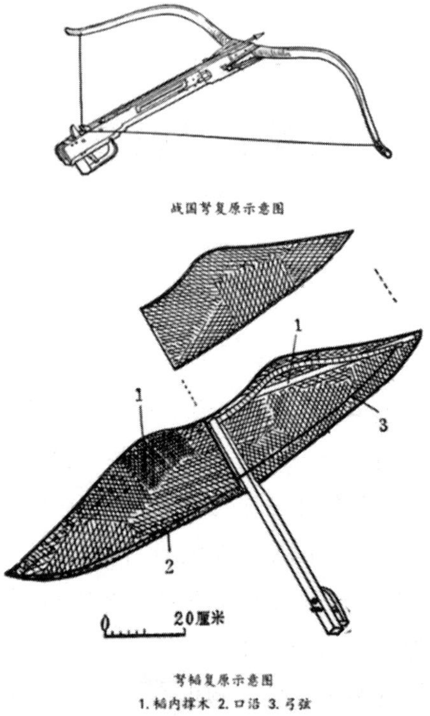

图1　弩韬复原示意图（引自《秦始皇陵兵马俑研究》）

刘占成先生反对弓背辅助木之说，认为应该是弓囊的辅助木："所有的弓弩遗迹，都是和弓囊迹象同时并存"；"对弓弩遗迹进行认真清理，但如何也看不出两节'辅助杆'与弓背之间的结合关系"，"原简报中的复原图，只不过是一种推测想象示意而已"。"被假称之为'辅助杆'的东西是四棱形，比弓背还要粗，宽度也超过了弓背的直径，把它作为具有'辅助'作用的构件，显然是不合理的"；"所谓的弓背'辅助木'，其实质似应为弓囊上所用辅木"。①

秦俑坑第三次发掘，在一号坑 T23G11 西段，清理出一个保存相当良好的弓弩遗迹 0023。2015 年 3 月 22 日，《光明日报》公布

① 刘占成：《秦俑坑弓弩试探》，《文博》1986 年第 4 期，第 67 页。

了主要数据，以及发掘者关于木条应该定名为“檠”的看法，并称由此“第一次明确了檠木的定名和弓弩的保存方法”：

> 弓弯曲长145厘米，直线长125厘米，通体用藤条和皮条缠扎，藤条缠扎在外层，皮条缠扎在内层，藤条和皮条上髹褐色漆。弓弦，通长130厘米……在弩臂的两侧，各有一长方体的木条，通长46.5厘米，宽3厘米，厚4厘米。在木条上均匀分布有3个直径为0.6厘米的圆孔。经测量，两侧的孔距离木条的两端为1.5厘米，而中孔距离两端两孔的距离不一。在南侧的长方体的木条上方，弓与长方体木条之间还有一小长方形木块。在北侧的长方体的木条上也有一小长方形木块。只是这个小木块的位置发生了移位，掉落在长方体木条的下方，压在北侧的弦上，另外，在弓上藤条缠扎层外还发现有绳子缠扎的痕迹，推测是和长方形木条上的小孔配合用来固定木条。

这个长方体的木条，应该就是古文献中的檠。

图2　秦弩残迹（秦始皇帝陵博物院摄）

参与发掘的申茂盛先生在其《秦俑坑出土弓弩“檠”新探》①一文中，对此前有关“檠”的研究作了归纳与评述之后，提出如下结论：

> 弓檠是一个弓弩在松弛状况下，以竹片或木条为之，置于弓背的内侧以绳系结的弓的一个辅助件，其用法是通过三个小孔用绳将檠与弓缚绑在一起，再用一个短的撑木支撑，形成一个三角形，将弓固定（见图3）。其作用是：①可以通过檠木上绳子的松紧调节和其上小撑木位置的移动对弓背进行校正。②使弓在松弛的状态下保持不变形，另外也可以防备因不测的外力造成弓体损坏。③可以使弓弦处于松弛状态，防止弓弦长期处于紧张而受损。②

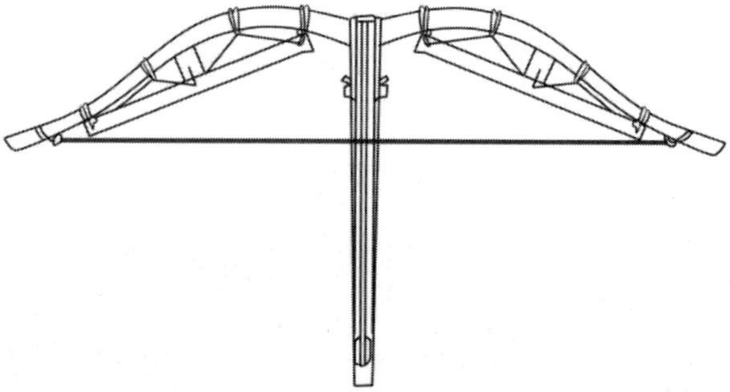

图3 弓檠用法复原图

该文将此物定名为“檠”，并依据文献记载推测其功用，大方向没有问题。但仍有深究的空间。先秦文献中的“檠”字，多见于《考工记》《诗》《仪礼》等经典中，《荀子》《韩非子》等文献中亦有所见，因篇章内涵复杂，而所涉文字又多通假，转相训诂，令人大有扑朔迷离之感。笔者经过梳理，知名为“檠”者实际有两种，一种为“弓匣”之檠，另一种为韬内之檠。研究弓檠，不可不

① 申茂盛：《秦俑坑出土弓弩“檠”新探》，《秦始皇帝陵博物院2016》，总六辑，陕西师范大学出版社，2016年，第69页。

② 同上书，第73页。

先区别两者。

二、弓匣之“檠”

《考工记·弓人》之文，记述弓的制作流程及工艺标准，研究上古弓制，不能不先求于此。上古之弓有王弓、弧弓、夹弓、庾弓、唐弓、大弓等六种，与使用者的身份适配。六弓依弓的“往体”“来体”的不同状态分为三个等级。往体，指上弦之前弓体外挠的程度；来体，指上弦后弓体内曲的程度。王弓与弧弓，往体寡，来体多；夹弓与庾弓，往体多，来体寡；唐弓与大弓，往来体若。弧度的差等，在工艺上称为“深浅”，决定着弓的力量与射程等。因此，制弓的第一要义是定往来之体。

《弓人》谈及“定体”者，有如下两处：

> 弓有六材焉，维干强之，张如流水；维体防之，引之中参。

制作良弓，需要有干、角、筋、丝、胶、漆等六种材料，其中，作为弓胎的“干”，力量最强，乃是六材之本，其余五材均依附于干。干的形状挠曲得宜，才能达到“深浅”有度的结果。上引经文中的“体”字，郑玄注云：“体，谓内之于檠中，定其体。防，深浅所止。”贾公彦疏解说：“‘体，谓内之于檠中，定其体’者，此亦谓内之檠中则往来体定，体定然后防之。”① 将弓之“干”纳入“檠槽”内较长时间存放，慢慢消解弓体材料内部的应力，使之固定成型。

弓人制弓的流程，根据六材的性能，分布于一年四季，有严格规定，解读这一过程，对认识“檠”非常重要。纳干入檠的时间，《弓人》有具体的记述：

> 凡为弓，冬析干而春液角，夏治筋，秋合三材。寒奠体，冰析灂。冬析干则易，春液角则合，夏治筋则不烦，秋合三材则合，寒奠体则张不流，冰析灂则审环，春被弦则一年之事。

① 《冬官考工记下》，《周礼注疏》卷五十，上海古籍出版社，2010 年，第 1712 页。

郑玄、贾公彦对上引经文作了详尽的解读。郑注："奠读为定。至冬胶坚，内之檠中，定往来体。"贾疏："至寒胶坚而牢，故'内之檠中，定往来体'。""冰析灂"，郑注："大寒中，下于檠中，复内之。"贾疏："十二月小寒节，大寒中，是冰盛之时，故以大寒解冰也。云'下于檠中，复内之'者，谓复如上寒奠体，内之于檠中相似。但上内为定体而内，此为析灂而内之，所为有异，故别言也。""冰析灂则审环"，郑注："审犹定也。"贾疏："纳之檠中，析其漆灂，其漆之灂环则定，后不鼓动。"①

按照郑玄的解读，"寒奠体"与"冰析灂"，是两个时间节点，前者是在"至寒"之时，将弓干"内之檠中"；后者是"大寒"结冰之时，要将弓檠"复内之"。如其说，则弓干先后两次置入檠中。孙诒让不同意郑玄的解释：

> 郑注未明……窃疑秋时弓已髹漆讫，至寒而入檠……漆灂亦凝结而无痕。至大寒时，乃下弓于檠，而数张弛之，使漆之当隈曲处，微有瑕衅，以视漆之厚薄。且极寒之时，物皆刚脆易坼落，若此时漆灂分析而不至坼落，则漆之和黏又可知矣。②

孙诒让认为，上过漆的弓干"至寒入檠"，"至大寒时，乃下弓于檠"，然后反复张弛弓干，使弓隈处略现裂纹，以便检查"漆之厚薄"。亦即是说，弓干至寒入檠内后，一直要放至大寒结冰才"下弓于檠"，从檠中取出，目的是"定往来体"。郑、孙之说虽有小异，但在弓必须入檠方才能定体的认识上则完全一致。《诗·小雅·角弓》孔疏："檠者，藏弓定体之器，谓未成弓时，内于檠中。"③ 所述与郑玄、贾公彦、孙诒让全同，再无异说。

檠的形状，注疏家曾有涉及。《弓人》"寒奠体"，郑注："内之檠中"，贾疏云："檠，谓弓榧。"④ 榧与匣通。又《角弓》毛传：

---

① 《冬官考工记下》，《周礼注疏》卷五十，第 1704—1706 页。

② 《弓人》，《周礼正义》卷八十六，中华书局，1987 年，第 3543 页。

③ 《角弓》，《毛诗注疏》卷十五，第 1293 页。

④ 《冬官考工记下》，《周礼注疏》卷五十，第 1705 页。

“不善绁檠巧用翩然而则反矣。”陆德明《释文》：“檠音景，弓匣也。”① 可知经学家均以“弓匣”释檠。就常识而论，匣，当为四周合成某一形状的封闭体，或方，或圆，或随体诘诎，依物体形状而成。此处训匣之檠，亦当如此。既然弓体待入檠而后定，则此檠之内当设有六弓三等的标准形状之槽，否则无从运作。至于檠的材质，是木、是铜、是铁？文献语焉不详，今已无从得知。所可断定者，其质地必定硬于弓干，而绝无可能为软性的丝麻、皮革之类。

此外，有一事需要特别提示，即弓干入檠之时，弓尚未上弦。《弓人》云“寒奠体，冰析灂”，之后才是“春被弦”，前后相距一年之久，此点对于下面的讨论很重要。

三、辅弓之“𩎟”

除《考工记·弓人》之外，文献中还有一种与弓有关而被解读为“檠”的器物，文献屡屡提及。

《仪礼·既夕礼·记》罗列士丧礼的随葬器物云：“弓矢之新，沽功。有弭饰焉，亦张可也。有柲。”郑注：“柲，弓檠。”以“柲”为弓檠之名。《毛诗·小戎》云“交韔二弓，竹闭绲縢”，柲，或作“闭”；《弓人》郑注引《小戎》作“竹𩎟绲縢”，则柲又作“𩎟”；而皆以檠为训。《说文》“檠”作“㯳”，云“㯳，榜也。”段玉裁云：“《礼》谓之柲，《诗》谓之闭，《周礼》注谓之𩎟，《礼》古文作柴，四字一也，皆所谓㯳也。”② 段氏认为此歧异乃材质不同所致：“曰檠、曰榜、曰柲、曰闭者，竹木为之。”③ 足见文字错杂，滋人眩晕。为求行文简洁，下文一律写作“𩎟”。

被释为弓檠的𩎟，如何使用之？文献亦有论及。《小戎》“交韔二弓，竹闭绲縢”，毛传云：“韔，弓室也。”“交韔，交二弓于韔中也。闭，绁。绲，绳。縢，约也。”毛传以绁训闭，很容易给人“绁”与“檠”为一物的误解，此不可不辨明之。

---

① 《角弓》，《毛诗注疏》卷十五，第 1293 页。
② 段玉裁：《说文解字注》卷六上，上海古籍出版社，1981 年，第 264 页。
③ 段玉裁：《说文解字注》卷十二下，第 642 页。

《说文》云："绁，系也。"绲是绳索；縢是约束、捆扎。《小戎》孔疏云："然则'竹闭'一名䪐也。言'闭绁'者……谓置弓䪐里，以绳绁之，因名䪐为绁。……谓以绳约弓，然后内之韔中也。"① 是绁、縢同训缚。段玉裁云："曰绁、曰縢者，缚之于弛弓，以定其体也。"② 《既夕礼·记》贾疏解释"竹柲绲縢"云"谓以竹为柲，以绳约之"③。孙诒让云："柲为弓檠，以绳缚系弓于檠，则曰绁。""盖绁非弓檠之名，郑因经言终绁，明其指绁于弓䪐，故云'绁弓䪐'耳。"孙氏指出，《弓人》郑注于"绁弓䪐"之下又云"若见绁于䪐"，所以，"绁非即䪐之正名审矣"。④ 至确。

已经定体的弓，何以还要再在其上绑缚竹木做的䪐？《说文》云："檄，榜也。"又云："榜，所以辅弓弩也。"又云："弼，辅也。"段注："辅者，车之辅也。""弓必有辅而后正，人亦然，故辅谓之弼。"⑤ 辅字的本义，是附于车辐、旨在加强其力量的直木。文献辅与弼每每互用，《书·益稷》"弼成五服"，《史记·夏本纪》作"辅成五服"。《荀子·臣道》"谓之拂"，王先谦注："拂读为弼。弼，所以辅正弓弩者也。"⑥ 民间恒言"左辅右弼"等，皆其证。诸如此类，《尔雅·释诂下》举例甚详，此不赘引。⑦《小雅·正月》："其车既载，乃弃尔辅。""无弃尔辅，员于尔辐。"郑笺："以车之载物，喻王之任国事也。弃辅，喻远贤也。"孔疏："辅是可解脱之物，盖如今人缚杖于辐，以防辅事也。"⑧ 员，益也。辅是用以增益辐条力量之木。图 4 为辉县琉璃阁出土的战国马车，轮辐上缚有木条，此即车辅之实物。

---

① 《小戎》，《毛诗注疏》卷六，第 597 页。

② 段玉裁：《说文解字注》卷十二下，第 642 页。

③ 《仪礼注疏》卷四十一，北京大学出版社，1999 年，第 793 页。

④ 《弓人》，《周礼正义》卷八十六，第 3551 页。

⑤ 段玉裁：《说文解字注》卷十二下，第 642 页。

⑥ 《荀子集解》卷九，《诸子集成》第二册，中华书局，1954 年，第 166 页。

⑦ 《释诂下》，《尔雅义疏》，中国书店，1982 年，第 32 页。

⑧ 《正月》，《毛诗注疏》卷十二，第 1024—1025 页。

图4　辉县琉璃阁车辅图

车辅，乃是以辅木缚于车辐，旨在加强辐条强度，防止因车辐断裂而倾仄。弓辅，以木条捆缚于弓体，形式与车辅相似，目的是否亦是为增强弓体的强度？回答该问题，需要深入解读有关文献。

《既夕礼·记》“有柲”，郑注：“柲，弓檠。弛则缚之于弓里，备损伤，以竹为之。”① 郑氏此注对于了解弓弩必须设韣的问题，提供了重要信息，其要点有三：

其一，韣是在弓“弛”的情况下缚之。《说文》：“弛，弓解弦也。”② 弛弓，即是解去弓弦之弓。凡弓必有张弛，“张而不弛，文、武弗能也。弛而不张，文、武弗为也。一张一弛，文、武之道也”③。故《礼记·曲礼》有“张弓尚筋，弛弓尚角”之说。弓需要张弛有度的基本原因，是弓体的反弹力并非用之不竭，每次张弓，必然对其有所消耗，故用毕之后，都要解去弓弦，放入弓韬。

其二，韣必缚于“弓里”，即弓的内侧。

其三，缚韣之目的，是“备损伤”。《既夕礼》是士的丧礼，

---

① 《仪礼注疏》卷四十一，第792—793页。

② 段玉裁：《说文解字注》卷十二下，第641页。

③ 《礼记正义》卷四十三，北京大学出版社，2000年，第1424页。

随葬之弓属于冥器，故做工粗沽，而柲依然是不可或缺之附件，且用法与《小戎》相同，足见在现实生活中有弓必有柲。贾疏云“此经之柲虽粗略，用亦如此”①，甚得经义。

郑注所云“备损伤”，如何理解？郑玄语焉不详。《诗·小雅·角弓》“骍骍角弓，翩其反矣”，毛传：“骍骍，调利也。不善绁檠巧用则翩然而反。”孔疏：“言骍骍然调利者角弓，此角弓虽则调利，当善用之。若不善置绁檠而巧用之，则翩然而其体反戾矣。是用角弓之难也。”② 如前所述，弓的制作有入檠、调整定型之工序，“骍骍角弓”，即是调利后之弓。而问题在于，此非一劳永逸之事，若长期张而不弛，则弓体处于疲劳状态，弓的弹力因此受损。但是，弓材具有自行恢复自然形态的本能，若长时间不张弦，弓胎会逐步往反方向挠曲，与在檠内所定之体渐行渐远，再次上弦将极之困难；有些弓会出现弓弣上下两部分弹力不一致，甚至弓胎扭曲的现象，此即《角弓》“翩其反矣”，亦即郑玄所说的“损伤”。《诗·彤弓》“彤弓弨兮，受言藏之”，《毛传》：“弨，弛貌。《说文》云‘弨，弓反’。”孔疏引《说文》下有“弛之而体反也”③六字，所言正是此事。

为此，在弛弓之时，要在弓臂内侧垫以竹木制作的弓䪅，其弧度与弓约略相似，以便能够贴合，再用绳索将两者绑缚，巧妙地把弓胎的反向弯曲程度保持在有限的范围内，无法任意外挠。“绁檠”的方法，贾疏记述较详：“以竹为䪅，发弦时，裨于弓之背上（此处弓背疑为弓臂，即缚于弓臂内侧），又绳横系之，使相著。䪅与弓为力，备顿伤也。”④ 利用䪅的曲度，拉住弓体，使其不得“反戾”，即是贾疏所说“䪅与弓为力”，以及孔疏所说“善置绁檠而巧用之”。

《弓人》郑注：“弓有䪅者，为发弦时备顿伤。”此处的发弦，

---

① 《仪礼注疏》卷四十一，第793页。

② 《角弓》，《毛诗注疏》卷十五，第1293页。

③ 《彤弓》，《毛诗注疏》卷十，第891页。

④ 《周礼注疏》卷四十二，第1709页。

很容易理解为张弦，如此，则与郑注上文“弛则缚之于弓里，备损伤也”语抵牾。戴震云“发弦，谓解去弦”①，至确。

由此可知，弓弩设鞑，旨在保持弓体合理的弧曲度，而非将其扳直。段玉裁云：“谓之檄者，正之也。”②《荀子·性恶》“不得排檄则不能自正”，王先谦注：“排檄，辅正弓弩之器。”③ 此所谓“辅正”，若是指正当、合理而言，则犹可成立。《韩非子·右储说下》云“椎锻平夷，榜檠矫直”④，陈奇猷云：“矫直，谓矫之使直。”⑤ 陈氏矫直之说，在于不知鞑之做法与功用，故近乎望文生义。

文献所载弓鞑，靠弓臂的一面是弧形，可以与弓臂紧贴。图5是民国时期习射者使用弓鞑为角弓上弦⑥，可以清晰地看到该弓臂内侧所缚之鞑。韩国的“国弓”（即传统弓），至今犹有此制（见图6），在弛弦时使用防止弓体变形的弧形木块。木块有两块，两端有孔，穿绳之后，分别与上下弓臂绑扎。这种木块的形状与功用，都与《小戎》等典籍记载的弓鞑极之相似，可以看作中国先秦弓鞑在海外的孑遗。

---

① 《考工记图》，《清经解》，凤凰出版社，2005年，第4662页。

② 段玉裁：《说文解字注》卷六上，第264页。

③ 《性恶》，《荀子集解》卷十七，第299页。

④ 《外储说右下》，《韩非子集解》卷十四，《诸子集成》，中华书局，1954年，第250页。

⑤ 《外储说右下》，《韩非子集释》卷十四，上海人民出版社，1974年，第760页。

⑥ 曾鹏程：《射艺研究》，《良友》1937年第130期，第38页。

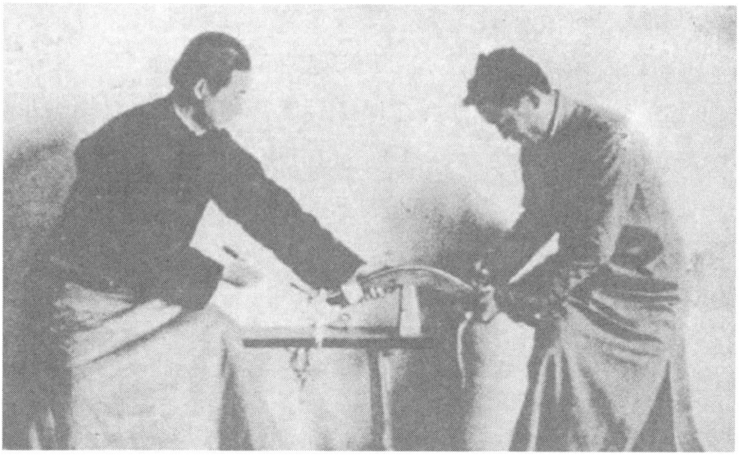

图5　弓鞑的使用（原图名称为《上弓的用具》）

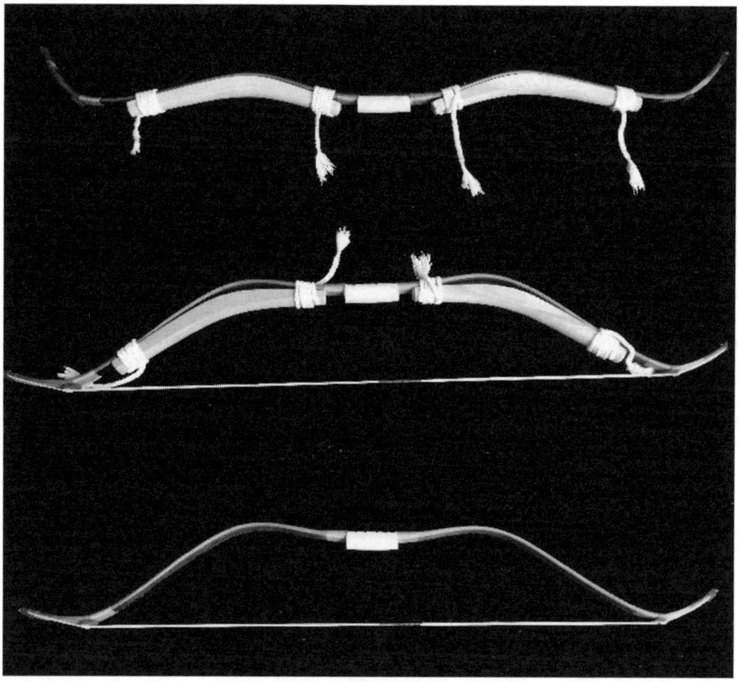

图6　韩国角弓缚鞑示意图

鞑用于弛弓之时，张弦后则要拆卸之，否则无法开弓。《弓人》如下一语对理解此一程序很有帮助："恒角而达，譬如终绁，非弓之利也。"是说粘在弓体上的牛角，长度要得当，若是超过弓渊，达到箫头，就会适得其反，箭速反而不快，所以郑注云："达谓长于渊干，若达于箫头。绁弓韣，角过渊接，则送矢太疾，若见绁于韣矣。"①郑氏"若见绁于韣"，意即如同将韣始终捆系在弓上，如何可用？

四、秦俑坑出土之物当命名为韣

如上所述，先秦、秦汉时期的两种被称为"檠"的器物，形状与功用全然有别。《既夕记》"有柲"贾疏曾指出两者之不同：

> 案《冬官·弓人》造弓之时，弓成，纳之檠中，以定往来体。此弓檠，谓凡平弛弓之时，以竹状如弓，缚之于弓里，亦名之为柲者，以若马柲，然马柲所以制马，弓柲所以制弓，使不顿伤，故谓之柲。②

秦俑坑出土的弓弩遗迹，韬内有两根木条，以及两个小木块，申先生认为是弓檠，但其形体以及用处，与《弓人》用以定往来体的"檠"，绝不相关，故可以断然排除。是否可能是韣？尽管两者似乎判然有别，但笔者认为很有可能。我们按照发掘报告记载的尺寸，依据申先生的复原图做了实物复原（见图7），我们认为秦俑坑出土的木条与木块，可以视为韣的简便形态：当木条与小木块垂直相交，而以小木块顶住弓臂弧度最高处，同样可以达到防止弓臂变形的目的（见图8）。此外系于木条上的绳索可以微调弓的弧度，但如此确实可以起到略微放松弓弦的作用。

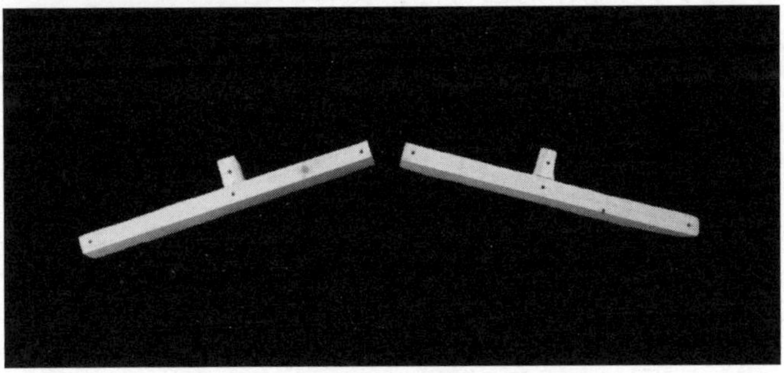

图7　韣实物复原图

① 《冬官考工记下》，《周礼注疏》卷五十，第1709页。

② 《仪礼注疏》卷四十一，第793页。

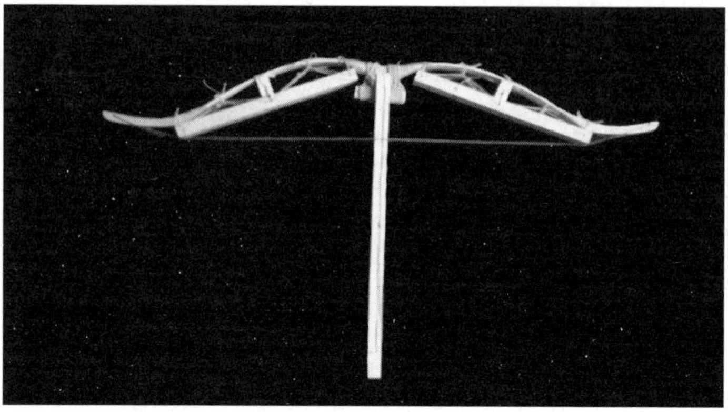

图 8　韣使用效果图

《诗经》所记载之韣以竹、木为之。秦军之弓弩手成千上万，若说，人人要将竹、木做成与弓臂弧度相贴合的形状，相当费时。因此，秦俑坑韬内出土之物，似乎是一种省事、省时，但又能达成保护弓臂弧度目的的工具，堪称智慧。

五、余言

当代国际比赛使用的弓，几乎都使用现代合成材料制作，弓形可以恒久固定。古代中国创造的弓檠与弓韣之制，正在湮灭之中。秦俑坑弓韣实物的出土，尽管是简化版的，亦使我们得以钩沉其制，了解中国弓弩制作的独特性，良有以也。

秦俑坑与韣同时出土的还有盛放弩的布袋，发掘者名之为“韬”。《说文》：“弢，弓衣也。”段注：

> 《左传》多言弢，《诗》言韔，《秦风》传曰：“韔，弓室也。”《郑风》作鬯，传曰：“鬯弓，弢弓也。”然则，弢与韔与韣同物，故许皆以弓衣释之。《月令》曰“带以弓韣”，《少仪》曰“弓则以左手屈韣执拊”，是又名韣而可屈，则以韦为之也。革部又曰：“鞬，所以戢弓矢。”《方言》曰：“弓谓之鞬，或谓之皾丸。”《广雅》：“鞬，弓藏也。皾觼，矢藏也。”

合三书言之，韃、觳丸，乃藏弓矢所通称也。①

由上引文字可知，古代弓韬异名甚多，但是经典以名“韔”者为多，《礼记·檀弓下》“赴车不载櫜韔”，郑注：“韔，弓衣。”《檀弓下》又云：“射之，毙一人，韔弓。又及，谓之，又毙二人。”考虑到“交韔二弓”之语，出于《诗·秦风·小戎》，可知称弓韬为“韔”，正是秦人的语言，故建议改称“韔”，以便尽可能贴近当地人、当时人的生活。

迄今为止，秦俑坑所出射具实物，有弩无弓。《说文》“弩，弓之有臂者”，弩有粗大的弩臂，且上弦较弓复杂，即使不用，亦不能弛弦，故都是一弩一韔。据《小戎》“交韔二弓”语，可知秦制为二弓共一韔，希望今后能见到“交韔二弓”的出现。

① 段玉裁：《说文解字注》卷十二下，第641页。

关于古代汉语大型辞书中“因误成词”词条的处理

董志翘①

在修订《汉语大词典》的过程中，我们发现其中所收录的某些词（所占比重不大，但还是有一些），是由于讹误而形成的。也就是说，它们本来是因为某一方面的讹误（大多是字形的讹误），遂造成理解上的讹误，结果被看成了一个词。照道理讲，对于这一类词，应该正本清源，将其从辞书中清除出去。但是，事情并非如此简单，语言现象是十分复杂的。这类词中的一部分，在漫长的历史进程中，因以讹传讹，遂为后人所接受，并作为一个词在新的语境中被进一步模仿使用，经“约定俗成”后，继续存在于语言生活中。这样一来，似乎辞书中又当保留它们的位置，否则就会造成漏收。所以如何鉴别及处理这些词，也是我们汉语词汇研究绕不开的一个问题（或者说难题）。本文就拟通过几个例子，展开这一讨论。

一、【铃下】/【钤下】

《汉语大词典》第11册“金”部收有“铃下”一词。

【铃下】1. 指侍卫、门卒或仆役。汉应劭《汉官仪》：“太常驾四马，主簿前车八乘，有铃下、侍阁、辟车、骑吏、五百等员。”晋干宝《搜神记》卷七：“王敦在武昌，铃下仪仗生花。”《资治通鉴·汉献帝建安元年》：“布（吕布）屯沛城西南，遣铃下请灵（纪灵）等。”胡三省注：“铃下，卒也，在铃阁之下，有警至则掣铃以呼之，因以为名。”2. 太守的敬

① 作者简介：董志翘，北京语言大学文学院特聘教授。

称。明王志坚《表异录·职官》：“唐称太守曰节下，又云铃下，又云第下。”（第1233页）

对于“铃下”一词，我们可以清楚地找到其成词理据，因为古有“铃阁”（一作“铃閤”）之制，“铃阁”为将帅或州郡长官办事的地方：

（1）太兴四年，王敦在武昌，**铃下**仪仗生花，如莲花，五六日萎落。说曰：“《易》说：‘枯杨生花，何可久也。’今狂花生枯木，又在**铃阁**之间，言威仪之富，荣华之盛，皆如狂花之发，不可久也。”其后王敦终以逆命，加戮其尸。（晋干宝《搜神记》卷7）

按：《宋书·五行志》引干宝所记作：“王敦在武昌，铃下仪仗生华如莲花状，五六日而萎落。此木失其性而为变也。干宝曰：‘铃閤，尊贵者之仪；铃下，主威仪之官。今狂花生于枯木，又在铃閤之间，言威仪之富，荣华之盛，皆如狂花之发，不可久也。’其后终以逆命，没又加戮，是其应也。”

（2）（羊祜）在军常轻裘缓带，身不被甲，**铃閤**之下，侍卫者不过十数人，而颇以畋渔废政。（《晋书·羊祜传》）

（3）**铃阁**旦启，官骑朝趋，笳吟紫骝，铙歌朱鹭，荣奖之盛，此焉斯允。（《汉魏南北朝墓志汇编·北齐》“齐故泉城王墓志之铭”）

（4）黄扉南辟，**铃閤**东启，则有高士通才、幽人伟器，懱其汉爵之重，鄙其南岳之游，曳裾高步，自得门下，俱中前趣之礼，并应却行之眷。（元魏般若流支译《正法念处经》卷1，T17—1a）

至于翰林院以及将帅或州郡长官办事之处何以成为“铃阁（閤）”，前人大致有两说。

其一：将帅军营，四周悬铃，有警则鸣，以防不虞。

（5）朱全忠穿蚰蜒壕围凤翔，设犬铺、铃架以绝内外。（《资治通鉴·唐昭宗天复二年》）胡三省注：“铃架者，绕营设架，挂铃其上，敌来触之则鸣。”

（6）铃阁、斋坛，《古事苑》：铃阁威严，震动江淮草木。

斋坛令肃，廓清燕蓟郊原。注云：“将帅之营，四面悬铃，有警则铃鸣，所以防不虞也，故谓之铃阁。”（《御定渊鉴类函》卷207）

其二：翰林院及州郡官衙，禁署严密，出入须掣索打铃通报。如：

（7）铃阁：都督阁，内置铃架，以警防不虞。（明彭大翼《山堂肆考》卷234）

虽然悬铃的功能不尽相同，在将帅驻地、营帐为警戒设施，古时将帅驻地、营帐四外设铃架，铃架上悬铃，当敌人接触时会发出响声，以便禁戒、迎战。在州郡官衙为通报设施，外人进入须掣铃索打铃以传呼或通报，不过悬铃的做法是一致的。

所以“铃阁”亦可称“铃轩”“铃斋”“铃辕”等。

（8）**铃轩**省鞭扶，幕府多壶樽。逡巡文字乐，斥去簿领烦。（宋苏辙《送王震给事知蔡州》）

（9）高牙熊轼隐**铃斋**，棠树阴浓长绿苔。丞相望尊宾谒少，清言应喜道人来。（宋林逋《送遵式师谒金陵王相国三首》其二）

（10）午夜**铃辕**静读书，青毡风味似寒儒。（清冯桂芬《怀人・罗椒生太仆时视学皖江》）

关于“掣铃”“铃动”故实，亦有古人的诗文可以证明：

（11）宝书玉剑挂高阁，金鞍骏马散故人。昨日方为宣城客，**掣铃**交通二千石。（唐李白《猛虎行》）

（12）夜半军书尚**掣铃**，想应欹枕梦难成。新凉颇复欺长夏，旧事何妨阅短檠。（宋岳珂《予以谬作数种并总所奉藁遗参赞高紫微闻以阅读未及赐报平日正病无人为过目者兹不特饷所有别白半生漫浪笔砚间为不虚矣因赠二首》其一）

（13）夜久忽闻**铃索**动，玉堂西畔响丁东。（唐韩偓《雨后月中玉堂闲坐》）

（14）**铃绦**无响闭珠宫，小阁凉添玉蕊风。（唐郑畋《夜景又作》）

“铃下”的成词及词义的引申途径大致如下：

↗②(将帅或州郡长官办事处的）侍卫、门卒或仆役
铃阁之下→铃下→①将帅或州郡长官办事处
↘③对将帅或州郡长官的尊称

①“铃阁之下”，可略称为“铃下”，指将帅或州郡长官办事处（处所)。(犹“阁下”可指“官署之中”，《世说新语·文学》:“王东亭到桓公吏，既伏阁下，桓令人窃取其白事，东亭即于阁下更作，无复向一字。”)

(15）太兴四年，王敦在武昌，**铃下**仪仗生花，如莲花，五六日萎落。(晋干宝《搜神记》卷7)

(16）有客至**铃下**，自言身姓梅。仙人掌里使，黄帝鼎边来。(唐岑参《喜华阴王少府使到南池宴集》)

(17）日者，栎阳男子闾里为豪，借客报仇，聚人为盗。或白日手刃，或黄尘袖椎。政宽则以身先诸偷，操急则以事中长吏。贰过不已，万计自脱。公命吏缚之，立死**铃下**。（唐王维《京兆尹张公德政碑颂并序》)

(18）齐素多盗，公择痛治之，殊不止。它日得黠盗，察其可用，刺为兵，使直事**铃下**。间问以盗发辄得而不衰止之故。曰：“此繇富家为之囊。使盗自相推为甲乙，官吏巡捕及门，擒一人以首，则免矣。”（宋洪迈《容斋随笔》卷16“治盗法不同”)

(19）某顿首百拜知府舍人三丈。三两日毒暑尤甚，不审尊候何似？某昨走**铃下**，久溷宾馆，旱暑交作，晏阴方兴，当君子定心静事休息之时，暑夕屡烦长者。其如乘余闲，奉尊俎，泛览水竹，登临高明，欢然之适无异京洛之旧。[《欧阳修集》卷150“与谢舍人（绛，字希深）二通”]

(20）今所以道可进之时，不以丧礼自忌，直诣**铃下**，期一拜伏者，诚以斯时之难得会也。执事必以某进得其时，于道无所戾，赐之坐次，察其言行。(《王安石集》卷100“上蒋侍郎书”)

②“铃阁”之下，(将帅或州郡长官办事处的）侍卫、门卒或仆役，可称“铃下”“铃下卒”“铃下威仪”（指人）:

（21）予之祖父郴，为汲令。以夏至日诣见主簿杜宣，赐酒，时北壁上有悬赤弩，照于杯，形如蛇，宣畏恶之，然不敢不饮，其日，便得胸腹痛切，妨损饮食，大用羸露，攻治万端，不为愈。后郴因事过至宣家，窥视，问其变故，云："畏此蛇，蛇入腹中。"郴还听事，思惟良久，顾见悬弩，必是也。则使门下史将**铃下**侍徐扶辇载宣，于故处设酒，杯中故复有蛇，因谓宣："此壁上弩影耳，非有他怪。"宣遂解，甚夷怿，由是瘳平。（汉应劭《风俗通义》卷9"世间多有见怪惊怖以自伤者"）

（22）纡廉洁无资，常筑墼以自给。肃宗闻而怜之，复以为郎，再迁召陵侯相。廷掾惮纡严明，欲损其威，乃晨取死人断手足，立寺门。纡闻，便往至死人边，若与死人共语状。阴察视口眼有稻芒。乃密问守门人曰："悉谁载藁入城者？"门者对："唯有廷掾耳。"又问**铃下**："外颇有疑令与死人语者不？"对曰："廷掾疑君。"乃收廷掾考问，具服"不杀人，取道边死人"。后人莫敢欺者。（《后汉书·周纡传》）唐李贤等注："《汉官仪》曰：'铃下、侍閤、辟车，此皆以名自定者也。'"

（23）性又少信，每遣大吏出，辄使小吏随覆察之，白日常自于墙壁间窥闪，夜使干廉察诸曹，复以干不足信 ，又遣**铃下**及奴婢使转相检验。（《三国志·魏志·梁习传》注引《魏略·苛吏传》）

（24）辂往见安平太守王基，基令作卦，辂曰："当有贱妇人，生一男儿，堕地便走入灶中死。又床上当有一大蛇衔笔，小大共视，须臾去之也。又乌来入室中，与燕共斗，燕死，乌去。有此三怪。"基大惊，问其吉凶。辂曰："直客舍久远，魑魅魍魉为怪耳。儿生便走，非能自走，直宋无忌之妖将其入灶也。大蛇衔笔，直老书佐耳。乌与燕斗，直老**铃下**耳。今卦中见象而不见其凶，知非妖咎之征，自无所忧也。"后卒无患。（《三国志·魏书·管辂传》）

按：以上各例可见，"铃下"为官府办公处之仆役。

（25）布于沛西南一里安屯，遣**铃下**请（纪）灵等，灵等亦请布共饮食。布谓灵等曰：“玄德，布弟也。弟为诸君所困，故来救之。布性不喜合斗，但喜解斗耳。”布令门候于营门中举一只戟，布言：“诸君观布射戟小支，一发中者诸君当解去，不中可留决斗。”布举弓射戟，正中小支。诸将皆惊，言“将军天威也”！明日复欢会，然后各罢。（《三国志·魏书·吕布传》）

按：上例可见，“铃下”为军营侍卫。

（26）范为人刚直，颇好自称，然与亲故交接有终始。素与魏滕同邑相善。滕尝有罪，权责怒甚严，敢有谏者死。范谓滕曰：“与汝偕死。”滕曰：“死而无益，何用死为？”范曰：“安能虑此，坐观汝邪？”乃髡头自缚诣门下，使**铃下**以闻。**铃下**不敢，曰：“必死，不敢白。”范曰：“汝有子邪？”曰：“有。”曰：“使汝为吴范死，子以属我。”**铃下**曰：“诺。”乃排閤入。言未卒，权大怒，欲便投以戟。逡巡走出，范因突入，叩头流血，言与涕并。良久，权意释，乃免滕。（《三国志·吴书·吴范传》）

（27）卢充者，范阳人。家西三十里，有崔少府墓。充年二十，先冬至一日，出宅西猎戏，见一獐，举弓而射，中之，獐倒，复起。充因逐之，不觉远，忽见道北一里许，高门瓦屋，四周有如府舍，不复见獐。门中一**铃下**唱：“客前。”充曰：“此何府也？”答曰：“少府府也。”充曰：“我衣恶，那得见少府？”即有一人提一襆新衣，曰：“府君以此遗郎。”（晋干宝《搜神记》卷16）

按：上两例可见，“铃下”为门卒通报者。

（28）杨方字公回。少好学，有异才。初为郡**铃下威仪**，公事之暇，辄读五经，乡邑未之知。内史诸葛恢见而奇之，待以门人之礼，由是始得周旋贵人间。（《晋书·杨方传》）

这在汉应劭《汉官仪》中已经出现。《资治通鉴·晋武帝泰始五年》：“铃閤之下侍卫不过十数人。”胡注：“铃下卒及閤下威仪也。铃下者，有使令则掣铃以呼之，因以为名。閤下威仪，掌出入赞导及纳谒受事。”

③ 对将帅或州郡长官的尊称：

(29) 唐称太守曰节下，又云**铃下**，又云第下。(明王志坚《表异录·职官》)

(30)《留青日札》：书简称将帅曰**铃下**，谓铃阁之下也，见《羊祜传》。又作戏下，大将军旗曰戏。《韩信传》“可致戏下”注：“与麾同。”麾下谓麾节之下也。《薛宣传》“执宪毂下”，谓在辇毂之下也。则将军有推毂之义，亦可称矣。至于门下，则在《张苍传》，谓殿门之下，若今侍御史也。在《司马相如传》则又谓长卿门下，是尊卑可通称也。魏文帝为太子，拜荀公达于床下，诸葛孔明拜庞德公于床下，则又可称床下于高尚之士矣。使者言节下、毂下，二千石长史言阁下，父母言膝下，通类相言称足下。(清沈自南《艺林汇考》“称号篇”卷5“朋从类”)

(31)《晋书》：“**铃下**牵引庾冰入船，以蘧篨覆之。”按：铃下见《汉志》中，凡尊显者，并可通称，如阁下、节下、戏下、足下之类。(清沈自南《艺林汇考》“称号篇”卷5“朋从类”)

其实，“铃下”作为对将帅或州郡长官的尊称，正由称将帅或州郡长官的侍卫、门卒或仆役为“铃下”而来，古代对尊者不敢直接指斥，而是以通过仆从传言的形式示尊，即如“陛下”“阁下”“麾下”“足下”然。

由此可见，“铃下”一词，成词甚有理据，且所从来久矣。

然《汉语大词典》第11册“金部”又收有“铃下”一词。

【铃下】管辖之下，部下。宋周密《齐东野语·经验方》：“及先子守临汀日，**铃下**一老兵素愿谨，忽垂泣请告曰：‘老妻苦喉闭，绝水粒者三日，命垂殆矣。’”(第1219页)

固然，“铃”有“锁”义(或说同“钳”)，晋郭璞《尔雅》序：“诚九流之津涉，六艺之钤键。”邢昺疏：“《说文》云：‘钤，锁也。’《方言》云：‘户钥，自关之东，陈楚之间谓之键。’《小尔雅》云：‘键谓之钥，言此书为六艺之锁钥，必开通之，然后得其微旨也。’”因此，“铃”引申有动词“缄禁”“管束”义，于是出现了“钤摄”“钤制”“钤束”“钤勒”“钤察”等一系列复音词，不过这些词都出现在唐宋以后。

确实，在古代文献中，“铃下”与“钤下”都有出现。但相比之下，“铃下”出现的时代较早，且用例较多；而“钤下”出现的时代较晚，用例较少。且大多“钤下”的用例均可找到原作“铃下”的异文证据。如：

钤下：

(32) 后汉周纡，字文通，为邵陵侯相。廷掾惮纡严明，欲损其威。乃晨取死人，断手足立于寺门。纡闻便往至死人边，若与死人共语笑状，阴察视其口眼中乃有稻芒。密问守门者曰：“谁载藁入城?”对曰：“惟有廷掾耳。”又问**钤下**曰：“外有疑吾与死人共语者否?”对曰：“廷掾疑君。”乃收廷掾，拷问具服。云：“不是杀人，但取道边死人也。”自后莫敢犯之。(后晋和凝撰《疑狱集》卷2“周纡尸语”条)

(33) 乃密问守门人曰：“悉谁载藁入城门者?”对曰：“廷掾耳。”又问**钤下**：“外颇有疑吾与死人语者否?”对曰：“廷掾疑君。”乃收廷掾，考问具服：“不杀人，取道边死人。”后人莫敢欺者。(宋郑克《折狱龟鉴》卷6“周纡”)

(34) 内懦多猜，每遣大吏出，使小吏随，覆察之。昼则于墙壁间规觇，夜使干廉察诸曹。复以干不足信，又遣**钤下**及奴婢相检验。（元郝经《续后汉书》卷43“梁习传附刘类传”)

(35) 胡劭为淮南太守，使**钤下**阁外炊，曝作干饭。(《太平御览》卷850“饮食部·饭”)

铃下：

很明显，周纡事正见前引《后汉书》，原作：

(36) 又问**铃下**：“外颇有疑令与死人语者不?”对曰：“廷掾疑君。”(《后汉书·周纡传》)

《册府元龟》亦引作：

(37) 乃密问守门人曰：“悉谁载稿入城者（悉犹知也)?”门者对：“唯有廷掾耳。”又问**铃下**(铃下、侍阁、辟车，此皆以名自定者也）："外颇有疑我与死人语者不？"对曰："廷掾疑君。"乃收廷掾考问，具服"不杀人，取道边死人。"后人莫敢欺者。（《册府元龟》卷705"令长部·明察"）

后两例，亦见《册府元龟》《太平御览》：

（38）刘类为弘农太守……性又少信，每遣大吏出，辄使小吏随覆察之。白日常自于墙壁间窥闪，夜使干廉察诸曹，复以干不足信，又遣**铃下**及奴婢使转相检验。（《册府元龟》卷697"牧守部·苛细"）

（39）又曰：胡邵为淮南太守，使**铃下**阁外炊，曝作乹饭，阁中不设釜灶。（《太平御览》卷757"器物部二·釜"）

铃下威仪：

（40）杨方，字公回。少好学，有异才。初为郡**铃下威仪**，公事之暇辄读五经，乡邑未之知。内史诸葛恢见而奇之，待以门人之礼，由是始得周旋贵人间。（《太平御览》卷443"人事部"）

铃下威仪：

（41）杨方字公回。少好学，有异才。初为郡**铃下威仪**，公事之暇，辄读五经，乡邑未之知。内史诸葛恢见而奇之，待以门人之礼，由是始得周旋贵人间。（《晋书·杨方传》）

（42）晋杨方，字公回，会稽人。少好学，有异才。初为郡**铃下威仪**，公事之暇，辄读五经。内史诸葛恢见而奇之。（宋施宿《会稽志》卷14"经学"）

铃下卒：

（43）魏凌云台至高，韦诞书榜，即日皓首。榜有未正，募工整之。有**铃下卒**，着履登缘，如履平地。诘之，云："无术。但两腋各有肉翅数寸。"（宋曾慥《类说》卷49"肉翅"引《殷芸小说》）

铃下卒：

曾慥《类说》显然源于《殷芸小说》，唐代《酉阳杂俎》亦有记载，更有后代多处提及：

（44）魏凌云台至高，韦诞书榜，即日皓首。榜有未正，募工整之。有**铃下卒**，着履登缘，如履平地。疑其有术，问之，云：“无术，但两腋各有肉翅，长数寸许。”（南朝梁殷芸《殷芸小说》卷5）

（45）魏明帝起凌云台，峻峙数十丈，即韦诞白首处。有人**铃下**能着屐登缘，不异践地。明帝怪而杀之，腋下有两肉翅，长数寸。（唐段成式《酉阳杂俎》卷9）

（46）凌云台至高，韦诞书榜，即日须发皓然。榜有未正，募工整之。有**铃下卒**著屐登缘，如履平地。疑其有术，问之，云：“两腋各有肉翅，长数许。”（宋朱胜非《绀珠集》卷2“肉翅登台”）

（47）肉屏风者，杨国忠也。肉阵者，亦杨国忠也。肉腰刀者，李林甫也。肉鼓吹者，李匡远也。肉台盘者，孙晟也。肉疾者，申王也。肉飞仙者，沈光也。肉几者，黄﨑儿也。肉磨者，晋宦者也。肉翅者，魏**铃下卒**也。肉谱者，李守素也。（明徐应秋《玉芝堂谈荟》卷7“肉屏风”）

（48）《珍珠船》：魏凌风台至高，韦诞书榜，即日皓首。榜有未正，募整之。有**铃下卒**复登缘，如履平地。诘之，云：“无术，但两腋各有肉翅数寸。”（清陈元龙《格致镜原》卷12“腋”）

铃下苍头：

（49）凡为宫室必辨内外。深宫固门内外不共井，不共浴堂，不共厕。男治外事，女治内事。男子昼无故不处私室，妇人无故不窥中门。男子夜行以烛。妇人有故身出，必拥蔽其面。男仆非有缮修及有大故不入中门，入中门，妇人必避之。不可避，亦必以袖遮其面。女仆无故不出中门，有故出中门，亦必拥蔽其面。**铃下苍头**但主通内外之物，毋得辄升堂室、入庖厨。（元陶宗仪《说郛》卷71引宋司马光《涑水家仪》）

铃下苍头：

而宋司马光原作：

（50）**铃下苍头**但主通内外之言、传致内外之物，毋得辄升堂室、入庖厨。……凡内外仆妾，鸡初鸣咸起。栉总盥漱衣服，男仆洒扫厅事及庭，**铃下苍头**洒扫中庭，女仆洒扫堂室，设倚卓，陈盥漱栉靧之具。（宋司马光《书仪》卷4“居家杂仪”）

后人引述，亦大多作“铃下苍头”：

（51）**铃下苍头**但主通内外之言、传致内外之物，毋得辄升堂室、入庖厨。……凡内外仆妾，鸡初鸣咸起。栉总盥漱衣服，男仆洒扫厅事及庭，**铃下苍头**洒扫中庭，女仆洒扫堂室，设倚卓，陈盥漱栉靧之具。（宋朱熹《家礼》卷1）

（52）**铃下苍头**但主通内外之言、传致内外之物，毋得辄升堂室、入庖厨。……凡内外仆妾，鸡初鸣咸起。栉总盥漱衣服，男仆洒扫厅事及庭，**铃下苍头**洒扫中庭，女仆洒扫堂室，设椅桌，陈盥漱栉靧之具。（明章潢撰《图书编》卷111“司马氏居家杂仪”）

（53）**铃下苍头**但主通内外之言、致内外之物，毋得辄升堂室、入庖厨。……凡内外仆妾，鸡初鸣咸起。栉总盥漱衣服，男仆洒扫厅事及庭，**铃下苍头**洒扫中庭，女仆洒扫堂室，设倚卓，陈盥漱栉靧之具。（明胡广《性理大全书》卷19“家礼二”）

铃下一老兵：

（54）《经验方》：喉闭之疾，极速而烈。前辈传帐带散惟白矾一味，然或时不尽验。辛丑岁，余侍亲自福建还，沿途多此症，至有阖家十余口一夕并命者。道路萧然，行旅惴惴。及抵南浦，有老医教以用鸭嘴、胆矾研细，以酽醋调灌。归途恃以无恐，然亦未知其果神也。及先子守临汀日，**铃下一老兵**素愿谨，忽垂泣请告曰：“老妻苦喉闭，绝水粒者三日，命垂殆矣。”偶药笈有少许，即授之，俾如法用。次日喜拜庭下，云：“药甫下咽，即大吐，去胶痰凡数升，即差。”（宋周密《齐东野语》卷4）

铃下一老兵：

虽然《汉语大词典》“铃下”条所引宋周密《齐东野语》书证，未见早于此前作“铃下”的异文用例，但清王士祯所引《癸辛杂志》则作“铃下一老兵”：

> （55）《癸辛杂志》云：治喉闭，用帐带散惟白矾一味，或不尽验。南浦有老医教以用鸭嘴、胆矾研细，以酽醋调灌。有**铃下一老兵**，妻患此垂殆，如法用之。药甫下咽，即大吐，去胶痰数升，立差。（清王士祯《香祖笔记》卷10）。

另外，根据检索，凡同一文献用例，《四库全书》本作“铃下”者，《四部丛刊》本大多作“铃下”。因为《四部丛刊》的最大特色是讲究版本。纂辑者专选宋、元、明旧刊（间及清本者，则必取其精刻）及精校名抄本，故版本价值远在《四库全书》之上。多年来，该书一直深受文史工作者推崇，所收文献常被用作古籍整理的底本。

因此，我们认为：文献中之“铃下”乃“铃下”之形讹，故《汉语大词典》应立“铃下”词条，而删除“铃下”词条（《辞源》第三版即收“铃下”，而未收“铃下”词条）。

更为有趣的是：

> （56）成固人陈调，素游侠，学兵法。固以为门下掾，说固守扞御寇之术，固不能用。[寇至，] 踰墙走，投南郑赵嵩。嵩将俱逃。贼盛，固遣嵩求隐避处。嵩未还，固又令**铃下**侦贼。贼得**铃下**，遂得杀固。嵩痛愤，仗剑直入，死之。调亦聚其宾客百余人攻修，战死。鲁遂有汉中，数害汉使焉。（东晋常璩《华阳国志》卷2）

在同一段文字中，竟然前作“铃下”，后作“铃下”。汪启明等《华阳国志译注》（四川大学出版社2007年，第52页）将前一个“铃下”校改为“铃下”，恰恰将正确者改误。（而四库本两处都作“铃下”，不误。）

如上所述，“铃下”出现的时代较早（汉代），用例较多；而“铃下”出现的时代较晚（五代十国时期的后晋），用例极少。且“铃下”的用例均可找到原作“铃下”的异文证据，说明“铃”乃“铃”之误字（均为传抄之误），故辞书中就不应再收“铃下”词条。

二、【末由】/【未由】

《汉语大词典》第4册“木”部收有“末由”一词。

【末由】无由。《论语·子罕》：“虽欲从之，末由也已。”汉荀悦《申鉴·政体》：“伪乱俗，私坏法，放越轨，奢败制，四者不除，则政末由行矣。”明胡应麟《少室山房笔丛·史书占毕一》：“读之闳肆沈雄，浩乎司马之气矣。而左规右矩，一字增损末由也。”鲁迅《花边文学·法会和歌剧》：“《时轮金刚法会募捐缘起》中有这样的句子：‘……非仗佛力之加被，末由消除此浩劫。’”（第694页）

“末由”一词最早见于《论语》，《论语·子罕》：“颜渊喟然叹曰：‘仰之弥高，钻之弥坚。瞻之在前，忽焉在后。夫子循循然善诱人，博我以文，约我以礼，欲罢不能。既竭吾才，如有所立卓尔。虽欲从之，末由也已。”邢昺疏：“末，无也。……虽欲从之，无由得及。”

从邢疏可知，“末由”之“末”，乃“无”义，为否定动词，如《汉书·外戚传》：“人能弘道，末如命何？”颜师古注：“末，无也。”“由”乃名词，为“因缘”“机会”义。《仪礼·士相见礼》：“某也愿见，无由达。”郑玄注：“言久无因缘以自达也。”故“末由”即“无由”，亦即“无机缘”“无可能”之义。

此后，历代文献沿用不绝，如：

(1) 是故僻志萌则僻事作，僻事作则正塞，正塞则公正亦**末由**入也矣。(汉荀悦《申鉴·杂言上》)

(2) 况予顽陋，无以克堪。虽欲从之，**末由**也已。(《后汉书·曹褒传》)

(3) 致政之术，先屏四患，乃崇五政。一曰伪、二曰私、三曰放、四曰奢。伪乱俗，私坏法，放越轨，奢败制。四者不除，则政**末由**行矣。(《后汉书·荀悦传》)

(4) 如或面展，长涂自替。听诲**末由**，瞻企勤恋，守以委重，表不具，今更继情。(晋陆云《与戴季甫书》)

(5) 然自恨暗劣，虽愿其缱绻，而从之**末由**。(晋傅咸

《赠何劭王济诗》序）

（6）其时（江）淹能沉静，（任）昉持内行，并以名位终始，宜哉！江非先觉，任无旧恩，则上秩显赠，亦**末由**也已。（《梁书·任昉传》）

后来，“末由”一词又常用作与人交际及书函套语，如：

（7）燕南赵北，地角天涯，言接**末由**。（陈徐陵《答族人梁东海太守长孺书》）

（8）谬承知遇，欣荷实深，伏望照察。恨以官守，拜奉**末由**。无任驰恋，谨因使回，奉状不宣，谨状。（唐韩愈《答魏博田弘正仆射书》）

（9）唐柳宗元《弘农公以硕德伟材，屈于诬枉，左官三岁，复为大僚。天监昭明，人心感悦。宗元窜伏湘浦，拜贺**末由**，谨献诗五十韵，以毕微志》诗。

（10）卑守有限，拜谢**末由**，无任感激，兢惶之至。（唐刘禹锡《谢中书张相公启》）

（11）流落多戚，今古同尘。回望门墙，涕恋唯积。起居**末由**，无任血诚恳悃之至。（唐杜牧《上吏部高尚书状》）

（12）伏惟试赐恩察，违离渐久，刺谒**末由**。（唐李商隐《为绛郡公上史馆李相公启》）

（13）限以所守，拜谢**末由**，下情伏增战灼。（唐吕颂《谢窦相公除男襄州参军仍许随父启》）

然因“末”“未”形近，故而“末由”易讹为“未由”，如后人引用《论语·子罕》中语，即有将“末由”讹为“未由”者：

（14）颜渊喟然叹曰：“仰之弥高，钻之弥坚。瞻之在前，忽焉在后。夫子循循然善诱人，博我以文，约我以礼，欲罢不能。既竭吾才，如有所立卓尔。虽欲从之，**未由**也已。”（宋张栻《论语解》卷5“子罕篇”）

（15）颜渊喟然叹曰：“仰之弥高，钻之弥坚。瞻之在前，忽焉在后。夫子循循然善诱人，博我以文，约我以礼，欲罢不能。既竭吾才，如有所立卓尔。虽欲从之，**未由**也已。”（宋钱时《融堂四书管见》卷5“论语·子罕第九”）按：以上两例均出《四库全书》本。

而平时交际书函中套语，亦有误作“未由”者，如：

(16) 此间道人，故有小小不同。小凉当共面尽，脱有厝言更白，面写**未由**，寄之于此，所散犹多。(《广弘明集》卷18 王弘《重答谢永嘉书》)

(17) 聊复次韵，以为一笑。秋暑不审起居何如？**未由**会见，万万以时自重。(宋苏轼《东坡全集》卷73《答黄鲁直书》)(按：但同书卷78《与林天和长官二十三首》之四：“闰月上旬必到此也，考室劳费，乃老业也。旦夕迁入，**末由**会见。万万以时自重，不宣。”则又作“末由”。)

(18) 辞奉，后不辱问，实增驰系。初寒，惟动履休胜，庭诲推前耳，**未由**拜展，悠悠下情，惟珍厚人信惠问。通法师往，谨附状不宣，谨状。(明顾从义《法帖释文考异》卷4引《唐谏议大夫褚庭诲书》)

甚至，在当时的一些“书仪”中，亦有误作“未由”者：

(19) 上稍尊时候启状：“某即日蒙免，**未由**觐展。伏冀顺时善加保养，卑情不任勤祷之至，谨奉状陈贺。”(宋司马光《书仪》卷1)

(20) 慰人父母亡疏状：“伏乞强加饘粥，俯从礼制。某事役所縻，**未由**奔慰。其于忧恋，无任下诚。”(同上，卷9)

(按：又敦煌写本S. 329《书仪镜》：“驱驰有限，未由拜奉”，“各限王事，拜贺未由”，“限以所守，未由拜奉”。或作“不由”，不由，犹言无由。如“某乙有限，不由奔慰”，又“某乙限以诸务，不由造慰”，均其例。)

因此，《汉语大词典》第4册“木”部又收有“未由”一词。

【未由】无由。唐韩愈《皇帝即位贺诸道状》：“凡在臣庶，不胜庆幸。惟俯同下情，未由拜贺，但增驰恋。”又《宪宗崩慰诸道疏》：“某承诏，不任号绝，限以官守，拜慰未由。”(第686页)

其实，“未”为时间副词，乃“不曾”“未尝”之义，《字汇·木部》：“未，已之对也。”用在表“因缘”“机会”义的名词“由”

前，颇为不妥。且《汉语大词典》所引韩愈书状两例，显然当作“末由”，因为同时代的柳宗元、刘禹锡、杜牧等书状中均作“末由”。更何况《东雅堂昌黎集·遗文》引《宪宗崩慰诸道疏》正作“某承诏，不任号绝，限以官守，拜慰末由”，《东雅堂昌黎外集注》卷2《上考功崔虞部书》“是以劳思长怀，中夜起坐，度时揣已，废然而返。虽欲从之，末由也已”。（以上均为《四库全书》本）

通过检索《四库全书》，历代文献中“末由”（表“无机缘”“无可能”义）有700多例。而“未由”虽亦有188例，其中不少有别本“末由”异文（如宋王伯大编《别本韩文考异》卷19韩愈《答魏博田仆射书》：“谬承知遇，欣荷实深，伏望照察。限以官守，拜奉未由。无任驰恋，谨因使回，奉状不宣，谨状。”而宋魏仲举编《五百家注昌黎文集》卷19《答魏博田弘正仆射书》则作：“谬承知遇，欣荷实深，伏望照察。恨以官守，拜奉末由。无任驰恋，谨因使回，奉状不宣，谨状。”），显然是“末由”之误。还有部分乃“未尝经由”之义，并非一词（如《水经注释》“河未由此入海”）。故“未由”词条可以删除。然考虑到后代“未由”用例并非仅见，且部分用例无“末由”异文，可能是仿效误文所致，故《汉语大词典》亦可列“未由”（表“无机缘”“无可能”义）一词，但所引例句必须是后人仿效误文而新产生的句子（韩愈两例必须换掉），同时似有必要说明“未由”乃“末由”之形误。

三、【盘互】/【盘牙】

《汉语大词典》第7册“皿”部收有“盘互”一词。

【盘互】亦作“盘牙”。1. 交结；连结。《汉书·谷永传》：“百官盘互，亲疏相错。”颜师古注：“盘互，盘结而交互也；错，间杂也。互字或作‘牙’，言如豕牙之盘曲，犬牙之相入也。”《新唐书·藩镇传·罗绍威》：“魏牙军，起田承嗣募军中子弟为之，父子世袭，姻党盘互，悍骄不顾法令。”宋王安石《雨花台》诗：“盘互长干有绝陉，并包佳丽入江亭。”清钱谦益《明故光禄大夫赠少保谥文穆成公神道碑》：“奸邪小人盘互于内，敌国外患交跖于外。”2. 犹盘据。《晋书·桓温传》：“益梁新平，宁州始服，悬兵汉川，戍御弥广，加强蛮盘牙，势处上流，江湖悠远，当制命侯伯。”《明史·广西土司传一·梧州》：“官军屡讨之，归降，然盘互如故，往往相结诸峒蛮劫掠。”参见“盘据1”。亦谓各自盘据一方，相互为敌。《资治通鉴·魏明帝青龙元年》：“至于中夏鼎沸，九域盘互之时，率须深根固本，爱力惜费。”胡三省注：“盘互，谓各盘据而互为敌也。”（第1459页）

同时，又收有“盘牙”一词：

【盘牙】1. 交结；连结。汉王符《潜夫论·述赦》：“又重馈部吏，吏与通奸，利入深重，幡党盘牙。”宋沈遘《文懿皇后斋文》：“盛德配于尧禹，卜年过于夏商，然后本枝盘牙，卿士心膂。”2. 犹盘据。《明史·史可法传》：“贼益狂逞，盘牙江北，南都震惊。”参见“盘据1”。3. 指盗贼或叛乱者。唐元稹《唐故朝议郎侍御史河南元君墓志铭》：“其在于京邑捕盗者八年，破囊橐，掘盘牙，不可胜数。”又《加裴度幽镇两道招抚使制》：“冀服于前，燕平于后，而抚御失理，盘牙复生。”4. 形容繁复错杂。清钱谦益《赠别施伟长序》：“身世钩琐，心迹盘牙，轮困离奇，悉于诗文发之。”5. 即臼齿。《天雨花》第十四回：“盘牙落下三两个，满口鲜红顺手淋。”参见“臼齿”。（第1459页）

按：除了“盘牙”的第五个义项“即臼齿”，其他义项，均当作“盘互”是。

盘：本义为一种敞口的扁圆形盛器。《说文·木部》：“槃，承槃也。……鎜，籀文，从皿。”而其“盘绕”义，本字乃为“般”，俗字作盘。《尔雅》：“般，还也。”《经典释文》：“还，音旋。”《说文·舟部》：“般，辟也，象舟之旋。从舟从殳。殳，令舟旋也。”段玉裁曰：“《人部》‘僻’下曰：‘辟也。’此‘辟’字义同。《投壶》曰：‘宾再拜受。主人般旋（还）曰辟。主人阼阶上拜送。宾般旋（还）曰辟。’① 般，步干反。还音旋。辟，徐扶亦反。《论语》包氏注：‘足躩如，盘辟皃也。’② ‘盘’当作‘般’。般辟，汉人语，谓退缩旋转之皃也。《大射仪》‘宾辟’注曰：‘辟，逡遁不敢当盛。’《释言》曰：‘般，还也。’还者，今之‘环’字，旋也。”还、旋一音之转。“般”是“盘旋”正字。因此有“盘结”“盘节”“盘根错节”“盘错”“盘绕”等词语。如：

(1) 五溪蛮夷叛乱**盘结**，权假浚节，督诸军讨之。(《三国志·吴志·潘浚传》)

(2) 今虽降首，**盘节**未解，山栖草藏，乱心犹存。(《三国志·吴志·周鲂传》)

(3) (虞) 诩笑曰：“难者不避，易者必从，臣之节也。不遇**盘根错节**，无以别坚利，此乃吾立功之秋，怪吾子以此相劳也。”(晋袁宏《后汉纪·安帝纪一》)

(4) 得崿谷阴生之树，其树千寻，文理**盘错**。(晋王嘉《拾遗记·周灵王》)

(5) (华) 隆后至江边伐荻，为大蛇**盘绕**，犬奋咋蛇，蛇死。(晋干宝《搜神记》卷20)

互，同“笠”，《说文·竹部》：“笠，可以收绳者也。从竹，象形。中象人手所推握也。互，笠或省。”“互”本指绞绳的器具，引申之，则有纠缠、交错之义。（一说：互之交互义，语源是“五”。《说文·五部》：“五……阴阳在天地间交午也。”后“五”作数词，即借“午”为之。）

故“盘互”（字亦作“磐互”“槃互”）乃同义并列双音词，为“盘结交互”之义。引申之即有“相互勾结”，进而引申出“盘踞”之义。如：

(6) 百官**盘互**，亲疏相错。颜师古注：“盘互，盘结而交互也；错，间杂也。互字或作‘牙’，言如豕牙之盘曲，犬牙

---

① 二“旋”字《礼记》作“还”，段氏误记，则与下文“还音旋”不相应。
② 引者按：见《论语·乡党》。

之相入也。”（《汉书·谷永传》）

（7）内有管蔡之萌，外假周公之论，兄弟据重，宗族**磐互**。颜师古注：“磐结而交互也。”（《汉书·刘向传》）

（8）今大将军爽背弃顾命……欲置新人，以树私计。根据**槃互**，纵恣日甚。（《三国志·魏志·曹爽传》）

但是，《汉书·谷永传》：“百官盘互，亲疏相错。”下颜师古注：“互字或作‘牙’，言如豕牙之盘曲，犬牙之相入也。”这说明，当时已有“盘牙”这一异文出现，颜师古又望文生训，以“豕牙之盘曲，犬牙之相入”强作解释。而“盘牙”这一结构应该是名词性的，中心词是“牙”，“盘”是修饰“牙”的。其出现在这一语境中并不恰当。

实际上，“互”之俗写为“㸦”，《广韵·暮韵》：“互，差互。俗作㸦。”

在汉魏六朝碑刻中“互”的写法如下（2014：332）：

东魏孝静帝武定二年（544）十一月二十九日“叔孙固墓志”中作“**㸦**”

北齐后主天统三年（567）正月十三日“韩裔墓志”中作“**㸦**”

北齐后主武平二年（571）五月三日“刘忻墓志”中作“**㸦**”

在敦煌写本文献中，“互”的写法如下（黄征，2015：158、159）：

（9）若居王位，**㸦**相讨伐。（P. 2160《摩诃摩耶经卷上》）

（10）**㸦**相贪染因缘。（S. 6631Vg《辞父母赞文一本》）

（11）**㸦**兴损害，终结冤家。（Φ096《双恩记》）

（12）随果报而虽别形仪，配业缘而**㸦**相食敢（啖）。（Φ096《双恩记》）

另外，传世文献中“互”亦有写作“㸦”：

（13）夏殷既袭，宗周继祀。绵绵瓜瓞，六国㸦峙。（晋潘岳《为贾谧作赠陆机》）

（14）凡《尔雅》《三苍》《说文》，岂能悉得仓颉本指哉？亦是随代损益，乇有同异。（《颜氏家训·书证》）赵曦明注：“乇、互同。”

因为“互”写作“乇”，“乇”“牙”形近，故误读为“牙”，于是“盘乇”就写成了“盘牙”，所以凡表“盘结交互”“相互勾结”“盘踞”义的“盘牙”均为“盘乇”之误。

下面，我们来看带有“盘互”与“盘牙”的一些用例：

九域盘牙：

(15) 至于中夏鼎沸，**九域盘牙**之时，率须深根固本，爱力惜费。(《四库全书》本《三国志·吴志·陆瑁传》)

(16) 至于中夏鼎沸，**九域盘牙**之时，率须深根固本，爱力惜费。(元郝经撰《续后汉书·陆瑁》)

九域盘互：

(17) 至于中夏鼎沸，**九域盘互**之时，率须深根固本，爱力惜费，务自休养，以待邻敌之阙。(《三国志集解·吴志·陆瑁传》) 卢弼集解：“《通鉴》作‘盘互’，胡三省曰：‘盘互，谓各盘据而互为敌也。’”

(18) 陆瑁尝劝权曰：“**九域盘互**之时，率须深根固本，爱力惜费。”(宋周应合撰《景定建康志》卷38“攻守”)

(19) 至于中夏鼎沸，**九域盘互**之时，率须深根固本，爱力惜费。胡三省注：“盘互，谓各盘据而互为敌也。”(宋司马光《资治通鉴·魏纪·烈祖明皇帝》)

(20) 陆瑁尝劝权曰：“**九域盘互**之时，率须深根固本，爱力惜费。”(元张铉撰《至大金陵新志》卷10“攻守”)

(21) 至于中夏鼎沸，**九域盘互**之时，率须深根固本，爱力惜费。(宋郑樵《通志》卷120“陆瑁传”)

(22) 至于中夏鼎沸，**九域盘互**之时，率须深根固本，爱力惜费。(明杨士奇等《历代名臣奏议》卷228“征伐”)

根据盘牙：

(23) 群官要职，皆置所亲。殿中宿卫，历世旧人，皆复斥出。欲置新人，以树私计。**根据盘牙**，纵恣日甚。(《三国志·魏志·曹爽传》)

（24）群臣要职，皆置所亲。宿卫旧人，并见斥黜。**根据盘牙**，纵恣日甚。（《晋书·宣帝纪》）

（25）今浑之支党，姻族内外，皆**根据盘牙**，并处世位。（《晋书·王濬传》）

（26）群吏要职，皆置所亲。宿卫旧人，并见废黜。**根据盘牙**，纵恣日甚。（《太平御览》卷95“皇王部·西晋宣帝”）

（27）群官要职，皆置所亲。殿中宿卫，历世旧人，皆复斥出。欲置新人，以树私计。**根据盘牙**，纵恣日甚。（明陈禹谟撰《骈志》卷7引《魏志》）

（28）群官要职，皆置所亲。殿中宿卫，历世旧人，皆复斥出。欲置新人，以树私计。**根据盘牙**，纵恣日甚。（明贺复徵编《文章辨体汇选》卷121“论曹爽罪奏”）

（29）禁兵群官，皆置所亲。殿中宿卫，历世旧人，皆复斥出。欲置新人，以树私计。**根据盘牙**，纵恣日甚。（明梅鼎祚《西晋文纪》卷1“劾曹爽奏”）

根据盘互：

（30）群官要职，皆置所亲，殿中宿卫，易以私人。**根据盘互**，纵恣日甚。（宋袁枢撰《通鉴纪事本末》卷10下“太傅懿阴与其子中护军师散骑常侍昭谋诛曹爽”）

（31）群官要职，皆置所亲。殿中宿卫，历世旧人，皆复斥出。欲置所亲，以树私计。**根据盘互**，纵恣日甚。（明杨士奇等撰《历代名臣奏议》卷173“去邪”）

（32）先朝元凶虽去，**根据盘互**，连蔓滋多，犹恐巧相营结。（《明史·齐之鸾传》）

（33）今浑之支党，姻族外内，皆**根据盘互**，并处世位。（《通志》卷122）

盘牙连岁：

（34）顺帝末，扬徐盗贼群起，**盘牙连岁**。李贤注：“盘牙，谓相连结。”（《后汉书·滕抚传》）殿本《考证》：“《滕抚传》盘牙连岁〇牙字是⺁字之误。”

盘互连岁：

(35) 扬徐盗贼群起，**盘互连岁**。秋八月，九江范容周生等寇掠城邑，屯据历阳。(《资治通鉴·汉顺帝建康元年》)

宗族盘牙：

(36) 内有管蔡之萌，外假周公之论。兄弟据重，**宗族盘牙**。历自上古已来，未有其比。(汉荀悦《汉纪》卷27“孝成”)

宗族盘互：

(37) 内有管蔡之萌，外假周公之论，兄弟据重，**宗族盘互**。师古曰：“盘结而交互也。字或作牙，谓若犬牙相交入之意也。”(《汉书·楚元王传》)

(38) 内有管蔡之萌，外假周公之论，兄弟据重，**宗族盘互**。(《资治通鉴·汉成帝阳朔二年》)

(39) 内有管蔡之萌，外假周公之论，兄弟据重，**宗族盘互**。(宋王益之撰《西汉年纪》卷25“成帝”)

(40) 内有管蔡之萌，外假周公之论，兄弟据重，**宗族盘互**。(宋真德秀《文章正宗》卷9“刘向极谏外家封事”)

姻党盘牙：

(41) 魏牙军，起田承嗣募军中子弟为之，父子世袭，**姻党盘牙**，悍骄不顾法令。(《四库全书》本《新唐书·藩镇传·罗绍威》)

姻党盘互：

(42) 魏牙军，起田承嗣募军中子弟为之，父子世袭，**姻党盘互**，悍骄不顾法令。(《四部丛刊》本《新唐书·藩镇传·罗绍威》)

另外，还有一些不见异文的用例，则大多作“盘互（槃互、磐互)”极少见作“盘牙（槃牙、磐牙)”者。如：

(43) 自如羽翼已成，**根株盘互**，不可动摇。凶焰益肆，覆出为恶。(宋汪藻《靖康要录》卷2)

(44) 李卫公《上尊号玉册文》：“**种类磐互**，缟衣如荼，挟邪作蛊，浸淫宇内。”今之遗风亦未衰于昔日也。(明顾炎武《日知录》卷29“吐蕃回纥”)

因此，非常明显“盘牙”起初乃“盘互（盘𤘘）”之形讹，虽然后来也有一些“盘牙”的用例未见“盘互（盘𤘘）”的异文，但即使辞书要立“盘牙（磐牙、槃牙）”条，那么在表“交错”“纠缠”“盘踞”的义项下，亦须说明是因“盘互（盘𤘘）”形误而来。（《辞源》第三版，亦收了“盘互”“盘牙”两个词条，仅云“盘牙”义同“盘互”，而未说明之间的关系。①）

四、【战逐】/【战/遂】

（1）是时粤欲与汉用船**战逐**，乃大修昆明池，列馆环之。（《汉书·食货志》）于“用船战逐”下颜师古引孟康注云：“**水战相逐也**。”［《治要》卷14（古抄本267页，天明本同）、

① 一说：牙、互固然形近易混，但牙亦五音转，古音同。“龃龉”“鉏铻”等或作“齇齖”“鉏牙”“樝牙”“差牙”，亦作“差互”。可以看作“五”分化出“牙”“互”二音。方以智《通雅》卷首《汉晋变古音沈韵填汉晋音说》：“如‘允吾’音铅牙，中国竟译以‘铅牙’，而乃作‘允吾’乎？……则汉、晋时犹有牙如吾、无如毋之声。”《通雅》卷6：“龃龉，因有‘鉏铻’‘鉏鋙’‘岨峿’‘齇龉’‘鉏牙’。……古吾与牙声通。”（见《方以智全书》第1册，上海古籍出版社1988年版，第23、260页）《汉书·地理志》：“金城郡……县十三：允吾。”应劭曰：“允吾，音铅牙。”《后汉书·马援传》：“羌因将其妻子辎重移阻于允吾谷。”李贤注：“允吾，音铅牙。”《仪礼·聘礼》：“宾进讶受几于筵前。”郑注：“今文讶为梧。”又《公食大夫礼》：“从者讶受皮。”郑注：“讶，迎也。今文曰梧受。”《史记·滑稽列传》“驺牙”，即《诗·驺虞》之“驺虞”，亦即《山海经·海内北经》《广雅》之“驺吾”也。《广韵》：“衙，语居切，又音牙。”《公羊传·文公二年》：“晋侯及秦师战于彭衙。”《释文》：“衙音牙，本或作牙。”章太炎《新方言》卷2谓“吾”即“芽”“牙”（见《章太炎全集（七）》，上海人民出版社1999年版，第23页），刘盼遂《〈春秋名字解诂〉补证》谓“吾子”即《后汉书·崔骃传》之“童牙”（见《刘盼遂文集》，北京师范大学出版社2002年版，第499页）、张永言亦读吾为牙（见《论郝懿行的〈尔雅义疏〉》，《中国语文》1962年第11期，收入张永言《语文学论集》，语文出版社1992年版，第41页），其说皆本于章氏。若是“牙”因与“五”同源，故有“交互”义，则《汉语大词典》“牙”字条下当有所交代，并当于“盘牙”条下亦应有所说明。

《书钞》卷 137、《御览》卷 768 引同。]

此语最早见于《史记》:

(2) 是时越欲与汉用船**战逐**，乃大修昆明池，列观环之，治楼船高十余丈，旗帜加其上，甚壮。(《史记·平准书》) 于“用船战逐”下《集解》引韦昭曰：“**战斗驰逐也**。”

然本人通过查阅先秦汉魏直至唐代的大量文献，除《史记》《汉书》中同例各一见外，未见有“战逐”一词的其他用例，且“用船战逐”于义亦似不通，因此怀疑“逐”乃“遂”之讹，《汉书》中当作“是时粤欲与汉用船战，遂乃大修昆明池，列馆环之”，而“遂乃”“乃遂”作为联合式双音虚词，则自《左传》以降的文献中多见，仅《史记》《汉书》就不乏其例。且古文献中“逐”“遂”相讹之例亦比比皆是。《汉书·武帝纪》“发谪吏穿昆明池”下，颜师古注：“臣瓒曰：‘《西南夷传》有越嶲、昆明国，有滇池，方三百里，汉使求身毒国，而为昆明所闭。今欲伐之，故作昆明池象之，以习水战。在长安西南，周回四十里。《食货志》又曰时越欲与汉用船**战，遂**乃大修昆明池也。’”瓒所引《食货志》正作“遂乃”，可为佐证。

这一意见见本人所撰《〈汉书〉旧训考辨略例》一文，当时，正值《汉语大词典》第一版编纂之时，浙江省编写组的陈增杰先生负责《汉语大词典》“戈部”的编写，即采纳了本人意见，遂将“战逐”一词条删去，并在《新华文摘》撰文言及此事。

本来，这是一个老问题了，不必赘言。但前些年有幸读到王继如先生大作《语词的潜在及其运动》[《江苏大学学报》(社会科学版)，2008 年]，继如先生云：

> 某些字是否可以组成一个语词，根据孤立的一些材料，也许可以作出判断，但是如果能够联系更多的材料，这种判断的准确性就可以提高。这里所说的更多的材料，有的就是潜在后经过一段时间又浮现在文献中的。
>
> 《中国语文》2005 年第 3 期有董志翘先生的大作《故训资料的利用与古汉语词汇研究》，董文在指出《故训汇纂》的缺点时说：“对于所收故训材料有的尚缺乏考辨，有些故训有明

显的错误，应予剔除。”所举的例子就是作者讲过多次的“战逐”。

……董文以为“水战相逐”“战斗驰逐”迹近儿戏，所以“战逐”就不成词。董文得到了《汉书·武帝纪》“发谪吏穿昆明池”下颜师古引臣瓒曰“《食货志》又曰：时越欲与汉用船战，遂乃大修昆明池也”，便断定“战逐”的“逐”是“遂”之误，应与下文“乃”字组成复合词。并且说可能是韦昭、孟康“二人根据误本而误断句作释”。问题是如果“战逐”成立，那么，臣瓒之注却可以反过来认为“遂”是“逐”之误而连上为读。于是问题又回到了起始，“战逐”能否成为词语？按常理判断，韦昭、孟康都是训诂名家，当时应该理解“战逐”这个词语的，他们不会随便作注的，而“战斗驰逐”在逻辑上也不存在问题。

实际上，“战逐”在后代也还有用例。如：

刘公纯、王孝鱼、李哲夫点校《叶适集》卷22《故知广州敷文阁待制薛公墓志铭》：“（杨）幺据洞庭，陆耕水战，楼船十余丈。官军徒仰视，不得近。（岳）飞谋益造大舟。公（指薛弼）曰：‘若是，则未可以岁月胜矣。且彼之所长，可避而不可斗也。幸今大旱，湖水落洪。若重购舟首，勿与**战逐**，筏断江路，藁其上流，使彼之长坐废，而以精骑直捣其垒，则破坏在目前矣。’”《宋史》卷380《薛弼传》有关部分全袭用此文，只不过中华书局点校本将“逐”字属下读，成了“逐筏断江路”（中华书局点校本《宋史》第33册），不可通了。文谓用筏子阻断其通江之路，以防逃逸，用藁秸遮塞入洞庭的水流，使洞庭湖水更加枯竭，这样就使得杨幺水战之长得不到发挥。

［宋］范成大《石湖诗集》卷33《次韵姜尧章雪中见赠》：“玉龙阵长空，皋比忽先犯，鳞甲塞天飞，**战逐**三百万。当时访戴舟，却访一寒范。新诗如美人，蓬荜愧三粲。”“鳞甲塞天飞，**战逐**三百万”当是承用宋仁宗时华州狂子张元咏雪诗句“战退玉龙三百万，败鳞残甲满空飞。”（注：见《锦绣万

花谷》前集卷2“雪”条引《西清诗话》，上海辞书出版社据明嘉靖本影印1992年版，页13下栏。）战斗驰逐，逼得一方败退，张元用“战退”，范成大用“战逐”，各自可通，非谓其义相同。

太平天国的文献中用“战逐”一词甚多，如：

《天兄圣旨卷之一》（戊申年九月间）：“天兄基督又谕天王曰：洪秀全胞弟，星宿说及龙妖，尔还不觉乎？海龙就是妖魔头，凡间所说阎罗妖正是他，东海龙妖也是他，总是他变身，缠捉凡间人灵（魂）。尔当前升高天，同天兵天将**战逐**这个四方头红眼睛妖魔头，就是他。尔今就忘记乎？”

《太平天日》：“当时天父上主皇上帝命主**战逐**妖魔，赐金玺一，云中雪一，命同众天使逐妖魔，三十三天逐层战下。”

……太平天国反对读儒家经典，他们文件中出现“战逐”一词，不可能来自《史记》《汉书》，只能是来自口语。

根据上面的语料，我们可以说“战逐”作为一个语词，是成立的。《史记》用例是文献中见到的最早的用例。后来处于潜在状态，南宋时在文献中又浮现出来，其后又处于潜在状态，到近代太平天国时又大量使用。至于它在汉—南宋，南宋—近代这么长的两个时代中潜在的状况如何，是潜在于通用语中呢，还是潜在于某个方言中呢？文献有阙，我们就无法描述了。

继如先生认为韦昭、孟康都是训诂名家，当时应该理解“战逐”这个词语的，他们不会随便作注的。关于这一问题，历代训诂名家对古代文献中同一语句，断句各自不同，理解各自有异亦非鲜见。其间必然有对有错，故训诂名家偶因误本误注也并非不合常理。况且，臣瓒所见《汉书·食货志》作“时越欲与汉用船战，遂乃大修昆明池也”亦非孤证。唐宋时人所引《汉书》大多如是：

（3）伊兹池之肇穿，肄水战于荒服。志勤远以极武，良无要于后福。（《文选》卷10《潘安仁·西征赋》）唐李善注：“释穿池之意也。言志在勤于远略，以极武功，良无要于已后之福也。福谓水物之利。《汉书》曰：‘越欲与汉用船**战**，**遂**

乃修昆明池。'"（宋刊六臣本作"遂仍"。《乐府诗集》卷98解题引作"遂"，无"乃"。）

（4）元狩三年秋，发谪吏穿昆明池。（以旧吏弄法故，谪使穿，更发有赀者为吏也。西南夷昆明国有滇池，方三百里。汉使求身毒国而为昆明所闭，今欲伐之，故作昆明池象之，以习水战。在长安西南周回四十里。《食货志》又载："时越欲与汉用船战，遂乃大修昆明池也。"）（宋王钦若辑《册府元龟》卷13"帝王部·都邑"）

（5）《食货志》云："时越欲与汉用船战，遂乃大修昆明池也。"（宋乐史《太平寰宇记》卷25"关西道·雍州"）

（6）发谪吏穿昆明池：……《食货志》又曰："时越欲与汉用船战，遂乃大修昆明池也。"（宋杨侃辑《两汉博闻》卷5）

（7）《食货志》又曰："时粤欲与汉用船战，遂乃大修昆明池，列馆环之。治楼船高十余丈，旗帜加其上。"（宋宋敏求《长安志》卷4"昆明池"）

（8）粤欲与汉用船战，遂乃大修昆明池，列馆环之。治楼船高十余丈。（宋叶庭珪《海录碎事》卷3下）

（9）《食货志》："武帝时粤欲与汉用船战，遂乃大修昆明池，列馆环之。治楼船高十余丈，旗帜加其上。"（宋王应麟《玉海》卷147"汉昆明池习水战"）

更为有力的佐证是，宋后学者引《史记·平准书》亦作"遂乃"：

（10）解题曰：按《平准书》："是时越欲与汉用船战，遂乃大修昆明池，列观环之。治楼船高十余丈，旗帜加其上，甚壮。"（宋吕祖谦《大事记·解题》卷12"春作柏梁台"）

（11）是时越欲与汉用船战，遂乃大修昆明池，列观环之。治楼船高十余丈，旗帜加其上，甚壮。（宋真德秀《文章正宗》卷17"叙武帝兴利"）

（12）是时粤欲与汉用船战，遂乃大修昆明池，列馆环之。治楼船高十余丈，旗帜加其上，甚壮。（宋王应麟《玉海》卷171"池沼"）

（13）越欲与汉用船战，遂乃大修昆明池，列观环之。治楼船高十余丈，旗帜加其上，甚壮。（雍正《陕西通志》卷73“昆明池”）

（14）元封中，故吏皆通适令伐棘上林作昆明池。是时越欲与汉用船战，遂乃大修昆明池，列观环之。治楼船高十余丈，旗帜加其上，甚壮。（《陕西通志》卷99“拾遗第二·轶事”）

（15）《史记·平准书》：“越欲与汉用船战，遂乃大修昆明池，列观环之。治楼船高十余丈，旗帜加其上，甚壮。”（清毕沅《关中胜迹图志》卷6“古迹”）

以上十数例，均为唐代至清代知名学者所引《史记》《汉书》，难道还能说是孤证吗？

至于宋代《叶适集》《石湖诗集》中偶见的两个“战逐”，确实可以看成一词，但很有可能是受到误版《史记》《汉书》及孟康、韦昭注的影响，仿效而用，进而出现了“太平天国的文献中用‘战逐’一词甚多”的现象①。否则，如何解释自汉代至南北朝，自宋代到晚清这么长的两个时期所有文献中再未见到“战逐”一词出现，而唐宋时一些知名学者所撰、所编文献中所引《史记·平准书》《汉书·食货志》中大多作“是时粤（越）欲与汉用船战，遂乃大修昆明池”呢？另外，正如继如先生所言，宋代一例及太平天国文献中之“战逐”大多为“战退”之义（为动补结构的动词），后面一般带宾语，与孟康、韦昭注《史记》《汉书》中的“战逐”为“水战相逐”“战斗驰逐”（乃并列关系的动词，不带宾语）也

① 另外，“太平天国反对读儒家经典，他们文件中出现‘战逐’一词，不可能来自《史记》《汉书》，只能是来自口语”，这一说法亦甚为武断。诚然，太平天国反对读儒家经典，但立国之始就开科取士，其后制度日备，有会试、乡试、县试等。因此不可能连《史记》《汉书》类的史书都不读，所有词语只能来自口语。更何况，从太平天国文献中的几个“战逐”用例来看，均为“战退”义，后面均带宾语，所以更可能是受到宋代范成大的影响，属于仿效“因误成词”的“战逐”进而产生的新义。

不相类。所以即使辞书要收“战逐”这一词条（表“战退”义），也只能引宋代范成大用例及太平天国文献用例做书证（而此词的成词理据很可能是“因误成词”，正如前举“铃下”“钤下”；“末由”“未由”；“盘互”“盘牙”例），而决不能以《史记》《汉书》例作为书证（因为大量事实证明《史记》《汉书》中的“战逐”是“战/遂”的形误），更不宜用“语词的潜在及其运动”来加以解释。（《辞源》第三版亦未收“战逐”词条）

原载《中国语文》2020 年第 2 期，有修改

明嘉靖江以达李元阳刻《周易注疏》校勘札记

杜泽逊①

前记：余与门生从事《十三经注疏汇校》工作始于2012年3月，先成《尚书注疏汇校》，已于2018年4月由中华书局出版，共九册。另撰《尚书注疏校议》一册，同时出版。《周易注疏汇校》始于2014年1月，至2015年4月完成初稿，其后陆续复审修订，延至2021年2月始定稿。《周易注疏汇校》所校诸本计二十四种：唐石经本（简称石。以下括注皆为简称），敦煌写本《贲》卦单疏残卷（敦），南宋刻单疏本（单），日本富冈桃华盦旧藏单疏写本（桃），日本足利学校藏南宋两浙东路茶盐司刻八行注疏本（八），瞿氏铁琴铜剑楼旧藏南宋刻经注释文本（瞿），王世贞旧藏南宋刻经注本（王），南宋抚州公使库刻经注本（抚），南宋刻纂图互注本（纂），南宋刻《周易要义》（要），元相台岳氏刻经注释文本（岳），元刻十行注疏本（元），元刻十行本明正德嘉靖修版印本（十），明永乐刻注疏本（永），明天一阁刻《周易略例》本（天），明嘉靖江以达、李元阳福建刻注疏本（闽），明万历北京国子监刻注疏本（监），明崇祯毛氏汲古阁刻注疏本（毛），明末毛氏汲古阁《津逮秘书》刻《周易略例》本（津），明末《说郛》刻《周易略例》本（说），清乾隆武英殿刻注疏本（殿），清乾隆内府写《文渊阁四库全书》本（库），清乾隆内府写《四库全书荟

① 作者简介：杜泽逊，山东大学讲席教授、文学院院长，山东大学儒学高等研究院教授。

要》本（荟），清嘉庆阮元南昌府学刻注疏本（阮）。以明万历北监本为底本。前人校勘成果收录者十六家：清顾炎武《九经误字》，日本山井鼎、物观《七经孟子考文补遗》，清乾隆武英殿本《考证》，清乾隆浦镗《十三经注疏正字》，清乾隆《四库全书考证》，清乾隆《四库全书荟要》附按语，清乾隆卢文弨《群书拾补》，清乾隆武英殿重刻《相台五经》附考证，清嘉庆阮元《十三经注疏校勘记》（简称阮元《校记甲》），清嘉庆阮元南昌刻《十三经注疏》附《校勘记》（简称阮元《校记乙》），清道光汪文台《十三经注疏校勘记识语》，日本海保元备《周易校勘记举正》，清孙诒让《十三经注疏校记》，清胡玉缙《周易注疏校勘续记》，民国刘承干《周易单疏校勘记》，日本长泽规矩也《周易校勘记补遗》。荟萃异同，条举众说，聊供方家参稽而已。拙见所及，别纸记之，积久成帙，今检出闽本各条，略以类归，计十三题七十五条，以就教于同道。二〇二二年十二月廿三日。

一、闽本之校正

明嘉靖间福建提学江以达、巡按李元阳闽刻本从元十行本明嘉靖修版出，而取他本校勘，雠正良多，殊可贵也。兹举例言之。

1. 监本卷一《乾》卦第十五页七行疏："施于五事言之。""五"字，元刊十行本作"ヨ"，乃"五"字之残，元刊明修十行本此页仍为元版之旧。永乐本从元刊十行本出，因而误为"王"字。阮本从十行本出，亦误为"王"字。而李元阳本虽出十行本，此字改为"五"，与宋刊单疏、宋刊八行本及《要义》合。监、毛、殿本均沿李元阳闽本作"五"。按："五"字是也，谓仁、义、礼、智、信。全文为："施于五事言之，元则仁也，亨则礼也，利则义也，贞则信也。不论智者，行此四事，并须资于知。"山井鼎以毛本为底本，二本皆作"五"，不出校为自然。阮元既校十行、闽、监、毛各本，其闽、监、毛作"五"，自应出校，而竟不出，殆为漏校。北京大学出版社李学勤本仍阮本之误作"王"。

2. 监本卷一《坤》卦第三十一页六行疏："阳唱而阴和。""和"字，宋刊单疏本、宋刊八行本同。元刊十行本断版不可识。

元刊明修十行本作“利”，误。李元阳闽本作“和”，是校而正之也。监本以下并作“和”。

3. 监本卷一《坤》卦第三十七页八行疏：“□云义以方外，即此应云正以直内。改云敬以直内者。”“敬以直内”，各本同，唯元十行本明嘉靖修版误为“敬以直正”。李元阳闽本从嘉靖修版出，而改为“敬以直内”，知其校雠有功也。

4. 监本卷一《屯》卦第三十九页五行注：“得主则定。”“主”，元十行本明嘉靖修版误作“王”，李元阳闽本从嘉靖修版出，而改“王”为“主”，是校雠之功。阮本仍作“王”，而《校记》云：“王，主之误。”

5. 监本卷一《蒙》卦第四十五页六行疏：“故知是二也。”“二”，各本同，唯元刊明修十行本作“一”，误。李元阳闽本从之出，而改正为“二”。虽显误而订之，亦见用心。

6. 监本卷二《小畜》第二十二页十三行注：“夫阴能固之。”“夫”，宋刊八行本、瞿氏藏宋本、宋刊纂图互注本、元相台岳氏本皆同。元刊十行本误“去”。永乐本、元刊明修本沿其误。李元阳闽本改“夫”，与古本合。监、毛、殿本从闽本。

7. 监本卷二《同人》卦第四十页七行疏：“乃得亨通。”“通”，宋刊单疏本、宋刊八行本同。元刊十行本误“进”。永乐本、李元阳本改正为“通”，与宋本合。阮元本从十行本出，仍其误作“进”，而不出校记，殆疏忽也。北京大学出版社本又沿阮误。刘承干《校记》云：“阮本‘通’作‘进’，误。”得之。

8. 监本卷二《大有》卦第四十九页二行疏：“是慕尚贤之行也。”“之”，宋刊单疏本、宋刊八行本、元刊十行本同。十行本嘉靖修版误“人”。李元阳本改正为“之”，以下各本不误。唯阮元本从嘉靖修版之误作“人”，又不出校记。北京大学出版社本从阮本出，亦沿其误。

9. 监本卷二《谦》卦第五十三页三行注：“夫吉凶悔吝，生乎动者也。”“夫”，宋刊各本同。元刊十行本作“天”，形近讹也，永乐本从之，知永乐本从元刊十行本出。十行本明嘉靖修版亦作“天”，沿元十行也。李元阳闽本从元十行本嘉靖修版出，而改

“天”为“夫”，知其校雠有可称道也。以后监、毛、殿本均作“夫”。阮本从元刊明修十行本出，而“天”字径改为“夫”，殆以显误也。

10. 监本卷四《睽》卦第三十页二行疏：“佐主治民，其意则同。”“主”，宋刊单疏本、宋刊八行本、元刊十行本、永乐本皆同。元刊明修十行本误“王”，李元阳闽本改正为“主”，可见校雠之功。设不校旧本，“佐王”亦自可通，殊不易察之也。监、毛、殿本皆从闽本。唯阮本从元刊明修十行本之误作“王”。南昌本补校记云：“毛本‘王’作‘主’。”不置可否。北京大学出版社本又从阮误。不知宋元旧本及闽、监、毛、殿各本皆作“主”也。古书有不校而无从知其误，此其例。

11. 监本卷四《解》卦第三十七页十三行注：“解难济险，利施于众也。亦不困于东北，故不言不利东北也。”宋抚州本、宋刊纂图互注本、瞿氏藏宋本、宋刊八行本、岳本、元刊十行本、永乐本皆同。元刊明修十行本（北大藏）“也亦”二字误“遇难”。李元阳闽本改正为“也亦”，监、毛、殿本皆沿闽本。唯阮本从元刊明修十行本出，仍误“也亦”为“遇难”。阮元《校记》云：“岳本、闽、监、毛本‘遇难’作‘也亦’。”不置可否。楼宇烈《校释》用阮本作底本，亦沿阮本之误，并录阮元《校记》，亦未置可否。北京大学出版社李学勤本沿阮本误，校记亦同。此皆不能参校旧本，不能详其讹误始于十行明人修版，故不能断其是非也。

12. 监本卷四《益》卦第四十八页五行疏：“为天下之所庆赖也。”“赖”，宋刊单疏本、宋刊八行本、元刊十行本、永乐本同。元刊十行本明修版误“顺”。李元阳闽本作“赖”，可见校正之功。监、毛、殿本皆沿闽本不误。阮本从十行明修版出，仍其误作“顺”，又未出校记。北京大学出版社李学勤本又沿阮误。刘承干《校记》云：“阮本‘赖’作‘顺’。”是首揭阮本异文者，而未置可否。

13. 监本卷五《萃》卦第十二页十八行注：“故可以省薄荐于鬼神也。”“故可”，宋刊八行本、瞿氏藏宋本、宋抚州本、宋刊纂图互注本、元相台岳氏本同。元刊十行本误“致之”，元刊十行本明修版沿元刊十行本。李元阳闽本改正为“故可”，即此可见其校雠之功。监、毛、殿本沿闽本。永乐本从元刊十行本出，“致”字沿误，而改“之”为“可”，亦有校雠之功。阮本从元刊明修十行本出，仍其误作“致之”。南昌府学重刊注疏补校云：“毛本‘致之’作‘故可’。”不置可否，以不能多校旧本故也。楼宇烈《校释》据《四部丛刊》影印抚州本及孔颖达《正义》改“致之”作“故可”。北京大学出版社李学勤本则沿阮元本之误未改。

14. 监本卷五《革》卦第三十三页二行疏：“故文细而相映蔚也。”“细”，宋刊单疏本、宋刊八行本、元刊十行本、永乐本同。元刊明修十行本作“炳”，乃依“九五”象辞“文炳”而臆改。李元阳闽本觉其误，复改正为“细”，此必依旧本如单疏、八行本也。监、毛、殿本均从闽本。唯阮本从元刊明修十行本出，仍其误作“炳”。南昌本补校记云：“毛本‘炳’作‘细’。”不能辨其是非。北京大学出版社本又仍阮本之误。按：《革》卦九五“大人虎变”，上六“君子豹变”，其义迥别，故象辞云“大人虎变其文炳”“君子豹变其文蔚”。“炳”为“彪炳”“炳著”，其势大。“蔚”为“蔚缛”，其势小。故疏云：“其文蔚者，明其不能大变，故文细而相映蔚也。”元刊明修十行本改“细”为“炳”，义正相反，显为无知妄改。阮本沿之，而不辨是非，是卢宣旬失察。

15. 监本卷五《渐》卦第五十一页三行疏：“所愿在于与二合好。”“二”，各本同。元刊明修十行本误“三”，李元阳闽本改正为“二”，可见其校雠不苟。监、毛、殿本从闽本。独阮本仍元刊明修本之误作“三”，又未出校记。北京大学出版社李学勤本又仍阮本之误。按：下文云“既各履中正”，则是九五与六二配也，上文云：“有应在二，而隔乎三、四，不得与其应合。”亦可证作“二”是。刘承干《校记》云：“阮本‘二’作‘三’，误。”是也。惜北京大学出版社本未参刘校，故仍阮本误也。

16. 监本卷六《未济》卦第三十九页五行疏：“足得相拯。”“足”，宋刊单疏本、宋刊八行本、元刊十行本、永乐本同。元刊十行本嘉靖修版（北大藏）误为“是”，形近所致。李元阳闽本校正为“足”。以下监、毛、殿本皆沿闽本作“足”，不误。阮本从十行本嘉靖修版出，仍其误作“是”，又未出校记。北京大学出版社李学勤本又沿阮本误，亦无校记。夫阮本广作校勘，有所遗漏，情有可原。北大社本但作校点，抄录阮校记，而不作进一步校勘，不能不引为遗憾也。

17. 监本附《释文》第三页十八行“博施”下释文：“式支反。”瞿氏藏宋本、宋纂图互注本、岳本皆作“式豉反”，与《经典释文》原书同。元刊十行本、元刊明修十行本、永乐本作“式鼓反”，乃形近之讹。李元阳闽本从元刊明修十行本出，改“鼓”为“豉”，良是。北监本从闽本出，乃改“豉”为“支”。《大广益会玉篇》等有“施，式支切”，殆为北监本所据，然与旧本及《释文》原书均不合，乃臆改不可取。监本依他字书改《释文》反切，纵有来历，亦非其宜。

18. 监本附《释文》第三十八页二行释文：“少男，诗照反。下少女皆同。”宋本《经典释文》同。瞿氏藏宋本、宋刊纂图互注本出“少”字，以下音注同。元刊十行本同《经典释文》。唯刘承干藏本后印，此版中断，“照”“少女”之“女”均不可识。元刊明修十行本误为：“少男，許黨反，下必之皆同。”殆以底本模糊而揣测为之，误之甚矣。李元阳闽本从元刊明修十行本出，改正为：“少男，诗照反，下少女皆同。”与宋本《经典释文》全同，殊可贵。北监本沿李元阳本。永乐本从元刊十行本出，而“诗”作“时”，余皆同，知当时所见十行本尚清晰可辨，“诗”作“时”乃手民之误耳。阮元本从元刊明修十行本出，“诗照”作“许党”，“少女”作“必之”。改“許黨”为“许党”，殊不可取。反不如李元阳本之为愈也。

闽本校正，佳例甚多，不更详列。

二、闽本或参用永乐本

江以达、李元阳刻闽本从元刊十行本明修版出，世无异议，唯当时取校旧本，颇称矜慎，今经校勘，疑尝参校永乐本。举证如下。

1. 监本卷四《解》卦第三十七页十四行疏：“然解有两音，一音古买反，一音谐买反。”“谐买反”，单疏本、八行本作“胡卖反”，元刊十行本误为“胡买反”，殆涉上“古买反”所致。永乐本从元刊十行本出，又误“故买反”。李元阳闽本亦从元刊明修十行本出，自应作“胡买反”，而作“故买反”，与永乐本同，疑李元阳闽本参用永乐本。

2. 监本卷五《革》卦第三十三页二行疏：“但顺面从君也。”“面”，宋刊单疏本、八行本、元刊十行本、元刊明修十行本均作“而”。按：“而”释“以”字，是。永乐本误“面”，李元阳本亦误“面”，则李元阳本当参永乐本也。

3. 监本卷五《归妹》第五十一页十七行疏：“此卦名归妹，以妹从娣而嫁。”“娣”，宋刊单疏本、宋刊八行本作“姊”，是。元刊十行本误作“妹”。“以妹从妹”文词不通，永乐本改“以妹从娣”，李元阳闽本亦改“以妹从娣”，与永乐本同。以后监、毛、殿、阮本皆从闽本之误作“娣”。疑李元阳闽本尝参永乐本。

4. 监本卷六《丰》卦第三页八行注：“蔀，覆暖。”“暖”，各本同，唯永乐本、李元阳闽本作“曖”。下十五行疏：“蔀者，覆暖。”“暖”亦仅永乐本、闽本作“曖”。疑闽本据永乐本改字也。

5. 监本卷六《小过》卦第三十一页一行注：“小过之时，大者不立。”“时”，宋刊八行本、瞿氏藏宋本、王世贞旧藏宋本、宋抚州本、元相台岳氏本、元刊十行本、元刊明修十行本作“世”，是也。下疏文“小过之世，大者不能立德”正释此注。永乐本作“时”，当误。李元阳闽本从元刊明修十行本出，而改“世”为“时”，当参永乐本而改。

6. 监本卷七《系辞上》第八页二行疏：“其有祉有庆有福之属。”“祉”上“有”字，单疏本、宋刊八行本、元刊十行本、元十行本嘉靖修版均作“以”。嘉靖李元阳闽本从十行本嘉靖修版出，而改“以”为“有”。其先，永乐本作“有祉”，则闽本改“以”为“有”当依永乐本。监、毛、殿、阮本皆从闽本作“有”。山井鼎《考文》：“宋版上‘有’作‘以’。”卢文弨《拾补》：“宋本‘有祉’作‘以祉’。”阮元《校记》：“其以祉有庆有福之属。宋本同。闽、监、毛本‘以’作‘有’。”均不置可否。按：作“以”

字是。“以祉”，指《泰卦》：“六五，帝乙归妹，以祉元吉。”“有庆”，指《丰卦》：“六五，来章有庆誉，吉。”“有福”，指《泰卦》：“九三，……于食有福”。孔颖达疏应标点为：“其‘以祉’‘有庆’‘有福’之属，各于爻卦别言，故不在此而说。”（中华书局于天宝点校本不误。）永乐本改“以祉”为“有祉”，以与“有庆”“有福”一律，是望文生义，不知妄改。闽本据永乐本改元刊明修十行本，是以不误为误。监、毛、殿、阮本皆沿闽本之误。卢文弨、阮元不置可否，殆未深究也。

三、闽本挖版改正

1. 监本卷三《观》卦第十六页十五行疏：“由我而化，我教化善，则天下著君子之风。”“而化”，宋刊单疏本、宋刊八行本、元刊十行本、永乐本同，十行本明正德十二年修版讹作“而观”。“我教”，宋刊单疏本、宋刊八行本、元刊十行本、永乐本同，十行本明正德修版误作“而教”。李元阳闽本从十行正德修版出，其“而观”作“而化”，“而教”作“我教”，唯“化”“我”二字笔画粗黑，当是后来挖改，知李元阳本初亦从正德本之误作“观”“而”，后校正挖改为“化”“我”。至于“著”字，宋刊单疏本、宋刊八行本、《要义》、元刊十行本、元刊明修十行本、永乐本、闽本作“有”，是。监本误“著”，毛本从监本。至殿本改“有”，殆从八行本校正也。

2. 监本卷四《蹇》卦第三十七页五行疏：“上六难终之地。”“地”字，各本同，元刊明修十行本（北大藏）作“也”，误。李元阳闽本从元刊明修十行本出，改正为“地”，字稍浓，当系改刻。又同上六行疏：“故曰来硕吉也。”各本同，唯元刊十行本明修版（北大藏）“硕”上脱“来”字。李元阳闽本补“来”字，字稍浓，亦似改刻。监、毛、殿本皆从闽本不脱，而阮本从元刊明修十行本脱“来”字，又无校记，北京大学出版社李学勤本更沿阮本脱。实则刘承干《校记》已指出“阮本脱‘来’字”，北京大学出版社本未参刘《校记》也。又同上六行疏：“险夷难解。”“难”字各本同，唯元刊十行本误作“虽”，元刊明修十行本沿之作“虽”。

李元阳闽本改正为“难”，字左旁较浓，似改刻。监、毛、殿、阮各本均沿闽本作“难”。阮本从元刊明修十行本出，不作“虽”而作“难”，亦校正者也。以上三例皆可见李元阳闽本校雠不苟。

3. 监本卷四《睽》卦第二十九页六行疏文起讫语：“象曰睽火动而上至小事吉。”“睽火动”，元刊十行本无“火”字，永乐本从之，元刊明修十行本亦从之。唯据《象传》，当有“火”字。李元阳闽本增“火”字，“睽火动”三字笔画浓重，且三字占两字空间，知初刻仍从十行本作“睽动”，后觉其脱误，乃挖改为“睽火动”三字也。此系闽本校正改刊之迹。

4. 监本卷七《系辞上》第八页十四行疏：“若细别之，吉凶之外，别有悔吝也。”“若”，宋刊单疏本、宋刊八行本、元刊十行本、永乐本同。元刊十行本明嘉靖修版“若”误“是”。李元阳闽本从嘉靖修版出，而改“是”为“若”，从宋元本，唯“若”字粗黑，殆初刻作“是”，后觉其误，挖改为“若”，可见其校雠不苟。监、毛、殿本皆从闽本，唯阮本从元刊十行本嘉靖修版出，仍误作“是”，又未出校记，殆偶疏也。北京大学出版社李学勤本又沿阮本之误。

5. 监本卷七《系辞上》第十四页十二行疏：“阴阳深远，不可求测。”“测”，各本同，唯元十行本明嘉靖修版作“难”，殆以元刊十行本漫漶难识所致。李元阳闽本从元十行本明嘉靖修版出，而改“难”为“测”，足见校雠之功。唯“测”字粗黑，当是初刻为“难”，后校出而挖改也。其后监、毛、殿本皆从闽本不误。阮本从元十行本嘉靖修版出，仍误作“难”字，而未出校记，殆疏忽也。

四、闽本校补十行本明修版之阙误

元刊十行本明修版，以元版漫漶，抽换补刊，多有墨块阙文，更有递修强补之讹。江以达、李元阳闽本为之校补，多据旧本，成绩可观也。兹举元刊明修十行本卷三《离》卦第三十七版为例。此版刘承干藏元刊十行后印本（今藏美国伯克利加州分校图书馆）虽有模糊，尚可辨识，正德十二年修版则墨块甚多，知当时元版已漫漶不可辨矣。江以达、李元阳闽刻本则已校补完全，且文字无误。

1. 监本卷三《离》卦第六十页三行疏：“故万事亨，以中正得通。”“万事亨以”四字，宋刊单疏本、宋刊八行本、元刊十行本、永乐本同。十行本正德修版作“云柔丽乎”，当系底本模糊不能辨，依上文“柔丽乎中正”臆补之。李元阳闽本改正为“万事亨以”四字，监、毛、殿本从闽本。阮本仍正德修版之误，《校记乙》指出其误。

2. 监本卷三《离》卦第六十页四行疏：“以牝牛有中正故也。案诸卦之象。”“故也案诸卦”五字，宋刊单疏本、宋刊八行本、元刊十行本、永乐本同。十行正德修版误作“而柔顺故丽”。李元阳本改正为“故也案诸卦”五字。监、毛、殿本从闽本。阮本仍正德本之误，《校记乙》指出其误。

3. 监本卷三《离》卦第六十页四行疏：“此象既释卦名。”“此象既释卦”五字，宋刊单疏本、宋刊八行本、元刊十行本、永乐本同，十行正德修版为墨丁。又同上五行疏：“与诸卦不例者，此乃夫子随义则言。”“例者此”三字，宋刊单疏本、宋刊八行本、元刊十行本、永乐本同，十行本正德修版作墨丁。又同上五行疏：“此既释离名丽，因广说日月草木所丽之事。”“丽因广说日月草木所丽”十字，宋刊单疏本、宋刊八行本、元刊十行本、永乐本同，十行本正德修版为墨丁。“此”，正德修版误作“比”。又同上六行疏：“然后却明卦下之义，更无义例。”“义更无义例”五字，宋刊单疏本、宋刊八行本、元刊十行本、永乐本同，十行正德修版作墨丁。又同上七行注：“继，谓不绝也。明照相继，不绝旷也。”“继谓不绝”四字，“相继不绝旷”五字，宋刊单疏本、宋刊八行本、元刊十行本、永乐本同，十行本正德修版为墨丁。江以达、李元阳闽刻本均已补订，且与宋刊单疏本、宋刊八行本、元刊十行本同。

4. 监本卷三《离》卦第六十页八行疏：“今有上下二体，故云明两作离也。”“有上下二体故云”七字，宋刊单疏本、宋刊八行本、元刊十行本、永乐本同，十行本正德修版作墨丁。闽本均补正，与宋刊单疏本、宋刊八行本、元刊十行本合。唯“体”，宋刊单疏本、宋刊八行本、《要义》、元刊十行本、永乐本作“离”。李元阳本补墨丁误为“体”，监、毛、殿、阮各本均沿闽本。按：疏上文云："重明，谓上下俱离。"则作"离"是，闽本作"体"乃形近之讹，以致其后各本皆沿误不能改。

5. 监本卷三《离》卦第六十页九行疏："各因卦体事义，随文而发。乾坤不论上下之体。""体事义随文而发"七字，宋刊单疏本、宋刊八行本、元刊十行本、永乐本同，元刊十行本正德修版作墨丁。又同上十行疏："故总称上下二体也。""总称"二字，宋刊单疏本、宋刊八行本、元刊十行本、永乐本同，十行本正德修版作墨丁。又同上十行疏："义皆取连续相因。""取连续相因"五字，宋刊单疏本、宋刊八行本、元刊十行本、永乐本同，十行本正德修版作墨丁。又同上十一行疏："故云随风巽也。""随风巽"三字，宋刊单疏本、宋刊八行本、元刊十行本、永乐本同，十行本正德修版作墨丁。又同上十一行疏："是两物各行也。""两物"二字，宋刊单疏本、宋刊八行本、元刊十行本、永乐本同，十行本正德修版作墨丁。又同上十二行疏："是积聚两明。""积聚两明"四字，宋刊单疏本、宋刊八行本、元刊十行本、永乐本同，十行正德修版作墨丁。闽本从元刊明修十行本出，以上墨丁均已校补，且与宋刊单疏本、宋刊八行本、元刊十行本、永乐本合。阮本从元刊明修十行本出，所缺文字皆从闽、监、毛本补入，实赖闽本也。

五、闽本理校之佳者

监本卷二《小畜》第二十七页十三行疏："至于上九无所可畜。""无所可"，宋刊单疏本、宋刊八行本、元刊十行本、元刊明修十行本、永乐本均作"无可所"。李元阳闽本作"无所可"，监、毛、殿本从闽本。按：孔颖达《左传正义》《礼记正义》"无所可某"句式多有，而"无可所某"则罕见，李元阳闽本所改是也。日本海保元备《周易校勘记举正》云："宋本'所可'二字误倒。"是。

六、闽本据朱子《本义》改字

监本卷九《序卦》第十七页八行经文："决必有所遇。""所"字，宋刊八行本、瞿氏藏宋本、王世贞旧藏宋本、宋抚州本、宋刊纂图互注本、元刊十行本、元刊明修十行本、永乐本无。闽本加

“所”字，殆依朱子《本义》。监、毛本从闽本。阮元《校勘记》云：“闽、监、毛本‘有’下衍‘所’字。”

七、闽本《释文》似参《洪武正韵》

监本附《释文》第三十八页三行：“为釜，扶古反。”“扶古反”，宋本《经典释文》作“房甫反”。瞿氏藏宋本、宋刊纂图互注本同。元刊十行本（刘承干旧藏）此版中断，“房”字不可识。元刊明修十行本作“□甫反”。李元阳闽本作“扶古反”。按《洪武正韵》“釜”作“扶古切”，当为李元阳闽本所据。北监本从闽本。永乐本从元刊十行本出，而作“房甫反”不误，当是永乐本所见元刊十行本尚清晰可辨。

八、闽本依《孔子家语》校改

1. 监本卷二《同人》卦第四十五页二行疏：“《孔子家语·弟子好生篇》云：楚昭王出游，亡乌号之弓。左右请求之。王曰：‘楚人亡弓，楚人得之。’”“楚人得之”，宋刊单疏本、宋刊八行本、宋刊《要义》、元刊十行本、元刊明修十行本、永乐本均作“楚得之”，无“人”字。李元阳闽本始增“人”字。监、毛、殿本从闽本。阮元《校记》云：“今本《家语》有‘人’字。”殆李元阳本依《孔子家语》增一“人”字也。

2. 同上第三行疏：“不曰人亡弓人得之。”“弓”，宋刊单疏本、宋刊八行本、宋刊《要义》、元刊十行本、元刊明修十行本、永乐本均作“之”。李元阳本始改“之”为“弓”。监、毛、殿本从闽本。阮元《校记》云：“今本《家语》作‘弓’。”是亦据《家语》校改疏文。

九、虞舜六人

监本卷三《颐》卦第四十四页十八行疏：“圣人但养贤人使治众，众皆获安。有如虞舜五人，周武十人，汉帝张良，齐君管仲，此皆养得贤人以为辅佐。”“虞舜五人”与《论语·泰伯》“舜有臣五人而天下治”合，五人者，何晏集解引孔曰：“禹、稷、契、皋陶、伯益。”唯《周易正义》宋刊单疏本、宋刊八行本、元刊十行本、明永乐本、十行本明嘉靖修版皆作“虞舜六人”。考《尚书·

舜典》帝舜命官自禹以下若干人，末云："帝曰：咨，汝二十有二人，钦哉，惟时亮天功。"孔传："禹、垂、益、伯夷、夔、龙六人新命，有职四岳、十二牧，凡二十二人，特敕命之。"孔颖达疏："咨嗟，汝新命六人，及四岳、十二牧，凡二十有二人。"又云："传以此文总结上事，据上文询于四岳，咨十有二牧，及新命六官等，适满二十二人。"则孔颖达疏于舜臣有六人之说，无五人之说。明嘉靖间李元阳闽刻本《周易注疏》改"虞舜六人"为"虞舜五人"，自是依《论语·泰伯》而改之，不可谓无据，唯孔颖达六人之说亦有来历，未可援《论语》以改孔疏也。盖元明《四书》行天下，世人唯知《四书》，而不知《尚书·舜典》注疏自有六人之说也。闽本以下监、毛、殿本皆从之作"五人"，阮本从十行本出，亦径改"六人"为"五人"，不出校记，殆以为必是五人，无须辩也。夫《论语》"五人"自不误，《周易》孔疏作"六人"亦自有来历，各存其旧可也。

十、闽本因误读经文而误改疏文

监本卷七《系辞上》第四十一页九行疏："言人于此易之四象所以示，系辞所以告，吉凶所以断，而行之。行则鬼神无不佑助。""所以断"，宋刊单疏本、宋刊八行本、元刊十行本、元刊明修十行本、永乐本皆作"告所断"。闽本改"所以断"，监、毛、殿本皆从闽本。阮本从元刊明修十行本出，作"告所断"，而南昌本附《校勘记》云："闽、监、毛本'告所'作'所以'。补案：所改是也。"此卢宣旬按语，以闽、监、毛本作"所以"为是。北京大学出版社李学勤主持标点本、中华书局于天宝点校宋本皆从阮元《校记》改"告所"为"所以"。泽逊按：宋、元、明初本作"告所断"不误。《系辞上》原文："易有四象，所以示也。系辞焉，所以告也。定之以吉凶，所以断也。"显然"吉凶"之答案来自"四象"与"系辞"。"四象"因非文字，故其传递吉凶之法为"示"。"系辞"乃"爻卦之下辞"，为文字，所以传递吉凶之法为"告"。即疏所云："易有四象，所以示也。系辞焉所以告也。"系辞之"告"功能何在？疏云："'系辞焉所以告'者，系辞于象卦下，所以告其得失也。‘定之以吉凶，所以断’者，谓与系辞之中，定其行事吉凶，所以断其行事得失。”首先“定其行事吉凶”，进而“断其行事得失”。亦即“定行事吉凶”“断行事得失”皆依据系辞。故疏文断句当作：“言人于此易之四象所示，系辞所以告吉凶，告所断而行之。行则鬼神无不佑助。”“告所断”谓“告所断其行事得失”，承上“断其行事得失”而省文，故以“所断”代之。闽本改疏文“告所”为“所以”，以“吉凶所以断”为句，上接“四象所以示，系辞所以告”，以求文句顺畅，实乃误以经文“吉凶所以断”连读，不知经文“吉凶”当属上读，作“定之以吉凶，所以断也”。明人改书，文从字顺，而细究文义，则不免乖违，此其例也。

十一、闽本理校之不可尽从

凡古书校刊，以意改之，每多错误。其间又分二种，一曰有意改之而不可尽从，一曰无据而以己意推测而改之，尤易致误也。前者可谓理校而不可尽从，后者则径谓之臆改可也。兹举闽本有据改字而不可尽从者。

1. 监本卷二《讼》卦第八页十五行疏：“郑注云：不易之田，岁种之。一易之田，休一岁乃种。再易之田，休二岁乃种。”“再易之田”，宋刊单疏本、宋刊八行本、《要义》、元刊十行本、元刊明修十行本、永乐本皆作“再易之地”。李元阳闽本改“地”为“田”。监、毛、殿本皆沿闽本。按：孔颖达此疏本《周礼·大司徒》“不易之地家百亩”一节，郑玄注引郑司农：“不易之地，岁种之，地美，故家百亩。一易之地，休一岁乃复种，地薄，故家二百亩。再易之地，休二岁乃复种，故家三百亩。”皆作“地”字。《周易正义》则“不易之田”“一易之田”皆作“田”，“再易之地”作“地”。古人引书不尽合原文，李元阳本改“地”为“田”，求其一律，此擅改古书之病，明人每不能免，故为清人所讥也。胡玉缙《周易注疏校勘续记》引丁国钧谓“八行宋本‘地’字本缺，十行本始补‘地’字，闽、监、毛本悉因之”，此则未见宋刊单疏本，又不知常熟瞿氏藏宋刊八行本此版下部二字皆后来修补，字体明显不同，其中“地”字空白，亦修版所致，日本足利学校藏宋刊八行本刷印在前，“地”字固完好无缺也。丁国钧谓十行本始补“地”字，非其实也。至于闽、监、毛本均改“地”为“田”，亦非“悉因”十行本也。

2. 监本卷二《师》卦第十二页一行疏：“言为师之主，唯得严庄丈人监临主领，乃得吉无咎。”“为师之主”，宋刊单疏本、宋刊八行本、《要义》、元刊十行本、元刊明修十行本、永乐本皆作“为师之正”，是也，此释经文“师贞”，贞，正也。李元阳闽本改为“为师之主”，殆以下文象辞疏“又为师之主，虽尚威严，当赦其小过”，亦有“为师之主”语，从而改之。不知前后文义微别也。监、毛皆沿闽本之误。武英殿本改回“为师之正”，盖从文渊阁藏宋刊八行本也。

3. 监本卷二《泰》卦第三十二页一行疏：“物既泰通。”“泰”字，宋刊单疏本、宋刊八行本、宋刊《要义》作“大”。元刊十行本作“太”，永乐本、元刊明修本、阮元本从之作“太”。李元阳闽本作“泰”，监、毛、殿从闽本作“泰”。此“大通”“太通”“泰通”演变之迹可循而观。按：作“大通”是也。下文“象曰，天地交泰”，王注：“泰者，物大通之时也。上下大通，则物失其节。”知“大通”即释“泰”者。若以“泰通”释“泰”，则不通。元刊十行本改“大”为“太”，亦非。闽本“泰”字又“太”之改写。古书日亡其旧貌，此其例也。

4. 监本卷四《益》卦第四十九页三行疏：“独取风雷者。”“风雷”，宋刊单疏本宋刊八行本、元刊十行本、元刊明修十行本、永乐本皆作“雷风”。按此承上“雷以动之，风以散之”“雷动于前，风散于后”“风之为益，其在雷后”言之，故作“雷风”为是。李元阳闽本改“风雷”，殆依“象曰风雷益”，实臆改之也。监、毛、殿本皆沿闽本之误。阮本从元刊明修十行本出，作“雷风”，不误，唯“独”字误为“犹”字。北京大学出版社李学勤本又沿阮本之讹。

5. 监本卷五《萃》卦第十三页十二行注：“犹不若一阴一阳之应。”“应”字，宋刊八行本、瞿氏藏宋本、王世贞旧藏宋本、宋抚州本、宋刊纂图互注本、元相台岳氏本、元刊十行本、元刊明修十行本、永乐本均作“至”。李元阳闽本改“应”，监、毛从闽本。殿本复改作“至”，阮本亦从十行本作“至”。库本从殿本出，而改“至”为“应”。《四库全书考证》云：“刊本‘应’讹‘至’，据疏及毛本改。”《荟要》本与库本同。乾隆重刊岳本亦改“至”为“应”，其《考证》云：“汲古阁本、《兼义》本‘之至’俱作‘之应’，与孔氏正义合，今据改。”阮元《校记》则未置可否。泽逊按：孔疏复述王注而易其一二字者多矣，岂可尽作划一？“应”字固通，“至”字自亦可解，闽本据疏文改王注，殊不可取。楼宇烈《校释》、北京大学出版社李学勤本均改王注“至”字为“应”字，皆不可从。

6. 监本卷五《困》卦第二十三页十二行疏：“象亦言困于臲卼。”“象”，宋刊单疏本、宋刊八行本、元刊十行本、元刊明修十行本、永乐本皆作“应”，李元阳闽本改“象”，监本从之。按：经云：“上六，困于葛藟，于臲卼。”王注：“故曰‘困于葛藟，于臲卼’也，下句无‘困’，因于上也。”疏：“故曰‘困于葛藟，于臲卼’也，应亦言‘困于臲卼’，‘困’因于上，省文也。”意谓经文“困于葛藟，于臲卼”，“于臲卼”上应亦有“困”字，因上而省一“困”字，则作“应”本不误。李元阳闽本不懂疏文之义，误认为下文“象曰困于葛藟”，象传亦有“困于葛藟”之语，因而改“应亦言困于臲卼”为“象亦言困于臲卼”，不知象传并无“困于臲卼”之语。毛本觉其不通，又改“亦”为“不”，成为“象不言困于臲卼”，通则通矣，全失疏文本义。自李元阳闽本至毛晋本，明人臆改古书轨迹可见一斑。山井鼎指出其误，良是。而浦镗反以监本“亦”字为误。武英殿本改正为“应亦”，甚是。《四库全书考证》《四库全书荟要》按语反谓殿本“应亦”为误，竟据毛本改殿本，以不误为误。阮元校记始依山井鼎说，指出“毛本‘应亦’误‘象不’”，有正本清源之功。

7. 监本卷六《既济》卦第三十八页二行注：“过而不已，则遇于难。”“而”，宋刊八行本、瞿氏藏宋本、王世贞旧藏宋本、宋抚州本、宋纂图互注本、《要义》、元相台岳氏本皆作“进”，是也。

疏云："若进而不已，必遇于难。"即释此句。正作"进"。"过进"，即进而太过。元刊十行本作"过惟不已"，"惟"乃"进"之形误。永乐本作"过惟惟不已"，是沿元刊十行本之讹，而又复衍一"惟"字（永乐本"惟"字换行而致复衍）。李元阳闽本觉"惟"字不通，改"惟"为"而"，作"过而不已"，殆依疏文"进而不已"改。监、毛、殿本皆沿闽本。"过进"至"过惟"，"过惟"至"过而"，其讹变之迹班班可见也。十行本误"进"为"惟"，尚属无意。闽本改"惟"为"而"，则理校之失也。山井鼎《考文》云："一本作'过进惟不已'。"当系日本人于"过进"之本旁添"惟"字而致。浦镗《正字》云："'进'误'而'。"楼宇烈《校释》云"惟"乃"进"之形误。良是。而未揭其致误之迹，故今为补述之。

8. 监本卷九《序卦》第十四页十四行疏："随者，皆以为人君喜乐游豫。""游"，宋刊单疏本、宋刊八行本、《要义》、元刊十行本、元刊明修十行本、永乐本作"欢"。闽本改"游"，当依据上文"《孟子》曰：吾君不游，吾何以休。吾君不豫，吾何以助"，实则此承"王肃云：欢豫人必有随"。闽本臆改。监、毛、殿皆沿闽本之误。阮本从十行本出，不误。又同上十四页十七行疏："人既悦豫。""悦"，宋刊单疏本、宋刊八行本、《要义》、元刊十行本、元刊明修十行本、永乐本作"说"，李元阳闽本改"悦"，监、毛、殿本沿闽本。"说"固通"悦"，但倘遇通假之字，即改之，则古书面目不存矣。明人恶习，好改古书，此亦一例。

9. 监本《略例》第十页第三行注："《需》卦九三近难险也。""难"字瞿氏藏宋本、王世贞旧藏宋本、宋纂图互注本、元相台岳氏本、元刊十行本、永乐本、天一阁本均作"坎"。元刊明修十行本作墨丁。李元阳闽本作"难"。殆闽本出元刊明修十行本，既为墨丁，乃依上文"近难则险"推测为"难"字，此明人以意改书恶习之一例也。北监本沿闽本。殿本乃改正为"坎"，《考证》云依荆溪本改，得之。

10. 监本《略例》第十三页第三行注："象以表意，言以明象。""明象"，瞿氏藏宋本、王世贞旧藏宋本、宋刊纂图互注本、元相台岳氏本、元刊十行本、永乐本、天一阁本、《汉魏丛书》本、《津逮秘书》本、殿本、库本均作“尽象”。元刊十行本此二字漫漶，犹可识。元刊十行本明修版二字作墨丁，殆当时已不可辨。李元阳本从元十行本明嘉靖修版出，墨丁大都补入，此二字补为“明象”，殆依上文“言者明象者也”臆补之，以宋元本校之则为“尽象”二字，此阙疑胜于理校者。

十二、闽本臆改

1. 监本卷一《乾》卦第二十六页十三行经文：“君子学以聚之，问以辨之。”“辨”，唐石经、宋刊八行本、瞿氏藏宋本、王世贞旧藏宋本、宋抚州本、宋刊纂图本、元相台岳氏本、元刊十行本、元刊明修十行本、永乐本、殿本、库本、阮本作“辩”。李元阳闽本作“辨”，监、毛本从闽本。浦镗《正字》云：“《释文》作‘辩’。后并同。”阮元《校记甲》云：“闽、监、毛本‘辩’误‘辨’。”又同页十四行疏：“问以辨之。”“辨”，宋刊单疏本、宋刊八行本、元刊十行本、元刊明修十行本、永乐本、殿本、库本、阮本作“辩”。亦闽本始改“辩”为“辨”，监本、毛本从之。殿本据文渊阁旧本，作“辩”，是。又卷一第二十六页十五行疏“以辨决”，同上。

2. 监本卷一《坤》卦第三十一页五行疏：“以阴在事之先。”“事”，宋刊单疏本、宋刊八行本、明永乐本作“物”。十行本断版难识。十行本明修版作“是”，误也。李元阳本觉其非，改作“事”，稍通，唯非原书之旧。此“以阴在物之先”与下“以阴在物之后”对文，作“物”是。李元阳本理校改字，非。监、毛本沿闽本之误。殿本既依宋刊八行本校，而此字仍沿监本之误作“事”，是忽之也。

3. 监本卷一《坤》卦第三十四页十三行疏：“施其谨慎，不与物竞，故不被害也。”“施”，宋刊单疏本、宋刊八行本、《要义》作“由”，是。元刊十行本误作“曰”，元刊明修十行本沿作“曰”，永乐本亦作“曰”，从元刊十行本出也。李元阳闽本觉其不通，改“曰”为“施”，监、毛、殿本沿闽本。阮本从元刊十行本出，故作“曰”。阮元《校记》未置可否。按：殿本据宋刊八行本校，宋刊八行本作“由”，甚是。而殿本未据改，殆疏忽也。北京大学出版社李学勤本沿阮本作“曰”，未改。

4. 监本卷一《屯》卦第四十一页六行疏：“言身虽住，恒欲以静息乱也。”“恒”，宋刊单疏本、宋刊八行本作“但”，是也。元刊十行本作“亘”，误加一横，坊本习气。永乐本从元刊十行本出，改为“但”，可嘉。元刊明修十行本仍作“亘”。李元阳闽本觉其不文，改为“桓”，实不可通。北监本从李元阳本出，复改“桓”为“恒”，勉强可通，而去旧愈远。毛本、殿本、库本均沿北监本。阮本从元刊明修十行本出，改“亘”为“但”，与永乐本同工。

5. 监本卷二《小畜》卦二十一页十五行疏：“所畜狭小，故云小畜。”“云”，宋刊单疏本、宋刊八行本、《要义》、元刊十行本、元刊明修十行本、永乐本作“名”。此释“小畜”卦名由来，作“名”是也。闽本误作“云”，监本、毛本、殿本沿闽本。夫“云”字固亦可通，但非古书原貌，此擅改古书之风，明人有之，每为清人所讥。

6. 监本卷二《泰》卦第三十四页十八行疏：“解于食有福。”“于”，宋刊单疏本、宋刊八行本、元刊十行本、元刊明修十行本、永乐本作“於”，李元阳闽本改“于”，监、毛、殿本皆沿闽本。此则擅改古书之病也。

7. 监本卷二《否》卦第三十九页十三行疏：“但念其亡其亡。”“但”字，宋刊单疏本作“恒”，是也。上句为“常存将有危难”，“恒念”与“常存”相对。宋刊八行本避宋讳作“恒”，元刊十行本作“怛”，永乐本从元刊十行本作“怛”，足见坊刻者之无知。李元阳本据十行本重刊，“怛”字不通，乃改作“但”，亦臆改不得其的。北监、毛本、殿本皆从李元阳本作“但”。阮本从十行本出，本应作“怛”，乃亦作“但”，是从闽、监、毛本改之也。山井鼎《考文》：“‘但’，宋版作‘恒’。”卢文弨《拾补》：“宋本、钱本‘但’作‘恒’。”阮元《校记》甲乙均云：“但念其亡其亡。闽、监、毛本同。钱本、宋本‘但’作‘恒’。”不置可否。北京大学出版社李学勤本正文、校记全用阮本，均未察其讹误之根，故不能明其非也。胡玉缙《周易注疏校勘续记》："但念其亡其亡。丁校十行本'但'作'怛'。按：'怛'为'恒'字之讹。"可称卓见。

8. 监本卷四《解》卦第三十八页八行疏："今动于险外，即是免脱于险，所以为解也。""是"，宋刊单疏本、宋刊八行本、元刊十行本、元刊明修十行本、永乐本作"见"。"脱"，宋刊单疏本、宋刊八行本、元刊十行本、元刊明修十行本、永乐本作"说"。闽本改"见"为"是"，改"说"为"脱"。监、毛、殿本皆从闽本。按："免说"即"免脱"，"说"通"脱"，先秦《诗》《书》《易》皆有之。李元阳闽本改"说"为"脱"，乃以训诂义改原书，殊不可取。"见免说于险"，即"被免脱于险"，闽本改"见"为"是"，疑为形误。唯改后文从字顺，故监、毛、殿、库本相沿不改。阮本犹从十行本出，作"见免说于险"，与宋元明初本合，存李元阳闽本臆改前之真面目。北京大学出版社李学勤本则改从闽、监、毛本，作"是免脱于险"，是非颠倒，良以不校宋元旧本故也。

9. 监本卷五《艮》卦第四十四页十五行注："各止其所，不侵害也。""害"字，宋刊八行本、瞿氏藏宋本、宋抚州本、宋刊纂图互注本、元相台岳氏本、元刊十行本、元刊明修十行本、阮本均作"官"。李元阳闽本作"害"，殆以"侵官"难解，以为误，遂以意改之为"侵害"也。监、毛、殿本皆沿闽本。

10. 监本卷五《渐》卦第五十页十七行疏："九五进乎中位。""乎"，宋刊单疏本、八行本作"得"。此"进得中位"与王注"进得中位"正相承。元刊十行本"得"误"于"，殆涉上文"渐于陵"而误。永乐本从元刊十行本。李元阳闽本改"于"为"乎"，于前无征，是臆改也。监、毛、殿本皆从闽本。阮本则仍十行本之误作"于"。

11. 监本卷六《丰》卦第一页十五行疏："凡物之大，其有二种。一者自然之大。一者由人之阐弘使大。"下"一者"，宋刊单疏本、宋刊八行本、元刊十行本、永乐本皆作"二者"。元十行明初修版（黑口）仍作"二者"。至正德印本亦清晰作"二"，嘉靖印本则“二”字下一横残损。闽本因而误作“一”。监、毛、殿皆从闽本作“一”。阮本从元刊明修十行本出，似应作“二”，而刻作“一”，殆亦因底本“二”字残损所致。“一”字文从字顺，故阮元《校记甲》出校云“闽、监、毛本‘二’作‘一’。”《校记乙》即不复出校，殆以“一”为不误也。北京大学出版社李学勤本又沿阮本作“一”，不出校记，遂泯旧本之迹。

12. 监本卷六《丰》卦第二页十行疏：“而日月先天地者，承上‘宜日中’之文，遂言其昃食。”“文”，宋刊单疏本、宋刊八行本、元刊十行本、元刊明修十行本、永乐本皆作“下”，是也。谓彖辞“先陈天地，后言人鬼神”乃是“以轻譬重”“先尊后卑”。但是下文却先言日月，后言天地，似反常理。孔颖达释之云：“承上‘宜日中’之下，遂言其昃食，因举日月以对之，然后并陈天地。作文之体也。”所谓“作文之体”，即今人言“行文方便”。“承上‘宜日中’之下”，“下”字于义甚明，李元阳本改作“文”，自亦通畅，而非古书之旧。明人改书，文从字顺，读者难察，为害最大。监、毛、殿、库皆从李元阳闽本作“文”。阮本从十行本出，作“下”，良是，而《校记》云：“闽、监、毛本‘下’作‘文’。”不置可否。是不能多见旧本，难以案断也。

13. 监本卷七《系辞上》第十三页一行注：“精气絪缊，聚而成物。”“絪缊”，宋刊八行本、瞿氏藏宋本、王世贞旧藏宋本、宋抚州本、宋刊纂图互注本、《要义》、元相台岳氏本、元刊明修十行本、永乐本作“烟煴”。元刊十行本作“烟愠”。李元阳闽本改“絪缊”，监、毛本从闽本。殿本复改为“烟煴”。按：浦镗《正字》云：“《释文》作‘烟煴’。”孔疏则以“氤氲”释之。烟煴、絪缊、氤氲皆连绵词，形异而音义同。自当依其旧文。闽本妄改不可从。此亦明人恶习也。元刊十行本“愠”字则手民偶误。

14. 监本卷九《说卦》第十页三行疏：“为驳马，言此马有牙如锯，能食虎豹。《尔雅》云：‘锯牙食虎豹。’此之谓也。”两“锯”字，宋刊单疏本、宋刊八行本、《要义》、元刊十行本、元十行本明嘉靖修版、明永乐本皆作“倨”。李元阳闽本作“锯”，监、毛、殿本皆从闽本。按：《尔雅·释畜》：“驳如马，倨牙，食虎豹。”《逸周书·王会》：“兹白者，若白马，锯牙，食虎豹。”闽本殆以“倨”字义晦，改作“锯”。此明人妄改古书之风也。倨、锯通，设古书相通之字皆改易之，则古书亡矣。

15. 监本卷九《杂卦》第十八页十八行疏：“其于《序卦》之外别言也，昔者圣人之兴。” “昔”，宋刊单疏本、宋刊八行本、《要义》、元刊明修十行本、永乐本作“此”，李元阳闽本改作“昔”，监、毛、殿本皆从闽本。按：“昔者圣人之兴”文甚畅，而闽本所改无据，乃臆改。余谓原当作“其于《序卦》之外别言此者，圣人之兴，因时而作”。“别言此者”当连读。自单疏本“别言”下即衍一“也”字，遂割裂上下文气。浦镗《正字》云：“‘也’疑‘者’字误。”卢文弨《拾补》云：“衍‘昔’字。”皆不得其的。

16. 监本《略例》第二页第十五行经：“故处璇玑以观大运。”“璇”，唐石经、瞿氏藏宋本、王世贞旧藏宋本、宋纂图互注本、元相台岳氏本、元刊十行本、永乐本皆作“琁”。李元阳闽本改“璇”，监本、殿本从闽本。按：琁、璇通，唯通用之字倘可擅改，则古书面目不存矣。邢注“睹之以璇玑”同。

17. 监本《略例》第二页第十六行经：“则六合辐辏。”“辏”，唐石经、瞿氏藏宋本、王世贞旧藏宋本、宋刊纂图互注本、元相台岳氏本、元刊十行本、永乐本、天一阁本、《汉魏丛书》本皆作“凑”，李元阳闽本改“辏”。北监本从闽本。按：辏、凑义相通，而终非一字，倘以此而改之，则古书面目不存矣。殿本从北监本重刻而改为“凑”，是也。注同。

18. 监本《略例》第十四页第七行注：“亦云羝羊。” “羝”字，瞿氏藏宋本、王世贞旧藏宋本、宋纂图互注本、元相台岳氏本、元刊十行本、永乐本同，唯元刊十行本嘉靖修版误作“抵”。李元阳闽本从嘉靖修版出，觉“抵羊”有误，乃改为“牴羊”，是则以意改书，与旧本作“羝”者不符。北监本从李元阳闽本出，而改“牴”为“羝”，与宋元旧本合，可贵。

19. 监本附《释文》第二十三页十二行释文：“以劳，力报反。下同。”“下同”，宋刊《经典释文》、瞿氏藏宋本、宋刊纂图互注本均作“注同”，是。元刊十行本误作“二同”，元刊明修十行本、永乐本均沿误作“二同”。李元阳闽本觉其不通，改“下同”，乃以释文“下同”多见而“二”“下”相近，因悬揣改之耳。明人校书不免于臆改，此其例。《十三经注疏》内陆氏《释文》之校勘，一当校以《经典释文》原书，二当校以宋刊附释文本，明人似未深究之也。

20. 监本附《释文》第三十八页七行：“反生，豌豆之属。”“豌豆”，宋刊《经典释文》作“麻豆”。瞿氏藏宋本、宋纂图互注本、《要义》、元相台岳氏本皆作“麻豆”。元刊十行本此版中断，“麻”字模糊难识，元刊明修十行本“麻”字作墨丁。永乐本作“麻豆”，当是所见元刊十行本仍清晰可辨。李元阳闽本改墨丁为“豌”，乃臆改。北监本沿闽本。明校勘之学粗疏，于此可见。

十三、闽本讹误

1. 监本卷二《师》卦第十二页十二行疏：“毒犹役也。”“犹”字，各本同，唯李元阳闽本作“由”，误。北监本从李元阳本出，而改正为“犹”，知校雠不苟也。

2. 监本卷二《履》卦第二十九页十四行疏：“履道尚谦者，言践履之道，贵尚谦退。”“践履”，宋刊单疏本、宋刊八行本、元刊十行本、元刊明修十行本、永乐本皆作“履践”，是也。“履践之道”即“履道”。上文疏有“则在上履践于下”，下文疏有“以此履践”，皆作“履践”。李元阳闽本作“践履”，显系误倒。监、毛、殿本皆沿闽本之误。

3. 监本卷三《大畜》卦第四十页十七行疏：“既是乾来而不距逆。”“是”，宋刊单疏本、宋刊八行本、元刊十行本、永乐本、十行本明嘉靖修版皆作“见”，即上文“见乾之上进而不距逆”之重申。李元阳闽本作“是”，显是形近之讹。以后监、毛、殿本皆沿闽本之误。阮本从十行本出，作“见”不误。殿本据宋本校勘而有不尽从其善者，此其例。

4. 监本附《释文》第二十七页十六行释文：“不快，苦夬反。”“苦”，宋本《经典释文》、瞿氏藏宋本、宋刊纂图互注本、元相台岳氏本、元刊十行本、元刊明修十行本、永乐本皆作“苦”。唯元刊明修十行本“苦”字模糊，与下一字“夬”粘连，故李元阳闽本误作“革”，北监本沿闽本误。殿本改正为“苦”。

严耕望先生唐史文献研究方法发微

陈尚君①

2016年是严耕望先生百年诞辰，也是他去世二十周年之忌辰，纪念研讨会在香港中文大学举办。爰撰本文，以敬瓣香。

一

桐城严耕望先生，近代学人之典范，平生建树最著者，一为汉魏行政制度史研究；二为唐代人文地理研究，尤以《唐代交通图考》享誉学林；三为唐史文献研究，最著者为《唐仆尚丞郎表》。近百年唐史研究前以陈寅恪先生、岑仲勉先生得造其极，继起而获学界认可者，严先生为不二人选。他一生勤于著述，不计名利，如到台北参加“中研院”会议期间仍携带卡片及时处理，在香港任教多年，一直担任高级讲师，为专力于研究工作而不申请担任教授或讲座教授，皆非一般人所能做到。更难能可贵者，是他在1955年的学术选择。这一年，严先生年近四十，考虑一生之学术目标，于唐代人文地理与唐史基本文献研究二者之间，犹豫彷徨，难作抉择。他自己在《钱穆宾四先生与我》一书中的叙述是：

> 我在撰述《唐仆尚丞郎表》过程中，深感新旧两部《唐书》各有优劣。《新书》体制完备，但文伤简略，往往因文害意，酿成很多错误。《旧书》叙事详尽，但因后期史料零落，比次每误，仅就我撰此《表》时，已发现谬误或夺讹不下六百条，此外问题可想而知。清人沈炳震东甫合钞两书为一编，甚

① 作者简介：陈尚君，复旦大学文科资深教授、中文系教授，复旦大学中国古代文学研究中心主任、任重书院院长。

有卓识，但是详者钞之未尽，误者摘发殊少，所以我很想“本沈氏《合钞》，钞之益审，纠之益精，又广征他籍，为之注补”，俾“学者研寻，取给为便”，意欲如王先谦之于两《汉书》，对学林亦是一项贡献。只是唐籍浩繁，必须投入毕生精力与时间，始克有成。但我自1946、1947年已开始搜录“唐代人文地理”材料，意欲从地理观点研究隋唐五代人文各方面的发展情况。这项工作也工程浩大，亦非投入毕生精力与时间不可。故此两项大工作势难兼顾，致迟疑不决。

所引一段文字见其撰《唐仆尚丞郎表》序言，此序定稿于1955年9月。此时陆续搜辑的“唐代人文地理”材料，还不同于后来撰《唐代交通图考》之计划，大约更接近于1953年所撰《唐代人文地理》一文所述，涉及“疆域与边防”“行政区划”“户口分布”“产业一——农林（附水利工程）”“产业二——渔牧”“产业三——工矿”“交通”“都市与商业”“民风区域与人才分布”“佛教分布”“边疆民族”“地理图志”等方面。这当然是很大的规划，确非投入一生而难以告竣。

先生当年之犹豫困惑，殆在二者皆为非一生投入不可，又必能传之久远之著作，其学力大进之时，知学识、眼光及定力投入其间，足能完成，且并世别无合适人选。是年方值人生之半，有此自断尤其珍贵。严先生云当时《唐仆尚丞郎表》已撰述完成，将来去向必须及时决定。他说：

一次（钱穆）先生来到台北，我即以此项犹豫的问题向先生请教，先生稍加思索，告诉我说：“你已花去数年的时间完成这部精审的大著作。以你的精勤，再追下去，将两部《唐书》彻底整理一番，必将是一部不朽的著作，其功将过于王先谦之两《汉书》。但把一生精力专注于史籍的补罅考订，工作实太枯燥，心灵也将僵滞，失去活泼生机；不如讲人文地理，可从多方面看问题，发挥自己心得，这样较为灵活有意义。

据林磊《严耕望先生编年事辑》（中华书局2015年）所考，此事发生在1955年9月，钱穆兼任新亚研究所所长，受邀担任教育部访日代表团团长。钱穆之指点，自属学术史上难得之佳话，但非全据学理及价值考虑，亦自分明。所谓在局者迷，局外者清，或可作一例。因为此次选择，严先生决意放弃他念，全力做唐代人文地理。他在《唐代交通图考》序言中说，此后“决定从事唐代人文地理之研究”，“除一般之政区沿革外，泛及经济、社会、文化、民族各方面，凡涉区域分布发展者，皆在搜讨之列，而特置重在交通路线一课题，诸凡正史、《通鉴》、政书、地书、别史、杂史、碑刻、佛藏、科技、杂著、类纂诸书，及考古资料，凡涉中古交通，不论片纸巨篇，搜录详密，陈援庵先生谓‘竭泽而渔’，余此项工作庶几近之”。可以见到从侧重人文地理到决意做《交通图考》，在资料积累到学术意义方面的不断探索。事实是，从1955年完成《唐仆尚丞郎表》，到1966年发表治唐代交通第一篇论文《唐蓝田武关道考》，其间悬隔十一年。积累之富，准备之丰，确令人骇叹。

严先生对《唐代交通图考》的自我评价：“此为我平生功力最深之著作，亦为司马氏《资治通鉴》以后900年来史学界功力最深之论著。《日知录》《明儒学案》《文史通义》诸书，其境界也高，影响也大，但功力不如我之深，我书精审远过前人。”这是他1986年3月11日给大侄严伯高信中的话，因是亲属，又是学术圈外的人，因而得以将内心之自负，坦率地表达出来。对此，我是十分赞同的。司马光修《通鉴》，目的虽是提供治乱之道，但方式则是欲将1362年间的重大史事梳理清楚，重点之关注在人、时、事，方法则是先全面占有文献，逐年逐月逐日编排，先成长编，再删繁就精，写成定本。严先生之关注重点则在地理，廓而为道路、城乡、河湖、山水，虽以唐为中心，具体则要追溯唐前以明源委，考察唐后以见变化，他的此项工作则因关注文化地理、民俗迁变、古今改移、人事来往，而为前古所未有之著作。他的编纂办法，也与司马光接近，即先穷尽文献以作长编，他积累的超过二十万张卡片，即相当司马光的长编。他的研究工作事实上绵历了近四十年，如此厚积薄发，故能精品迭出，惊骇学界。虽然《唐代交通图考》最后完成仅为计划的五分之三，但我相信他留下的学术卡片，应该已经完成了全书的长编，希望这部分资料能够得到保存、整理，甚至出版。我想特别强调，今人谈到司马光，经常称赞他身后留下的数据与初稿达两屋之多，从现代史学立场看，这些原始文献如果得到保存，其价值应该不在《通鉴》之下。

了解严先生在1955年的学术选择，更感他之明智与定力。这是他人难以认清，更无法做到的。从1955年转向，1966年初有发表，1985年出版《唐代交通图考》第一册《京都关内区》，到生前陆续出版《河陇碛西区》《秦岭仇池区》《山剑滇黔区》《河东河北区》五册，生后由门人据遗稿整理《河南淮南区》，仍有《江南岭南区》《河运与海运》《交通制度》及《综结》四册未完成。回看他在1955年的学术选择，唯此方能有成，即此终未底成，足令今人赞佩与唏嘘。

二

严先生治唐史，自承始于1947年春，此后八年，历经世变，始终专心著述，以1955年《唐仆尚丞郎表》之完成告一段落。该表之著述动机，则一因前此他有编著《两汉太守刺史考》之经验，知道以完备之文献、细密之考证及按科学方法重新排比职官年表，可以突显存世文献之缺漏与未尽精密；二则为治唐代行政制度史之必需，唐代日常政事由尚书省承其大端，而六省尚书、侍郎各主部务，所任至重，梳理清楚此一时代中枢核心人物之任职始末，为此项研究之基础；三则因唐职官年表完整者，仅《新唐书·宰相表》一种，翰学年表大约存三分之二，其他仅吴氏《方镇年表》略备。除此以外，左右仆射、左右丞、六部尚书侍郎，自是唐代政治舞台上最重要之人物。此外，我还想指出此项工作虽肇端于史语所在大陆的最后阶段，但主体部分则完成于史语所寄居桃源杨梅火车站附近仓库的艰难时期。全部运台之两千多箱书籍、文物，开箱上架者仅一二百箱。严氏之工作以唐代基本史籍为依据，补充诗文集、杂史说部及石刻、内典、敦煌等新文献，主体文献是比较常见的典籍，正适此艰难时期之图书条件。尽管如此，严氏之工作并没有因此而降低标准。

《唐仆尚丞郎表》文献准备极其充分。就当时言，必然曾作大量的卡片和辅助工具书。即就唐人存世各类典籍中曾任尚书左右仆射、尚书左右丞、六部尚书及侍郎，包括中唐以后与户部并称三司之度支使、盐铁使一并考及。将所有基本载籍中所涉曾任该数职官之人物，逐项编制相关卡片，然后剔除其中之赠官、中叶后之检校官，比较同一任官之记载同异，校订姓名正误，所任职官之准确官名，其实际预职之起讫时间，并通过这些排比，借以了解同一时间六部主官哪些人在位，各尚书、侍郎之前任后继又各是哪些人。这些事实，不通过精密的排比和校读，一般读史是无法知晓的。

该书体例周详，卷一《述例》说明官守与制度，卷二至卷四《通表》则为各任官人物之年表，卷五至卷二二《辑考》则说明文献依凭，最后附引用书目与人名索引。其考证之精密，方法之科学，成就远在吴《表》以上。六十年来新见文献数量巨大，就笔者所知可作订补者未逾百人，足见此书之成就。

还可以进一步举例来说。《唐六典》和两《唐书·职官志》，对唐代中央到地方之官员设置皆有具体之规定，而正员之外，则有兼、判、权知、检校，前期虽非真除，但属实职，至后期则有所不同。肃、代间属于过渡时期，需要区别对待。同一人授官，其品阶、官借、赏赐等均有区别，但迁转书法，则又各有所不同。严书于凡例中定书法十二例，即品同职均曰换，品高职均曰迁，品低职均曰换，品同职重曰迁，品同职轻曰转，品高职重曰迁，品高职轻曰徙，品低职重曰换，品低职轻曰左迁，重谪曰贬，特迁曰擢，曰擢迁，仆尚丞郎外任曰出为，节镇刺史入为仆尚丞郎曰入迁，又以图表之方法将仆尚丞郎共十六项官守按照上下左右来揭示其品秩位序。这些严格的规定，确保了全书的质量。全书凡数度删削方得定稿，将繁琐的官称尽量用简称来代替，将复杂的考证尽量从繁趋简，大多仅列举书证，毋庸烦言，一般考证均在一二百字内得到结论。即便如此，全书仍达百万字规模。此书为史语所迁台后第一部新撰大书，在极其艰难中仍得出版，对作者与主持者皆应致敬。

在《唐仆尚丞郎表》撰述中，严先生所得任职官员凡1116人，2680余任，而仅此部分之考订，即发现两《唐书》谬误讹夺逾600

则。严先生据以推想，二书所涉时间、人名、地理、辞章、名物、事件之讹误，“更不知凡几”，没有专人对此做系统、完整、精密之考订，则二书何可使人信任。我认为，正是从此一立场，严先生看清楚校理唐史基本文献学术意义之重大，以及具体之实施办法。

三

两《唐书》编修时，唐国史实录尚多有保存。《旧唐书》成于乱世，可贵者为多存国史旧文，遗憾者为未究诘文献成就一代良史。《新唐书》之成，文献尚丰，唯二位主编热衷于文章义例，及文省事增，于事实真相多未尽究，故留下遗憾亦多。司马光诚一代良史，其于唐五代史实之保存，功不在两《唐书》之下，惜以一代兴亡为中心，见其大而弃其微。其他若《唐六典》存官制，《开元礼》存礼制，《唐会要》存典章，《元和志》《寰宇记》述地理，各臻其极。严先生在撰《唐仆尚丞郎表》期间，穷尽文献，对唐史文献之基本构成及价值，有极其深刻之体会，加以分解史料，按官位逐年编次，更看到许多史实之记载欠缺，彼此之矛盾违忤，究诘真相之可能及解决问题之方法。看到这些问题，他在 20 世纪 50 年代前期已经有一些具体的论著，较著名者有《旧唐书夺文拾补》《旧唐书本纪拾误》《新旧两唐书史料价值比论》等论著，追溯人物早年活动者如《杜黄裳拜相前之官历》，考订史文者有发表在《大陆杂志》等刊物上的学术短札等。这些所得，大多与《唐仆尚丞郎表》之编写有关。

《杜黄裳拜相前之官历》（《史语所集刊》第二十六本，1955年）有憾于两《唐书》黄裳本传于其早年事迹记载简略，乃据《郎官石柱题名》知其在杜佑前曾任金部郎中，当在大历十四年以后；又据《旧唐书·德宗纪》，知其建中四年为司封郎中；据《册府元龟》卷一六二，知其兴元元年以给事中兼御史中丞、江淮宣慰使；复据《旧唐书·德宗纪》，知其贞元五年为河南尹，据多书记载知其六年迁刑部侍郎，七年仍见任，寻以礼部侍郎知贡举，此年冬，改吏部侍郎，十一年，以中贵谗谮贬官。这些基本事实之廓清，当然可以补史书之阙文，更重要的则在于梳理清楚他的宦迹交游后，对研究他因家族、科举、从幕、同官、交游形成的人事网络，对研究传主的人生轨迹和政治事件中的冲突进退，都有重要的关系。今人傅璇琮撰《唐代翰林学士传论》，即是凭借此一思路，穷尽文献，对中晚唐在政治、文学上均据有极其重要地位的200多位翰林学士的仕历作了彻底的清理。傥若有人将两《唐书》所有具名人物之生平脉络梳理清楚，其意义极其重大。

《旧唐书本纪拾误》（收入《唐史研究丛稿》，新亚研究所1969年），自称为撰《唐仆尚丞郎表》时“留意所及之诸问题，择其有足补正《旧书·本纪》者”，编次而成，其中“有属传刻夺漏者”，“有属传刻字讹者”，再则为“原书撰述之误”，所举则年月误者，“有恰误前一年者”，“有误前两年者”，“有恰误后一年者”，“有恰误后两年者”，“书事谬误”，则“有一事前后重书者”，“有误一人前后两事为一事者”，“有误罢官为始任者”。至于官衔谬误，则更不胜枚举了。

《旧唐书玄宗纪开元十七年条夺文》（《大陆杂志》十三卷五期，1956年），认为《旧唐书·玄宗纪》此年八月“乙酉，尚书右丞相、开府仪同三司兼吏部尚书宋璟为尚书右丞相”，粗看似可通，下之“右丞相”为“左丞相”之误，但颜真卿《宋璟碑》则载宋至十六年以西京留守兼吏部尚书，则前一衔必非其所有，复据《唐会要》及两《唐书》诸人传之所载，知张说、源乾曜、宋璟三人同时转官，本纪所载前一“尚书右丞相”下当夺“张说为尚书左丞相”八字，璟之原官仅为“开府仪同三司兼吏部尚书”。

《旧唐书宣宗纪大中八年条书事多误》（《大陆杂志》十三卷七期，1956年）则指出本纪该年书九事，就中五事有误，一是魏謩监修国史，应在九年三月或十年三月，不应提前记在八年三月；二是据吴廷燮《唐方镇年表》，知李景让自山南节度使入为吏部尚书为大中十年春事，不应载在八年三月；三是记载韦澳自翰林学士为京兆尹，丁居晦《翰林承旨学士壁记》载在大中十年五月，《通鉴》同，纪作八年五月事显误；纪又载苏涤五月自户部侍郎、翰林学士承旨出为荆南节度使，应为六年或七年出院为尚书左丞，其本官也应为兵部侍郎而非户部侍郎；七月载魏謩兼户部尚书，严先生引《新唐书·宰相表》认为大中间宰相皆循六部尚书之高低步步迁升，次序不紊，謩兼户部为十年十月事，作八年误。

以上两篇加起来仅不足二千言，为其作《唐仆尚丞郎表》期间之片断所得，说起来波澜不惊，但写起来谈何容易。后来中华书局点校本尤倾力于此类史文误失之清理，但要净尽真谈何容易。

《通鉴作者误句旧唐书之一例》（《大陆杂志》六卷二期，1953年），认为《通鉴》卷一九九载“以太子左庶子于志宁为侍中，少詹事张行成兼侍中。以检校刑部尚书、右庶子兼吏部侍郎高季辅兼中书令”，所载为贞观二十三年五月太宗弥留之际太子李治以东宫僚属控制中枢之人事安排，传本并无讹误。但与《旧唐书·高宗纪》对读，可知“检校刑部尚书”当上读为张行成之新官，不是高季辅的旧职，高的新职为“检校吏部尚书”，再从前后记载找到确证，从而证明司马光当年误读史文，以致误叙。

《旧唐书食货志盐铁节夺文与讹误》（《大陆杂志》十二卷三期，1955年）则指出《食货志》载开元元年十一月河中尹姜师度开水道置盐屯，“公私大收其利”，引致左拾遗刘彤言事，上令宰相议其事，引起盐铁专卖政策之变化。严先生则指出此节出宋本，另《册府元龟》卷四九三亦全同，知误文宋时已经如此。其中“州自余处”之“州”字为衍文，“比令使人”以下，据《唐会要》卷八八知夺“至十年八月十日，敕：诸州所造盐铁，每年合有官课”二十字。再为姜师度守河中之时间，《旧唐书》卷一八五下姜本传载其开元六年方为河中尹，严认为仍误，因《册府元龟》卷六七八载姜开元八年仍在同州刺史任，则其徙河中、治盐池事必在此以后。清理文献，严先生考定改蒲州为河中府及姜为尹，皆九年之事。此则考证，知唐史文献歧互多有，且类型千变万化，不作穷究，则难得真相。

以上各文均属片段，但非有全面比读文献则难以发现问题，没有细致追究则难以解决问题。严先生深知读书中的片段发现并不难，要彻底或相对彻底地清理文献，则非有巨大的投入而难有大成。

四

对于具体治唐史文献之方法，《钱穆宾四先生与我》一文中也有具体之论述，他的基本设想是继续清沈炳震《新旧唐书合钞》的办法，在其基础上参照王先谦治前后《汉书》的办法，穷究史料。这确实是一项大工程，最后可以形成超过千万字的著作，并为今后治唐史者以永久的参考。但此一设想尚属初步构想，若继续工作，我以为必然还会有许多的调整。特别是当代学术观念已经发生根本之变化，今人治学更重视第一手文献，更看重有层次地揭示文献先后的变化轨迹，以及通过全部文本的反复比读索引来追求事实真相。就此而言，沈氏《合钞》多数以《新唐书》为基础，附钞《旧唐书》，就未必妥当，我相信严先生如果继续这一工作，逐步会有很大的调整，体例也会更趋细密。

在此要特别讨论严先生晚年所写的两篇文章，一篇是《资治通鉴的史料价值》，写于1992年4月，刊于该年创刊的《香港中文大学中国文化研究所学报》第一期，另一篇是《新旧两唐书史料价值比论》，初稿与前篇为同时所写，定稿于1995年11月，即其辞世前不足一年，刊出则在他谢世次年之《新亚学报》十八卷。后一篇开首即云："前人论两《唐书》，多抑《旧》而扬《新》。若从史学观点言，此论固不可易，若从文章观点言，此论更不可易；但若从史料观点言，则两书各有优劣，不可偏废。"此为大略。具体讨论则甚为深入。他认为，"《旧书》本纪，自唐初至中晚期敬、文时代，月日分明，记事详赡，尚不失常规。自武宗以下，乃繁简失均，且极零乱；晚唐列传，亦甚零落。"

具体分析，则有涉《旧唐书》价值有以下数点："第一，《旧书》本纪固然远较《新纪》为详；列传方面，一人在两书皆有传者，大抵亦《旧》详于《新》。就史料言，同一史事，记载较详，价值多半较高，何况《旧书》记录较为原始。""就史料言，抄录原料，不加改作，使原料较原始之形态得到保存，正足宝贵，故就此点言，《旧书》史料价值实在《新书》之上。""第二，《旧书》晚唐诸帝纪，常见七零八落，详略失衡，甚至杂乱无章。""就传统正史‘本纪’体例言，可谓极其繁芜，极不得体。”“却因此保存了原史料本来面目，价值反而极高。”第三，《旧书》无表，诸志也远不如《新志》之详赡，但也有极大长处，如《地理志》详记各州府沿革及领户情况。而《旧唐书·职官志》因《六典》见存，故无大作用，但如《六典》不存，则必为宏宝。

对《新唐书》，严氏充分肯定其增补之功，其中最主要的为表与志，《宰相表》《方镇表》均具卓识，两《世系表》为中古士族世系留下珍贵记录。诸志则除新增《仪卫》《选举》《兵》三志，其余诸志均有较多增补，有些篇幅增倍。列传则大量增加中唐后重要人物之事迹。列传书诸人之籍贯，《旧书》多书郡望，《新书》则尽量改记实际籍居出生地。

至于《新书》之缺憾，也多有揭示。《新书》删略史文，有极其重大史实而漏略者。严举《旧唐书·德宗纪》载代宗末年藩镇基本定型之各镇领州、兵之数，让读者对国家大局有基本之理解，《新唐书》认为置于本纪过于臃累，自可成说，但于《方镇表序》及《藩镇列传序》仍无所及，只能认为识短。而《旧唐书·宪宗纪》有李吉甫《元和国计簿》载天下方镇、州县数及领户数，以及财政依办数和兵戎数额，自是极重要之记载，而《新唐书》若删而移至《食货志》犹自可恕，却大多无存。

再述《新唐书》为节省文字，往往导致重大失误。严举四例，一为太宗伐辽东时，莱州与陕州各承不同责任，却将其归并为一；二是述李谨行事迹，《旧书》作“其部落家僮数千人”，《新书》仅为文章计，视“部落”为冗文而删去，全不虑家僮何以至数千人；三则《吐蕃传》叙唐蕃定界，《旧书》云“云（当作灵）州之西，请以贺兰山为吐蕃境”，是指双方此段以贺兰山为界，而《新书》则改作“请云州西尽贺兰山为吐蕃境”，是吐蕃所求远远超过原来事实；四则《旧书》叙西突厥王庭所在，“自焉耆国西北七日行至其南庭，又正北八日行至其北庭”，是北庭在南庭正北八日行，而《新唐书》删一“又”字，则似焉耆正北八日行至北庭。宋人重文章，重史例，重书法，删冗辞，全不虑及史文删改后造成的讹失。此则《旧》优于《新》者。

以上分析，皆客观中肯，非研读旧史数十年者难以臻此。

《资治通鉴的史料价值》则旨在纠正前人认为该书“只是融铸正史材料”之偏失，认为从史料观点看，战国秦汉时代史料价值可能不高，魏晋南北朝时代正史外材料已经不少，至隋唐五代则正史外材料极其丰富，此则于《通鉴考异》所引，南宋洪迈、高似孙皆有抉发者。严先生以《通鉴》与唐五代正史本纪对读，枚举彼此详略同异之若干事例。又揭示其考证严谨之多例，强调《考异》与胡注皆存有重要史料。并引温公《与宋次道书》，知修《通鉴》时仅《唐纪》所作长编即不减六七百卷，而定稿不过八十一卷。“足见长编辑录史料之富，惜皆删落。若长编仍存，保存史料更多，其史料价值应必更高。”我是十分赞同的。我还可补充说明的是，如果将《通鉴》五代诸纪分切为中朝与十国两部分，十国又按国别史分别编次，不难看出十国部分因为充分利用了刘恕已经失传的名著《十国纪年》，其叙十国史事部分远较他书为详。

从上举二文，可以看到严先生从 1955 年后虽然转治人文地理为主，但对唐史基本文献之关注始终没有轻弃，基本看法比早年更为圆融透彻。

五

最近六十年，唐史文献的最重要工作，一是大陆两《唐书》点校本的出版（当年没有参考严先生的工作），二是大量新出稀见史料的发表，三是各类专题论著的出版。其中《旧唐书》点校本比较充分地参考了该书的存世善本，并充分参考前人的考订成果，重视他校在文本写定中的作用。尽管由于完成于特殊时期，最后定稿因过于强调校勘记从简，而使已经发现的问题没有得到充分校改，从中华书局所存当年由我任教的复旦大学点校组所作长编来看，确达到很高水平。当然，当年由于环境所限，包括严先生在内许多学者的见解并没有得到参考。现在回过来看，严先生当年设想如果完成，将总体提升唐史研究的水平。一些学者已经部分完成了类似的工作。比如今年（2016）刚弃世的傅璇琮先生《李德裕年谱》和《唐翰林学士传论》两种，就是从个人研究到群体研究值得重视的著作，且对唐史基本文献重建具有学术示范的意义。（详拙文《唐代文史研究的典范之著——评傅璇琮先生〈唐翰林学士传论〉两种》，收入卢燕新等编《傅璇琮先生学术研究文集》，商务印书馆2012年8月。）

尚君自1993年始，肆力作五代文献之辑复，历12年，至2005年出版《旧五代史新辑会证》，其中最重要之收获在于彻底利用《册府元龟》所存五代实录原文以校订《旧五代史》史文，从而得以看清虽然五代实录从南宋起即陆续沦亡，而其十之五六尚赖《册府元龟》之摘录而得保存，若加上《五代会要》《旧五代史》《资治通鉴》诸书不同形式之节录改写，则十之七八当可恢复。同时也得理解，唐代实录之原书，虽仅《顺宗实录》一种五卷，赖宋刊《韩昌黎集》得以保存，其他各朝实录之遗存，远比一般学者所知为更加丰富，若得有心人加以辑录校考，得为一般学人所信任与利用，实在是功莫大焉。深憾岑仲勉先生开拓众多而最终未能总集其成，感慨严耕望先生明了唐史文献研究之方法与意义，最终未获展开，不自量力，因有意继起而承此。我的设想稍有不同之处是，从人、事、时、地、书诸端考虑。旧史以人为中心，因欲作两《唐书》列传笺证，纠订讹误，补充事实，以《旧书》为主，《新书》为补，鸠聚新旧文献以明真相。无传人物，则拟作《唐碑传集》《唐史翼》及《元和姓纂》新本以扩充之。唐基本史书的初源为国史、实录，后者皆编年，《通鉴》即删其繁而成。实录原书虽多遗逸，然原文及间接所存者为数极多，拟作唐实录辑存及《唐史长编》以尽其事。六经皆史，唐人之著述亦皆可作史来读，存佚不一，则拟作《唐人著述考》以加究明，详记作者、成书、内容、存逸及孑遗。至于地理、事件、制度，今人建树多矣，可不必重复。以上所见，我在2010年为詹宗祐遗著《点校本两唐书校勘汇释》（中华书局2012年1月出版）所作序，以及前引2012年为傅璇琮《唐翰林学士传论》两种所作书评中皆有讨论，在此不赘。初成框架，无奈多年合作之重新写定存世唐诗之《全唐五代诗》一书，被不肖者无故劫掠，自念积累多年，文献已丰，学力稍进，不能轻弃，故自2008年起蹈厉感奋，欲以个人之力独立成书，底成大约历时十年，倏忽已老矣，更感严先生当年决断之有识，故述所感如此。非敢自诩也，愿告后学此一端学问之意义与方法，期有继起而能得有成就者。

二〇一六年九月十八日于复旦大学光华楼

原载《中国文化》第四十四期

信息渠道的通塞：从宋代“言路”看制度文化

邓小南①

信息是历朝历代决策的依据，在国家政治事务中更是如此。对于信息的搜集、处理、掌控、传布，统治者从来不曾掉以轻心。在历代史料中，我们都会注意到相关的制度化举措，以及君臣之间长期持续的若干“热点”议题。其中，有关防范壅蔽、穷尽实情、言路通塞等话题，始终处于聚焦的中心。

所谓“言路”，广义上是指传统社会实现下情上达的制度化渠道，狭义则特指官员上呈消息、意见的途径。就宋代朝廷而言，获取信息并在此基础上决策，进而下达、反馈，是一复杂系统；牵涉到整体的层叠式布局、内外机构的设置、相关人员的选用、政务文书的运行、多途消息的汇总核验、文牍邸报的散发、上下之间的互动沟通，等等。种种表象背后，关系到施政者的意图、官僚体系运转的内在机制；制度运作的实态，也让观察者注意到当时的“制度文化”氛围。

宋人将制度视为“纲纪”。应该说，在章奏、面奏等历代类似的制度安排下，宋代对于信息的搜集汇聚方式有其独特之处。例如百司官员的“转对”“轮对”，对地方官员在任表现的巡视“按察”，强调实地调查的“察访”闻奏，鼓励多方询访体问的“访闻”，专人专项覆实事由的“体量”，比对核验信息的“会问”“照

---

① 作者简介：邓小南，北京大学人文社会科学研究院院长、博雅讲席教授、中国古代史研究中心教授。

勘”，等等。此外，君主御用的渠道及伺察手段愈益广泛，诸如扼守信息沟通要路的通进司与閤门司，亲从近臣掌控、在京师侦伺讥察的皇城司，宦官任职、传递内廷信息的御药院，作为“廉访使者”、按刺物情的走马承受，博访外事的军校、密探，登闻鼓检院的设置；亦有帝王出行时偶然兴起与民庶的接触……诸如此类，无不反映出帝王面对政事民情的渴求与焦虑。

对于上述内容，学界已经有所研究。① 本文关注的重点在于：(1) 作为重要信息通进渠道的宋代“言路”建设；(2)“言路”上的活动与滞碍；(3) 言路通塞与制度文化的关联。

一、信息与言路：防范壅蔽的努力

(一) 中古时期的“信息”

中古时期的“信息沟通”，发生于当时各类人际交往活动中，包括君臣之间、朝廷与地方、官方与民间、敌对势力之间、各类关系网络内部及相互之间的往复传达，消息探访、递送与交换。可以说，信息是时人思考的依据和产物，也是一切政务决策的基础。

说到“信息”，需要注意的至少有两层含义：首先是指音信，指命令、消息、数据、符号等传递的内容与包含的知识；其次，信息大多具有时效性、流动性，凡提及“信息”，大多与“通”“塞”、“传递”“隔绝”相关联，显示出其沟通传播的本性及渠道途径的重要。②

在中古时期，“信息”一词作为音信、消息的概括语，至少在唐代已经频频出现。类似的说法，宋代则更为常见。臣僚章奏、官

---

① 参见朱瑞熙：《决策的依据和信息传递渠道》，《中国政治制度通史·宋代卷》，社会科学文献出版社，2011 年，第 102—121 页；平田茂树：《宋代政治结构试论——以“对”和“议”为线索》，《宋代政治结构研究》，林松涛、朱刚等译，上海古籍出版社，2010 年，第 161—189 页；邓小南主编：《政绩考察与信息渠道——以宋代为重心》，北京大学出版社，2008 年。

② 参见邓小南：《宋代信息渠道举隅：以宋廷对地方政绩的考察为例》，《历史研究》2008 年第 3 期。

府文书、私人信函诗作中，常有“信息浓”“信息稀”“信息疏”“无信息”一类表述。[①] 当时人对于信息的渴盼，予人以深刻印象。信息承载的既是音讯，也是周边畅通与隔绝的表征；信息的沟通对于民情抚慰具有重要意义，而渠道的封闭阻断，则是人身禁锢或环境动荡的体现。学界通常讨论的社会网络，正是由有形的人群、观察可见的人际关系和无形的信息流动脉络组合而成。网络中的活动，既有物品人情的往来，也有大量消息、言论、品评的交流；网络中心，往往就是信息旋涡议论场。

对于国家政治而言，信息更具有特殊重要的意义，历代朝廷对于军政信息、社情民意动向都十分关注。[②] 熙宁十年（1077）五月，宋神宗亲笔批示，令前线指挥战事的李宪“候董毡有信息，及措置鬼章见得次第，发来赴阙”。[③] 元丰七年（1084）正月辛亥，神宗手诏李宪，再度流露出对于前方“信息不通”的深切担忧。[④] 靖康年间，东京“信息不通”，内外困敝，人心惶惑。[⑤] 凡此种种，都证明了军政活动中信息通塞关系重大。

宋代的疆域，是中国历史上主要王朝中最为拘狭的；而其统治

---

① 参见苏轼：《苏轼文集》卷五三《与王文甫二首（黄州）》，孔凡礼点校，中华书局，1986 年，第 1587 页；赵彦卫：《云麓漫钞》卷一四引李清照《上韩公枢密诗》“只乞乡关新信息”，傅根清点校，中华书局，1996 年，第 246 页；王庭珪：《卢溪先生文集》卷一六《辰州僻远乙亥十二月方闻秦太师病忽蒙恩自便始知其死作诗悲之》，四川大学古籍整理研究所编：《宋集珍本丛刊》，线装书局，2004 年影印本，第 34 册，第 593 页下栏 b—第 594 页上栏 a；《杨万里集笺校》卷三六《寄陆务观》，辛更儒笺校，中华书局，2007 年，第 1866 页；等等。

② 在《中国政治制度通史・宋代卷》中，朱瑞熙先生专门辟出“决策的依据和信息传递渠道”一节，对此予以讨论。（第 102—121 页）

③ 李焘：《续资治通鉴长编》（以下简称《长编》）卷二八二，熙宁十年五月辛未条，中华书局，2004 年，第 6918 页。

④ 李焘：《长编》卷三四二，元丰七年正月辛亥条，第 8222—8223 页。

⑤ 徐梦莘：《三朝北盟会编》卷八一，靖康二年二月十八日条，上海古籍出版社，1987 年影印本，第 609 页下栏 b。

所达到的纵深程度，却是前朝所难于比拟的。宋人在颂扬本朝集权成就时，称道“本朝之法，上下相维，轻重相制，如身之使臂，臂之使指”；① 而联结这“身”—“臂”—“指”的脉络神经，显然包括流淌在其中的信息。朝廷对于实际权力的把握，对于地方官员的督核，对于民间动态的掌控，都是围绕着对信息的控制而展开的。②

渠道通塞，包括上下双向甚至多向流通的顺畅或阻滞；本文关注的“言路”，主要指信息的向上汇聚渠道，尤其是官员的进言途径。

（二）戒惕壅蔽的“言路”

中国古代文献中，无论政书会要、编年史籍还是人物传记，对于臣僚“言事”的记载史不绝书。宋人向有“好谏纳言者，自是宋家家法”③ 之说。好谏纳言，历来被认为是君主政治开明的反映，而其背后的深层关切，则在于防范壅蔽。所谓“防范壅蔽”，不仅是防范基层信息收集不及时不畅通，更是戒备高层臣僚的选择性报告或揽权阻塞。唐初魏徵向唐太宗解释“兼听”意义时，明确地说：“人君兼听纳下，则贵臣不得壅蔽，而下情必得上通也。”④

---

① 范祖禹：《太史范公文集》卷二二《转对条上四事状》，四川大学古籍整理研究所编：《宋集珍本丛刊》，线装书局，2004 年影印本，第 24 册，第 276 页下栏 b。

② 参见邓小南：《关于宋代政绩考察中的“实迹”：要求与现实》，《李埏教授九十华诞纪念文集》，云南大学出版社，2003 年，第 118—132 页。

③ 晁说之：《嵩山文集》卷一《元符三年应诏封事》，《四部丛刊》续编本，上海书店，1985 年，第 41 页 b。

④ 吴兢：《贞观政要》卷一《君道》，上海师范大学古籍整理组点校，上海古籍出版社，1978 年，第 2 页。

话语中所指的戒惕对象，应该说十分清楚。①

宋王朝生于忧患，长于忧患，始终承受着来自北方的沉重压力。从培根植本、防患未然的意义出发，宋人对于开广言路尤为重视。孝宗朝名臣罗点曾说：

> 祖宗立国以来，言兵不如前代之强，言财不如前代之富；惟有开广言路，涵养士气，人物议论足以折奸枉于未萌，建基本于不拔，则非前代所及。②

南宋后期，张端义曾比较历代治政特点，称“周隋尚族望，唐尚制度文华，本朝尚法令议论”③。相对而言，宽容议论、鼓励进言，确实是宋代治国特点之一。欧阳修在其《镇阳读书》诗作中，自称“平生事笔砚，自可娱文章。开口揽时事，论议争煌煌”④。“言路之通塞，系乎人材之消长”⑤，这样的意见成为朝野共识。尽管后世有“（宋之）儒者论议多于事功”⑥之讥，而在当时，这既是士大夫报效社稷、建树风采的途径，也是君主宣导下情、补益聪明的方式。

吕中在《类编皇朝大事记讲义》中说：

> 祖宗纪纲之所寄，大略有四：大臣总之，给舍正之，台谏

---

① 北宋中期欧阳修、宋祁《新唐书》之《魏徵传》（卷九七，中华书局，1975年，第3869页）中，此处表述作“君能兼听，则奸人不得壅蔽，而下情通矣”。从“贵臣”到“奸人”，显然是有意的更动：从道德判断上看，是缩小了圈子，划定了范围；从人员层次上看，不再限于“贵臣”，则扩大了警惕的对象面。

② 袁燮：《絜斋集》卷一二《签书枢密院事罗公（点）行状》，《丛书集成初编》排印聚珍版丛书本，中华书局，1985年，第189页。

③ 张端义：《贵耳集》卷中“古今治天下各有所尚”，《丛书集成初编》影印津逮秘书本，中华书局，1985年，第41页下。

④ 欧阳修：《欧阳修全集》卷二《古诗·镇阳读书》，李逸安点校，中华书局，2001年，第35页。

⑤ 楼钥：《攻媿集》卷三一《荐沈端叔王度札子》，《丛书集成初编》排印聚珍版丛书本，中华书局，1985年，第418页。

⑥ 脱脱等：《宋史》卷一七三《食货志·总序》，中华书局，1977年，第4157页。

察内，监司察外。①

这种纪纲，很大程度上是靠言责来维持的。从执政臣僚、给舍、台谏到各路监司，对于朝政得失、官员臧否、内外物情，无疑都负有言责，这具有监察意义，也是朝廷信息来源所在。② 民意的把握、政策的制定、制度的调整，正应以此为据。

尽管历代都强调官员言责，但“言路”一说的集中出现，是在宋代。宋代的进言渠道应该说是多层多途的，也有各类临时性加急性的特别处置。南宋后期魏了翁曾回顾说：

> 所谓宰辅宣召、侍从论思、经筵留身、翰苑夜对、二史直前、群臣召归、百官转对轮对、监司帅守见辞、三馆封章、小臣特引、臣民扣匦、太学生伏阙、外臣附驿、京局发马递铺，盖无一日而不可对，无一人而不可言。③

这段话常被学者用来证明宋代君臣沟通的途径，所列举的方式，在历史上确实都能寻得例证。诸如御前会议、近臣宣召、官员入对、书疏章奏、经筵咨询、私下访谈，都提供了君主了解外情的机会，也都曾行之有效；但这并不意味着“无一日而不可对，无一人而不可言”。魏了翁这一说法，即便在宋人引以为傲的“祖宗朝”，也是“非常”的现象；他出于对下情不通的忧虑，才以集萃的方式将“祖宗旧典”合并托出。

进言渠道中，首要的言事者，应该是宰辅、侍从等，也就是吕中所说“大臣”。正因为如此，真宗朝的“圣相”李沆，才因其寡言而被批评为“无口匏”。④ 一般来说，宰辅进言、与皇帝对话，会有当时的记录；像王安石的熙宁奏对《日录》、曾布的《遗录》、

---

① 吕中：《类编皇朝大事记讲义》卷二二《徽宗皇帝》“小人创御笔之令”，张其凡、白晓霞整理，上海人民出版社，2014 年，第 372 页。

② 有关宋代多层多途的信息处理机制，参见邓小南《多面的な政治业绩と调查宋代の情报处理システム》，平田茂树等编：《宋代社会の空间とコミユニケーション》，汲古书院，2006 年，第 97—130 页。

③ 魏了翁：《重校鹤山先生大全文集》卷一八《应诏封事》，四川大学古籍整理研究所编：《宋集珍本丛刊》，第 76 册，第 758 页下栏 b。

④ 脱脱等：《宋史》卷二八二《李沆传》，第 9540 页。

李纲的《建炎时政记》、史浩所记《圣语》、周必大的《思陵录》《奉诏录》等，都是宰辅近臣对于政务对话情境、往复进言及皇帝旨意的笔录。“论思献纳，侍从之职”①，侍从臣僚亦“于事无不可言”②。我们在宋代史册中看到，每逢重要的人、事调整，政策变更之际，往往有这些大臣的若干章疏及连篇累牍的君臣对谈。

不过，在宋代，“言路”一说有其特指。所谓“言路”，是指官员向皇帝进言的专有途径，也是指担负言职的机构及官员。时人通常会说，“言路，台谏给舍也”③，这可以说是狭义或曰严格意义上的言路官职。所谓“台谏”，是宋代监察部门御史台、谏诤部门谏院的合称。有关二者的职任区分与关联，学界已有许多研究，④今不赘。就其突出的“言事”功能来说，二者责任有所区分，谏官职在论奏谏正，而台官则是弹举纠正。⑤所谓“给舍”，则是指从属于宰相机构中书省、门下省，担当草拟诏旨与审覆封驳职责的中书舍人与给事中。北宋元丰年间官制改革之后，二者分处两省，职事既有分工合作，亦有先后程序中相互防察处。中书舍人“掌行命令为制词……事有失当及除授非其人则论奏，封还词头”⑥；给事

---

① 脱脱等：《宋史》卷三四八《赵遹传》，第11045页。

② 苏轼：《苏轼文集》卷三六《司马温公行状》，第487页。有关宋代侍从官员的范围，可参见王宇：《试论宋代“侍从”内涵与外延的变化》，《浙江学刊》2011年第2期；张祎：《宋代侍从官的范围及相关概念》，《国学研究》第34卷，北京大学出版社，2014年。

③ 赵升编：《朝野类要》卷二《称谓》，王瑞来点校，中华书局，2007年，第48页。

④ 参见贾玉英：《宋代监察制度》，河南大学出版社，1996年；刁忠民：《宋代台谏制度研究》，巴蜀书社，1999年；虞云国：《宋代台谏制度研究》，上海社会科学院出版社，2001年。对于言路上信息的来源、相关机构的设置、言路官的选任及考核等问题，亦可参见这几部著述。

⑤ 参见徐松辑：《宋会要辑稿》职官三之五五，崇宁二年八月条，刘琳等点校，上海古籍出版社，2014年，第3074页。

⑥ 脱脱等：《宋史》卷一六一《职官志（一）》，第3785页。

中“掌读内外出纳之事。若政令有失当，则论奏而驳正之”①。给舍的缴驳通常伴随进言，“先其未行而救正其失”②，给舍之言常被视为“公论之气”的代表。③

元丰后即常见给舍、台谏并提：

> 朝廷者，命令之所自出也。设为给舍、台谏之官，以封驳、论列为职，所以弥缝其阙，纠正其非，归于至当也。④

也就是说，给舍掌管封驳，台谏职在论列。就时人心目中的理想状态而言，给舍、台谏在言路上发挥着前赴后继的接力递补作用：

> 政事归于庙堂，而言路通于天下。庙堂之有所失，给舍得言；给舍之有所不及，台谏得言；台谏之有所不能言，天下能言之矣。⑤

给舍与台谏，是性质不同的两类官员；前者位于行政体制之中，后者则属于监察规谏体系。⑥ 二者得以并提，与宋代“言路”的运行机制相关，既反映出二者在政治运作过程中的职能互补，也凸显出这些部门共有的进言作用，强调在其位者针对朝政发表意见的权利。朝廷重大事务的运行链条，离不开出令—审覆—执行—监督的关键环节。中枢决策形成过程中，给舍若有不同意见，或封还词头，或封驳诏令，是其进言机会；颁出的政策内容失当或朝政措置疏舛，台谏可以规谏廷辩。这些做法，既是为减少决策过程失误，

---

① 谢维新撰：《古今合璧事类备要》后集卷二〇《给舍门》“给事中”引《神宗正史·职官志》，《景印文渊阁四库全书》，台湾商务印书馆，1986年，第939册，第698页上栏a。

② 徐松辑：《宋会要辑稿》职官一之八〇引《宋续会要》，第2981页。

③ 高斯得：《耻堂存稿》卷二《经筵进讲故事》“七月二十八日进”，《丛书集成初编》排印聚珍版丛书本，中华书局，1985年，第28页。

④ 袁燮：《絜斋集》卷六《策问·封驳》，第71页。

⑤ 林駉、黄履翁编：《新笺决科古今源流至论》别集卷二“君权（揽权不必亲细务）”，新兴书局，1970年，第994页。

⑥ 元丰改制后，谏官曾经分属中书、门下两省，“自中兴建炎间，诏谏院不隶两省”（徐松辑：《宋会要辑稿》职官一之七八引《宋续会要》，第2980页），恢复为独立的言事机构。

也对居于“庙堂”之高的君王宰执构成某种牵制。

我们经常看到官员“极言时政”“极论阙失”之类说法，一般是指不惮风险竭力陈说。

宋人常说，“任言责者，知无不言，言无不尽”①。事实上，位于言路之上的官员，有刚劲者，亦有猥懦者。② “谏说之难，自古以然。”③ 司马光曾经比较裴矩在隋炀帝、唐太宗时期的表现，评议说：

> 古人有言，君明臣直。裴矩佞于隋而忠于唐，非其性之有变也。君恶闻其过，则忠化为佞；君乐闻直言，则佞化为忠。是知君者表也，臣者景也，表动则景随矣。④

总体上讲，宋代朝野风气相对开放，士人意识到对于国家社会的责任，亦追求清誉，当时“虽庸庸琐琐之流，亦为挺挺敢言之气”，以致“失在谏垣，救在缙绅”。⑤ 即便不在言路的官员，像翰林学士、六曹长贰，也是“职在论思”，“虽非言责，亦未尝不因事献言也”；⑥ 其他官员也会利用朝廷求言、轮对等机会进言。士人间的清议评骘，亦是朝廷得知外情的途径。

为防范来自“在位者”之壅蔽，宋代帝王容忍甚至鼓励朝廷上“异论相搅”。⑦ 绍圣四年（1097）五月，枢密院奏事时，亲政数年却仍涉世不深的哲宗，询问知枢密院事曾布：“大臣所见，岂可不言？言之何害？”老于官场世故的曾布，顺势谈起“先帝”神宗皇帝的御臣之术：

---

① 林駉：《古今源流至论》续集卷六“谏垣”，第814—815页。

② 参见司马光编：《资治通鉴》卷二三七，元和二年十一月，李绛语，中华书局，2011年，第7768页。

③ 洪迈：《容斋随笔》卷一三《谏说之难》，孔凡礼点校，中华书局，2005年，第165页。

④ 司马光编：《资治通鉴》卷一九二，武德九年末，第6142页。

⑤ 林駉：《古今源流至论》续集卷六“谏垣”，第815页。

⑥ 魏了翁：《重校鹤山先生大全文集》卷一八《应诏封事·贴黄》，四川大学古籍整理研究所编：《宋集珍本丛刊》，第七六册，第754页下栏a。

⑦ 李焘：《长编》卷二一三，熙宁三年七月壬辰条，第5169页。

臣自初秉政，即尝奏陈，以谓先帝听用王安石，近世罕比，然当时大臣异论者不一，终不斥逐者，盖恐上下之人与安石为一，则人主于民事有所不得闻矣。此何可忽也！……愿陛下以先帝御安石之术为意。①

按照这一逻辑，允许上下之人持有“异论”，是为避免“人主于民事有所不得闻”。

尽管如此，广开言路在宋代并非自然而然、顺理成章。政争中控制言路，封锁消息；灾伤时“递相蒙蔽，不以上闻”②；日常事务中大事化小，敷衍应对……利益驱动使得官员们瞒报虚报的动力从来不曾缺乏；君王态度的好恶，更成为群僚窥伺的焦点。围绕言路通塞问题，朝廷之上始终呈现着拉锯战般的状态。元符三年（1100），面对登极伊始的徽宗，目睹多年朝政翻覆的晁说之带有几分激愤地说：

言路之通塞，岂一夫独鸣之力哉！臣愿陛下询诸廷之臣，其由谏诤而进者几人，其以面折庭诤称者几人，其博古今、达治体、善议论者几人，其骨鲠谅直、不反覆变改者又几人？③

南宋初建，被召为宰相的李纲，回顾北宋末年的情形，也指出：“靖康间虽号开言路，然议论鲠峭者皆远贬，其实塞之也。”④

（三）广植“耳目”的努力

信息征集背后，是控制效力的问题。无论从君主或是朝廷的角度，掌控信息来源都是严峻的挑战。以朝廷君王为体，“耳目”作为视听的器官与途径，成为与信息沟通分不开的关键词。广植耳目成为“明目达聪”的重要方式，即仁宗所说“善治之主不自任其

① 李焘：《长编》卷四八八，绍圣四年五月，曾布语，第11581—11582页。

② 张田编：《包拯集》卷七《请差灾伤路分安抚》，中华书局，1963年，第84页。

③ 晁说之：《嵩山文集》卷一《元符三年应诏封事》，第44页a。

④ 李心传：《建炎以来系年要录》卷六，建炎元年六月甲子条，胡坤点校，中华书局，2013年，第172页。

聪明，以天下耳目为视听”①。

不仅“台谏给舍皆耳目之任”②，执政、侍从、讲读官与京都长官等，都被视为帝王耳目。元祐三年（1088），时任翰林学士兼侍读的苏轼，苦口婆心地提醒太皇太后与哲宗：

> 自祖宗以来，除委任执政外，仍以侍从近臣为耳目，请间论事，殆无虚日。今自垂帘以来，除执政、台谏、开封尹外，更无人得对，惟有迩英讲读，犹获亲近清光，若复喑默不言，则是耳目殆废。③

两年之后，苏辙陈诉本朝故事说：

> 每当视朝，上有丞弼朝夕奏事，下有台谏更迭进见；内有两省、侍从、诸司官长以事奏禀，外有监司、郡守、走马承受辞见入奏。凡所以为上耳目者，其众如此。然至于事有壅蔽，犹或不免。④

除台谏外，兄弟二人先后列举了宰执、在内两省、侍从、诸司官长，在外监司、郡守、走马承受等众多的君主耳目。这些耳目，遍布朝廷、地方。

“耳目”服务的对象不言而喻。当政者都利用耳目，也控制耳目。宋人会在章奏中提醒皇帝，言路乃圣上耳目之官，不能作执政鹰犬之用。⑤ 实际上，言路不仅可能是执政鹰犬，更是君主鹰犬，挟主上之势纵威逞虐，攻击不肯驯顺之人。宋代党禁等政治整肃中，此类事例颇多。君主不愿意直接出面罢斥臣下时，也会诱使台

---

① 《宋大诏令集》卷一九四《政事（四七）》“诫约台谏诏”，司义祖整理，中华书局，1962 年，第 712 页。

② 李焘：《长编》卷四八九，绍圣四年七月甲寅条，曾布语，第 11609 页。

③ 李焘：《长编》卷四一四，元祐三年九月戊申条，第 10057 页。

④ 苏辙：《栾城集》卷四五《论用台谏札子》，曾枣庄、马德富点校，上海古籍出版社，2009 年，第 995 页。

⑤ 参见李焘：《长编》卷四三七，元祐五年正月己丑条，第 10538 页。

谏官上言。英宗授意傅尧俞弹劾蔡襄、哲宗授意陈次升再劾章惇,[①] 尽管并未如愿，仍可看出，言路的作用绝非限止于“耳目”，帝王意欲用作喉舌、鹰犬。而此类作用的强化，必然会打破君主—行政体制—监察体制之间的制衡关系,[②] 使制度沦为权势意志的附庸。

南宋蔡戡曾经说，“夫监司者，号为外台，耳目之寄”[③]；其沟通内外的功能，不仅在于入奏之际。来自地方路级监司、州郡长贰的上报讯息，对于地方事务、地方官员“访察”“体量”的消息呈递，都是事实上的言路。官方的民政系统、巡视、探报、邮递进奏，都围绕信息上传下达而有所建设。

帝王御用的“耳目”，并不限于体制之内、“言路”之上的正规职任。“掌宫城出入之禁令”[④] 的皇城司，“每遣人伺察公事，民间细务一例以闻”[⑤]，以致被呼为“察子”[⑥]。仁宗年间，臣僚进奏称，“皇城司在内中最为繁剧，祖宗任为耳目之司”[⑦]。宦官入内内侍省，“通侍禁中，役服亵近”[⑧]，亦会通进讯息。仁宗曾问入内内侍省都知王守忠：

> 曰：“卿出入中外，闻有甚议论?”守忠曰：“皆言陛下仁

---

① 参见《杨时集》卷一二《语录 · 余杭所闻》，林海权整理，中华书局，2018 年，第 324 页；李焘：《长编》卷五一〇，元符二年五月戊辰条，第 12148 页。

② 王夫之鉴于明代亡国教训，曾经回溯宋代中叶的上书言事，愤懑批评“以赏劝言之害，较拒谏而尤烈”（王夫之：《读通鉴论》卷一〇，舒士彦点校，中华书局，2013 年，第 303 页）。

③ 蔡戡：《定斋集》卷二《乞选择监司奏状》，王德毅主编：《丛书集成续编》，台湾新文丰出版社，1989 年，第 22 页下栏 a。

④ 脱脱等：《宋史》卷一六六《职官志（六）》“皇城司”，第 3932 页。

⑤ 徐松辑：《宋会要辑稿》职官三四之二一，天禧元年八月十五日，第 3860 页。

⑥ 吴曾：《能改斋漫录》卷二《事始》“探事察子”，上海古籍出版社，1979 年，第 21 页。

⑦ 李焘：《长编》卷一六二，庆历八年正月，第 3913 页。

⑧ 脱脱等：《宋史》卷一六六《职官志（六）》“入内内侍省”，第 3939 页。

> 慈圣德；但朝廷好官美职及清要差遣，皆是两府亲旧方得进用，陛下不曾拔擢一孤寒之臣置于清近。又曰天下事皆由宰相，陛下不得自专。”上默然良久。①

在宫廷中“掌按验秘方，以时剂和药品，以进御及供奉禁中之用”的御药院，② 搜讨进呈消息、沟通内外，③“素号最亲密者”④。此外，太祖太宗朝信用的史珪、丁德裕、柴禹锡、赵镕等军校亲随、藩府旧僚，伺察外事，侦人阴私，也被用作耳目之职、鹰犬之任。孝宗朝，士大夫曾经强烈批评皇帝对侧近佞臣的宠遇，事实上，这正与皇帝对此类私人消息渠道的倚信有关。

历代都有许多敏感信息是靠正式体制之外的方式，靠皇帝“私人”打探传递的。貌似繁复重叠的信息来源各有其特殊意义。这些讯息通常不经正式途径，不公之于众，类似清代的秘密奏折，是皇帝个人的“直通”信息渠道。这类情形之所以在宋代被视为正常，如苏辙所说：

> 盖人君居高宅深，其势易与臣下隔绝，若不务广耳目，则不闻外事，无以豫知祸福之原。⑤

“广耳目”以“闻外事”，随其意旨拓宽信息来源，看上去是人君特有的地位优势；而实际上，“居高宅深”决定着他们在信息获取中根本性的劣势，也迫使他们多方寻求获得外情的机会。

（四）召对咨访与经筵赐坐

从面对面“询访”与“进言”的角度来看，宋代的百官转对

---

① 张纲：《华阳集》卷二二《进故事》，《景印文渊阁四库全书》，第1131册，第135页下栏a。

② 徐松辑：《宋会要辑稿》职官一九之一三“御药院”引《两朝国史志》，第3553页。

③ 参见友永植：《御药院考》，《别府大学短期大学部纪要》第6号，1987年；程民生：《宋代御药院探秘》，《文史哲》2014年第6期。

④ 李心传：《建炎以来系年要录》卷一四六，绍兴十二年八月丙子条，第2755页。

⑤ 李焘：《长编》卷四四八，元祐五年九月丁卯条，苏辙语，第10767页。

轮对无疑是富有特色的制度。参与转对轮对者并非严格意义上的“言官”，这种进言的途径在宋代亦不被直接归为“言路”；但其议政意义却不容小觑。学界对此已有不少研究，① 本文不赘。在常程制度之外，宋代君王与臣僚的面谈，也是值得注意的现象。

就帝王而言，侍从近臣皆系亲擢，“时赐召对，从容讲论，以尽下情”② 理应是常态，时间、场合亦不受限制。但君臣之间“从容讲论”的情形，显然并非普遍。从留至目前的材料来看，北宋的太祖、太宗、神宗，南宋的孝宗、理宗等，与臣僚直接讲论较多；谈话的对象，包括宰辅之外的切近臣僚。政事得失、外廷是非、民间情伪……凡皇帝牵念系怀而在庙堂之上未便公开从容议论之事，往往利用各类机会探询。宰辅重臣无不关注这些对话内容，对话者通常也有所记录，以便留此存照。

孝宗赵昚，是南宋历史上最为注意君臣沟通的帝王，不仅正式上朝理政与臣属直接对话，晚间也会个别宣召咨访。③ 胡铨绍兴年间因力主抗金被贬，孝宗即位后召回。在其《经筵玉音问答》中，详悉记载了隆兴元年（1163）五月三日晚“侍上于后殿之内阁”的情形。孝宗优渥礼遇，嘱其修订答金人书稿，当晚赐酒宴唱曲词，谈话直至凌晨。次日胡铨对朋友称，有“归自天上”之感。④ 乾道年间，胡铨再以侍讲夜对，孝宗嘱咐他说：“卿直谅，四海所

① 例如平田茂树：《宋代政治结构试论——以“对”和“议”为线索》，《宋代政治结构研究》，第161—189页；陈晔：《北宋政情、政风下的转对制》，《史学月刊》2010年第11期；徐东升：《从转对、次对到轮对——宋代官员轮流奏对制度析论》，《厦门大学学报》2009年第5期；朱瑞熙：《中国政治制度通史·宋代卷》，第110—112页。

② 魏了翁：《重校鹤山先生大全文集》卷一七《封事奏体八卦往来之用玩上下交济之理以尽下情（七月二日）》，四川大学古籍整理研究所编：《宋集珍本丛刊》，第76册，第748页下栏a。

③ 相关情况参见王化雨：《宋朝的君臣夜对》，《四川大学学报》2010年第3期。

④ 胡铨：《澹庵文集》卷二《经筵玉音问答》，《景印文渊阁四库全书》，第1137册，第25页下栏b—29页下栏b。

知，且留经筵。事无大小，皆以告朕。”① 反复叮咛，让人感觉到君王心中难以排解的隐忧。翰林侍读学士刘章夜对时：

上（孝宗）从容问曰：“闻卿监中有人笑朕所为者。”公初不知端倪，徐对曰：“圣主所为，人安敢笑！若议论不同，则恐有之。”上意顿解，亦曰：“止是议论不同耳。”②

对于信息阻滞的警惕，对于外朝讥笑的担心，成为孝宗“访问不倦”的动力。楼钥在为其舅父汪大猷写的行状中，说到汪大猷乾道年间兼权给事中的时候，君臣间“造膝启沃”的情形：

孝宗历精民事，访问不倦。宿直玉堂，夜宣对选德殿，赐坐，从容导公使言。……公首以一言移主意。自尔每遇夜对，上多访以时事。尝曰：“卿为侍从，天下之事无所不当论。朕每厌宦官女子之言，思与卿等款语，正欲知朝政阙失、民情利病，苟有所闻，可极论之。”公悉进所欲陈者，奏对明白，曲尽情伪，上多耸听而行之。③

君王对于政务的急切，对于臣僚的赏识及笼络，产生了明显的回馈效应。理宗朝，吴泳曾经回顾孝宗“故事”，不无渲染地说：

故事，禁从讲读官及掌制学士更直递宿，以备咨访。或问经史，或谈时事，或访人才，或及宰执所奏，凡所蕴蓄靡不倾尽。……恩意浃密则就澄碧殿锡燕，职业修饬则上清华阁赐诗，从容造膝过于南衙面陈，先事献言加于路朝显谏。④

当时的兵部尚书宇文价、中书舍人陈骙、直学士倪思、侍讲金安节、马骐、侍御史周操等人，都曾经在夜对时就朝政提出建议。由于君王特示宠渥，场合比较随意，彼此态度放松，对话也相对从容

---

① 周必大：《文忠集》卷三〇《资政殿学士赠通奉大夫胡忠简公神道碑》，《景印文渊阁四库全书》，第1147册，第337页下栏b。

② 楼钥：《攻媿集》卷七七《跋刘资政游县学留题》，第1049页。

③ 楼钥：《攻媿集》卷八八《汪公行状》，第1194页。

④ 吴泳：《鹤林集》卷一九《论今日未及于孝宗者六事札子》，《景印文渊阁四库全书》，第1176册，第181页上栏a—b。

深入。当时即有人援引李贺的诗句，称进言者“帝前动笏移南山”①。尽管如此，对话中的引导者显然是君主，君主意旨所向，常在臣僚观察揣摩之中。

宋代的经筵讲读，也是君臣沟通的机会。② 讲读官并非严格意义上的“言官”，但经筵讲读完毕后，通常“复坐赐汤而从容焉”③。真宗咸平时，置翰林侍读侍讲学士，“日给尚食珍馔，夜则迭宿。多召对询访，或至中夕焉”④，利用此类机会“亲近老成”。杨亿在杨徽之的行状中描述讲读时的情景，说：

> 执经待问，前席畴咨。上从容言天下事甚众，借箸之画莫非沃心，更仆之谈或至移晷。然奏稿多削，温树不言，其慎密也如此。⑤

看来君臣之间的谈话内容既深且广，有涉机密者。

其后的君主，也经常利用经筵之机询访讲读官员的意见。宝元年间，李淑在经筵，仁宗皇帝即“访以进士诗、赋、策、论先后，俾以故事对”⑥。南宋建炎时，高宗接受翰林学士朱胜非的建议，

---

① 楼钥：《攻媿集》卷七七《跋刘资政游县学留题》，第 1049 页。

② 有关宋代经筵及经筵官人选等问题的研究，可参看朱瑞熙：《宋朝经筵制度》，钱伯城主编：《中华文史论丛》第 55 辑，上海古籍出版社，1996 年；邹贺：《宋朝经筵制度研究》，博士学位论文，陕西师范大学，2010 年。

③ 邹浩：《道乡集》卷三九《苏公行状》，《景印文渊阁四库全书》，第 1121 册，第 522 页下栏 b。

④ 陈均编：《皇朝编年纲目备要》卷六，咸平二年七月“置翰林侍读侍讲学士”条，许沛藻等点校，中华书局，2006 年，第 120 页。

⑤ 杨亿：《武夷新集》卷一一《杨徽之行状》，四川大学古籍整理研究所编：《宋集珍本丛刊》，第 2 册，第 300 页下栏 a。

⑥ 脱脱等：《宋史》卷一五五《选举志（一）》，第 3612 页。

允许侍读官“读毕具札子奏陈”①。光宗时，黄度进言，“乞令侍从讲读官反覆议论治忽所系”②。淳祐年间徐元杰在经筵讲读《论语》，赐茶之后，理宗与其一番对话，君臣之间的问答往复达47次之多。③

司马光的《手录》中，保留着他与宋神宗谈话的原始记录。熙宁元年至三年，司马光任翰林学士兼侍读学士、知审官院，在迩英阁为神宗讲授《资治通鉴》。课后，神宗经常征询他对于朝廷事务的意见，不仅问及擢用台谏州县官、赈灾、郊赉等事，也常问及对于新法乃至对当政诸臣的意见，甚至“历问群臣”，询问“朝廷每更一事，举朝汹汹，何也”；司马光应对无所顾忌，甚至当面指教皇帝说：

> 此等细事皆有司之职所当讲求，不足以烦圣虑。陛下但当择人而任之，有功则赏，有罪则罚，此乃陛下职耳。④

有学者认为“他们之间的谈话十分坦率、诚恳，简直像朋友一样”⑤。

南宋后期留至今日的相关材料更多。目前存世的曹彦约《昌谷

---

① 李心传：《建炎以来系年要录》卷一一，建炎元年十二月丙子条，第292页。绍兴十二年以后，秦桧把持朝政，“每除言路，必兼经筵”成为其控制进言途径的举措。参见李心传：《建炎以来朝野杂记》乙集卷一三《官制一》“祖宗时台谏不兼经筵”，徐规点校，中华书局，2000年，第716页。

② 袁燮：《絜斋集》卷一三《龙图阁学士通奉大夫尚书黄公行状》，第212页。

③ 参见徐元杰：《梅野集》卷一《进讲日记》“四月十二日进讲”，四川大学古籍整理研究所编：《宋集珍本丛刊》，第83册，第667页上栏a—第669页上栏a。

④ 参见司马光：《手录》“吕惠卿讲咸有一德录”，李裕民、佐竹靖彦编：《增广司马温公全集》卷一，汲古书院，1993年，第27页下栏a；罗从彦：《遵尧录·司马光》，《罗豫章集》卷七，《丛书集成初编》排印正谊堂全书本，中华书局，1985年，第79页。

⑤ 李裕民：《司马光日记校注》，中国社会科学出版社，1994年，“前言”，第11页。

集》、真德秀《真文忠公集》、魏了翁《鹤山大全集》、刘克庄《后村先生大全集》、徐元杰《梅野集》、姚勉《雪坡姚舍人文集》等，记录了大量的君臣对话，场景栩栩如生。即如真德秀文集中，不仅有任职地方时的章奏，有应诏所上封事，也有面对君主直接上呈的上殿奏札、轮对奏札、内引札子、直前奏事札子、朝辞奏事札子、召还上殿奏札，更有与皇帝对话的记录（如“得圣语申省状”“得圣语申后省状”“奏对手记”等）。对话时，包括前线战事、敌使礼仪、地方安危、官员选任、财用窘困、军籍虚额、福建盐法、楮币得失，乃至诚意正心等等，都在君臣议题之中。端平初，真德秀在讲筵进读四书章句并进呈故事，随后理宗问及与蒙古议和事：

> 赐茶毕，上问“虏人议和未可轻信”，奏曰：“臣适尝言之矣。”李侍御奏：“臣得杨恢书，云在襄阳闻虏酋元不晓‘和’字，只是要人投拜，而其臣下乃将投拜之语改为讲和。”其说颇详。上然之。奏云：“朝见一节如何？”上曰：“且候使人到来商量，待从吉后引见。”李奏：“虏兵已取蔡了，忽然都去；攻息方急，亦忽然都去；其情叵测。”奏云：“此臣所谓鸷鸟将击之形也。”遂退。①

这些对话，明显体现出身居九重的帝王之深切忧虑。当时的经筵讲读，似乎并非君臣着意的重点，反而是读毕之后的赐茶对谈，才反映出皇帝关注的重心，也是讲读臣僚期待进言的时分。

二、端点与关节：滞碍的关键

在帝制社会中，帝王显然高居于权力顶端，制度设计、人事安排、官员驱策，无不围绕这一核心构成。而正因其处于“顶端”，相对明智的帝王自有“高处不胜寒”的感觉。政治上的独尊，并不能保证充分的知情与驾御。信息通进的路径不断增加，技术手段愈益多样，投注的心思缜密繁复，但沟通中阻滞仍旧，渠道通塞

---

① 真德秀：《西山先生真文忠公文集》卷一八《讲筵进读手记（二十六日）》，四川大学古籍整理研究所编：《宋集珍本丛刊》，第 76 册，第 94 页下栏 a。

不常。

进言渠道的延展接合方式，大体上契合于帝国时期的行政与信息网络。[①] 网络中的次第关节控御着开闭的可能，位于不同位置的言者，有活动有顾忌，从中亦可观察到当时的政治秩序与权力格局。南宋程珌曾经说，“今天下利害所当施置罢行者，人皆能言之；所患者在于其言未必上闻，闻之未必下行耳”[②]。前一“未必”，滞碍出在言路关节，九重之内的君主最终获取的信息，实际上是次第筛选的结果；而后一“未必”，则显示出君主的态度与抉择。这里需要关注的是，这“筛选”与君主态度是否相关，渠道自下向上的滞碍究竟如何形成。

（一）制度与人事

王安石在为《周礼义》所做序言中，说：“制而用之存乎法，推而行之存乎人。”[③] 也就是说，制度规定与人事操作二者密不可分。这里的“人事”，是指人的主观作用，包括君主的意向，官员对君主旨意的领略、对朝廷趋向的忖测，以及官场交际网络对于制度的影响。进言制度是否能够按照设想实施，除去必要的机会安排与技术手段外，起作用的重要因素，是官员面对可能的效果与风险之考虑；更有许多情况下的制度变异失灵，并非由于贪鄙者作弊、怠惰者失职，而是朝廷政治取向、官僚层级操控下的必然结果。

---

① 有关宋廷与进言渠道相关的行政与信息网络设置，可参看朱瑞熙：《决策的依据和信息传递渠道》，《中国政治制度通史·宋代卷》，第101—121页；邓小南：《略谈宋代对于地方官员政绩之考察机制的形成》，《庆祝邓广铭教授九十华诞论文集》，河北教育出版社，1997年，第239—247页；邓小南：《“访闻”与“体量”：宋廷考察地方的路径举例》，《邓广铭教授百年诞辰纪念论文集》，中华书局，2008年，第900—924页；邓小南：《从“按察”看北宋制度的运行》，柳立言主编：《近世中国之变与不变》，“中研院”，2013年，第53—104页。

② 程珌：《洺水集》卷一三《上执政书》，《景印文渊阁四库全书》，第1171册，第398页下栏b—第399页上栏a。

③ 王安石：《临川先生文集》卷八四《周礼义序》，四川大学古籍整理研究所编：《宋集珍本丛刊》，第13册，第695页上栏b。

朝廷能够得到的信息，显然并非完全；在很多情形下，也并非真实。考虑到信息上达带来的效应，各层官署、官僚从来不乏欺瞒的动力。例如，财物账目稽违侵隐；① “内外之官虽有课历，率无实状”②；“法出奸生，令下诈起”③；各级官员利害相关，上司巡视，下级“刷牒”，因而“检按失实”。④ 军机要事，同样有此类情形。韩侂胄北伐前派陈景俊使金，本为审敌虚实，金人强硬告诫“不宜败好”，陈自强却窥探上峰意志，“戒使勿言”。⑤

平田茂树在《宋代的言路》一文中，曾经讨论以言路官为中心形成的政治势力作为“政治促进者”的作用，他认为“几乎可以明确以宰相、言路官为政治之两极，以两者的结合为核心形成的元祐时代政治结构”。⑥ 这两极之间的互动，确实是值得关注的问题。研究者通常注意到宋代台谏对于宰相的牵制，而所谓牵制，从来都不是单方单向的。宋人对庆历、元祐的言路评价甚高，回顾本朝故事会说“本朝给舍台谏，庆历元祐时实赖其力”⑦。而求诸史事，欧阳修庆历时批评“朝廷欲人不知，以塞言路”，“聋瞽群听，杜塞人口”；⑧ 元祐年间苏辙更说，“今陛下深处帷幄，耳目至少”，

---

① 李心传：《建炎以来系年要录》卷七〇，绍兴三年十一月癸亥条，第1363页。

② 庞籍：《上仁宗答诏论时政》，赵汝愚编：《宋朝诸臣奏议》卷一四六《总议门》，北京大学中国中古史研究中心校点整理，上海古籍出版社，1999年，第1666页。

③ 张方平：《乐全先生文集》卷二二《论点选河北强壮事》，四川大学古籍整理研究所编：《宋集珍本丛刊》，第5册，第498页下栏b—第499页上栏a。

④ 监司按察本路州县时，经常事先通知下属即将“按行”“指摘”“点检”的事由，号称“刷牒”。州县官吏接到通报，必然预先作好准备，这就为下级敷衍上级按察造成了方便。

⑤ 脱脱等：《宋史》卷三九四《陈自强传》，第12035页。

⑥ 平田茂树：《宋代的言路》，《宋代政治结构研究》，第67—75页。

⑦ 袁燮：《絜斋集》卷一三《黄公（度）行状》，第219页。

⑧ 欧阳修：《上仁宗论台谏论列贵在事初》，赵汝愚编：《宋朝诸臣奏议》卷五一《百官门》，第561页。

"惟有台谏数人"却"又听执政得自选择，不公选正人而用之"。①如此看来，言路官得以独立进言的机会，即便庆历、元祐也非寻常；言路受到干预限制、政治运行"不正常"的状态，帝制时期反而属于常态。

南宋淳熙十一年（1184），时任敕令所删定官的陆九渊在轮对时，精心准备了五份奏札，阐述个人建议，其中直截了当地批评孝宗：

> （陛下）临御二十余年，未有（唐）太宗数年之效。版图未归，仇耻未复，生聚教训之实，可为寒心。②

进言之时，君臣之间有从容的对话，陆九渊感觉甚好。后来他对友人说：

> 去腊面对，颇得尽所怀。天语甚详，反复之间，不敢不自尽，至于遇合，所不敢必，是有天命，非人所能与也。③

两年之后的十一月，陆九渊又近转对之日，忽被改命为将作监丞，因而失去了面奏的机会。对于此事，陆九渊自己后来说：

> 某去冬距对班数日，忽有匠丞之除，王给事遂见缴。既而闻之，有谓吾将发其为首相爪牙者，故皇惧为此，抑可怜也！④

预先将可能不利于己的进言者调离，恰恰是当政者密切关注既往信息，予以及时反应的结果，通向君主的信息链条由此阻断。正如南宋史家李心传在其《建炎以来朝野杂记》"百官转对"条所说：

> 士大夫不为大臣所喜者，往往俟其对班将至，预徙它官，至有立朝逾年而不得见上者，盖轮其官而不轮其人，此立法之弊。⑤

---

① 苏辙：《栾城集》卷四五《论用台谏札子》，第 996 页。

② 陆九渊：《陆九渊集》卷一八《删定官轮对札子》，钟哲点校，中华书局，1980 年，第 221 页。

③ 陆九渊：《陆九渊集》卷七《与詹子南》，第 96 页。

④ 陆九渊：《陆九渊集》卷一〇《与李成之》，第 129 页。

⑤ 李心传：《建炎以来朝野杂记》甲集卷九"百官转对"，第 170 页。

执掌朝政“大臣”的这种做法，利用了制度法规的漏洞，手段颇为高明。某些骨鲠敢言的臣僚因此失去了面奏机会，而当政者刻意壅蔽的努力，却被遮掩在制度如常、轮对依旧的表象背后。

（二）“玉音”与“玉色”

谈及信息的“壅蔽”，不能只将问题归咎于逐级官僚。“防范壅蔽”说法的潜在前提，显然预设君主和朝廷是真正希望了解各类实情的——无论“信息”带来的是喜是忧。但事实上，君主与朝廷的执政倾向，可能助成或者说导致了某些实情的滞碍乃至隐瞒。宋人文集、笔记中，有大量关于君主言谈（“玉音”“圣语”）、神情（“玉色”）的细致描述，反映出臣僚的小心观望。

早在建隆三年（962）二月，太祖就曾表示“渴听谠言，庶臻治道”，要求百官“无以逆鳞为惧”。[①] 真宗天禧元年（1017）二月的诏书中，也明确表示，谏官奏论、宪臣弹举时，“虽言有过当，必示曲全”；并且安抚群僚说，“是为不讳之朝，岂有犯颜之虑”。[②] 这样的说法，被包拯、刘随、陈次升等人多次征引，称颂的同时，是希望“圣朝广开言路，激昂士气，不以人言失当为虑，而患在人之不言也”[③]。

“言路通塞，天下治乱系焉。”[④] 多数情况下，君主出于对信息的关注、对舆论风向的在意，会表示容受意见的姿态；但对臣僚影响更为直接的，显然是姿态背后君主对于进言的实际态度。征诸史实，即便勤政如太宗者，当田锡任职谏垣时，也在其章奏《上太宗论军国要机朝廷大体》中批评说，今来谏官寂无声影，御史不敢弹

---

① 徐松辑：《宋会要辑稿》职官六〇之一，第4665页。

② 刘随：《上仁宗缴进天禧诏书乞防泄漏》注文，赵汝愚编：《宋朝诸臣奏议》卷五一，第556页；又见徐松辑：《宋会要辑稿》职官三之五一，第3068页。

③ 陈次升：《谠论集》卷一《上哲宗乞留正言孙谔疏》，《景印文渊阁四库全书》，第427册，第331页下栏a。

④ 彭龟年：《止堂集》卷一《论优迁台谏沮抑忠直之弊疏》，《丛书集成初编》排印聚珍版丛书本，中华书局，1985年，第13页。

奏，给事中不敢封还，“给谏既不敢违上旨，遗补又不敢贡直言”；中书舍人于起居之日，“但见其随班而进，拜舞而回，未尝见陛下召之与言，未尝闻陛下访之以事”。① 仁宗朝的谏官也曾批评，“陛下虽喜闻谏争，然考其施用，其实无几”。②

君主初政或是政策调整之际，常有“诏求直言”之举。元符末年，徽宗即位，下诏求言，而“时上书及廷试直言者俱得罪。京师有谑词云：‘当初亲下求言诏，引得都来胡道。人人招是骆宾王，并洛阳年少。’”③ 政治取向逆转导致的高层态度翻覆，不仅在当时直接阻塞了言路，而且示后来者以忌讳。

军政情势紧张时，君王对于信息的焦虑更为突出。但这种渴求并不等于对进言内容、通进渠道的真正重视。靖康年间，金军围困开封，钦宗“屡下求言之诏，事稍缓则复沮抑言者，故当时有‘城门闭，言路开；城门开，言路闭’之谚”。④ 一“开”一“闭”的状态，活脱勾勒出君王面对言路的复杂抉择。

孝宗朝是政治相对清明的阶段。乾道初，针对中书舍人洪适的缴奏，孝宗明确表示：“如有出自朕意，事不可行者，卿但缴来。”⑤ 而时至淳熙，罗点还是痛切地指出：

> 国无尽心瘁力之臣则事不济，今皆悦夫背公营私者矣；国无危言极论之臣则德不进，今皆悦夫偷合苟容者矣；国无仗节死义之臣则势不强，今皆悦夫全身远害者矣。⑥

---

① 田锡：《咸平集》卷一《上太宗论军国要机朝廷大体》，罗国威点校，巴蜀书社，2008 年，第 12 页。

② 徐松辑：《宋会要辑稿》职官五五之七，至和二年，知谏院范镇言，第 4500 页。

③ 龚明之：《中吴纪闻》卷五“陆彦猷”，孙菊园校点，上海古籍出版社，1986 年，第 112 页。

④ 陈均编：《皇朝编年纲目备要》卷三〇“靖康元年春正月朔诏求言”，第 771—772 页。

⑤ 徐松辑：《宋会要辑稿》职官三之一九，乾道元年五月一日条，第 3037 页。

⑥ 袁燮：《絜斋集》卷一二《签书枢密院事罗公（点）行状》，第 189 页。

光宗朝，秘书省著作郎卫泾批评“言路尚壅”，“听纳虽广，诚意不加，始说而终违，面从而心拒”。① 理宗时的殿中侍御史杜范批评皇帝“外有好谏之名，内有拒谏之实”,② 表面崇奖台谏，实际阻抑直言。这正如刘子健先生在《南宋君主和言官》一文中指出的，南宋君主对于言官，除去控制之外，常用拖延敷衍的手段，或是调护、抑言奖身，虚伪应付；意欲利用言官名望，却不听从合理主张，结果是上下相蒙，人心涣散。③

帝制时期，尽管有对于信息渠道的建设，有对于纲纪制度的强调，但归根结底，纪纲“总于人主之威权”④。言路为人主所需，其“建设”必定要服从人主与官方的期待；言路既无法超越君主威权，“独立”言事、“开广”范围，必定有其限制。南宋后期，吕中在讨论台谏职任轻重时，指出差异的关键在于“以天下之威权为纪纲”，还是“以言者之风采为纪纲”。⑤

统治者历来警惕言路批评“过度”，更不容其站到君王意志的对立面。台谏官员常有畏葸避事者，不敢“论天下第一事”，而“姑言其次”，借以塞责。⑥ 言官“沽名”“陵犯”，皆涉大忌。仁宗亲口告诫御史中丞王拱辰说：“言事官第自举职，勿以朝廷未行为沮己，而轻去以沽名。”⑦绍兴八年（1138）宋金议和，枢密院编修官胡铨等人出面抗议，朝廷下诏严厉指责说：

> 初投匦而未出，已誊稿而四传。导倡陵犯之风，阴怀劫持

---

① 卫泾：《后乐集》卷一〇《辛亥岁春雷雪应诏上封事》，《景印文渊阁四库全书》，第 1169 册，第 603 页下栏 a。

② 脱脱等：《宋史》卷四〇七《杜范传》，第 12282 页。

③ 刘子健：《南宋君主和言官》，《两宋史研究汇编》，联经出版事业公司，1987 年，第 11—19 页。

④ 吕中：《类编皇朝大事记讲义》卷八《仁宗皇帝》“正纪纲　抑内降”，第 171 页。

⑤ 吕中：《类编皇朝大事记讲义》卷九《仁宗皇帝》“台谏”，第 189 页。

⑥ 脱脱等：《宋史》卷三八七《杜莘老传》，第 11894 页。

⑦ 脱脱等：《宋史》卷三一八《王拱辰传》，第 10360 页。

> 之计。倘诚心于体国，但合输忠；惟专意于取名，故兹眩众。①

引惹高宗、秦桧不满的原因，既是胡铨对和议的抵制，也是由于文稿四传，导致“陵犯之风”，触犯了朝廷忌讳。孝宗历来被认为是励精图治的君主，但他对于“议论群起”的警惕，与高宗如出一辙。隆兴元年，时任中书舍人的周必大、给事中金安节，因论列近臣龙大渊、曾觌等，被宰相呼召至都堂。

> 宣示御札，大略谓给舍论大渊等，并为人鼓惑，议论群起，在太上时岂敢如此。②

就统治者看来，即便需要“言路”，这进言的路径也只能是通向他们一端；若有溢出，则被认为是鼓惑眩众。这种戒惕，较之“壅蔽”，毋宁说更为切近肌肤，刻骨铭心。

言事禀承上司意图、人主风旨，本是台谏之戒忌。宋高宗曾经告诫张九成，台谏不可承宰相风旨，张九成回答说：“以臣观之，非特不可承宰相风旨，亦不可承人主风旨。”③ 而事实上，御史“承望要人风指，阴为之用”的情形十分普遍，④ 台谏往往“取旨言事”⑤。在宋代史料中，常会看到官员由于“领会”上意、“体恤”上情而刻意迎合，乃至隐瞒实情的做法。朱熹曾经说：

> 今日言事官欲论一事一人，皆先探上意如何，方进

---

① 李心传：《建炎以来系年要录》卷一二四，绍兴八年十二月丙辰条，第2327页；罗大经：《鹤林玉露》丙编卷五“胡忠简上书”，王瑞来点校，中华书局，1983年，第327页。

② 参见周必大：《文忠集》卷一六五《归庐陵日记》、卷99《同金给事待罪状》，《景印文渊阁四库全书》，第1148册，第778页下栏b、75页上栏a。

③ 谢采伯：《密斋笔记》卷一“张子韶在经筵”，《丛书集成初编》排印琳琅秘室丛书本，中华书局，1985年，第8页。

④ 《司马光集》卷七六《太子太保庞公墓志铭》，李文泽、霞绍晖校点整理，四川大学出版社，2010年，第1542页。

⑤ 脱脱等：《宋史》卷二四七《宗室·赵子崧传》，第8744页。

文字。①

逢迎谄佞、畏缩不言之例皆非鲜见。更可喟叹的是，一些忠于职守的官员，也会出于避免朝廷困扰的立场，倾向于回避实情。哲宗元祐中地方财政吃紧，朝廷派员调查，范祖禹出面反对：

> 臣伏见近遣户部郎官往京西会计转运司财用出入之数。自来诸路每告乏，朝廷详酌应副，其余则责办于外计。今既遣郎官会计，必见阙少实数。若其数不多，则朝廷可以应副；若其数浩大，不知朝廷能尽应副邪？②

他主张让地方自行处理，朝廷不宜过问“实数”，以免面对实际窘困带来尴尬。

乾道时江西水灾，孝宗全不知情，事后追问，参政蒋芾解释说：

> 州县所以不敢申，恐朝廷或不乐闻。闻今陛下询访民间疾苦，焦劳形于玉色，谁敢隐匿！③

这就是说，在众多消息之中，地方官员选择“上传”的内容，取决于他们对君主“玉色”及朝廷态度的揣摩。这种对于“玉色”“玉音”的小心观察与测度，记载中比比皆是。凡当奏闻之事引惹“上变色不悦”时，通常“同列皆止之”。④ 真德秀在《讲筵进读手记》中，曾经记录下他读“汉成帝荒淫一节”时，对于理宗态度的观察：“敷陈之间语颇峻切，仰瞻玉色略无少忤。”⑤ 而遇到皇帝

① 黎靖德编：《朱子语类》卷一一二《论官》，王星贤点校，中华书局，1986年，第2733页。

② 范祖禹：《太史范公文集》卷一五《论封桩札子》，四川大学古籍整理研究所编：《宋集珍本丛刊》，第24册，第237页下栏a—b。

③ 徐松辑：《宋会要辑稿》食货六八之一二七，乾道四年六月四日条，第8030页。

④ 高斯得：《耻堂存稿》卷二《经筵进讲故事》“七月二十三日进”，第27页。

⑤ 真德秀：《西山先生真文忠公文集》卷一八《讲筵进读手记（初八日）》，四川大学古籍整理研究所编：《宋集珍本丛刊》，第76册，第95页上栏b。

“玉音峻厉”“玉色怫然”① 之际，则少有敢于坚持进言的官员。

这种情形不能简单归结于官员个人素质问题，而是由制度周边的整体氛围、由深入脊髓的“奉上”“唯上”文化所导致。尽管说“天视自我民视，天听自我民听”，制度设计的核心、官员取舍的依据、冲突周旋的落脚，却是效忠君主，顺从上峰。这是官僚文化根深蒂固的选择倾向。

三、余论：信息通塞与“制度文化”

信息渠道的路向、制度的针对性及运作形式，显然受到政治局势左右。宋代日常治理体系下有百官轮对转对，有给舍台谏进言、监司郡守禀报，庆历熙宁等变法活动期间则会集中出现成规模的按察巡视，不同方式并存互补。而信息的通达与否，并不仅仅在于是否有相应的输送呈递渠道；即便渠道设置周全，亦不意味着信息沟通流畅。②

一般说来，高踞于臣民之上的“人君”，明白居高宅深的不利，开广言路是其延展视听的重要手段；当政宰辅亦须了解内外信息，以便施政。有关“直言朝廷阙失”的表态及相应规定，正是在这种背景下出台。但从现实中，我们看到，宋代既有“养臣下敢言之气”③ 的呼吁，也有对言者“沽名卖直”的反感；既有敢批逆鳞而得青睐的事例，也有言事忤旨遣谪贬斥的情形；既有“谏官御史为陛下耳目，执政为股肱；股肱耳目必相为用”的说法，也有“言事者数与大臣异议去”的状况；④ 既有“明目张胆”的危言正论，也

---

① 参见岳珂：《桯史》卷八“袁孚论事”、卷9“黑虎王医师（继先）”，吴企明点校，中华书局，1981年，第89、109页；楼钥：《攻媿集》卷八八《汪公行状》“玉色不悦”，第1198页。

② 孔飞力针对清代“叫魂”事件，对于清政府“内部通讯体系”进行了分析，参见《叫魂：1768年中国妖术大恐慌》，生活·读书·新知三联书店，上海三联书店，2012年；社会学意义上的相关讨论，可参见周雪光：《运动型治理机制：中国国家治理的制度逻辑再思考》，《开放时代》2012年第9期。

③ 楼钥：《攻媿集》卷二七《缴林大中辞免权吏部侍郎除直宝文阁与郡》，第382页。

④ 脱脱等：《宋史》卷三一一《吕公弼传》，第10213页。

有专意迎合的欺瞒诞谩；帝王与朝廷，既为信息焦虑，又惧怕面对“不乐闻”的现实……凡此种种，构成了一幅幅盘根错节的万象图。

信息渠道本身无所谓“通”“塞”，造成通塞的是其中发挥作用的“人事”。渠道不畅、信息不实，当然与国家的实际能力有关，既有技术层面的原因，例如交通条件差、讯息收集传递不便等；也有措置安排的原因，例如言者得知讯息的途径有限、处理人手数量资质不足等。更值得注意的是，在纵横交错的等级体制下，渠道层级的接卯处或曰权力枢纽处，都是信息的筛选流失处。

本文讨论的“言路”活动，涉及各层级官员对态势消息的解读、对政策方针的建议。其中传递的信息，通常经过筛选提炼加工，以供决策。构成这一路径的诸多环节上，少有原始消息，多是经由处理的信息；既有信息收集迟滞片面、缺漏模糊带来的影响，又是特定制度环境下官员主观抉择造成的结果。言路的阻滞、信息的扭曲，往往并非出于忽视，反而出于官员对其重要性的体认；不仅来自权相佞臣，也来自顾及仕宦前途的各层级官员。庸散不职者、作伪蒙蔽者、奉承逢迎者，无不在信息申报选择上下功夫。判断抉择与官员追求相关，仕途生涯的选拔任免虽有规矩准绳，而长官举荐、君相赏识无疑起着关键作用；前程既然操控在上，规避个人风险自然要向上窥伺。

有关言路的规定，提供着施行的可能性，一定程度上制约着事态的走势；而施行的实态，则受到多种因素的影响。设计者通常希望制度便于把控，而任何制度一经推出，其弹性空间，其内在罅隙，都会在施行过程中逐次显现，其溢出效应与潜在风险可能是制度推出者始料不及的。史籍记载所呈现的，往往是被当作“国家之典法”记录的应然状态，希望以此“垂劝戒、示后世”。[①] 我们不能仅依据条目规定及二三范例，就认为制度实施有效；同时，也不能因为制度的扭曲，就以“具文”一语草率交代。制度实施的“万象图”，应该说与环绕制度的政治文化氛围直接相关。

---

① 欧阳修：《欧阳修全集》卷一一一《论史馆日历状》，第1687页。

环绕制度的政治文化氛围，或可径称为“制度文化”。① 笔者所谓“制度文化”，不是单纯指特定时代创制的规范体系，而是指制度实施的环境，指多种因素互动积淀产生的综合状态。观察制度文化，不能忽视制度设计者、执行者、干预者、漠视者、抵制者的意识、态度、行为与周旋互动。朝廷意志并非唯一的决定因素，围绕言路有着不同的认知与多方实践。张力与转圜的结果，可能深化制度的影响力，可能消解制度的权威性和执行力，也可能导致制度的更新。从这一角度，或许能观察到影响制度走向的多种因素。一方面，特定制度的实施会影响到文化的趋向，制度上包容言者，台谏才会养成“元气”；另一方面，制度也为“制度文化”所包裹，例如对于进言利害的认知、进言者的声望、纳言者的公信力、以往进言的影响等因素，都左右着制度的预期和运行的结果。制度文化可以说是一种弥漫性的政治生态环境，浸润渗透于制度之中，影响着制度的生成及其活动方式。纵观历史上的各个时期，几乎没有任何制度按照其设计模式原样施行；调整修正甚至于变异走形，大致是其常态。或许可以说，制度面临的生态环境，决定着制度实施的基本前景。真正有意义的问题，不在于当时是否制定过相关的制度，而是被称作“制度”的那套规则和程序在现实中如何实践并且发挥作用，当时的官僚体系如何执行（或曰对待）这套制度，当时的社会人群如何感知这套制度。

中国古代的制度文化显然是与官场文化交叉迭合的。“官场”是制度相关者集中活动的场合，是官僚文化存在的载体和基本空间。与官僚制度、官僚生存状态相关的惯例习俗、潜在规则，其特有的能量气息、风气的浸染与传播方式，都体现出官场作为“场”的辐射及感应特征。

信息制度的建设，无疑是政治权衡的结果；利害取舍、轻重缓急，取决于判断与抉择。制度注重程序，而许多背离流程的逆向措

① 柳立言对于“动态的法律文化”的界定与说明，参见氏著《宋代的社会流动与法律文化：中产之家的法律》，载《唐研究》第 11 卷，北京大学出版社，2005 年，第 117—158 页。本节讨论受其启发。

置，可能被包装在顺势的外表中。即便被认为成功的制度，其路径中亦可能有诸多变形，可能看上去端点与初衷形似，也可能勉强达致表面目标而伤及深层。有些看似被制度“防范”的做法，事实上可能是体制习用而不可或缺的运行方式。对于某些制度的“空转”，观察者批评其“空”，体制内注重其“转”；今天的研究者批评其渠道不畅，当年的操控者在意这系统格套俱在，可供驱使。

官方“言路”的节点留有层级式的阀门，掌握开关者，既有不肯尽职甚至刻意壅蔽者，也有忠于体制小心行事者。即便是后者，对于节门启闭的方式程度无疑也需要斟酌，除去触逆鳞带来的风险之外，上下之间失察不报是风险，打破安宁平衡同样是风险。其间深层的考虑往往在于预期的“政治秩序”（尽管实际上可能带来民情不安甚至社会动荡），而这些判断与抉择，正与抉择者身处的制度文化环境相关。

进言事，从来被认为是“朝政之大者”①。宋廷有关言路建设的意向不乏清晰表述，但作为加强专制皇权的手段，这“建设”的指向性十分明显。言路承载着言论开放与意见进呈的特定方式，是士大夫政治参与的重要途径；但根本上讲，其运行从属于政权的需求。研究者会注意到，宋代官员的进言活动及其效应，有明显的运行曲线，其波峰高下与政治生态环境密切相关。② 当轴者关切的，主要是控御的维系及朝政的安宁；作为言路及其延展，如给舍台谏之封驳进言，轮对、经筵等君臣对话机会，按察、体量等信息搜讨途径，节门启闭、开放程度，都被制约在这一限度之内。有制有度，这正是“制度”一语的另一方面意义所在。

原载《中国社会科学》2019 年第 1 期

① 楼钥：《攻媿集》卷九九《端明殿学士致仕赠资政殿学士黄公墓志铭》，第1390 页；《宋史》卷三九三《黄裳传》作“朝廷之大者”（第 12005 页）。

② 参见虞云国：《宋代政治生态视野下台谏监察信息渠道的通塞》，北京大学人文社会科学研究院“菊生学术论坛：7 至 16 世纪信息沟通与国家秩序”主题报告，北京，2017 年 11 月 4 日。

敦煌文书所记丝绸之路的新篇章

荣新江①

1900年敦煌莫高窟藏经洞发现的典籍和文书，年代从公元5世纪初到11世纪初，为20世纪中国新史学的进步提供了丰富的第一手材料。由于敦煌文书是陆续发表出来的，因此学界对敦煌文书的利用也是渐进式的。如今，几乎所有藏经洞文献已经用各种形式出版，我们可以从整体上把握敦煌文书的内涵，从而比较全面地利用这些材料，把它们镶嵌到新史学陆续编织的中国历史图景当中。因为敦煌地处丝绸之路的“咽喉”之地，所以其中有关丝路的记录十分丰富，不仅有汉语文书，还有丝路沿线各民族所使用的语言文字材料，这些都为我们今天研究丝路上的东西交通与文化交往、沿线民族的生活和信仰等问题，提供了传世文献所没有的新材料。本文就是基于前人和本人的研究成果，从几个方面论述敦煌文书对于丝绸之路研究的突出贡献。

一、佛教东渐与汉籍西传

汉唐之间是佛教从印度传入中国的重要时期，我们从《高僧传》《续高僧传》以及从新疆经河西到中原北方留存下来的一串石窟寺，都可以得到清楚的认识。敦煌是佛教东传的一站，我们在敦煌藏经洞中没有见到早期的梵文胡本，却看到另外一种画面，即十六国到北朝时期，这里是中原佛教典籍的流传区域，而且这些典籍进而传入西域的高昌地区。

---

① 作者简介：荣新江，北京大学博雅讲席教授、北京大学历史学系暨中国古代史研究中心教授。

从公元前2年大月氏使伊存口授《浮屠经》开始，佛教从西北印度渐次流入中国。属于东汉初年的一支悬泉汉简，记录了敦煌当时已经有佛教僧人居住的“小浮屠里”①，表明敦煌成为佛教东传的一站。到了西晋时期，有世居敦煌的月氏人竺法护，曾往西域诸国学习佛法，收集佛经，回来后与弟子加以翻译，人称“敦煌菩萨”，以后又到长安、洛阳等地译经，有《正法华经》《光赞般若经》《诸佛要集经》等译本。此后十六国到南北朝时期，印度、西域的传法师不断经过敦煌等河西城镇，进入中原译经传法。照常理说，敦煌应当留存有不少这些传法师携来的胡本梵书，但目前我们从敦煌保存的文献中没有看到任何早期的胡语文献，虽然原因可能有多种，但事实是大量的汉文佛典从十六国时期以来流传不绝。现举若干有代表性的写本（真伪存疑者不录），并提示其翻译的时间地点于后：

甘肃省博物馆藏001号《法句经》，有孙吴时印度僧维祇难与竺将炎译本，此卷有升平十二年（368）、咸安三年（373）沙弥净明两次诵习题记，推测抄写于前凉都城姑臧（凉州）而流入敦煌。上海博物馆藏《维摩诘经》卷上，为孙吴支谦译本，有后凉麟嘉五年（393）王相高题记，当是后凉人用南方译本抄写流传于敦煌。英藏S.797《十诵比丘戒本》，有西凉建初二年（406）比丘德祐于敦煌城南抄写题记。法藏P.4506《金光明经》卷二，北凉昙无谶译本，为绢本写经，后有北魏皇兴五年（471）定州中山郡人张㦸主写经题记。张氏为凉州人，以绢素抄写《法华》一部、《金光明》一部、《维摩》一部、《无量寿》一部，希望流通本乡。可见在河北定州抄写的一组高级黄绢写本，送回凉州家乡，其中一种辗转流传到敦煌。S.996《杂阿毗昙心经》卷六，东晋初罽宾三藏僧伽提婆译本，有北魏太和三年（479）昌黎王、洛州刺史冯晋国（熙）于洛州写经题记，称“撰写十《一切经》，一经一千四百六

① 郝树声、张德芳：《悬泉汉简研究》，甘肃文化出版社，2009年，第186页。

十四卷”，总共当有14640卷，此当为其中之一，流传到敦煌。S. 2106《维摩义记》，为鸠摩罗什译《维摩诘所说经》的注释，作者不详，有北魏景明元年（500）比丘昙兴于定州丰乐寺写经题记，说明是抄写于河北定州而传到敦煌。①

以上所举，是4—5世纪敦煌保存的一些有纪年的佛典写本，有早期的小乘经典，更多的是中原流行的大乘佛经，还有戒律和论疏，这些写本大多不是敦煌本地所写，而是从凉州、洛州、定州等地传来。其他没有题记或纪年的写本，数量也颇为可观，内容大体不出这个范围，从书法判断，其来历应当也有中原其他地方的写经。对比塔里木盆地库车、和田等地出土的梵文或胡语佛典，可以明显地看出敦煌从汉武帝时进入中原王朝之后，即成为中原文化的桥头堡，当地流传的佛典都是从中原传抄过去的，随着当地文化的进步，当地的写本越来越多，但其所据的祖本仍然来自中原。其他非佛教的典籍，情形也应当相同。因此可以说，汉魏以来敦煌就是丝绸之路上中原文化的流播之地，与佛法的东传方向相反，敦煌的佛教是由东到西从中原传播而来，并生根发芽，茁壮成长。这一点，其实和佛教艺术的传播相同，敦煌莫高窟从366年乐僔开凿石窟之始，就受到东方的影响，从北凉“凉州模式”的西渐，到北魏云冈石窟造像手法的影响，敦煌一直沐浴着中原佛教文化的阳光。

敦煌保存的中国传统文化和中原系统的佛教典籍，也进而影响到吐鲁番盆地的高昌地区。高昌自327年建立高昌郡，先后附属于前凉、前秦、后凉、西凉、北凉，因此也同样接受着经河西走廊而传入的中原文化的影响，其中部分即来自敦煌。在439年北魏灭北凉后，北凉王族沮渠无讳、安周兄弟率众从敦煌经鄯善奔高昌，在吐鲁番建立了大凉政权。他们带去了河西的高僧、文人、工匠，高昌故城出土的《且渠安周造寺功德碑》，出自中原大族夏侯粲的手笔。作者精通内外典籍，文词高古，典雅娴熟。其中说到安周所立

① 参见饶宗颐：《选堂集林·敦煌学》，香港中华书局，2015年，第13—17，38—42，84页。

之寺的主尊像是弥勒，正好印证了宿白教授所说的“凉州模式”的西渐，而造作这些佛像的人，有些就是从敦煌迁徙或流亡过去的。[①] 吐鲁番盆地虽然也发现过一些梵文写本，但年代较晚，其早期佛典和敦煌一样，都是汉文写本，表明中原文化在丝绸之路上的传播力度。汉文佛典的传播应当已经到达鸠摩罗什的老家——龟兹，但和田没有发现早期汉文佛典。

二、粟特商人的东渐

粟特人是生活在中亚阿姆河和锡尔河之间的民族，分属不同的绿洲王国，中国典籍称之为“昭武九姓”。从中国传统的汉文史籍中，人们早就知道昭武九姓胡人在中国的存在。但只有发现了敦煌文书，我们才对中古时期粟特商人的入华经贸的情形，以及他们如何融入中国社会有了系统和全面的认识。

敦煌西北长城烽燧下，曾出土了一个邮袋所装的 8 封用中亚粟特文书写的古信札（Ancient Letters），年代在 312 年前后，是入华粟特商人从河西寄往西域的书信。其中第 2 号信札是一位以凉州姑臧为大本营的粟特商队首领写给家乡撒马尔罕（Samarkand）出资赞助商队的资本人的信函，其中报告这位商队首领派往邺城（临漳）、洛阳、金城（兰州）、酒泉、敦煌等地的各路商人经商的情形，以及他们在各地遇到的战乱等问题，表明这些粟特商人以西方的贵金属、香料、药材等货物，来换取中国的丝绸，同时也经营一些其他商品。[②] 由此我们可以看到粟特商队以某个丝路重镇为基地，分遣小组商队前往其他城市经营的情形。结合其他史料，特别是敦煌写本《沙州图经》和《沙州伊州地志》所记蒲昌海（罗布泊）地区以康艳典为首的粟特聚落和伊州（哈密）地区以石万年

① 参见荣新江：《〈且渠安周碑〉与高昌大凉政权》，《燕京学报》新 5 期，北京大学出版社，1998 年，第 65—92 页。

② N. Sims-Williams, “The Sogdian Ancient Letter II”, *Philologica et Linguistica: Historia, Pluralitas, Universitas. Festschrift für Helmut Humbach zum 80. Geburtstag am 4. Dezember* 2001, ed. M. G. Schmidt and W. Bisang, Trier, 2001, pp. 267—280.

为首的粟特聚落，可以勾画出粟特商队首领在家乡获得有钱人的资助后，组成一定规模的商队外出经商，在丝绸之路沿线一些重要城镇如高昌、伊州、敦煌、酒泉、凉州、长安、洛阳、邺城等地，建立自己的殖民聚落，这一方面是粟特商人聚居之地，一方面也是商队货物集散地。吐鲁番出土的《高昌内藏奏得称价钱帐》① 和一些买卖契约，证明高昌市场上交易的双方往往都是粟特商人，说明他们用倒运的方式，把西域的贵金属、香料、药材、稀有植物、狩猎动物，乃至奴婢人口，从西方转运到中国，分散进入中国市场。而他们通过建立聚落的方式，逐渐在丝绸之路沿线构筑了一个贸易网络，从而掌控了丝路贸易的主动权，垄断了丝路贸易。我们从公元3世纪到10世纪的丝路上很少见到印度、波斯商人的身影，原因正在于此。

从粟特文古信札的记录来看，这些粟特聚落具有很强的自治性，聚落当中一般都建有祆祠。粟特各国原本都是政教合一的国家，《魏书·西域传》记康国云："有胡律，置于祆祠，将决罚，则取而断之。重者族，次罪者死，贼盗截其足。"② 表明祆祠也有处理行政事务的功能。1号和3号粟特文古信札记载了一件事：一个随丈夫来到敦煌的妇女，因为丈夫出外经商，多年不回，她们母女无法生存，于是向祆祠的祠主求助，祠主就安排她们母女随其他商队回国。③ 可见粟特商队和聚落有着一整套的运作系统，聚落和祆祠的首领们可以处理各种事务，以保证贸易的运行和日常生活的维持。

对于粟特人在丝路沿线所建的殖民聚落，我们也是从敦煌文书中获得了最为丰富的资料，让我们能够观察到一个聚落内部的各个方面，这在敦煌之外是完全无法做到的。"聚落"这一名称，就来

---

① 唐长孺：《吐鲁番出土文书》壹，文物出版社，1992年，第450—453页。

② 魏收：《魏书》卷一〇二《西域传》，中华书局，1974年，第22页。

③ 辛姆斯·威廉姆斯：《粟特文古信札新刊本的进展》，荣新江等编，《粟特人在中国——历史、考古、语言的新探索》，中华书局，2005年，第72—87页。

自敦煌文书《沙州伊州地志》：石城镇，本汉楼兰国。“隋置鄯善镇，隋乱，其城遂废。贞观中（627—649），康国大首领康艳典东来，居此城，胡人随之，因成聚落。”康国在中亚的撒马尔罕，这批粟特人还占据了鄯善西面的新城、东面的屯城，大概人数众多，还新建了蒲桃城和萨毗城。同书伊州条记：“隋大业六年（610）于城东买地置伊吾郡。隋乱，复没于胡。贞观四年（630），首领石万年率七城来降。”石万年应当是出身中亚石国（今塔什干）的粟特胡人，他能率七城来降，说明他的粟特聚落势力也不小。这里的聚落“首领”，来源于商队首领，是粟特文 s'rtp'w 的意译，北周音译作“萨保”，北齐作“萨甫”，唐朝作“萨宝”，意译是“商队首领”，后演变成聚落首领。从北朝末到唐朝初年，中央和地方政府逐渐把粟特聚落转变为折冲府或乡里，聚落首领成为乡团领袖或地方官员，萨保也被纳入官僚系统当中，成为一个视流外的官员。①

敦煌文书《唐天宝十载（751）敦煌县差科簿》记录了盛唐时敦煌十三乡之一从化乡的居民，大多数是粟特式的胡名，由此可以判断出该乡是从粟特聚落转变而来，但不断有新的粟特居民加入其中。从各种相关的敦煌文书加以分析，得知该乡居民大多不从事农业生产，而是经商；他们担任的政府“色役”，也是“市壁师”一类管理市场的人员；该乡所在的位置在敦煌城东一里，据《沙州图经》记载，正是粟特胡人供奉的祆教祠庙——祆舍所在，是粟特民众精神信仰的中心。8 世纪中叶开始，由于粟特地区的动荡、唐朝的内乱、吐蕃对河西的占领，从化乡居民渐渐减少，最终不复存在②。

但粟特居民仍然在敦煌某些地方聚族而居，这些逐渐汉化的粟

---

① 参见荣新江：《萨保与萨薄：北朝隋唐胡人聚落首领问题的争论与辨析》，叶奕良编：《伊朗学在中国论文集》第 3 集，北京大学出版社，2003 年，第 128—143 页。

② 池田温：《8 世纪中叶における敦煌のソグド人聚落》，《ユーラシア文化研究》第 1 号，1965 年，第 49—92 页。

特人在此后敦煌的历史进程中发挥着重要的作用。在吐蕃占领敦煌时期（786—848），许多原本信仰祆教的粟特人改宗吐蕃王朝大力弘扬的佛教。敦煌藏经洞出土有一批粟特语佛教文献，这些佛典基本上都是译自汉语佛典，有汉地流行的《金刚般若经》《维摩诘经》《观佛三昧海经》《药师经》《长爪梵志请问经》及《不空羂索神咒心经》《观世音菩萨秘密藏如意轮陀罗尼神咒经》《观自在菩萨如意轮念诵仪轨》等，也有汉地僧人编纂的伪经《善恶因果经》《佛为心王菩萨说头陀经》《法王经》等，可见敦煌的粟特人是在汉地皈依佛法，而从汉传佛教中汲取佛教思想。[1] 吐蕃大力奉佛，敦煌的粟特人以经商所得的雄厚财力，成为佛教的强有力供养者。敦煌文书 P. 2912 有某年（821）四月八日佛诞日粟特人康秀华施入疏："写《大般若经》一部，施银盘子叁枚共卅五两、麦壹佰硕、粟伍拾硕、粉肆斤。右施上件物写经，谨请炫和尚收掌货卖，充写经直，纸墨笔自供足，谨疏。"疏文的后面，是炫和尚货卖胡粉的详细账目。玄奘译本《大般若波罗蜜多经》一部共六百卷，非有财力，不能竟功。康秀华施舍银盘、麦粟和胡粉，交给炫和尚出售，所得收入，充作写经的支出费用。康秀华在敦煌莫高窟第 44 窟有供养人题名，是担任过"□□使"的粟特豪强。类似的粟特人物还有一次施入报恩寺"五十三石五斗麦"的安勿赊、担任敦煌佛教都统的康智诠、担任灵图寺上座的康志定、担任僧尼部落使的米净辩、担任敦煌部落使的康再荣等[2]，由此可见吐蕃统治时期粟特人在敦煌的强大势力，以及他们对敦煌佛教的供养和支持。

848 年，沙州土豪张议潮乘吐蕃内乱，联合粟特人安景旻、部落使阎英达率众起义，赶走吐蕃守将，收复敦煌与瓜州，遣使上报唐朝。851 年唐朝在敦煌设立归义军，以张议潮为节度使，兼沙、瓜、甘、肃、伊、西、鄯、河、兰、岷、廓等十一州观察使。在归

① 参见吉田丰：《ソグド語仏典解説》，《内陸アジア言語の研究》7，1992 年，第 95—119 页。

② 参见郑炳林：《唐五代敦煌的粟特人与佛教》，《敦煌研究》1997 年第 2 期，第 154—171 页。

义军时期（851—1035），粟特人仍然活跃在政教两界，如张议潮时期的甘州删丹镇遏充凉州西界游奕采访营田都知兵马使康通信，张氏统治晚期的节度左都押衙安怀恩，继吐蕃三藏法师法成在归义军初期讲经传法的管内都僧政曹法镜，都是其中的代表人物。① 甚至914年接替张承奉任归义军节度使的曹议金，很可能就是一个粟特人的后裔，他东娶甘州回鹘可汗之女，西嫁女儿给于阗国王李圣天，其子孙也多与少数民族通婚，由此改善了与周边民族政权的关系，开通河西老道，让丝绸之路再次畅通。②

中国古代史官不太注意记载商人和入华胡人的事迹，如果没有敦煌文书，我们几乎完全不知道入华粟特人描绘的如此丰富多彩的历史画面。

三、三夷教入华

中古时期，起源于西亚的琐罗亚斯德教（中国称祆教）、叙利亚东方教派（中国称景教）、摩尼教陆续传入中国，给中国的信仰和社会都带来很大影响。这三种外来的“夷教”在传世典籍中也有一些记载，但比较简略，多是佛教徒的反面记录。而敦煌文书留给我们这些宗教信仰者自己书写的文献和一些不经意而留下来的记录，让三夷教流传史极大地丰富起来。

祆教产生于公元前6世纪的波斯，在阿契美尼德王朝时期被立为国教。随着帝国扩张到巴克特里亚和犍陀罗地区，该教也传入西北印度，而且更远到达天山地区的塞人（斯基泰人）部落。这应当是祆教传播的第一浪潮，但似乎没有进入玉门关。

祆教的再次传入中国，应当是伴随着粟特商人的东来贸易而来。粟特地区的正统宗教是波斯的祆教。在敦煌发现的粟特文1号

---

① 参见荣新江：《归义军史研究——唐宋时代敦煌历史考索》，上海古籍出版社，1996年，第151、154、271—272页。

② 参见荣新江：《敦煌归义军曹氏统治者为粟特后裔说》，《历史研究》2001年第1期，第65—72页。

古信札中，曾提到 βγnpt 一词，就是当年敦煌祆祠中的一位神职人员①，可译作“祠主”。其他信札的一些人名中，往往包含着祆教神祇的名称，如 2 号信札的发信人 Nanai-Vandak，意为“（祆教）娜娜女神之仆”②，表明这批粟特商人是祆教信仰者。前面提到的唐初康国大首领康艳典率众东来，占据鄯善城，据《沙州图经》卷 5，鄯善城内就有胡人所立“一所祆舍”。伊州是粟特首领石万年的势力范围，据《沙州伊州地志》，在伊州伊吾县，胡人立有火祆庙，其中有“素书（画）形像无数”，供奉着各种祆神，祠主名翟槃陀。在敦煌本地，据《沙州图经》卷 3，城东一里立一所祆祠，其“祆神”与中国传统的风神、雨师等一起，被列为敦煌县的“四所杂神”，按时祭祀。《图经》还详细记录了这所祆祠的内部情况：“立舍，画祆主，总有廿龛。其院周回一百步。”是极其难得的有关祆祠的记录。在安史之乱后，敦煌从化乡的粟特聚落解体。到了吐蕃统治时期，许多粟特人皈依佛教，但祆神祭祀作为地方上的一种民俗化的信仰，“赛祆”活动一直持续到归义军时期。

明末西安城郊发现的《大秦景教流行中国碑》（《景教碑》），记录了 635 年波斯僧阿罗本携景教经像来到唐都长安，三年后被允许立寺传教。经过一百多年的发展，这个基督教东方叙利亚教派在唐朝境内得以发展壮大，特别是景教僧人伊斯在安史之乱期间给予唐朔方军以有力的物质支持，因此战后景教得到更大的扶持。781 年，伊斯在长安义宁坊大秦寺中，竖立了记载景教传播史和他本人功业的《景教碑》。但此后直到 845 年武宗灭法，有关景教的记录很少，而敦煌文献对此填补了某些空白。

由大秦寺僧景净撰文的《景教碑》，主要记录了景教在唐朝的发展历程。敦煌写本《尊经》（P. 3847），则罗列了从阿罗本到景净时代翻译成汉语的景教经典名录，计有 35 部，其中的《宣元至

---

① W. B. Henning, “The Date of the Sogdian Ancient Letters”, BSOAS, XII, 1948, pp. 602—605.

② W. B. Henning, “A Sogdian God”, BSOAS, XXVIII. 2, 1965, pp. 252—253.

本经》、《志玄安乐经》、《三威赞经》（《三威蒙度赞》）三种有敦煌抄本，对今人了解景教教义、追溯原文，都有重要的价值。其他没有原本流传，但有些经名可以找到旁证，如《四门经》，《新唐书·艺文志》著录有李弥乾自西天竺传来《都利聿斯经》五卷、翰林待诏陈辅重编为《聿斯四门经》一卷。今人考证“都利聿斯”是中古波斯语 Ptlmyws（托勒密）的音译，《四门经》应当就是托勒密的天文占卜著作 *Tetrabiblos*。[①] 可见景教僧人和晚明的利玛窦等耶稣会士一样，也是利用西方的天文学来帮助他们传播宗教，而今天看来，则是珍贵的西方科学入华史的组成部分。吐蕃王朝也不反对景教，敦煌的藏文文书中有景教的十字架图像和景教内容的占卜书。[②] 到归义军时期，虽然佛教在敦煌的信仰空间占据绝对的统治地位，但景教也没有绝迹，《三威蒙度赞》《尊经》等写本完整保存在藏经洞，说明它们到归义军晚期仍然拥有自己的读者。

公元 3 世纪波斯人摩尼（Mani）创立的摩尼教，利用琐罗亚斯德教的二元论，创造“二宗三际”学说，但对现实社会采取否定态度，因此大多数统治者都把摩尼教视作异端。摩尼教在萨珊波斯被禁之后，摩尼的弟子向外传教，3 世纪末在呼罗珊和花剌子模建立了东方教会中心；从 4 世纪到 7 世纪，摩尼教进而发展到粟特地区和吐火罗斯坦。然而，波斯和中亚都没有保存下来任何摩尼教的经典，反而在敦煌的佛教石窟寺中，留存着三种颇有一定篇幅的摩尼教经典。

《佛祖统纪》卷 40 记：“延载元年（694），波斯国人拂多诞持《二宗经》伪教来朝。”佛教徒把摩尼教视作“伪教”，却准确地记录下来波斯的摩尼教法师在武周时期将该教传入中国的信息。武则天不仅接受了这个异端宗教，还允许其立寺译经。敦煌保存的三种

---

① 参见荣新江：《一个入仕唐朝的波斯景教家族》，叶奕良编：《伊朗学在中国论文集》第 2 集，北京大学出版社，1998 年，第 82—90 页。

② G. Uray, “Tibet’s Connections with Nestorianism and Manicheism in the 8th–10th Centuries”, *Contributions on Tibetan Language, History and Culture*, Wien, 1983, pp. 399—429.

汉文摩尼教经典各自有重要的价值：一是所谓“摩尼教残经”，首尾俱残，但保留了345行文字，是摩尼教早期经典的汉译本，对于摩尼教教义的研究至关重要。二是《摩尼光佛教法仪略》一卷，标题下题“开元十九年六月八日大德拂多诞奉诏集贤院译”。其实不是译本，而是对摩尼教历史、教义、仪轨、戒律等各方面的一个概说。很可能是唐玄宗感觉到摩尼教对现实社会的威胁，所以在731年让摩尼教法师编了这样一个文本，翌年玄宗就下诏禁摩尼教，但西胡不在此限。今天这件《仪略》几乎成为我们认识摩尼教的最基本文献。三是《下部赞》，是长达四百多行的一部摩尼教赞美诗集，其用极其娴熟的汉语，翻译了相当一批摩尼教诗歌，是了解摩尼教寺院宗教生活和思想的重要资料。

敦煌写本保存的三夷教材料远远不能和佛教文献相比，却价值连城，没有这些文书，也就没有今日对三夷教入华情形的认识深度。

四、9—10世纪的丝绸之路与吐蕃、归义军的贡献

迄今为止有一种观点认为，唐朝安史之乱以后，吐蕃占领河西和西域，阻断了中西往来的交通路线，所以自790年沙门悟空从西域绕道漠北回鹘汗国返回长安以后，直到北宋初年，中西之间的交往一直中断。其实，这是立足于中原传统史料的偏见，我们从丰富的敦煌汉、藏文文书中，可以了解到9—10世纪的丝绸之路从未断绝，而且还有着极其多彩的内容。

以青藏高原为根基的吐蕃王国乘唐朝内乱，先是攻占陇右之地，然后从东到西沿河西走廊攻略，最后在786年迫使沙州的唐朝军民“寻盟而降”，条件是“勿徙他境”。吐蕃把敦煌当作一座佛教圣城，极力维护发展佛教势力，从长安西明寺的高僧昙旷，到吐蕃三藏法师法成，都在这里译经讲道；汉地禅宗也以此为基地，传入吐蕃本土，随之而去的还有大量汉文典籍。吐蕃在其北方边境建立了玛曲、青海、雅摩塘（河州）、凉州、瓜州、萨毗、小勃律等一系列军镇，也有着完善的交通体制，“飞鸟使”在赞普驻地和各军镇之间穿行，交通极为发达，没有任何障碍。这一交通体系也为佛教的传播、文化的交流提供了条件，据敦煌藏文文书 P. t. 996 所记吐蕃禅宗僧人南喀宁波（Nam ka’ I snying po）的师门传承谱系，就可以勾勒出一条从印度到安西（龟兹），再到沙州、肃州、甘州等的传法路线，[①] 表明当时传统的丝绸之路并未断绝。

唐朝前期开通的唐蕃古道，在此时则更加通畅，即 823 年立于拉萨的《唐蕃会盟碑》所说："彼此驿骑一往一来，悉遵曩昔旧路。"沿着这条丝路，汉地的许多典籍传入吐蕃，敦煌保存的藏文写本中，就有《尚书》《春秋后语》《杂抄》《千字文》，以及大量的佛典和禅籍，包括禅宗灯史如《楞伽师资记》《历代法宝记》等，表明当时这条汉藏之间丝路的畅通。

851 年以敦煌为根据地建立的归义军政权，在节度使张议潮的率领下，经过十年奋斗，861 年终于打通河西老道，占领凉州。此后敦煌与中原王朝往来不绝，与吐鲁番的西州回鹘和塔里木南沿的于阗王国也建立了联系。914 年开始的曹氏归义军政权，与东西回鹘政权、于阗王国更是交往频繁，推动了沿丝绸之路的中转贸易，如于阗的玉石不断被运往中原，西州回鹘境内的硇砂也经敦煌转输内地。敦煌文书《权知归义军兵马留后守沙州长史曹仁贵献物状》，就记有 916 年敦煌进贡中原王朝的"玉一团，重一斤一两；羚羊角伍对；硇砂五斤"；949 年《新授归义军节度观察留后曹元忠状》，则提到敦煌向中原王朝进献了"硇砂壹拾斤"。在各种各样的敦煌文书中有相当多的这类记载。

曹氏归义军节度使作为敦煌佛教的供养人，也为西天取经的僧人提供了大力帮助。我们在敦煌文书中可以见到如下一些前往印度求法的僧人：924 年鄜州（今陕西富县）开元寺观音院院主智严，同年的定州（河北定州市）开元寺僧人归文，931—935 年间的洛京左街福先寺赐紫沙门彦熙，944 年的沙州释门僧正善光，958 年

---

① 参见才让：《P. T. 996 号〈堪布善知识南喀宁布善知识传承略说〉》，《菩提遗珠：敦煌藏文佛教文献的整理与解读》，上海古籍出版社，2016 年，第 345—376 页。

的西川善兴大寺西院法主大师法宗，后晋时出发而于965年返回的左街内殿讲经谈论兴教法幢大师赐紫沙门道圆。宋太祖为复兴佛法，于966年组织了一次官府派遣的西行求法运动，有157位僧人应征从都城开封出发，前往西天取经。从敦煌写本也可以找到这些西天求法僧的记录：968年路过敦煌的开宝寺沙门继从，964—974年的法坚，971年的永进，989年的智坚，995年的道猷等。① 敦煌写本中还有一本《西天路竟》（S. 383），首尾完整，存21行，记从北宋东京（开封）至南天竺的简要行程，应当就是某位求法僧留下的行记。② 这些求法僧大多数都不在中原传统文献的记录下，但敦煌文书中却偶尔留下了他们的踪迹，以此类推，没有记录的东往西去的人应当更多。

在敦煌文书中还保留了一批于阗语文献，因为10世纪敦煌与于阗两个政权之间一直保持着婚姻关系，所以有不少于阗的使臣、僧侣、王族长期逗留敦煌，也留下了许多于阗语文书，其中也有珍贵的丝绸之路记录。如钢和泰旧藏的一件于阗语写本，就保留了925年前后于阗使臣从于阗经沙州到朔方一路经行的地名，以及从沙州到天山南北路的城镇名，是10世纪珍贵的丝路地理信息③。还有一件于阗语文书，记录了于阗国往迦湿弥罗国的行纪，也是十分珍贵的原始丝路行记。④ 相当一批于阗语的使臣报告，也为我们认识10世纪丝绸之路上的各种情况提供了详细的第一手资料。

敦煌藏经洞大概封闭于1006年前后，因此有关9—10世纪的

---

① 以上参见荣新江：《敦煌文献所见晚唐五代宋初的中印文化交往》，《季羡林教授八十华诞纪念论文集》，江西人民出版社，1991年，第955—968页。

② 参见黄盛璋：《敦煌写本〈西天路竟〉历史地理研究》，《中外交通与交流史研究》，安徽教育出版社，2002年，第88—110页。

③ 参见黄盛璋：《于阗文〈使河西记〉的历史地理研究》，《敦煌学辑刊》1986年第2期，第1—18页；1987年第1期，第1—13页。

④ 参见黄盛璋：《敦煌写卷于阗文〈克什米尔行程〉历史地理研究》，《新疆文物》1994年第4期，第27—48页。

文书保存较多，为我们了解这一时段的丝绸之路提供了珍贵的记录。同时也应知道，许多敦煌文书都是残缺不全的，而且也不是刻意记录丝绸之路的，因此当时的丝绸之路往来情况一定比我们想象的还要丰富。

以上从四个方面概要阐述了敦煌文书为丝绸之路的历史增添了丰富的内涵，真切地展现了中原汉地文化的西传，佛教、祆教、景教、摩尼教的东渐，粟特商人的东来贩易与他们构建的贸易网络，9—10 世纪丝路交通与吐蕃和归义军政权的贡献等等。今后，随着汉文文书的深入研究和胡语文献的解读，有关丝绸之路的面貌会更加多彩绚丽。

原载《中国社会科学》2021 年第 8 期

近代国学诸问题与国学文献汇编

桑　兵①

但凡作为研究对象，内涵外延应该清晰可辨，否则势必东扯西拉，不知所云，不然就是各说各话，毫无交集。汉语言文字一是象形，二是以字为单位的独立（双音节词晚出，而且习惯于先单解字再合解词），三是语文具有非逻辑性，使得思维好譬喻。前两点容易导致望文生义，后一点加剧了格义附会。以国学为例，一般人看到这两个字，想当然地认为所指一定就是中国的学问，至于什么是中国的学问，是中国固有即古典的学问，抑或以中国为界的学问，则是到了深一步讲究时才会出现的问题。如果指中国固有的学问，则是否包括佛学或非汉人群的学问，就会聚讼纷纭；如果是以中国为界的学问，则因缘西学东学演化而成的新学应该如何摆放（如理学、中国哲学，便是看似中国其实外来变异的学问；中国文学虽然程度有别，实质无异），也不免言人人殊。况且，如果学可以国为界，则中国有国学，他国亦有国学，此国学非彼国学，学之前必须加上具体的国号，才能区分；若是泛称国学，就有混淆之嫌。因此，同样在说国学的话题，各自心中的国学其实是迥然不同的。

---

① 作者简介：桑兵，浙江大学文科资深教授、浙江大学国学与近代中国研究中心主任。本文原为《近代国学文献汇编》的解说。这套资料与《近代国学编年史》是国家社科基金重大项目的主要成果。资料汇编由国家图书馆出版社分期分批出版，从2019年至今，已出四辑共90册，后续将陆续推出。多卷本的《近代国学编年史》也即将刊出。

一、什么是国学?

(一) 历史上的国学

涉及各种关于人文社会物事的专有名词，研究者往往以为应该先弄清定义，然后再根据明确的定义去把握事实。殊不知历史上发生衍化出来的名词，开始所指能指大概都是因时因地因人而异，既不固定，也非专属，从定义出发把握概念，可以说是揪着脖领想使自己升上天空的努力，只能徒劳无功。

这套资料，原来拟订的书名就叫《国学文献汇编》，因为中国古代的所谓国学，主要是指学校，与晚清以来主要指学术的国学大相径庭。就目前所见，准确地说，清季的“国学”发端于1902年，到1952年无锡国学专修学校被合并，热闹了半个世纪的“国学”寿终正寝。所以，似无必要加上“近代”的时限以示区别。而最终接受标以时限的意见，主要出于两方面考虑：其一，20世纪50年代以后，在港台地区，“国学”依然没有完全中绝。其二，近年来，“国学”死灰复燃，虽然倡导者开始只是望文生义，并不了解历史上的国学究竟是怎么一回事，可是经过一番鼓动，各校陆续恢复或新设了不少国学院所，各式各样的国学班对象不同，教法迥异，但是都冠以“国学”的名目。世上本来没有路，走的人多了，自然就成了路，于是对现代“国学”的存在不能视而不见。尽管这样的情非得已作为学问多少有些荒唐。

自从1950年代初院系调整将无锡国学专修学校合并之后，已经渐趋消沉的“国学”及其相应的实体机构（包括院系、刊物、团体等），即从人们的视野中消失。而港台地区虽然还有所延续，也只是近代国学的余续末流。

近年来，国学重新大热，建立机构，创办刊物，开设讲坛，热闹非凡。但仔细观察，各方对于“国学”及其历史的认识存在不少错解，误以为国学就是所有中国固有学问的代名词，凡与中国思想学术文艺相关者，都可以放进国学的大口袋；或是将国学局限于古典学问。近代中国一些并不愿以治国学为名的学人，被强行拉进国学家的行列，只是专家甚至只有古典发蒙程度的学人，则被披上国学大师的华服，似乎近代中国学术界呈现国学无处不在，国学大师遍地走的景象。内涵外延无不模糊，反而令人对国学无从把握。

现在一些被坊间学界称之为“国学”的东西，在中国早已存在，只是并非以“国学”的面目存在。而古已有之的“国学”，如清代的国子监等，与今人所谈论的国学，几乎可以说是风马牛不相及。今人所讲国学，其实是晚清受日本影响才出现的新事物，在清季民国时经过几轮讨论争议，以及主题各异的发展变化，公开反对者有之，不以为然者有之，即使发明者和跟着讲，也是言人人殊。待到人人都会讲而且都在讲之际，在高明者看来，反而成为不必讲的唾余。当然，也不乏风头过去，才开始认真讲的实例。所以，国粹主义，不止一家，整理国故，也并非独领风骚。各人眼中的国学，无论形式还是内容，都是千差万别，甚至差若天渊。

清季民国的所谓国学，曾经引起很大的争议，主要问题是，以国为界，在世界学术史上并不常见。这样的论断，显然是以分科治学为学术的普遍常态作为依据参照。学问分科，在那一时期被认作科学，不但势所必然，而且理所应当。若是以国为界，则各国之下仍有各科，那么不同国度的同一科，究竟是因学不同还是因国不同？自然科学不必论，不可能有因国而分的物理化学、社会科学甚至人文科学，也只是范围有别，而非学术有异。

这一层意思，傅斯年所讲最为直截了当，他说：

> 我们反对“国故”一个观念。如果我们所去研究的材料多半是在中国的，这并不是由于我们专要研究“国”的东西，乃是因为在中国的材料到我们的手中方便些，因为我们前前后后对于这些材料或已经有了些研究，以后堆积上研究去方便些，好比在中国的地质或地理研究所所致力的，总多是些中国地质地理问题；在中国的生物研究所所致力的，总多是些中国生物问题；在中国的气象研究所所致力的，总是些中国各地气象观察。世界上无论那一种历史学或那一种语言学，要想做科学的研究，只得用同一的方法，所以这学问断不以国别成逻辑的分别，不过是因地域的方便成分工。国故本来即是国粹，不过说来客气一点儿，而所谓国学院也恐怕是一个改良的存古学堂。

> 原来“国学”“中国学”等等名词，说来都甚不详，西洋人造了支那学“新诺逻辑”一个名词，本是和埃及脱逻辑亚西里亚逻辑同等看的，难道我们自己也要如此看吗？果然中国还有将来，为什么算学、天文、物理、化学等等不都成了国学，为什么国学之下都仅仅是些言语、历史、民俗等等题目？且这名词还不通达，取所谓国学的大题目在语言学或历史学的范围中的而论，因为求这些题目的解决与推进，如我们上文所叙的，扩充材料，扩充工具，势必至于弄到不国了，或不故了，或且不国不故了。这层并不是名词的争执，实在是精神的差异之表显。①

既然内涵外延都不清晰，则作为学术的“国学”，其实是无从说起之事，也就没有必要专门划分出来，加以研究和讲授。清季章太炎等人讲国学，大体还是按照中国固有学问的路数，待到民国时期，各种国学院、所、系，各个国学社团，大都已经是在国学的名号之下，讲分门别类的专科之学。以国为表，以学为里，颇有挂羊头卖狗肉之嫌。傅斯年开玩笑地说假如中国学是汉学，为此学者是汉学家，则西洋人治匈奴以来的问题岂不是虏学，治这学者岂不是虏学家吗？实则站在中国正统的立场上，欧洲的东方学就是虏学。陈寅恪在清华国学院讲授“西人之东方学之目录学”，就是虏学的正宗。

只要不以心中之是为是，不以部分甚至个别的论述作为一般性论定，以偏概全，就不难发现历史上所谓“国学”的多样性。各自的“国学”相去甚远，要说清楚什么是“国学”，是极为困难的事。尤其是人们习惯于先定义后认识，更是陷入言人人殊而无所适从的境地。近年的国学热中，曾经旗帜鲜明地反对国学的傅斯年也被票选为国学大师，逝者若起于九泉，不知会怎样愤懑与悲哀。

---

① 傅斯年：《历史语言研究所工作之旨趣》，《国立中央研究院历史语言研究所集刊》第1本第1分，1928年，第8页。

（二）国学的历史

把“国学”当成一门独立的学问，固然争议颇多，可是否认清季民国的国学是一个可以当作历史研究的问题，同样不妥。正如钱穆讲清代学术史不赞成汉宋门户壁垒森严，的确有助于破除后来历史叙述中汉宋之分的倒建架构，回到清三百年学术的本相，但如果根本否认清代汉宋分争的历史事实，反而不能认识汉宋之分发生演化的历史进程，同样有碍于认识清代学术史。应该承认，学术意涵的国学，确为清季民国时期的实际存在，有其发生衍化的历史轨迹，无论怎样言人人殊，都是真实历史的组成部分。既然有具体的时空界限，当然就可以作为历史研究的对象。

钱穆虽然反对用汉宋门户之分叙述清三百年学术，可是言及民国时期的学术流变，仍然承认史料史观的纷争为清代汉宋之争的变相。将清季民国时期的国学按其言人人殊的情形梳理出时间和逻辑的顺序，而不是依照今日各自心中之是编排同样言人人殊的谱系，国学的历史自然能够清晰呈现，对于认识近代中国学术发展的来龙去脉以及今后中国学术的取径走向，至关重要。尤其是时下国学虽然热闹一时，却有不少外行话，更应当首先了解认识近代国学的发生衍化，以免重蹈前人覆辙。借用周予同关于经学与经学史的论断，国学不可讲，历史上的国学以及国学的历史却应该深入研究。用历史的方法研究历史上国学的历史，实在是近代学术思想史不可或缺的重要方面。

（三）国学并非一科

清季的国学与西学、东学相对，是以国为学的含混集合体。如果把国学作为一个特定的学科，其实是贬低中国的固有学术思想文化。中国历来以我为主吸收外来学术思想文化，这样的取珠还椟以免数典忘祖的态势持续到明清之际，晚清以后中西学关系乾坤颠倒，清王朝在相当长的时期里仍然试图用中学兼容西学，纳西学于科举。然而大势今非昔比，西学不是孤立而来，而是作为世界一体化进程的重要载体。欧洲中心的笼罩，便是显著表征。当中学无法完全吸收西学时，只能转而纳科举于学堂。而学堂是西式分科教学，迟到的中学人在屋檐下，不得不低头，被强行拆解重组，纳入西式分科之中。实在不相凿枘的经学只能逐步退出学制体系，其他被强制纳入的也大都是削足适履，不复本来面目。这使得不少朝野人士担忧中学失其所据。晚清存古学堂之设，其实就是在学制以外另搞一套，希望按照中学的本相保留中学，不受西学的干扰。可是大势所趋，难以为继。所谓新学，看似中西融通的产物，实则用西式架构条理中国材料的异物，西体中用，非驴非马。

清季中西学还能对等，所以朝野上下的“国学”，虽然旨趣相异相反，大体还要坚持在西学之外的独立性。民国时期，国学院所系进入大学系统之中，却退为一科，等于承认西学为体，中学为其中分支。如此一来，中学实际上失去独立地位，成为西学的附庸。这样的国学主要不在维持原有的独立，而是走向分科的过渡，化一科为多门，以进一步适应西学。近年来争取国学单独列为一级学科的努力，同样坐此弊病，看似提升地位，实则变相矮化，只不过对从业者或有实际利益而已。

（四）国学原为一体

视国学为一科不当，除了不能与西学对等之外，还有国学原为一体，不宜分科，尤其不能按照西式分科进行教学和研究。中国学问主张综合，与西学好分析异趣，虽然也有分别的讲究或个人的偏重，总体而言不是分门别类的专家之学。或指中国只有图书分类，没有学问分科，若是引申为学问没有分别则过甚其词。照宋育仁的说法，书不是学但书中有学。也就是说，读书治学，以通为上，但是术有专攻，研究具体问题，还是有专门的讲究。不分科其要在不以科际划分畛域自囿，可以通贯本义本相，有分别则是各自兴致不一，各有所长。

以国学为整体，更有益于把握中国学问的形态及特征，问题是，分科教育之下，能够不分科治学者尚有几人？这恰恰是以国学为一科的最大现实问题。如果以国学为一科，其下仍然是分科治学之人，则不过是将西式分科的中学聚集一起，仍然不等于国学，而是经过西学变异的新学。最为典型的莫过于分属哲学、文献学和思想史的经学研究，严格说来只是以经或经学为研究对象，而非研究经学，其中部分充其量可以算作经学史。民国时期教国学的大致还能一体，学国学的就只能专门。如今则教的人也是专家教专门之学，学的人更是学分门别类的专科之学，这样的国学，与一般学校西式分科之下的中学并无二致。指望这样的分科教学教出国学通人，恐怕是南辕北辙。

不过，在清季尤其是民国的知识人看来，国学研究的最终目的，恰恰是要将国学整理成分门别类的科学。清季刘师培附会西学，拟作周末学术史，比照西学的分科，分别拟撰心理学、伦理学、论理学、社会学、宗教学、政法学、计学、兵学、教育学、理科学、哲理学、术数学、文字学、工艺学、法律学、文章学等16种专史。虽然声称官学衰而私学兴，官学主合，即西人归纳学，私学贵分，即西人演绎派，其实观念架构都是因缘知之甚少的西学。① 后来胡适的《国学季刊发刊宣言》，更是明确主张我们理想中的国学研究，至少有一个"中国文化史"的总系统，具体包括民族史、语言文字史、经济史、政治史、国际交通史、思想学术史、宗教史、文艺史、风俗史、制度史。② 显而易见是国学名义下的专史集合。

时趋之下，越来越少有例外，郭绍虞为刘修业的《国学论文索引四编》作序，就认为："所谓国学，本含有二重意义，对于西学而言则为'中学'，对于新学而言，则为'古学'。国学，本不必死看作国界的表示。"就此而论，"所谓国学云者，中国某某学某某学之共名而已"。"国学"既然为新旧过渡时期的将就兼容，便体现出两面性，《国学论文索引》里面，才不得不"既有文学科学之类，复具群经诸子之名"。凡此种种的不得已，"也许将来，渐渐走上科学的路，于是所谓群经诸子之学，便只同文选学一样，于是所谓'国学'，便只是中国某某学某某学之共名，于是刘女士所编的

---

① 刘光汉：《周末学术史叙》，《国粹学报》1905年第1期。

② 胡适：《〈国学季刊〉发刊宣言》，欧阳哲生编：《胡适文集》第3册，北京大学出版社，1998年，第15—16页。

论文索引，其分类标准也比较地可以单纯了”①。

这样的大势所趋，在当时的知识人看来就是天经地义。叶秉诚（1876—1936，号茂林）复函宋育仁论国学学校，关于分科问题，毫不讳言道：

> 窃以近三百年来，智识上之学问已趋于科学世界，无论东西各国之学术，必须经科学方法之估定，始有真正之价值。吾国国学当亦不能外此公例，居今日而谈国学，若不受科学之洗礼者，窃未见其可以发扬而光大之也。夫吾国学术丰富，数千年来演成之独立文化，持与欧洲文明史比较，洵无愧色，只以近数百年中吾国学术停滞，少所启明，而欧洲学界锐进，一日千里，不独吾国国学望之瞠乎其后，即希腊罗马之文明，亦如横污行潦之比长江大河也。此非近百年之人智突过东西数千年之圣哲，实受科学发明之赐，而学术界乃有革新之成绩耳。此后中国国学苟无保存之价值则已，如其文明尚伴吾黄种以长存者，林敢断言之曰：必非从前抱残守缺之国学，而为新科学化之国学也。②

问题是，科学化亦即分科之后的国学，是否仍是中国原来的学问，在当时的人们看来，似乎并不成为问题。出国前接受了这一套观念的傅斯年，也批评中国传统学术不分科而分派，直到受过欧洲学问的熏陶，又不像一般留学生那样专攻一门，并常常与一些志同道合者高谈阔论，才认识到当时中国人所谓“这是某科学”“我学某种科学”之类的说法，都是些半通不通不完全的话。他深自反省道：

> 一种科学的名称，只是一些多多少少相关连的，或当说多多少少不相关连的问题，暂时合起来之方便名词；一种科学的名称，多不是一个逻辑的名词，“我学某科学”，实在应该说“我去研究某套或某某几套问题”。但现在的中国人每每忽略这

① 郭绍虞：《序》，刘修业编：《国学论文索引四编》，中华图书馆协会，1936年，第1—4页。

② 叶秉诚：《复宋芸子论国学学校书》，《重光》1938年第2期，第48页。

件事实，误以为一种科学也好比一个哲学的系统，周体上近于一个逻辑的完成，其中的部分是相连环扣结的。在很长进的科学实在给我们这么一种印象，为理论物理学等；但我们不要忘记这样的情形是经多年进化的结果，初几步的情形全不这样，即为电磁一面的事，和光一面的事，早年并不通气，通了气是19世纪下半的事。现在的物理学像单体，当年的物理学是不相关的支节；虽说现在以沟通成体的结果，所得极多，所去的不允处最有力，然在一种科学的早年，没有这样的福运，只好安于一种实际主义的逻辑，去认清楚一个一个的问题，且不去问摆布的系统。这和有机体一样，先有细胞，后成机体，不是先创机体，后造细胞。但不幸哲学家的余毒在不少科学中是潜伏得很利害的。如在近来心理学社会学各科里，很露些固执系统不守问题的毛病。我们把社会学当做包含单个社会问题，就此分来研究，岂不很好？若去跟着都尔罕等去办论某种是社会事实，综合的意思谓什么……等等，是白费气力，不得问题解决之益处的。这些“玄谈的”社会学家，和瓦得臣干干净净行为学派的心理学，都是牺牲了问题，迁就系统，改换字号的德国哲学家。但以我所见，此时在国外的人，囫囵去接一种科学的多，分来去弄单个问题的少。①

傅斯年终于明白，即使科学的系统，也是相当晚出，不应该固执系统，忽略了与之有关的问题的相关联与不相关联，尤其是不能将科学视为哲学的系统，所有问题都是逻辑的连环相扣。顾颉刚批评中国的分类“罗列不相容的东西在一处地方”②，其实这与欧洲将相关联与不相关联的问题暂时合起来以图方便的科学，大同小异。强调系统而忽略问题，不仅本末倒置，而且似是而非，都是牺

① 傅斯年：《刘复〈四声实验录〉序》，欧阳哲生主编：《傅斯年全集》第1卷，湖南教育出版社，2003年，第419页。

② 顾颉刚：《中国近来学术思想界的变迁观》，《中国哲学》第11辑，人民出版社，1984年。顾颉刚自称当时记载于日记之中，实则日记的相关文字，与此差别较大。

牲问题以迁就系统。况且，科学化亦即分科之后的国学，是否仍是中国原有的学问，这一在当时的人们看来似乎不成问题的问题，却是令当代人最为困扰的问题。非但如此，如果并不因此感到困扰，恐怕问题更加严重而不是已经迎刃而解。

二、国学能够研究吗?

国学的出现，可以说是近代国人对于西学乃至东学逐渐深入堂奥，渐有太阿倒持之势所感到的紧张的反应，这一语境下的国学，即所谓相对于新学指古学，相对于西学指中学。面对西学取中学而代之的汹汹来势，国人始而排拒，继之附会，接着反省。不仅思想学术等事，国语、国文、国剧、国画、国医、国术、国服等等，在东西两洋的压迫下，都曾提出“国”的对应，既表现出对固有观念事物的价值意义的坚持和彷徨，也不乏用外来观念重新估价甚至以后者为准的的意味，因而导致国粹与国渣的两极化论断。探寻近代国学的渊源脉络，深究在那一时期标明为国学的人与事，以求理解各方所谓国学的本意及其衍化，才能更好地把握国学的内涵外延。这也就是前贤所谓求其古以探流变，以免求其是多师心自用的意思。

近代国学既然在历史上实际存在过，当然可以而且应该作为研究的对象。而经历过近代国学聚讼纷纭的学人，对于国学是否可以研究多少有些忐忑，甚至将讲所谓国学和研究近代国学的历史混为一谈。那种因为国学的内涵外延略显模糊而根本否认历史上的国学可以研究的意见，显然偏于一端。

关于近代国学的研究，严格说来开始于20世纪90年代。此前在研究章太炎、王国维、梁启超、胡适、郭沫若、钱穆等著名学人时，都会涉及国学问题，不过较少注意探究近代国学的概念、实事及其渊源流变，基本属于国学的参与者而非研究者。郑师渠关于晚清国粹派的研究，较早注意从国内外思想来源梳理近代国学的内涵外延，相继发表了一系列论文，并分别在海峡两岸出版其博士学位论文（《国粹·国学·国魂》，文津出版社，1992年。北京师范大学出版社改名为《晚清国粹派：文化思想研究》，1993年出版）。

桑兵的《晚清民国时期的国学研究与西学》（《历史研究》1996 年第 5 期），以及后来出版的专书《晚清民国的国学研究》（上海古籍出版社，2001 年），主题覆盖完整，各章内容则各有侧重。陈以爱在台北政治大学攻读硕士、博士期间，先后选取北京大学研究所国学门和整理国故的兴起、发展与流衍作为学位论文题目，所形成的专书《中国现代学术研究机构的兴起——以北京大学研究所国学门为中心的探讨（1922—1927）》（台北政治大学，1999 年；江西教育出版社，2002 年）和发表的相关论文，较前显著深入。此后，徐雁平的《胡适与整理国故考论——以中国文学史研究为中心》（安徽教育出版社，2003 年）、卢毅的《“整理国故”运动与中国现代学术转型》（中共中央党校出版社，2008 年）相继出版，从不同侧面继续深化相关主题。

此外，研究其他专门国学机构的有孙敦恒的《清华国学研究院史话》（清华大学出版社，2002 年），郑家建的《清华国学研究院述论》（海峡文艺出版社，2010 年），洪峻峰的《厦门大学国学研究院与国学系》（《鲁迅研究月刊》2003 年第 6 期），杨国桢的《20 世纪 20 年代的厦门大学国学研究院》（《厦门大学学报》2006 年第 5 期），许小青的《从“国学研究会”到“国学院”——东南大学与 20 年代早期南北学术的地缘与派分》（《江苏社会科学》2006 年第 2 期），以及郭书愚对晚清四川存古学堂的系列论文。唐屹轩的《无锡国专与传统书院的转型》（台北政治大学，2008 年）和吴湉南的《无锡国专与现代国学教育》（安徽教育出版社，2010 年），对近代在国学教育方面比较重要且持续时间较长的无锡国专做了专门研究。陶飞亚、吴梓明的《基督教大学与国学研究》（福建教育出版社，1998 年），则对若干基督教教会大学的国学研究的机构、人事和学术有所论述。

关于国学社团，有王东杰的《国学保存会和清季国粹运动》（《四川大学学报》1999 年第 1 期），田彤的《复返先秦：章氏国学讲习会》（《广东社会科学》2007 年第 2 期），夏骏的《苏州章氏国学讲习会与近现代国学高等教育》（福建教育出版社，2015 年）。刘小云的《学术风气与现代转型：中山大学人文学科述论（1926—

1949)》（生活·读书·新知三联书店，2013年），则揭示出中山大学国文学系改制提倡读经与国学的内在联系，以及改制涉及什么是中国文学的观念差异。

罗志田的《国家与学术：清季民初关于“国学”的思想论争》（生活·读书·新知三联书店，2003年），是其相关国家社科基金项目的最终成果，围绕清季民初思想学术界在各个时段方面关于国学的论争展开论述，虽然着重于思想的脉络，对于认识近代国学的内涵外延以及相关各方就此展开的纷争历史，大进一步。而魏义霞的《中国近代国学研究》（生活·读书·新知三联书店，2013年），虽然书名标以“近代国学”，其实是研究康有为、谭嗣同、严复、梁启超和章炳麟五人的学术思想，以之为中国近代最具代表性的国学大师，并试图涵盖中国近代国学的演变历程、特定内容和核心话题，未免有混淆国学与中国学术文化之嫌。相比较而言，谢桃坊的《四川国学小史》（巴蜀书社，2009年）开始较为严谨，也注意到“国学”概念及实事引起的困惑，可惜抗战爆发后的部分仍然不免混淆。

此外，还有不少单篇论文涉及近代国学的问题，或已经被这些论著所吸收覆盖，或只是部分涉及，或不过发表意见而未经验证所引论据，且无视前人已有认识，对于近代国学的主题推进有限。至于为数众多的看似与现在所谓国学有关，其实严格说来并非探究国学的论著，不在论列。

三、怎样研究国学？

从以上概述清晰可见，关于近代国学的研究在近30年来取得了比较明显的进展，尤其是在晚清国粹派和民国时期“整理国故”运动两个主要方面，成果更加显著。但其显而易见的局限也同样由于研究的方面过于集中，使得许多问题无法展开，或是虽然有所涉及，视野受限，大体以所论主体之是非为是非。

历史研究中，定义大都是后来约定俗成，难以覆盖全过程和各方面，使用特定概念，应当回到无的境界，寻绎有的发生和衍化。国学的内涵外延模糊不清，因缘讲国学者言人人殊，令外人和来者无所适从。但这其实是历史上名实问题的通常情况，并非国学为一特例。只不过国学中断多时，旧话重提之际，又没有深究当年的老生常谈，许多后来自以为推陈出新的观点，实际上不过翻烧饼似的拾人牙慧。研究历史，因为有实事和顺序，只要掌握历史方法，求其渊源流变并非难事。应当严格区分自称、他指与后认，一般而言，当以自称和他指为依据，至于后认，则要看后到何时，所认何事。应在严格分别自称、他指、后认的前提下，收集整理自晚清近代意义的“国学”出现以来，各种各样主张或批评乃至反对国学的文献，以及相关学人、团体、教学研究出版机构的活动信息，按照时间顺序分类排列，以便来者寻绎其发生、发展、演化的进程，从各种视角层面观察国学是什么，进而理解和把握什么是国学。也就是说，由阅读了解多种文本的整体意趣，体验贯通近人的远近高低各不同，以便揣摩领悟历史上“国学”的庐山真面。尽管这样的理解和把握仍然不免见仁见智，至少有所依据凭借，可以逐渐近真，而不至于强古人以就我。了解了国学的历史，也就认识了历史上的国学。这是能够走近国学的根本途径和理解国学的有效办法。知道历史上的国学究竟是什么，再来谈论什么是国学，才能不落俗套，不逞私臆。

研究名词概念的历史，常常只探渊源，不究流变，以为来龙清楚，即可知其去脉。而许多看似弄清了缘起的观念物事，后来却不断发生因时因地因人而异的变化。从这些万千变化中，可以深入一层理解领悟发源的多样性及其影响。用探源所得概念归束后来变化万千的演化，同样是倒装历史，编织谱系。关键在于不要用概念来勾连历史，而要研究历史以把握概念。凡是历史上与此概念相关的人事言行，都是历史的组成部分。研究国学的历史，应该尽可能完整地覆盖全时段各层面的所有直接间接相关联的材料与事实。这也是认识国学的历史与了解历史上的国学相辅相成的关键所在。

具体而言，先行研究的局限亦即可以进一步扩展的空间，主要有以下几方面：

其一，时段覆盖不足。民元至“整理国故”运动之前的十余年间以及抗日战争爆发之后国学的情形，已有的研究涉及不多。尽管进入20世纪30年代，国学已经不如“整理国故”运动兴盛时那样引人注目，仍有不少国学院系、研究机构和团体继续活动或新建，国学杂志和论著的出版也未稍减。

其二，方面涵盖不够。除了国粹派和“整理国故”运动，北京大学研究所国学门、清华国学院、无锡国专等研究机构以及章太炎、刘师培、王国维、胡适、钱穆等学人外，还有众多的国学研究组织及社团、长期从事国学教育和著述的学人未经认真研究，即使前人研究较多的人与机构，从国学的角度看也还有未竟之意。尤其是相对忽视主张各异的其他机构、团体和学人与所论主要人物、机构、团体的关系。以国学的理念而论，不仅要置于整个学术发展演变的脉络之中，也不能脱离政治社会的变动。单纯用学术思想史的眼光很难将国学问题讨论清楚。

其三，学术上的深入程度有待加强。现在研究近代国学者多为研究中国近现代文史哲的专门学人，受分科治学的影响制约，对于国学家和国学机构、国学团体方面广泛的学术领域未必熟悉，因此不容易深入准确地把握判断其学术理念与问题。加之当时的国学一般而言尚不重分科，除了各种专门学问之外，有些重大问题涉及分科之上的学术整体，需要有超越专攻的眼界和功力，才能论述得当。例如1920—1930年代，在国学势盛的影响下，一些大学的国文学系改名国学系，并相应地对课程体系做出重大改变，读经与反读经的斗争即由此而起。此事涉及中国固有文学观念与近代西式分科下的文学观念的尖锐冲突，后遗症至今仍然严重，不能以中西新旧之分一概而论。关于经学退出新式教育体系与变相存在，以及说儒、中古思想一大要事因缘等学术论争，更加难以捉摸。

其四，概念不清，以至于边际不明。有的论著所讨论的内容泛及对整个中国历史文化的教学和研究，以此为20世纪以后人们习称的国学，未免混淆了二者的关系，反而使明确标名的国学研究有可能湮没于其他一般中国文化研究之中。当时研究中国文史的中外研究者中，是否使用国学的名义，存在着严重分歧，并且会影响各自的学术观念和取向。如教会大学的国学研究在西文的语境下往往与中国文化研究相牵混，造成中西文不同语境下理念的差异，这不仅导致这些机构的主办方与主事者容易产生纠纷，也使得参与其中的学术背景各异的中国学人难以合作。

造成上述局限的原因，主要有两点：一是相关文献的掌握有所欠缺，且未经系统梳理，除了个别机构的探究能够基本网罗各类史料外，大都以手眼所及为据，而做一般性论断。一些议论或结论，或多或少带有盲人摸象的偏蔽。二是研究取向过于受中西新旧观念的制约。在资料不足的情况下，套用后出外来的概念解读史事本相和前人本意，必然导致越有条理系统去事实越远的尴尬。编辑近代国学文献汇编和编纂近代国学编年史，就是为了有针对性地从纵横两方面解决这两大问题，使近代国学研究更上层楼。

四、编辑旨趣及目标

鉴于时下国学的研究机构和研究人员日渐增多，而对于国学的历史认识相当模糊，专门研究者依据有限的片断资料进行大胆论断的现状，以及大量相关文献史事尚未进入学人的视野而各文献收藏单位保存利用状况未可乐观的实情，尽可能地搜寻各种相关资料，编辑一套大型的《近代国学文献汇编》，有助于化解各方矛盾，保存重要文献，改善研究条件，提升研究水平，切实推进研究、保护、传播与传承工作整体进入良性发展轨道，并为今后全面深入地开展国学研究与普及应用奠定坚实的基础。

由于中国固有思想学术文化在近代经由西学的分科架构重新条理，一定程度上造成变形甚至断裂，导致误读错解，深入研究近代国学，不仅为国学研究本身所必需，还有助于通过探寻固有学术文化演化的历史进程找到通向和理解传统学术文化的渠道，从而剥离近代以来附加其上的西学及东学色调，增强理解把握中国历史文化和学术思想的能力。

增强对中国固有历史文化和学术思想的理解，重要的社会功能之一，是为中国的再度崛起和国际秩序的重构提供必不可少的知识储备。人类社会四百年以来日益处于欧洲中心的笼罩之下，经过西式价值观的长期消磨，不仅失去多元并存的状态，更为严重的是，使得可供选择的文化物种越来越少。这对于包括人类在内的生命世界而言，无疑是相当危险的现象。文化的多样性和物种的多样性具有同样重要的价值，文化趋同所导致的同质化，并非人类社会发展的福音。而在世界文化之林当中，中国文化不仅为保持民族特色特性所不可或缺，更为重要的，是可供人类社会作为普遍取向的少数选项之一。在国际秩序变动的周期即将来临之际，复兴和复原中国文化相辅相成，有助于探寻一条真正的中国走向世界之路。

通过拉网式搜集、整理、编目等程序，与文献收藏和出版单位协调合作，按照先易后难、循序渐进、终成完璧的原则，以原版影印为主，整理标点为辅的方式，分类编成一套大型《近代国学文献汇编》，收录所有晚清至民国时期的各类国学相关文献，将 1900 至 1952 年间在海内外出版的所有以国学为名目以及与国学机构相关的图书、期刊、报纸、档案一网打尽，一方面有利于汇集保存目前相当分散而且已经毁损严重的各类相关重要文献，另一方面便于海内外研究者接触利用资料，有效地推进研究工作，并吸引新锐研究者加入近代国学研究的阵营。

由于近代国学的文献数量庞大以及收藏分散、保存状况不良，原版影印不仅汇集多，见效快，费用相对较低，而且能够确保不再新增错误，符合傅斯年等人主张的材料越生越好的原则，是多快好省地解决抢救性保护和开放性利用两难困境的可行方式。因此，应尽可能采用原版影印的形式。至于书刊中夹杂的有关国学的片段资料（如日记、书信、文集），以及规定不得原版影印的资料（如档案），则以录入整理方式汇辑出版。鉴于近年来一些常见书刊已有再版，而丛书类文献有些只是历代典籍的汇刊，可以存目的方式予以保留，以免重复累赘。

编辑出版《近代国学文献汇编》，能够一举解决近代国学文献保管困难和利用不便的两难困境，为国学研究提供全面丰富的基本文献，改变既往研究因材料不足而出现的以偏概全、断章取义和格义附会的状况，以此形成国学研究领域的标志性成果以及国家文化建设的重要载体，并为后续的数字化建设提供充分的资源，为建构高水准、广覆盖的国学研究平台奠定坚实的基础。同时，可以为中国的发展战略提供文化支撑、文化选项以及发掘具有道德制高点的文化价值，有力地推动中国复兴崛起的进程。

文献汇编以书、刊、报、档的原生形态为类别，在各大类之下，再根据文献收集、利用条件、版本品相等情况，酌情分为编、辑（例如，以收藏保管单位具名的专辑），最终实现完整覆盖。这是在目前环境下，可望多快好省达成文献汇编基本全覆盖总体目标的可行之道。

近代学术，受东西两洋的影响，主张分科治学，而国学以国分界，不以学科分界，招致以分科为科学的学人的批评非议。在目前体制下及有限的时间内，要想打破分科治学的壁垒乃至分门别类和专题研究的狭隘界域，诚非易事。但至少不应以所治题目为读书范围，否则永无贯通之日。广泛收集近代国学文献，逐渐了解把握前后左右观念事实的内在联系，力求通贯古今中外，才有可能免于横通之弊。近代中国的国学，与东亚的日本、朝鲜的国学颇有渊源联系，因此，近代中国有关日本、朝鲜国学的翻译、译介和研究，也应纳入搜寻和编辑的范围。

近代史料繁多，在古代文献的百倍以上，任何主题，要想竭泽而渔，都颇具难度。编辑《近代国学文献汇编》，主要难点有四，其一，相关书刊收藏单位众多，不易找全。尤其是有的书刊印数少，留存更少。而比较容易找到的底本，还有版本问题，找到初版难度较大，还要比较不同版本。其二，收藏于各大学、各省市档案馆和第一、第二历史档案馆的档案，受有关法规的限制，不易获得，更难出版。其三，有的文献如日记（柳诒徵、陈庆年）、书信（刘承干）之类，或藏于后人、收藏家之手，或被收藏机构视为秘宝文物。有的信息为外界所知，有的则深藏不露。其四，港台及海外（欧美日韩）所藏档案图书文献，必须具备相当的收集整理条件。

《近代国学文献汇编》将尽可能地网罗所有近代国学的书、刊、报、档等各类文献，为进一步推动近代国学问题的研究奠定坚实可靠的基础。为达此目的，将根据各类文献的收藏和利用的整体状况，采取先易后难、循序渐进、多快好省、逐步完备的实施原则；同时依据各类文献的不同特点，在编辑出版方面针对性地各有侧重。根据各种书、刊、报、档的利用难易有别的情况，编辑出版大体采取先以国学为名的书刊（包括报纸的专刊），继而其他书刊报中的国学专题论文，最后各种国内外相关档案的顺序（个别已经整理的专题性档案可以先出）。各种书、刊、报、档中包含的近代国学信息，如关于国学机构、团体、学人的报道，以及在国学研究或教学机构任事者的日记、书信、年谱中涉及的相关内容，无法以原书影印的形式呈现，则采用节录汇编的方式分别编辑出版。此外，努力收集各种公私藏家保存的各种未刊资料，如日记、书信、著作稿本等，汇编出版（有些资料由相关者的后人私家刻印，并非正式出版，亦可纳入）。

《近代国学文献汇编》分为图书、报刊、档案三大类，各大类之下再细分为若干小类。图书类包括：（1）标名国学（含国故、国粹等，下同）的丛书；（2）标名国学的单本书（含其他丛书中标名国学的单本书以及由国学院所、国学校系、国学会等国学机构出版的图书）；（3）包含国学内容的文集、日记、书信；（4）翻译、翻刻日本、朝鲜的国学书籍。报刊类包括：（1）标名国学的期刊；（2）国学机构出版的其他名目期刊；（3）报纸的国学专刊、专栏；（4）前三项之外所发表的标名国学的单篇论文和文章。档案类包括：（1）内地及港台机构所藏国学相关档案；（2）海外藏哈佛燕京社及教会学校国学院、所、系档案；（3）抗日战争期间沦陷区国学机构档案；（4）国学机构人员的个人未刊日记、书信、著述。

本书的编辑，得到国家图书馆出版社的鼎力支持，尤其是在获取底本方面，如果没有该社的协助，将很难完成如此大规模的资料汇编。就此而言，其角色作用已经远远超越一般的出版方。作为编辑者，谨此表达由衷的谢意。

“中国诠释学”的类型与研究方法试探

黄俊杰[①]

一、引言

20世纪90年代以后，中文人文学术界有关建立“中国诠释学”的呼声高涨，相关研究风起云涌。这股学术风潮在90年代以前，国内外学界已有相当的酝酿。远在1964年加贺荣治先生就有专书研究魏晋时代的经典解释史，[②] 我在1989年曾尝试通过孟子学解释史，而试探建立中国诠释学之可能性。[③] 从汤一介（1927—2014）先生1998年提出创建“中国解释学”的建议，[④] 李清良先生2001年《中国阐释学》专著的问世；[⑤] 周光庆先生2002年有书研究中国古典解释学；[⑥] 洪汉鼎先生主编的《诠释学与人文社会科学》系列丛书，也从2002年开始由上海译文出版社出版；傅永军

① 作者简介：黄俊杰，台湾大学特聘讲座教授，欧洲研究院院士。

② 加贺荣治：《中国古典解释史 · 魏晋篇》，劲草书房，1964年。

③ Chun-chieh Huang, “The Mencius and Historical Hermeneutics,”《清华学报》（台北）1989年第2期。

④ 汤一介：《能否创建中国解释学》，陈平原、王守常等主编：《学人》第13辑，江苏文艺出版社，1998年。收入汤一介著，乐黛云、杨浩编：《中国传统文化的特质》，上海教育出版社，2019年，第335—338页；《再论创建中国解释学问题》，《中国社会科学》2000年第1期，第83—90页。

⑤ 李清良：《中国阐释学》，湖南师范大学出版社，2001年。

⑥ 周光庆：《中国古典解释学导论》，中华书局，2002年。

先生2003年创办《中国诠释学》年刊;① 台湾大学从2004年开始在过去将近20年，出版了两百多本有关东亚儒学研究专著，其中以儒家经典诠释学的著作数量最多。国外汉学界从20世纪90年代以后，研究中国诠释学的专书之出版也如雨后春笋,② 凡此种种都反映了"中国诠释学"研究的新动向。洪汉鼎先生曾说："我国传统的经典注释或经学显然具有明显的诠释学特征，自孔子说'述而不作'始，中国的学术研究事实上就走了一条诠释学之路。……在我国的传统文化里是否能找到补充当代哲学诠释学的东西，或当代哲学诠释学是否将会对我们经典注释学开启新的视角，这都是值得我们深入研究的问题。"③ 近30年来"中国诠释学"的新动向，正是在于深入中国经典诠释传统，"念述先圣之元意，思整百家之不齐"④，开启诠释学研究的新境界。

本文聚焦以下两个问题，探讨源远流长的儒家经典诠释传统中，所形塑的"中国诠释学"的类型，及其可能的研究进路：

（1）什么是"中国诠释学"？中国诠释学的主要类型有哪些？

---

① 洪汉鼎主编:《中国诠释学》第1辑，山东人民出版社，2003年。

② Steven Van Zoeren, *Poetry and Personality Reading, Exegesis, and Hermeneutics in Traditional China* (Stanford: Standford University Press, 1991); John B. Henderson, *Scripture, Canon, and Commentary: A Comparison of Confucian and Western Exegesis* (Princeton: Princeton University Press, 1991); Ching—I Tu ed., *Classics and Interpretation: The Hermeneutics Traditions in Chinese Culture* (New Brunswick, N. J.: Transaction Publishers, 2000); Rudolf G. Wagner, *A Chinese Reading of the* Daodejing: *Wang Bi' s Commentary on the* Laozi*with Critical Text and Translation* (Albany: State University of New York Press, 2003); Ching—I Tu ed., *Interpretation and Intellectual Change: Hermeneutics in Historical Perspective* (New Brunswick, N. J.: Transaction Publishers, 2005); 佐藤錬太郎、郑吉雄:《中国古典の解释と分析》, 北海道大学出版会, 2012年。

③ 洪汉鼎:《总序》, 收入《诠释学与人文社会科学》丛书各册之首, 上海译文出版社, 2002年起。

④ 范晔撰, 李贤等注:《后汉书》卷三五《郑玄传》, 中华书局, 1965年, 第1209页。

各有何种表现与问题？

（2）建构“中国诠释学”的研究途径何在？为什么？

为了分析以上这两个问题，本文第二部分首先讨论“中国诠释学”的“中国性”及其特质，并分析“中国诠释学”的3种常见的类型。本文第三部分探讨“中国诠释学”的表现及其问题，第四部分思考研究“中国诠释学”的研究方法与程序，第五部分综合全文论述，提出本文之结论。

二、中国诠释学的“中国性”及其三种类型

所谓“中国诠释学”的提法，首先必须解答：“中国诠释学”的“中国性”何在？为什么不讲“诠释学在中国”？这两个问题其实是一体之两面，如果解明了“中国诠释学”的“中国性”，也就说明了“中国诠释学”的学术合法性，第二个问题也就豁然开朗了。我们思考第一个问题，可以从1958年“当代新儒家”学者牟宗三（1909—1995）、徐复观（1904—1982）、张君劢（1887—1969）、唐君毅（1909—1978）等4人，联名发表的《中国文化与世界：我们对中国学术研究及中国文化与世界文化前途之共同认识》[①] 宣言说起。1958年“当代新儒家”所发表的这篇宣言，在20世纪中国知识界的中西文化之争的背景里，向西方知识界呼吁要了解中国文化，必须正视中国文化的“中国性”。宣言说：

---

① 这篇宣言收入唐君毅：《说中华民族之花果飘零》，三民书局，1989年，第125—192页；此文有英文节译本，收入 Carsun Chang, *The Development of Neo—Confucian Thought*, New York : Bookman Associates, 1957, Appendix, pp. 455—483。

> 中国文化之性质，乃指其“一本性”。[①] 此一本性乃谓中国文化，在本原上，是一个文化体系。此一本并不否认其多根。此乃比喻在中国古代，亦有不同之文化地区。但此并不妨碍，中国古代文化之有一脉相承之统绪。殷革夏命而承夏之文化，周革殷命而承殷之文化，即成三代文化之一统相承。此后秦继周，汉继秦，以至唐、宋、元、明、清，中国在政治上，有分有合，但总以大一统为常道。且政治的分合，从未影响到文化学术思想的大归趋，此即所谓道统之相传。[②]

以上这一段话中，所谓的“一本性”，张灏（1936—2022）先生译为“undifferenciatedness”,[③] 指中国文化之“自成一格”（sui generis）的独特性，尤其是中国文化之自成体系，绵延不断，与西方文化不同，唐君毅先生所著《中国文化之精神价值》一书，对中

① “一本”一词出自《孟子·滕文公上》，孟子曰：“且天之生物也，使之一本，而夷子二本故也……”孟子所谓“一本”指人本为父母所生这项事实而言。德川日本儒者西岛兰溪（1780—1852）释此句云：“本者，物之所从出也。”（西岛兰溪：《读孟丛钞》，《日本名家四书注释全书》第13册卷五，凤出版，1970年，第232页）所谓“一本”与周代以降中国社会的“显著亲属关系”（dominant kin relationship）一直以父子关系为主轴[参考 Francis L. K. Hsü, “Dominant Kin Relationships and Dominant Ideas,” *American Anthropologist*, 68 (1968), pp. 997—1004]，有其密切关系。孟子所谓“一本”的伦理思想，所反映的是中国社会以父子关系为主轴的社会现实。戴震（1724—1777）在《孟子字义疏证》卷上《理》中说“合血气心知为一本”，以“自然”与“必然”为一的思想，指涉范围较广。当代新儒家《宣言》中所谓的“一本性”则指中国文化一脉相承之延续性而言。

② 见唐君毅：《说中华民族之花果飘零》，第137页。

③ Hao Chang, “New Confucianism and the Intellectual Crisis of Contemporary China,” in Charlotte Furth ed., *The Limits of Change: Essays on Conservative Alternatives in Republican China* (Cambridge, Mass.: Harvard University Press, 1976), pp. 276—304. 此文有中译本，林镇国译：《新儒家与当代中国的思想危机》，收入周阳山、杨肃献编：《近代中国思想人物论——保守主义》，时报文化出版事业有限公司，1980年，第367—397页。

国文化的“一本性”尤三致其意。① 这篇宣言所强调的中国文化的“一本性”是在与西方文化对比的脉络中说的，我们在 21 世纪的今日不能持之太过，以至于将东西方文化心同理同之处，误认为是南北海之马牛风。

20 世纪当代新儒家之所以特别强调中国文化的“一本性”，是由于他们在 20 世纪神州板荡、动乱乖离之中，致力于追求生命的意义感。张灏说：

> 在现代中国，精神迷失的特色是道德迷失、存在迷失和形上迷失三者是同时存在的，而不在于任一项的各别出现。位于现代中国之“意义危机”的底部，是此三种迷失的镕合。惟有从这个背景才能把握到：新儒家学者在许多方面将自己关联于传统。他们的思想大多可视为“意义的追求”，企图去克服精神迷失，而精神迷失正是中国知识分子之中许多敏锐灵魂所感受到的问题。当然，精神迷失的问题并不单为新儒家所遭遇，而是为全中国各派别的知识分子所共同面临。使他们特别地认同于儒家“宗教道德象征”的因素，可以在他们对“科学主义”的反动的脉络中寻到。②

20 世纪新儒家致力于中国文化的“一本性”之解明，以解决 20 世纪中国的精神之迷失。20 世纪中国知识人对生命的意义感的追求，也表现在钱穆（宾四，1895—1990）先生抗战时期于 1939 年在云南宜良撰写《国史大纲》时，特别强调中国史之特殊性，他将一部西洋史比喻为硬地网球赛，将中国史譬喻为一片琴韵悠扬，这种中国历史的“中国性”，不能求之于西洋史的模式之中，因为“网球家之生命，不能于音乐史之过程中求取”。③ 从中国文化的独特而

---

① 唐先生说：“此书乃以我所知之西方文化思想中之异于中国者为背景，以凸出中国文化之面目。”见唐君毅：《中国文化之精神价值》，正中书局，1953 年，《序》，第 4 页。

② 张灏撰，林镇国译：《新儒家与当代中国的思想危机》，载周阳山、杨肃献编：《近代中国思想人物论——保守主义》，第 375 页。

③ 钱穆：《国史大纲》引论，商务印书馆，1996 年，第 10 页。

自成体系之“一本性”观之，“中国诠释学”自有其自成一格之“中国性”，不能简单视为“（西方）诠释学在中国”，乃是人人共喻之义。“中国诠释学”的“中国性”尤见之于经世致用之精神、政治之取向以及生命增上之愿景。

那么，具有“中国性”的“中国诠释学”在思想史上，主要表现为哪几种类型呢？我认为，具有中国文化特色的中国诠释学，至少有以下 3 种类型：

第一种类型是“实践诠释学”。具有中国特色的实践诠释学，重“行”远过于重“解”，重实践（praxis）远过于理论（theoria），博文必求其落实于笃行，子曰“博学于文，约之以礼”（《论语 · 雍也》）者是也。《论语》全书“仁”字在 65 章中共 105 见，孔子（前 551—前 479）回答弟子问“仁”，虽然因时、因地、因人、因事而有不同，但是孔子回答时重点均落在“行仁之方”，而不在“解仁之义”。孔子主张“行”先于“言”，“君子耻其言而过其行”（《论语 · 宪问》），孔子又对子贡（前 520—前 456）说：“先行其言而后从之”（《论语 · 为政》），孔子理想中的“君子”的德行是“欲讷于言而敏于行”（《论语 · 里仁》），因为“古者言之不出，耻躬之不逮也”（《论语 · 里仁》），因为“其言之不怍，则为之也难”（《论语 · 宪问》）。孔子教学特重言行相应，德业不二。儒家主张“博学”必须落实于“笃行”（《中庸》），实为实践诠释学之思想基础。萧公权（1897—1981）先生尝论中国政治思想史特重致用云：“致用者，以实行为目的，故每不措意于抽象之理论，思想之方法，议论之从违，概念之同异。意有所得，著之于言，不必有论证，不求成系统。是非得失之判决，只在理论之可否设张施行。”① 中国思想重视致用之特征亦见于中国的实践诠释学。

检核中国实践诠释学的内涵，最具启示性的指标之一，就是看历代经典诠释者，如何解释《论语 · 学而》中“学”这个字的含义。孔门教法首重学习，“学”乃《论语》开卷第一字，“学”字

① 萧公权：《中国政治思想史》下册，联经出版公司，1982 年，第 946 页。

在《论语》全书中共64见，《论语》诠释史中“学”字解释之主流意见在仿效一义。朱子（晦庵，1130—1200）解释孔子之“学而时习之”的“学”之义云：“学之为言效也。人性皆善，而觉有先后，后觉者必效先觉之所为，乃可以明善而复其初也。”① 朱子又说：“所谓学者，有所效于彼而求其成于我之谓也。以己之未知，而效夫知者，以求其知；以己之未能，而效夫能者，以求其能，皆学之事也。”② 朱子解“学”之含义云“以己之未能而效夫能者，以求其能”，是典型的实践诠释学精神。朱门高弟陈淳（北溪，1153—1217）主张“学”乃经由效法先觉者之所为，而以去除气质障蔽为其目的，回复本然之性。③ 金履祥（仁山，1232—1303）主张“学”是取法圣贤之所为，必须在事上磨炼。④ 许谦（白云，1270—1337）发挥朱注，以“学”指效法先觉，但此“先觉”指古人而非今人，而其事则见诸经典。⑤ 明末大儒刘宗周（蕺山，1578—1645）说“学之为言效也，汉儒曰觉，非也”⑥，“学”训为“效”，重点在实践之功夫，不是概念的推衍（“觉”）。刘宗周虽重“心之本觉”，但他强调的是经由“学”而去除气质之病，以达到“学以复性”之目标。⑦ 在中国实践诠释学传统中，宋明时代经典诠释者虽然常常讲论“心之本觉”或“心之本体”或“本然之性”

① 朱熹：《论语集注》卷一，《四书章句集注》，台大出版中心，2016年，第61页。

② 朱熹：《论语或问》卷一《学而第一》，《朱子全书》第6册，上海古籍出版社、安徽教育出版社，2002年，第607页。

③ 陈淳：《北溪大全集》卷一八，《景印文渊阁四库全书》，台湾商务印书馆，1986年，第1168册，第636—637页。

④ 章一阳辑：《金华四先生四书正学渊源》，《四库全书存目丛书》经部第162册，齐鲁书社，1997年，第643页。

⑤ 许谦：《读论语丛说》，《续修四库全书》第153册，上海古籍出版社，2002年，第1页。

⑥ 刘宗周：《论语学案》卷一，《景印文渊阁四库全书》，台湾商务印书馆，1986年，第207册，第506页。

⑦ 刘宗周：《论语学案》卷一，第506页。

之类问题，但均重视在“心”与外境互动中之“历事练心”，功夫重于本体，功夫所至即其本体，实践仍为首出。

第二种类型是“生命诠释学”。具有中国文化特色的生命诠释学，具有2项特征：(1) 研读及诠释经典的义理，乃是为了回向读者的身心，使自己的生命浸润在经典义理之中，并被经典义理所转化，所以解经之目的乃是为了涵养德行，而不是为了炫其博雅。中国经典诠释者关心“如何受经典感召”这个问题，远过于“如何了解经典文本”这个问题，① 程颐（伊川，1033—1107）说“如读《论语》，旧时未读是这个人，及读了后又只是这个人，便是不曾读也”②，就是指读者身心必须与经典中的圣人之意合而为一。朱子读书法特别强调读书应达到“亲切”之境界，“且将先儒所说正文本句反覆涵泳”，③ 使经典之义理经由反复涵泳而含纳入解经者的身心之中。王阳明（1472—1529）区分读经有“讲之以口耳”、有“讲之以身心”，他所谓“讲之以身心”，④ 就是指将自己的生命经验与体认，读入经典诠释之中，携古人之手，与古人偕行。这种解释经典的方法正是中国生命诠释学的最大特征。

(2) 因为中国的生命诠释学，具有以上所说回向自己身心之特征，所以生命诠释学虽然时或涉及本体论或宇宙论甚至知识论问题，但莫不落实于“当下即是”的人生课题，20世纪当代新儒家精神导师熊十力（子真，1884—1968）先生所说“体神化不测之妙

① 此为20世纪以前中国儒家学者读经共喻之义，当代新儒家发挥此义最为精当，范佐仁有书论此义，参考 Steven Van Zoeren, *Poetry and Personality: Reading Exegesis and Hermeneutics in Traditional China*, p. 112。

② 程颐、程颢：《河南程氏遗书》卷一九，《二程集》上册，中华书局，2004年，第261页。

③ 朱熹：《晦庵先生朱文公文集》卷六〇《答曾择之》，《朱子全书》第23册，第2896页。我曾有一文论朱子读书法的“亲切”一语之含义，见黄俊杰：《“亲切”：朱子读书法的一个关键词》，《经学》，韩国经学学会，2020年2月创刊号，第163—190页。

④ 王阳明：《传习录》，陈荣捷著：《王阳明传习录详注集解》，台湾学生书局，1983年，第247页。

于人伦日用之间”① 一语，最能说明这种生命诠释学的特质。中国经典诠释者虽或涉及“极高明”之层次，但终不离“道中庸”之关怀，汤用彤（锡予，1893—1964）先生说：

> 中国之言本体者，盖可谓未尝离于人生也。所谓不离人生者，即言以本性之实现为第一要义。实现本性者，即所谓反本。而归真，复命，通玄，履道，体极，存神等等，均可谓为反本之异名。②

汤用彤所谓“言本体者……不离人生”，原指魏晋时代中国佛教徒对般若学的解释而言，但中国经典诠释言本体而“不离人生”，正是中国生命诠释学的共同意趣。

如果说以上第一种特征是“个人性的”，那么第二种特征就是“群体性的”，前者重在个人精神世界之转化，后者则涉及群体之社会、政治、经济生活之提升。

在中国经典诠释传统中，生命诠释学之所以特见精神，主要原因在于中国经典是“成人”之学。《中庸》第20章“仁者，人也”，“仁”与“人”二字互训，儒家经典所谓“人”，就是指“成为仁者”而言。经典作者重视成圣成贤之精神奋斗过程，实远过于对宇宙本体之玄思，经典作者为读经者揭开了一个既遥远而又亲近，既陌生但又熟悉的精神世界，使经典研读者兴起心志，载欣载奔，迎向成圣成贤的生命康庄大道，所以，中国解经之学中生命诠释学蔚为主流，《论语》与《孟子》③ 论“成人”之学最为精彩，千百载以下仍令读者魂牵梦萦，心神向往。而且，儒家经典中的“成人”之学，并不是一个“非历史的”抽象理念，而是一种

---

① 熊十力：《读经示要》卷一，广文书局，1970年，第67页。

② 汤用彤：《汉魏两晋南北朝佛教史》（上），台湾商务印书馆，1968年，第200页。

③ James Behunick Jr., *Mencius on Becoming Human*, Albany, N. Y.: State University of New York Press, 2005.

艰辛的、永无止境的、自我精神磨炼与提升的“历程”(process),[1]《中庸》这部经典阐释“君子”“敬”“诚”的精神方向，最为深刻。[2] 中国经典中“成人”之学的深厚意蕴，正是中国生命诠释的思想动力。

在中国诠释学史中，朱子毕生生死以之的解经事业正是“生命诠释学”的典型代表。朱子毕生理会《四书》，并且以他的以“理”为中心的哲学理念通贯《四书》，提出新诠。[3] 在《四书章句集注》全书中，“理”这个字共出现299次,[4] 即为明证。对于《孟子·公孙丑上》“知言养气”说的解释，朱子以他自己“格物穷理”的生命哲学，读入孟子的“知言养气”说之中。朱子宣称：

> 熹窃谓孟子之学盖以穷理集义为始,不动心为效。盖唯穷理为能知言，唯集义为能养浩然之气。理明而无所疑，气充而无所惧，故能当大任而不动心。考于本章，次第可见矣。[5]

朱子对他的一套孟子学诠释极具信心，他向学生宣称他的解释“若与孟子不合者，天厌之！天厌之!”[6] 因为朱子以自己的生命体验、

---

① 安乐哲有新书发挥此义甚精，见 Roger T. Ames, *Human Becomings: Theorizing Persons for Confucian Role Ethics*, Albany, N. Y.: State University of New York Press, 2021.

② 杜维明先生将《中庸》的精神高度与厚度，阐释得既精微而又精彩，参看 Wei-ming Tu, *Centrality and Commonality: An Essay on Confucian Religiousness a Revised and Enlarged Edition of Centrality and Commonality: An Essay on Chung-Yung*, New York: SUNY Press, 1989；此书有中译本，见杜维明著，段德智译：《中庸：论儒学的宗教性》，生活·读书·新知三联书店，2013年。

③ 关于朱子以“理”学确定新儒学方向，参见陈荣捷：《朱熹集新儒学之大成》，《朱学论集》，台湾学生书局，1982年，第1—35页。

④ 金观涛、刘青峰：《观念史研究：中国现代重要政治术语的形成》，香港中文大学当代中国文化研究中心，2008年，第40页。

⑤ 朱熹：《晦庵先生朱文公文集》卷三七《与郭冲晦》，《朱子全书》第21册，第1639—1640页。

⑥ 黎靖德编：《朱子语类》卷五二，朱熹：《朱子全书》第15册，第1719页。

体知、体会孟子之学，所以他对自己的诠释信之甚笃，这是典型的生命诠释学。但是，朱子对孟子“知言养气”说的诠释，未能获得后儒之印可，[①] 诚如熊十力所说“凡成一家之学者，即是自辟一天地，而亦自囿于其天地之内”，[②] 这是生命诠释学常见的问题。

第三种类型是“政治诠释学”。儒家经典从个人层次的格物、致知、诚意、正心、修身，到群体层次的齐家、治国、平天下，如投石入湖，涟漪展开层层推扩，构成所谓“儒家整体规划”（the Confucian project），[③] 所以，数千年来儒家经典诠释学所表现的“政治诠释学”风貌，最为深切著明。这种政治诠释学有两大特征：

（1）诠释者从当代政治脉络或语境中解读经典的意涵。诠释者身处特定时空条件之中，并被时空条件所制约，因此，他们诠释经典常常不能随心所欲，而是与其身处的时空条件密切互动。马克思（Karl Marx，1818—1883）曾说：“人们自己创造自己的历史，但是他们并不是随心所欲地创造，并不是在他们自己选定的条件下创造，而是在直接碰到的、既定的、从过去承继下来的条件下创造。”[④] 这一段话可以被引用来说明从事政治诠释学的学者，常受到他们身处的时空条件的制约，他们从当代政治脉络中解读经典，要求“古为今用”，虽然可以开发经典的现代启示，但是，他们的政治性经典诠释，也常常不免扭曲经典原义而为权力背书，轻则买椟还珠，重则将圣人曲解为帝王扈从，其事可哀！

（2）诠释者从经典诠释之中，提出治国平天下的方案。在中国经典诠释传统中，博文乃所以治事，“举而措之天下之民，谓之事

① 另详黄俊杰：《孟学思想史论》卷二第 5 章，“中研院”文哲所，2022 年，第 189—248 页。

② 熊十力：《原儒》，明伦出版社，1971 年，第 54 页。

③ 余英时：《试说儒家的整体规划》，《宋明理学与政治文化》，允晨文化实业股份有限公司，2004 年，第 388—407 页。

④ 马克思：《路易·波拿巴的雾月十八日》，中共中央马克思恩格斯列宁斯大林著作编译局编：《马克思恩格斯选集》第 1 卷，人民出版社，1972 年，第 603 页。

业”(《周易·系辞传》),此之谓也。北宋胡瑗(安定,993—1059)教人之法,“立‘经义’‘治事’二斋:经义则选择其心性疏通、有器局、可任大事者,使之讲明《六经》。治事则一人各治一事,又兼摄一事,如治民以安其生,讲武以御其寇,堰水以利田,算历以明数是也”①。但是,“经义”原不离“治事”,两者不断为两橛,才是“明体达用之学”。

以上所说的中国“政治诠释学”的两个面向,前者从诠释者的时代出发思考,后者深入经典以明体而达用,两者不能分割,而且两者都涉及权力对诠释者主体性之渗透、协商与颠覆,使诠释者在“政治认同”与“文化认同”的拉锯之中,备受煎熬,在从事经典诠释时辛苦备尝。

论述至此,我想进一步指出以上三种中国诠释学的共同接口,在于三者都是不同程度的“实学”。这里所谓的“实学”,既包含朱子式的“始言一理,中散为万事,末复合为一理……皆实学也”(《中庸章句》第1章前言)意义下的“实学”,也涵盖顾炎武(1613—1682)式的“多学而识”“博学于文”的经世致用意义下之“实学”。作为“实学”的中国诠释学,就诠释者个人而言,以落实其生命意义的依托为鹄的;就群体而言,又是参与政治以经世致用的途径。这种“实学”是既是 real 又是 true 意义之下的“实学”。金岳霖(1895—1984)先生说:

> 中国哲学家都是不同程度的苏格拉底式人物。其所以如此,是因为伦理、政治、反思和认识集于哲学家一身,在他那里知识和美德是不可分的一体。他的哲学要求他身体力行,他本人是实行他的哲学的工具。按照自己的哲学信念生活,是他的哲学的一部分。他的事业就是继续不断地把自己修养到近于无我的纯净境界,从而与宇宙合而为一。这个修养过程显然是不能中断的,因为一中断就意味着自我抬头,失掉宇宙。因

---

① 黄宗羲:《文昭胡安定先生瑗》,《宋元学案》卷一,中华书局,1986年,第24页。

此，在认识上，他永远在探索；在意愿上，则永远在行动或者试图行动。这两方面是不能分开的，所以在他身上你可以综合起来看到那本来意义的“哲学家”。①

金先生以上这一段话中的中国“哲学家”，基本上都是在经典诠释事业中，建构他们的思想体系。

三、中国诠释学的表现及其问题

（一）实践诠释学

在分疏了中国诠释学的3种类型之后，我想进一步分析这3种中国诠释学的表现及其潜藏的问题。

其一，正如前文所说，中国经典在很大程度上就是政典。18世纪章学诚（实斋，1738—1801）说：“六经皆史也。古人不著书，古人未尝离事而言理，六经皆先王之政典也。”② 实斋的“六经皆史”说，转换了唐宋时代“经先于史”之旧观点，③ 开启了“史先于经”的新视野。四库馆臣说“苟无事迹，虽圣人不能作《春秋》。苟不知其事迹，虽以圣人读《春秋》，不知所以褒贬”④，即为此种新视野之表现。“六经皆史”说也启动了19世纪以降经典研

① 金岳霖：《中国哲学》，金岳霖学术基金会编：《金岳霖全集》第6卷，人民出版社，2013年，第388页。

② 章学诚：《内篇一·易教上》，叶瑛校注：《文史通义校注》卷一，中华书局，1994年，第1页。

③ 唐儒皮日休（约838—约883）《请孟子为学科》（收入《皮子文薮》）云：“圣人之道，不过乎经，经之降者，不过乎史。”宋儒朱熹说：“看经书与看史书不同：史是皮外物事，没紧要，可以札记问人。若是经书有疑，这个是切己病痛。”（《朱子语类》卷一一，《朱子全书》第14册，第347页。）均以经先于史。

④ 纪昀：《四库全书总目提要》卷四五，《景印文渊阁四库全书》，台湾商务印书馆，1986年，第2册，第1页。

究"历史化"(historicization)的新潮流。[①] 实斋所说"六经皆先王之政典"完全可以成立。中国经典作者凡有著述皆针对现实世界有为而发，不仅为了"解释世界"，更为了"改变世界"，六经在不同程度上皆可视为理事合一之政典。因此之故，历代解经者解释经典皆不取空言，而着眼于实践。一言以蔽之，中国实践诠释学最为突出之表现，正是在于"诠释文本"(interpreting a text)与"使用文本"(using a text)之绾合为一。[②]

其二，中国实践诠释学传统中，诠释者所身处的时空条件所塑造的"历史性"(historicality，用狄尔泰语)特别彰显，诠释者的"主体性"浸润在"历史性"之中，他们诠释经典的事业，常表现为对时代危机的响应方案。

中国的实践诠释学者，解释经典或建构世界图像时，特别重视可以起而行的方案，其贡献在于使中国思想成为一种"作为实践方案的哲学"(philosophy as proposal)，使中国哲学的"道中庸"面向充分发展，但其问题则是造成中国思想传统中，"逻辑与知识论意识之不发达"。[③] 所以，所谓"本体诠释学"在中国诠释学传统中，并未充分舒展。

(二)生命诠释学

中国的生命诠释学，主要表现在诠释者与经典的"相互参与"(inter-involvement)，两者的"相互参与"常表现在两个方面：第一个方面是"古"与"今"的相互参与，所以生命诠释学常常是对当代现实状况的一种抗议，儒家经典诠释者崇古以非今，采取一

---

① 参见 Benjamin A. Elman, "The Historicization of Classical Learning in Ming-Ch'ing China," in Q. Edward Wang and Georg G. Iggers eds., *Turning Points in Historiography: A Cross-Cultural Perspective*, Rochester: University of Rochester Press, 2002, pp. 101—146.

② Umberto Eco et al., *Interpretation and Overinterpretation*, Cambridge and New York: Cambridge University Press, 1992, p. 68. 中译本见艾柯等：《诠释与过度诠释》，王宇根译，生活·读书·新知三联书店，1997 年，第 83 页。

③ 金岳霖：《中国哲学》，金岳霖学术基金会编：《金岳霖全集》第 6 卷，第 377 页。

种“反事实性”（counter-factuality）的思考方式；[①] 生命诠释学又常返古以开新，对未来提出一种愿景。第二个方面是诠释者的“理性”（reason）与“信仰”（faith）的相互参与，诠释者解释经典乃是为了使经典义理转化自己的生命，经典诠释事业是诠释者的精神返乡之旅，抚慰诠释者的创伤与乡愁。诠释者从经典的事实性命题（如“三代”）中提炼价值之内涵，建立自己安身立命的据点，并建构一个充满意义内涵的世界图像。

但是，生命诠释学潜藏着一个问题：如果每一个诠释者都以自己的生命经验读入经典之中，其结果就不免于一部经典各自表述，人自为说，家自为书，各执一端。我最近曾说：“作为解释者个人心路历程表白的中国诠释学，有其特殊之优点，但长处所及短亦伏焉。这种类型的中国诠释学，使‘主’（指解经者）与‘客’（指经典）不断为两橛，并经由解释者的‘主体性’之贯串，使经典中潜藏之意义为之豁然彰显，对现代人陈述它的内涵，使现代人成为经典作者的异代相知；但是，这种类型的诠释学却也隐伏着内在的限制；经典的后代解释者受限于他们的‘历史性’，常不免以今释古，甚至不免强古以就今，其流弊所及或不免唐突经典、‘刑求’古人，甚且有‘今’而无‘古’，终使‘古’意泯灭，经典支解！”[②] 这种发展造成庄子（约前369—约前286）所慨叹的“天下大乱，贤圣不明，道德不一，天下多得一察焉以自好。……道术将为天下裂”[③] 的现象，也形成所谓“诠释的无政府主义”之

---

① 参见黄俊杰：《儒家思想与中国历史思维》第3章，台大出版中心，2014年，第87—126页；Chun-chieh Huang, “Historical Thinking in Classical Confucianism: Historical Argumentation from the Three Dynasties,” in Chun-chieh Huang and Erik Zürcher eds., *Time and Space in Chinese Culture* (Leiden: E. J. Brill, 1995), pp. 72—88。

② 黄俊杰：《孟学思想史论》卷二，第248页。

③ 《庄子·天下》，郭庆藩：《庄子集释》第4册，中华书局，1961年，第1069页。

问题。①

今日我们研究中国的生命诠释学，必须注意生命诠释是一种“明明德”的学问，牟宗三先生曾对这种以“明明德”为核心价值的“生命的学问”有所阐释。牟宗三先生说：

> 生命的学问，可以从两方面讲：一是个人主观方面的，一是客观的集团方面的。前者是个人修养之事，个人精神生活升进之事，如一切宗教之所讲。后者是一切人文世界的事，如国家、政治、法律、经济等方面的事，此也是生命上的事，生命之客观表现方面的事。如照儒家“明明德”的学问讲，这两方面是沟通而为一的。②

今日研究古人之生命诠释学，首先必须对古人的“生命的学问”深具同情之了解，才能对古人之论述心领神会，唐君毅所谓“对我之生命存在之价值及其所依所根者之价值之肯定”③，钱穆在《国史大纲》引论中，申明读国史必具“温情与敬意”，亦即此意。陈寅恪（1890—1969）先生诠释古人思想与生活，特申“同情”为前提，亦为此意。刘梦溪先生研究陈寅恪的阐释学时曾说：“寅恪先生主张今之作者要具备艺术家的精神和眼光，对古人的学说采取如同对待艺术品般的欣赏态度，使自己神游冥想，进入对象，设想与立说之古人处于同一境界，然后始能达成对古人立说之用意和对象的‘真了解’。”④ 这种说法最能得生命诠释学研究门径之肯綮。

（三）政治诠释学

作为政治诠释学的中国诠释学，主要表现有二：第一，政治诠释学中“治道”或“政术”远多于“政道”或“政理”，因为传

① 我曾讨论过这个问题，见黄俊杰：《东亚儒家经典诠释史的三个理论问题》，《孟学思想史论》卷二附录2，第563—582页。

② 牟宗三：《关于“生命”的学问——论五十年来的中国思想》，《生命的学问》，三民书局，2018年，第33—39页；引文见第37页。

③ 唐君毅：《说中华民国之花果飘零》，第12页。

④ 刘梦溪：《陈寅恪的学说》，生活书店出版有限公司，2014年，第113页。

统中国的经典诠释者身处王朝的权力之网中，他们既是儒家价值理念的信仰者与诠释者，又是王朝权力的分享者，但是他们所拥有的是“衍生的权力”；而帝王所拥有的是“终极的权力”，所以诚如萧公权先生所说：“二千余年之政治文献，十之八九皆论治术。其涉及原理，作纯科学、纯哲学之探讨者，殆不过十之一二。就其大体言之，中国政治思想属于政术（Politik；Art of politics）之范围者多，属于政理（Staatslehre；Political Philosophy，Political Science）之范围者少。”① 这是中国政治诠释学的第一种表现。

第二种表现是中国政治诠释学中“道德判断”大于“事实判断”，这主要是由于中国政治思想浸润在道德与伦理氛围之中。季康子问政，孔子对曰“政者，正也”（《论语·颜渊》），孔子又说“为政以德”（《论语·为政》）、“道之以德，齐之以礼，有耻且格”（《论语·为政》），都显现儒家经典中的政治学，在很大程度之内是一种道德学。

中国历史上政治诠释学的作品指不胜屈，我想从《论语》与《孟子》的诠释学各举一例作为代表加以说明。《论语》是孔门师生心灵对话之记录，诚如钱穆先生所说：“孔门论学，最重人道，政治为人道中之大者。非有政治，则人不能以有群而相生相养相安，故《论语》编者以《为政》次《学而》篇后也。孔门论政主于德化，因政治亦人事之一端，人事一本于人心。德者，心之最真实，最可凭，而又不可掩者”②，孔子主张“为政以德”（《论语·为政》）。称许弟子雍“可使南面”（《论语·雍也》）。“南面”一词在春秋（前770—前476）时代系南面为王之意，西汉时代（前206—前8）的刘向（子政，约前77—前6）解释这句话说“当孔

① 萧公权：《中国政治思想史》下册，第946页。

② 钱穆：《论语新解》，新亚研究所，1964年，第27—28页。

子之时，上无明天子也。故言雍也，可使南面。南面者，天子也"①，最能契合孔子之意。但东汉（25—220）以后，《论语》的诠释者在强大专制权力压力之下，却必须曲折解释。② 东汉时代"念述先圣之元意，思整百家之不齐"的经学大师郑玄（康成，127—200）对"南面"一词的解释是"言任诸侯之治"③；包咸（子良，前6—65）也作同样的解释，"可使南面者，言任诸侯可使治国也"④；晋人何晏（约190— 249）、宋人邢昺（叔明，932—1010）均继承这项解释，⑤ 释"南面"一词为诸侯。《论语》"南面"一词的解释之变化，可以视为政治诠释学中具有代表性之个案。

孟子（约前372—前289）以孔子私淑弟子自任，《孟子》一书论述"合内外之道"（《中庸》），既拓深心性论与生命观，又开拓群己观与王道政治论，但是孟子所谓"大人"一词，实指成德之君子，殆无疑义，所谓"大人者，言不必信，行不必果，惟义所在"（《孟子·离娄下》）者是也。但是，东汉赵岐（约108—201）注孟子所说"大人者，不失其赤子之心"云："大人谓君。国君视民，

① 刘向：《说苑》卷19，《四部丛刊初编》缩本，第92页。木村英一（1906—1981）考证《雍也篇》这段文字，认为系孔子晚年之语，可代表孔子晚年成熟的见解。见木村英一：《孔子と论语》，创文社，1971年，第300—303页。

② 徐复观先生首先指出这个现象，见徐复观：《国史中人君尊严问题的商讨》，《儒家政治思想与民主自由人权》，八十年代出版社，1979年，第162页。

③ 程树德：《论语集释》上册，艺文印书馆，1965年，第326页；亦见于《礼记·檀弓》正义引郑注。

④ 何晏注、邢昺疏：《论语注疏》卷六，北京大学出版社，2000年，第77页。按日本大正十二年（1923）怀德堂刊本之《论语义疏》作："言任诸侯可使治国故也"，多一"故"字。据武内义雄（1886—1966）考证，"故"字系衍文，见武内义雄：《论语义疏校勘记》，《武内义雄全集》第1卷《论语篇》，角川书店，1978年，第389a页。

⑤ 何晏注、邢昺疏：《论语注疏》卷六，第77页。

当如赤子，不失其民心之谓也。”① 将孟子所说成德之君子“大人”，解释为政治上之统治者，这是最典型的政治诠释学的表现。到了清末民初，康有为（1858—1927）在近代中国狂风暴雨的时代中，重新解释《孟子》，融入他救国的方案。作为一个“儒家思想的现代化者”②，康有为在《孟子》中读入了近代西方价值如民主、自由、平等、社会达尔文主义等概念，以作为拯救中国的方案，更是彻底的政治诠释学。③

中国政治诠释学常常出现经典诠释的“政治化约论”（political reductionism）现象，诠释者常将经典中的思想从政治角度加以窄化，形成经典诠释的“隧道效应”，终不免于以管窥天，以蠡测海，未见其大，先遗其小，其所得终不偿其所失也。

四、中国诠释学的研究方法与程序

现在，我们可以探讨中国诠释学的研究方法与程序。所谓“方法”，指建构具有中国文化特色的诠释学之研究活动时，所必须遵循的具有普遍意义之研究进路及其工作准则。在诸多可能的研究进路与工作准则之中，我想建议的是思想史的研究途径：经由细绎两千多年来中国经典诠释言论的思想史研究进路，而提出具有厚度的中国诠释学。

所谓“思想史研究进路”，虽然可以有各种不同的取径，但是共同的特征在于“脉络化”（contextualization）而不是“去脉络化”（de-contextualization）。所谓“脉络化”一词，指将诠释者的言论，置于历史脉络中加以考虑，衡定其定位与价值，而不是将经典诠释意见从历史脉络中抽出，而成为“非时间性的”（atemporal）与“非空间性的”（aspatial）存在。所谓“脉络化”，从研究方法来看，就是将思想史所见的各形各色的经典诠释言论，加以“历史

---

① 焦循：《孟子正义》第2册，中华书局，1987年，第556页。

② Kung-Ch'uan Hsiao, *A Modern China and A New World: Kang Yu-wei, Reformer and Utopian*, Seattle and London: University of Washington Press, 1975, p. 96.

③ 参见黄俊杰：《孟学思想史论》卷二第9章，第359—402页。

化”与“客观化”。所谓“历史化”，指将研究对象视为时间之流中客观的存在，必如此才能加以历史定位。所谓“客观化”，指将研究对象或课题予以“对象化”，由此而取得进行观察、分析工作时所必要之“距离感”。“历史化”与“客观化”系一体之两面，两者之关系如车之二轮、鸟之双翼，缺一不可。经由将思想史所见之经典诠释言论，加以“历史化”与“客观化”，就能完成“脉络化”。在这个意义下，所谓“脉络化”即为将各种诠释经典之言论，置于绵延的“时间脉络”与广袤的“空间脉络”之中，衡定其形态及其所处之位置。

以上所说以“脉络化”为基础的“思想史研究进路”，之所以可以作为中国诠释学的研究方法，最重要原因在于多数中国经典之内容，多为对时代问题之响应，《论语》《孟子》尤多因时之论。明末王夫之（船山，1619—1692）说：

> 孟子曰：“民为贵，社稷次之，君为轻。”因时之论也。当其时，文、武之泽已斩，天下忘周而不以为君，周亦忘天下而不自任为君，则君子虽欲目我君之而不能。若夫六王者，非篡逆之臣，则介在戎狄，无异于酋帅，杀人盈野，以求君天下而建社稷，君非君而社稷亦非社稷矣，故轻也。君与社稷轻，而天所生之人，不可以无与立命，则苟有知贵重其民者，君子不得复以君臣之义责之，而许之以为民主可也。①

因此之故，“脉络化”研究法不仅适用于经典之解读，亦适用于对经典诠释言论之分析。

这里所谓经典诠释的“脉络”，可分为两个层次的“脉络”来说。第一层次的“脉络”，指经典文本存在的大历史脉络。孟子论“尚论古之人”最好的方法就是“论其世”（《孟子·万章下》），必须能论其世才能尚友古人，进入古人的心魂。20 世纪史学大师陈寅恪先生，对于从这个层次的“脉络”解读经典之意义，阐释得

---

① 王夫之：《读通鉴论》卷二七《社稷不存以能保民者为重》条，《船山全书》第 10 册，岳麓书社，2011 年，第 1051 页。

最为清楚。他说：

> 盖古圣人著书立说，皆有所为而发。故其所处之环境，所受之背景，非完全明了，则其学说不易评论，而古代哲学家去今数千年，其时代之真相，极难推知。吾人今日可依据之材料，仅为当时所遗存最小之一部，欲借此残余断片，以窥测其全部结构，必须备艺术家欣赏古代绘画雕刻之眼光及精神，然后古人立说之用意与对象，始可以真了解。所谓真了解者，必神游冥想，与立说之古人，处于同一境界，而对于其持论所以不得不如是之苦心孤诣，表一种之同情，始能批评其学说之是非得失，而无隔阂肤廓之论。①

以上所引陈寅恪评冯友兰（1895—1990）《中国哲学史》上册之意见书，完全符合孟子所说“论世”才能“知人”之旨。今日治中国诠释学，首先应将经典文本置于经典所从出的大历史情境与脉络之中考量，则经典之所以作及其“有为言之”之意旨，当可豁然彰显。

第二层次的“脉络”，指经典内部的思想或观念之内在脉络。在思想史上，凡自成一家之言的思想人物，皆有其思想之内在脉络，并与诸多经典文本所见之诸多独立概念共构成为思想的网络，陈寅恪先生说：“圣言简奥，若不采意旨相同之语以参之，则为不解之谜矣。既广搜群籍，以参证圣言，其言之矛盾疑滞者，若不考订解释，折衷一是，则圣人之言行，终不可明矣。”② 陈寅恪这段话虽是出自为杨树达（1885—1956）所著《论语疏证》一书所写的《序》，称许杨树达善于“广搜群籍，以参证圣言”，但是，广搜群籍以厘定经典思想之内在脉络，正是建构中国诠释学的重要研究方法。

以上这两种不同层次的“脉络化”工作，在中国诠释学研究

① 陈寅恪：《冯友兰中国哲学史上册审查报告》，《金明馆丛稿二编》，生活·读书·新知三联书店，2001年，第279页。

② 陈寅恪：《杨树达论语疏证序》，《金明馆丛稿二编》，第262页；序文见杨树达：《积微居论语疏证》，大通书局，1971年，第1页。

中，之所以成为重要的研究方法，根本原因在于中国经典中的价值理念，"生成"（becoming）问题永远比"存有"（being）问题更重要，所以在中国经典中，功能性概念比实体性概念重要，中国经典不仅是为"解释世界"，更为了"改变世界"。因此，中国经典诠释学的要义，大多指向"如何使世界更美好"这个问题。但是，世界的改变之关键，在于自我之改变，所以中国经典诠释传统中，诠释者主体性一直居于中心之地位，诠释者先于文本。①

经由以上所说这两种"脉络化"工作之后，我们就可以进而解析异时异域的经典诠释者。在诠释或"再现"（representation）经典中的思想或概念时，常常出现我近年来所说的"脉络性转换"（contextual turn）的现象。② 他们虽然使用与原典一样的概念如"性""道""教""心""理""气"等，但是他们使用这些概念时，已经注入不同的思想内涵，偷龙而转凤，橘逾淮而为枳，此之谓也。

论述至此，我想进一步探索中国诠释学建构的可能程序。我认为在诸多可能程序中，最重要的程序是从传统中国经典注疏学之传、笺、注、疏，迈向现代中国经典诠释学，其关键在于从"特殊性"（particularity）中提炼"普遍性"（universality），也就是马一浮（1883—1967）先生所谓由"迹"以显"本"，并从"本"以垂

---

① 欧洲当代诠释学者如 Paul Ricoeur 与 Umberto Eco，均重视"文本"（text）的开放性，见 Paul Ricoeur, ed. and tr. by John B. Thompson, *Hermeneutics and the Human Science*, New York: Cambridge University Press 1981; Umberto Eco, trans. by Anna Cancogni, *The Open Work*, Cambridge, Mass.: Harvard University Press, 1989，但是中国诠释学传统中，诠释者主体性确先于"文本"之主体性。

② 我曾就"脉络性转换"现象做过初步讨论，参见 Chun-chieh Huang, "On the 'Contextual Turn' in the Tokugawa Japanese Interpretation of the Confucian Classics: Types and Problems," in his *East Asian Confucianisms: Texts in Contexts*, Göttingen and Taipei: V&R unipress and National Taiwan University Press, 2015, chapter 2, pp. 25—40；并参看黄俊杰、安藤隆穂编：《东亚思想交流史中的脉络性转换》，台大出版中心，2022 年。

“迹”之意。[①] 但是，我必须强调：中国诠释学的建构，不是一种新“格义”。汤用彤先生曾解释佛教来华以后之“格义”方法说：

> 大凡世界各民族之思想，各自辟途径。名辞多独有含义，往往为他族人民所不易了解，而此族文化输入彼邦，最初均牴牾不相入。及交通稍久，了解渐深，于是恍然于二族思想固有相同处，因乃以本国之义理，拟配外来思想。此晋初所以有格义方法之兴起也。迨文化灌输既甚久，了悟更深，于是审知外族思想自有其源流曲折，遂了然其毕竟有异，此自道安、罗什以后格义之所由废弃也。况佛法为外来宗教，当其初来，难于起信，故常引本国固有义理，以申明其并不诞妄。及释教既昌，格义自为不必要之工具矣。[②]

我在这里所说的，从中国传统经典注疏之学的“特殊性”之中，提炼具有“普遍性”意义的诠释学命题，并不是一种新“格义”，而是以具有“普遍性”意义的中国诠释学，与19世纪以降的西方诠释学，特别是实践诠释学与生命诠释学，互相切磋，才能迈向兼摄中西的新诠释学体系。诚如傅永军先生所说：“西方诠释学之于东亚经典诠释学是镜像，而非范本。从‘中西差异’视域回归‘古今不同’视域，是思考如何完成东亚经典诠释学创造性建构问题的基本途径。”[③] 只有从“中西差异”的泥淖中超拔而出，聚焦“古今不同”，才能疏通知远，心知其意，而与西方诠释学心平气和地对话。

五、结论

在本文论述的基础上，我想提出以下3点结论：第一，中国诠释学的建构是21世纪向民族文化传统回归的重要工作。钱穆先生在抗战时期曾说：“一民族文化之传统，皆由其民族自身递传数世、

① 马一浮：《复性书院讲录》卷二《论语大义二》，广文书局，1971年，第38a页。

② 汤用彤：《汉魏两晋南北朝佛教史》（上），第234页。

③ 傅永军：《东亚儒家经典诠释研究的三种进路》，《中国社会科学报》2020年2月18日。

数十世、数百世血液所浇灌，精肉所培壅，而始得开此民族文化之花，结此民族文化之果，非可以自外巧取偷窃而得。”① 在21世纪所谓“全球在地化”（glocalization）新时代里，人文研究借外债终不能代生产，我们必须回归东亚民族文化之传统，温故而知新，建构具有中国文化特色的中国诠释学。

第二，“中国诠释学”一词包括“中国”与“诠释学”两个名词，我们必须在作为特殊性的“中国性”，与作为普遍性的诠释学之间，获得动态的平衡，才能开创中国诠释学新局面。但是，中国诠释学并不是对西方诠释学的反叛而成为某种“折射的东方主义”（reflexive Orientalism），也不是西方诠释学的对立物，而是与西方诠释学亲切互动，共创更具有普世性意义的新诠释学。我最近曾说：“东西两大诠释学分别独立发展，虽有分河饮水之便，但无同条共贯、相互切磋之趣。……现有的诠释学理论，在某种程度上建立在已经过时的‘欧洲文化中心论’之上，未能心平气和地欣赏东亚文化中悠久的经典诠释传统，不仅常将东西海圣人心同理同之处，误认为系南北海之马牛风，而且失去东亚诠释学资源的流注，终不免流于孤芳自赏，难以疏通知远，不能曲畅旁通，沦为一曲之见，庄子说：‘曲士不可以语于道者，束于教也’（《庄子·秋水》），此之谓也。”② 所谓“中国诠释学”的研究与建构，正是为了改善现阶段“以西摄中”之状况，而迈向一个中西共生共融共创共荣的新愿景。

第三，“中国诠释学”研究必须返“本”才能开“新”，所谓“本”就是指中国悠久的经典注疏传统。传统中国哲学家常常身兼哲学史家，他们在深厚的时间意识中建构自己的思想体系，所以只有通过哲学史或思想史之视野，对长达2000年以上的中国经典诠释传统具有会心之理解，才能起而建构新时代的“中国诠释学”。

---

① 钱穆：《国史大纲》引论，第32页。

② 黄俊杰：《孟学思想史论》卷二，第35页。

儒家经典解释中的汉宋之争

景海峰①

何为汉学？何为宋学？意指各有不同，表达存在差异，约略归之，大概有如下数种。一是从学问的类别言，汉学偏实证、重文献，近于知识考古、语言文字、语文学和历史学；宋学言心性、谈义理，更多地属于哲学、宗教学和心理学等。一是就学术的方法来看，汉学重视历史事迹和文献资料的考察，重在科学归纳和逻辑推论；而宋学偏爱意义的阐发和道理的揭示，喜欢从人文精神来分析和演绎话题。这是现代学术语境下的普泛化理解和日常语用中的一般情状。再回到儒家经典的传统，则汉学、宋学的含义又有以下几种，且所指范围宽窄不一。就广义而言，汉学是指以东汉古文家一派为典范的系统，迄于清代仍是以考据见长的学问形式；而宋学便是指宋明时代的理学，也包括心学等内容。或者汉学是用来泛称汉唐经学形态的，以“五经”系统为中心；而宋学则是专就宋明理学来说，特别重视“四书”体系。当然，这只是大略言之。从狭义来讲，此二分是指清代乾嘉考据学与宋明以降程朱陆王之余绪的对峙状况，前者为汉学，后者为宋学，这既包含了学派的分歧，也有方法上的对立。更狭窄的意思，则是以江藩的《国朝汉学师承记》《国朝宋学渊源记》以及由此而起的方东树（1772—1851）之《汉学商兑》等著作为中心，所形成的一套论辩话题，包括了诸多观念及人物划线等，这就仅仅涉及清代的一个特定时段及其问题域。

---

① 作者简介：景海峰，深圳大学人文学院院长、国学研究所所长、哲学系教授。

就经学的视域和儒家经典的范围而言，汉宋之别的话题后来成了一种范式，可以用来概括和说明所有的经学内容，包括学者的治学方法和学术路径等。这一指称方式的范围非常广，从汉儒开始，一直到清代，可能涉及学术风格、学问方法诸问题，也牵扯到不同的时代特色及其流派等，具有相当的普泛化意义。清末经学家江瑔（1888—1917）说：

> 经学上之竞争最烈，而门户之见最深者，则汉学、宋学之别是也。汉、宋二派，势不相容。然由汉以迄于宋，凡几经变迁而后成，非骤然致也。汉儒说经，谨守家法，一变而为魏晋之玄理，再变而为南北朝之角立，三变而为隋唐之“正义”。唐人之经学，实为汉、宋二派之枢纽，然皆未能特立一代之名而与汉学相敌也。及宋儒说经，专言义理，废弃传注，以为接孔孟之心传，由是宋学之名屹然以立，与汉学相背而驰。厥后二派之学，互相诋諆，治汉学者则斥宋学为“空疏”，治宋学者则讥汉学为“破碎”，彼此交攻，势成水火。大氐元、明二代，皆宗宋学，甚至变本而加厉。迄于明季，渐又舍宋而趋汉。清代功命，汉、宋并重，然学者咸崇汉黜宋，汉学因以大昌，纵有一二宋学之士，亦咸非汉敌。然二派之争持，亦日进未已。①

这段话解说的意思，基本上是用汉宋之争的眼光和方式，把整个的经学发展史都给涵盖了。而在这之前，江藩之著未出，汉宋龃龉未起，或者一般不喜欢严判汉学、宋学者，于此话题可能就有着不一样的理解，也有不同的说辞。譬如，章学诚从“定名”的偶然性及有限性出发，认为学者不应当过分拘泥于其名，他说：“汉学、宋学之交讥，训诂、辞章之互诋，德性、学问之纷争，是皆知其然而不知其所以然也。”② 凌廷堪谓：“自宋以来，儒者多剽袭释氏之言

① 江瑔：《新体经学讲义》，华东师范大学出版社，2014年，第67—68页。

② 章学诚：《天喻》，叶瑛校注：《文史通义校注》，中华书局，1985年，第310页。

之精者，以说吾圣人之遗经。其所谓学，不求之于经，而但求之于理；不求之于故训典章制度，而但求之于心。好古之士虽欲矫其非，然仅取汉人传注之一名一物而辗转考证之，则又烦细而不能至于道。于是乎有汉儒经学、宋儒经学之分，一主于故训，一主于理义也。”① 陈澧（1810—1882）说：“宋人经义，即经解也，当时亦谓之时文，今之时文所从出也。其与今之经解不同者，今人多说训诂，宋人多说经义耳。与今之时文不同者，宋时无对股之格耳。”② 这些并不以汉宋之别来囊括整个经学发展史的表述，大概是属于比较中和的方式，也是通常的看法，即以训诂和义理来为两者划界，重视训诂的就是汉学，讲求义理的则是宋学，其意思有特定的使用范围。这一方法学的分判，也殊为简单明了。

由此看来，汉学、宋学之争，从广义上来说，时间段可能会拉得过长，牵扯面太大，问题也太多，实在是不容易把握。我们还是回到方法论的意义上，从经典解释的特征入手，来分析何为汉学、何为宋学，以及汉宋两派的争拗和其牵扯到的经典诠释问题。

一、汉学的方法论

汉学与其说是一个学派，不如说是一种治学的态度；与其说是一个姿态，还不如说是一种做学问的方法。刘师培（1884—1919）指出：“古无汉学之名，汉学之名始于近代。或以笃信好古该汉学之范围，然治汉学者未必尽用汉儒之说，即用汉儒之说亦未必用以治汉儒所治之书。是则所谓汉学者，不过用汉儒之训故以说经，及用汉儒注书之条例以治群书耳，故所学即以汉学标名。”③ 也就是说，汉学并非专指汉儒的学问（同样道理，宋学也并不是严格对应宋代的学术），其词义带有很大的模糊性，只能够会意而明。在江

---

① 凌廷堪：《戴东原先生事略状》，《校礼堂文集》，中华书局，1998 年，第 312 页。

② 陈澧：《东塾集外文》，黄国声主编：《陈澧集》第 1 册，上海古籍出版社，2008 年，第 365 页。

③ 刘师培：《左盦外集》卷九《近代汉学变迁论》，《刘申叔遗书》下册，江苏古籍出版社，1997 年，第 1541 页。

藩的《国朝汉学师承记》问世之前，汉学的说法并不流行，前人或偶尔用之，此著一出，争议随起。江氏的用意是要表彰乾嘉时期古文经的繁荣状况，阎若璩、胡渭为其开头，气象盛大于吴、皖二派，以惠栋、戴震等人为中心，又追溯至东汉古文家的学问典范。所谓东汉之后，“经术一坏于东、西晋之清谈，再坏于南、北宋之道学，元、明以来，此道益晦。至本朝，三惠之学盛于吴中，江永、戴震诸君继起于歙，从此汉学昌明，千载沈霾一朝复旦”①。这本来是为了颂扬当朝诸公之“千载一时”的学术功绩，为什么又要打出汉儒的招牌？按照江本人及阮元（1764—1849）等人的说法，一是汉代去圣贤最近，样貌具有原初性，二是儒家尚未受到释、道的污染，思想最接近于六经的本意，故乐于上溯至汉儒，而以“汉学”称之。这一比附式的身份认同及其定名方式，显然带有浓厚的学统意识和争夺道统的意味，因为树立起了汉学的大旗，便能够否定理学的权威，可以取宋学而代之。当时，以理学自居的桐城派，对此一问题最为敏感，姚鼐、翁方纲等人的学术主张本来就与戴震相左，故江藩书出，“至方东树作《汉学商兑》，对戴仍不减仇视之意”②。方东树直言：“近世有为汉学考证者，著书以辟宋儒、攻朱子为本”，“其所挟惟取汉儒破碎穿凿缪说，扬其波而汩其流，抵掌攘袂，明目张胆，惟以诋宋儒、攻朱子为急务。要之，不知学之有统，道之有归，聊相与逞志快意，以骛名而已”。③ 这便明确地揭示出了江著高扬汉学，就是为了打击宋儒、否定朱子学的权威，推倒道统之说，以树立乾嘉考据学的主导地位。

汉学之说，本来是为了争夺学术的话语权，借用其名，有点“拉大旗”的味道，假托于汉儒，是想借重于汉人“年长”的优势，以打压宋儒。袁枚（1716—1798）就说：“明季以来，宋学太

---

① 江藩：《国朝汉学师承记》，中华书局，1983 年，第 5—6 页。

② 参见章太炎：《清代学术之系统》，《中国近三百年学术史论》，上海古籍出版社，2006 年，第 36—37 页。

③ 方东树：《汉学商兑》，《儒藏》精华编一九六，下册，北京大学出版社，2016 年，第 1366、1364 页。

盛。于是近今之士，竞尊汉儒之学，排击宋儒，几乎南北皆是矣。豪健者尤争先焉。不知宋儒凿空，汉儒尤凿空也。”① 于是乎，这一有点跨越时空的借用手段，便引来了众多的联想，也牵带出许多问题，将经学史的观察和叙事带到了一个新的框架之中。

如果是就事论事而言，则汉学之命名，漏洞百出，当时就引来了很多批评。如龚自珍在给江藩的信中说：

> 夫读书者实事求是，千古同之，此虽汉人语，非汉人所能专。一不安也。本朝自有学，非汉学，有汉人稍开门径，而近加邃密者，有汉人未开之门径，谓之汉学，不甚甘心。不安二也。琐碎饾饤，不可谓非学，不得为汉学。三也。汉人与汉人不同，家各一经，经各一师，孰为汉学乎？四也。若以汉与宋为对峙，尤非大方之言；汉人何尝不谈性道？五也。宋人何尝不谈名物训诂？不足概服宋儒之心。六也。近有一类人，以名物训诂为尽圣人之道，经师收之，人师摈之，不忍深论，以诬汉人，汉人不受。七也。汉人有一种风气，与经无与，而附于经，……本朝何尝有此恶习？本朝人又不受矣。八也。本朝别有绝特之士，涵咏白文，创获于经，非汉非宋，亦惟其是而已矣，方且为门户之见者所摈。九也。国初之学，与乾隆初年以来之学不同；国初人即不专立汉学门户，大旨欠区别。十也。②

此“十不安”之质疑，句句在理，都是实情，可见强用汉学之名的错谬。方东树也说：“若夫古今先师相传，音有楚、夏，文有脱误，出有先后，传本各有专祖，不明乎此而强执异本、异文以训诂齐之，其可乎？又，古人一字异训，言各有当，汉学家说经，不顾当处上下文义，第执一以通之，乖违悖戾，而曰义理本于训诂，其可信乎？言不问是非，人惟论时代，以为去圣未远，自有所受；不知

① 袁枚：《随园诗话》卷二之四十三，《续修四库全书》集部第1701册，上海古籍出版社，2002年，第270页。

② 龚自珍：《与江子屏笺》，《龚自珍全集》，上海人民出版社，1975年，第346—347页。

汉儒所说，违误害理者甚众。”① 他举了很多例子，以说明汉儒的年代虽然在前，但所说的经训不一定在理，也不一定可靠。所以迷信汉儒、全靠训诂来讲经学是解决不了问题的，经典解释还需要有义理的支撑。

如果是跳开汉学立名的现实因素，从这一话题出场所引发的讨论，以及后续的长久影响来看，则托名于汉学还是具有相当意义的。它凸显了训诂考据之学的重要性，将经学的方法问题放在了一个极其重要的位置上，使作为经学附庸的小学取得了与经学义理本身同等重要的地位；甚至可以不依赖于经义的内容来抽象地谈论语言文字本身的问题，这种独立性的取得是前所未有的，标志着经学发展在形式化方面的一个突破。经学本为求道之学，尤其是在理学形态的强力笼罩之下，道统义理的观念具有绝对的权威性，要想打破这种唯一性和独占性，就必须要论证汉、宋之别，突出汉学的价值，将汉儒的工作放在一个可以和宋明道学平分秋色的位置上来比较。钱大昭（1744—1813）谓：“世之谈经学者有二焉，一为训诂之学，一为义理之学。言训诂者，初以《尔雅》为宗，爬搜古义，神而明之，足以蕲至圣贤格物致知之妙，故两汉经师莫不从事于此。”② 这样，训诂之学便占据了经学的半壁江山，足以和宋儒的义理之学分庭抗礼，其分量当然就不能小觑了，这对于宋明以来的学术格局无疑是一大改变。宋儒讲道统，经学义理的权威性奠基于尧、舜、禹、汤诸圣王的谱系和周孔之道的合法性上；而清儒重塑汉学，也需要寻找其现实的理由。纪昀（1724—1805）谓：“汉代诸儒，去古未远，训诂笺注，类能窥先圣之心；又淳朴未漓，无植党争名之习，惟各传师说，笃溯渊源。”③ 钱大昕（1728—1804）说：“诂训必依汉儒，以其去古未远，家法相承，七十子之大义犹有存者，异于后人之不知而作也。三代以前，文字、声音与训诂相通，汉儒犹能识之。以古为师，师其是而已矣，夫岂陋今荣古，异

① 方东树：《汉学商兑》，《儒藏》精华编一九六，下册，第1466页。

② 钱大昭：《四书就正录序》。

③ 纪昀：《阅微草堂笔记》卷一，中华书局，2013年，第9页。

趣以相高哉！”① 阮元亦强调：“两汉经学所以当尊行者，为其去圣贤最近，而二氏之说尚未起也。……吾固曰，两汉之学纯粹以精者，在二氏未起之前也。”② 后面的这两个理由好像很充分，具有足够的说服力，至少在经义的可信程度上要比宋儒的学说有优势。

这样的汉学当然是借以汉儒的名义，而实质上并非汉代的本来面貌，应该是乾嘉考据学所发展出的一套学理，或者说是这一路向的一个全新境界。按照梁启超在《中国近三百年学术史》里面的总结，此“汉学”的面貌或成就，主要包括了以下一些方面：一是经书的笺释，超迈前代；二是史料的搜补与鉴别；三是著作辨伪；四是辑佚书；五是校勘学；六是文字训诂；七是音韵；八是算学；九是地理；十是金石；十一是方志；十二是类书之编纂；十三是校刻丛书。③ 其中，以文字、音韵、训诂等小学的成绩最为突出，而扩及于史地、图书、自然等领域，这便远远地超出了汉儒的视野范围，成就更是其不能相比的。所以梁启超称赞清儒之汉学是“科学的古典学派”，因有治学的有力工具，故所得非凡。他说：“凡欲一种学术之发达，其第一要件，在先有精良之研究法。……故研究法一开，学者既感其有味，又感其必要，遂靡然向风焉。愈析而愈密，愈浚而愈深。盖此学派在当时饶有开拓之余地，凡加入派中者，苟能忠实从事，不拘大小，而总可以有所成，所以能拔异于诸派而独光大也。”④ 这样，汉学就不只是一种古典学问的形态，而是在方法学的意义上也具有普遍性，是可以打通古今学问的一种工具，这便与现代的学术有了相衔接的可能性。

作为方法学的汉学，注重实证性，以材料的爬梳与整理为基本

① 钱大昕：《臧玉林〈经义杂识〉序》，陈文和主编：《嘉定钱大昕全集（增订本）》第9册《潜研堂文集》卷二四，凤凰出版社，2016年，第365页。

② 阮元：《国朝汉学师承记序》，《研经室集》，中华书局，1993年，第248页。

③ 参见梁启超：《中国近三百年学术史》，中国书店，1985年，第22—23页。

④ 梁启超：《清代学术概论》，东方出版社，1996年，第27页。

前提，靠可以证实的文献来立论，有一分证据说一分话，所谓“说经不于实事求是，而但据空言，吾未见其可也”①。其解经一依于经文本身，经文有明确记述的则绎之，经文有明确表达的则解之，绝不说无根于文献理据的浮游之辞，“凡说经者，当就经文所有者精语之，不当于经文所未有者演测之”②。这种就文解义，从语言文字来推论事实表达的方式，成为乾嘉考据学的基本特征。梁启超说：“清儒以小学为治经之途径，嗜之甚笃，附庸遂蔚为大国。”其谓惠栋等人“吴学”的特点是“凡古必真，凡汉皆好”，“凡立一义，必凭证据，无证据而以臆度者，在所必摈”。③ 周中孚（1768—1831）在评价戴震、段玉裁等人“皖学”的特点时，谓戴氏“精研汉儒传注及《方言》《说文》诸书，由声音、文字以求训诂，由训诂以寻义理，实事求是，不偏主一家”；说段氏“于经文之舛误、经义之聚讼而难决者，皆能剖析源流，尤精于小学，凡文字、音韵、训诂之精微，无不一以贯之”。④ 这些学问的特点在精神气质方面是远追汉儒的，但从其现实意义来分析，他们这样做，实际上是对着宋明理学之以义理解经的方式的，明显是对于宋明经学路向的否弃。

更有进者，汉学家解经不光是依赖于训诂，而且追根寻源，从文献之浅表的字义直探其语言的深处，追溯至声韵，发挥“因声求义”的长处。钱大昕认为“古人训诂，寓于声音”，声音是字义的源头，“古人以音载义，后人区音与义而二之，声音之不通而空谈义理，吾未见其精于义也”。他说：

> 六经皆载于文字者也，非声音则经之文不正，非训诂则经之义不明。……声音固在文字之先，而即文字求声音，则当以文字为定。字之义取于孳，形声相加，故六书唯谐声为多。后

---

① 凌廷堪：《礼经释例》卷八，《凌廷堪全集》第1册，黄山书社，2009年，第314页。

② 翁方纲：《论语附记》卷下。

③ 梁启超：《清代学术概论》，东方出版社，1996年，第29、44页。

④ 周中孚：《郑堂读书记》，上海书店出版社，2009年，第979、1176页。

> 人不达古音，往往舍声而求义，穿凿傅会，即二徐尚不能免，至介甫益甚矣。古人之意不传，而文则古今不异，因文字而得古音，因古音而得古训，此一贯三之道，亦推一合十之道也。①

此“推一合十”之道，试图在方法学上找到训诂的依据和解义的普遍规则，为解经的共通性打下基础。王念孙、王引之父子对因声求义的方法极稔熟，有着突出贡献，其《广雅疏证》《经义述闻》等著作堪称这方面的典范。王念孙（1744—1832）谓：“窃以诂训之旨，本于声音，故有声同字异，声近义同，虽或类聚群分，实亦同条共贯。譬如振裘必提其领，举网必挈其纲。故曰‘本立而道生’，知天下之至啧而不可乱也。”② 其因声求义的方法，重在明假借和通声训，通过对字义的辨析、多音多义之疏解和声部韵母的探源，以说明文字在语义上的统一性。王引之（1766—1834）指出：“至于经典古字声近而通，则有不限于无字之假借者，往往本字见存，而古本则不用本字而用同声之字，学者改本字读之则怡然理顺，依借字解之则以文害辞。”③ 故在以往的经注中，多有“读如”“读若”“当为”等字样，这即是通过发疑正读来“以字解经”的，从而形成了古今解义的通贯性。所以，“诂训之指，存乎声音。字之声同声近者，经、传往往假借。学者以声求义，破其假借之字而读以本字，则涣然冰释；如其假借之字而强为之解，则诘鞫为病矣”④。这也就从根本上打通了古今文字的差异与隔膜，为经义的训释找到了一个最基本的方法。故此，焦循（1763—1820）作赞曰：“训诂声音，经之门户。不通声音，不知训诂。训诂不知，大道乃沮。字异声同，义通形假。或转或因，比例互著。高邮王氏，

---

① 钱大昕：《〈小学考〉序》，陈文和主编：《嘉定钱大昕全集（增订本）》第9册《潜研堂文集》卷二四，第367—368页。

② 王念孙：《广雅疏证·自序》，江苏古籍出版社，1984年，第1页。

③ 王引之：《经义述闻》第4册，上海古籍出版社，2018年，第1910页。

④ 王引之：《经义述闻》第1册《自序》，上海古籍出版社，2018年，第1页。

郑、许之亚。借张揖书，示人大路。《经义述闻》，以子翼父。”① 于王氏父子赞美有加。

汉学在方法上的成就得到了今人的广泛赞誉，除了经义训诂考据的集大成和超迈前贤的高度之外，在语言的形式化方面也做了很多的探索。这些成就不只是对发展经典解释学有着概观的指引意义，而且为汉语言学的现代转化奠定了重要的基础，使得古代的语言文字学内容和现代的语言学之间有了一个可以对接的平台。此汉学成绩的主要方面，显然是指以乾嘉考据学为典范的学问形式，而非指汉儒的经学；当然，汉人的学术路向对这一成就的取得是十分重要的，但在具体内容方面，更多的只是一种先导或者荣誉的角色，此汉学非彼汉学也。对于两者的关联性固然需要重视，但对它们之间的差别却万万不能忽略，更切忌混为一谈。譬如，现代新儒家开山熊十力走的是宋学路线，对训诂考据之业多有贬损，于汉代经学的帝制化也非常厌恶；但他反复强调汉儒的学术不只是训诂考据，还有好多种面相，应该区别来对待。他说：“汉世经师，约有数善。一、保存古义，功不可没。二、服膺经训，确立信条，躬行甚笃。如孝弟力田等信条，汉人特别提倡。一切道德，均依此根本信条发生。……三、通经致用。非徒侈博闻，事笺注。……四、西汉之儒，其尊信经义，期见之实行。至有犯死而不安含默者。……汉学有四善，今之学者，所宜恭敬奉持。”② 这里所说的汉学内容，显然不是在讲训诂考据之学，其所谓的“善”也并非注经之业；所以汉儒的学问不能用狭义的汉学来指称，而与宋学相对应的汉学应该是另有他义的。

二、宋学之解经学

因为有了以考据见长的汉学之名，与文献考证相对应的义理形态便被称为宋学。严格来讲，只有与汉学相对而言的宋学，在名义

① 焦循：《雕菰集》卷六，《焦循诗文集》，广陵书社，2009 年，第 118 页。

② 熊十力：《读经示要》，《熊十力全集》第 3 卷，湖北教育出版社，2001 年，第 814—815 页。

上才是可以成立的，因为先有江藩对于乾嘉考据学的表彰，冠以汉学名义，才引发了汉宋之争，宋学之名方得突显。而后来人们把所有的义理之学都以宋学称之，或者仅将宋代的学术简称为宋学，视为一代学术之名，其意思已有偏差，这和特定含义的“宋学”一词，意指已是明显的不同。当然，有的时候为了区别汉、宋，在学术谱系上就必然会做一番追溯的工作，又进而以汉宋之争的眼光来检视经学发展的历史，这就必然会引带出不一样的观察方式及其研究方法，所谓的宋学，也就呈现出了意涵上的不确定性。

在北宋理学兴起之时，主要面对的是佛教的挑战，就儒家内部而言，经学衰微，文士偏盛，均拿不出能与佛、老相抗衡的东西来，尤其是在体系化的义理方面，儒学明显处于下风。二程有感于此，认为文章之学（文士）和训诂之学（经师）均不能担当起抵御异端思想的重任，而只有儒者之学（道学）才是最有希望的。“古之学者一，今之学者三，异端不与焉。一曰文章之学，二曰训诂之学，三曰儒者之学。欲趋道，舍儒者之学不可。”① 在其看来，“溺于文章”“牵于训诂”和“惑于异端”同样的可怕，是当时学界的三大弊端。② 基于此，儒者之学（道学）就不但要排斥佛、老异端，而且也要和文士、经师划清界限。这样，训诂之学便被看作是道学方向的异路人或者对立面，而汉儒的经生之业也就遭到了批评。程颐（1033—1107）说：“汉之经术安用？只是以章句训诂为事。且如解‘尧典’二字，至三万余言，是不知要也。东汉则又不足道也。东汉士人尚名节，只为不明理。若使明理，却皆是大贤也。自汉以来，惟有三人近儒者气象：大毛公、董仲舒、扬雄。”③ 随着理学形态的明朗化和稳固化，儒家主流人物基本上都是主打义理这张牌，这便与汉唐经学的形式渐行渐远，而呈现出一种新的学术面貌；其学问关怀和思想方法都明显地与旧经学传统拉开了距

---

① 程颢、程颐：《河南程氏遗书》卷一八，《二程集》第1册，中华书局，1981年，第187页。

② 参见程颢、程颐：《河南程氏粹言》卷一，《二程集》第4册，第1185页。

③ 程颢、程颐：《河南程氏遗书》卷一八，《二程集》第1册，第232页。

离，并且形成了两相对峙的格局。就经典解释而言，宋儒不走汉唐经师的老路，于文字训诂、章句注疏等甚为隔膜，而主要的心思用在思想义理的阐发上，以建构哲学系统为目标。对于汉儒的经学，特别是其训诂注疏之业，多不关注，甚至是全盘否弃。叶適就说："自经术讲于师传而训故之说行，《书》以义，《诗》以物，《周官》以名数，《易》以象，《春秋》以事以例，大抵训故之类也。口授指画，以浅传浅，而《春秋》必欲因事明义，故其浮妄尤甚，害义实大。然则所谓'口说流行'者乃是书之蠹也，至汉为学官，后世相师，空张虚义，虽有聪明之士终不能仿佛，而以科举腐余之说为圣人作经之极致矣，哀哉！"① 所谓"以浅传浅""空张虚义"，这是何等的鄙视！又说：

> 及汉初各守一师，因师为门，其说不胜其异，后世乃以为遭秦而然，误矣。盖训义解说出于俗儒，势自当然尔。郑玄虽曰"括囊大典，网罗众家，删裁繁芜，刊改漏失"，然不过能折衷众俗儒之是非尔，何曾望见圣贤藩墙耶！况更数千年，无不如此，就有高下，何所损益！盖其不待训义解说者，固粲如日星，学者不以自明而辄以自蔽，是真可叹也！②

这种对注疏之学完全否定的态度，表明了宋代学术与汉唐经学的逐步分离，他们不只是在学问的路向上相左，包括在如何对待经典以及诠释经典的方式上，宋代学术都明显地与汉儒划开了界线。

这一另起炉灶的解经学，在学术谱系上明显地与之前的经学主业拉开了距离，汉代训诂、六朝义疏的经典之作及其典范人物不再受到青睐，而像韩愈、王通、扬雄等，这样一些具有思想原创性的学者则广受关注，成为新学术探究与昭述的对象。另外，在对待经典的态度上也明显地发生了变化，经典作为解释的对象，不再具有不可置疑的神圣性，经本身与解经者之间有了双向互动的可能。欧阳修的《易童子问》首开疑经风气，直陈《系辞》《文言》《说

---

① 叶適：《习学记言序目》卷九，中华书局，1977年，第118页。

② 叶適：《习学记言序目》卷二五，第350—351页。

卦》这些“传”，“皆非圣人之作”,[①] 又批评汉儒注疏，质疑毛传郑注，认为“其说炽辞辩，固已广博，然不合于经者，亦为不少”。后人评论：“自唐以来，说《诗》者莫敢议毛、郑，虽老师宿儒，亦谨守《小序》。至宋而新义日增，旧说几废，推原所始，实发于修。”[②] 说明宋儒不但开始怀疑经的构成问题，对汉唐的注经成果也是充满了疑问和不信任感。所以他们往往另辟蹊径，不走训诂之学的老路，试图按照自己的理解来诠解经义，发为新声。像宋初三先生之一的胡瑗（993—1059），其解《周易》、解《书·洪范》，皆以“口义”的形式来述之，说《易》以义理为宗，说《书》则广泛采撷先儒诸子之说，不囿于经文之意旨，这样便发挥出了很多深刻的道理，远超注疏之学。《四库提要》称《洪范口义》“以经注经，特为精确”，“俱驳正注疏，自抒心得”，“故其说惟发明天人合一之旨，不务新奇”。[③] 孙复（992—1057）在《春秋尊王发微》一书中，同样也是从自己的独特理解出发，融汇时代之境况和感悟，不寻章摘句，而是直言心声。“不取传注，其言简而义详，著诸大夫功罪，以考时之盛衰”；“不惑传注，不为曲说，直切简易”[④]。这样的学风，到了仁宗庆历年之后，逐渐地普遍化，士人竞相仿效。

宋人的疑经风气，始于古文运动，受韩愈传道谱系说的影响，理学家试图超越汉唐经学，直承孔、孟之道统，而将儒家圣人的心法揭示出来，发扬光大，以抵御佛、老的进击。纪昀说：“辟佛之说，宋儒深而昌黎浅，宋儒精而昌黎粗。然而披缁之徒，畏昌黎不畏宋儒，衔昌黎不衔宋儒也。盖昌黎所辟，檀施供养之佛也，为愚

① 欧阳修：《易童子问》卷三。马端临《文献通考·经籍考》云：“其上、下卷，专言《系辞》《文言》《说卦》而下，皆非圣人之作。”见《文献通考》下册，中华书局影印本，1986 年，第 1522 页。

② 永瑢等：《四库全书总目》卷一五，中华书局影印本，1965 年，第 121 页。

③ 永瑢等：《四库全书总目》卷一一，中华书局影印本，1965 年，第 90 页。

④ 陈振孙：《直斋书录解题》卷三，上海古籍出版社，1987 年，第 58 页。

夫妇言之也；宋儒所辟，明心见性之佛也，为士大夫言之也。”①可见在经历了隋唐佛教的极盛期之后，儒学要想复兴，就不可能再简单地回到汉唐经学的形态中去，而是要在更为深刻的心性义理上有所创造，才能够与佛家一争高下。这就需要宋儒调整策略，从经典的结构形式上开始，对之做一番改造；而对于汉唐经学的注疏方式更是须大力地扭转，从文字训诂的解经方法改变为新义理的掘发，从而发展出一套新的经学。这样一来，不固守文本的语言规则，或者在解经时有意识地增减之、改动之，便时时会发生；而解义的侧重点和选择性，以及诠释空间的放大，也必然会随之而来。此一解经活动之“溢出”的效果，肯定超出了训诂之学的范围，而呈现出一种新的局面。钱大昕指出：“宋初儒者，皆遵守古训，不敢妄作聪明。宋景文《唐书·儒学传》于《啖助赞》深致贬斥。盖其时孙复、石介辈已有此等议论，而欧阳公颇好之，故于此传微示异趣，以防蔑古之渐。其后王安石以意说经，诋毁先儒，略无忌惮。而轻薄之徒，闻风效尤，竞为诡异之解。”② 这一解经风气的转变，由微至著，渐成一种新的时代面貌。皮锡瑞的《经学历史》对于这个过程论述得尤为详细：

> 经学自唐以至宋初，已陵夷衰微矣。然笃守古义，无取新奇，各承师传，不凭胸臆，犹汉、唐注疏之遗也。宋王旦作试官，题为“当仁不让于师”，不取贾边解师为众之新说，可见宋初笃实之风。乃不久而风气遂变。《困学纪闻》云：“自汉儒至于庆历间，谈经者守训故而不凿。《七经小传》出而稍尚新奇矣。至《三经义》行，视汉儒之学若土梗。”据王应麟说，是经学自汉至宋初未尝大变，至庆历始一大变也。《七经小传》，刘敞作；《三经新义》，王安石作，或谓《新义》多剿敞说。元祐诸公，排斥王学；而伊川《易传》专明义理，东坡《书传》横生议论，虽皆传世，亦各标新。司马光《论风俗札

① 纪昀：《阅微草堂笔记》卷一八，第314页。

② 钱大昕：《十驾斋养新录》卷一八，陈文和主编：《嘉定钱大昕全集（增订本）》第7册，第480页。

子》曰："新进后生，口传耳剽，读《易》未识卦爻，已谓《十翼》非孔子之言；读《礼》未知篇数，已谓《周官》为战国之书；读《诗》未尽《周南》《召南》，已谓毛、郑为章句之学；读《春秋》未知十二公，已谓'三传'可束之高阁。"陆游曰："唐及国初，学者不敢议孔安国、郑康成，况圣人乎！自庆历后，诸儒发明经旨，非前人所及；然排《系辞》，毁《周礼》，疑《孟子》，讥《书》之《胤征》《顾命》，黜《诗》之序，不难于议经，况传注乎！"案宋儒拨弃传注，遂不难于议经。排《系辞》谓欧阳修，毁《周礼》谓修与苏轼、苏辙，疑《孟子》谓李觏、司马光，讥《书》谓苏轼，黜《诗序》谓晁说之。此皆庆历及庆历稍后人，可见其时风气实然，亦不独咎刘敞、王安石矣。①

除了部分的疑经、黜经，增改经文和全盘推倒汉唐注疏之外，宋儒还任意地调整和改变经典的结构形式，将经的层级和时代之序完全打乱。凌廷堪指出："宋刘原父《七经小传》出，稍稍自异于传注。嗣是有疑及《系辞》者，有排及《诗》《书》序者。王文公导之于前，朱文公应之于后。《大学》《中庸》，《小戴》之篇也，《论语》《孟子》，传记之类也，而谓圣人之道在是焉，别取而注之，命以'四书'之名，加诸'六经'之上。其于汉唐诸儒之说，视之若弁髦，弃之若土苴，天下靡然而从之，较汉魏之尊传注、隋唐之信义疏，殆又甚焉。"② 这些重大的改变，已不是围绕着经文的解释而有不同的理解，或者是对于经典文本的意义做比较大的发挥和过度诠释的问题而已，而是从根本上来重新打造儒家的经典系统，对儒学的传统面貌做了大胆的"整容"。皮锡瑞说："宋人不信注疏，驯至疑经；疑经不已，遂至改经、删经、移易经文以就己说，此不可为训者也。……独于《大学》，移其文，又补其传；《孝经》分经传，又删经文；未免宋人习气。而移《大学》先有二

① 皮锡瑞：《经学历史》，中华书局，1959 年，第 220—221 页。

② 凌廷堪：《与胡敬仲书》，《校礼堂文集》，第 205 页。

程子，删《孝经》云本胡侍郎、汪端明，则未可尽为朱子咎。若王柏作《书疑》，将《尚书》任意增删；《诗疑》删《郑》《卫》，《风》《雅》《颂》亦任意改易；可谓无忌惮矣。……他如俞廷椿《复古编》，割裂五官，以补冬官；吴澄《礼记纂言》，将四十九篇颠倒割裂，私窜古籍，使无完肤。宋、元、明人说经之书，若此者多，而实宋人为之俑始。"① 这些调整、改变和删减的幅度，以及时常发生的高频率，都是相当惊人的。

宋学的改经和对于文本的任意调整，并不是为了还原历史的本来面貌，或者是求其真实性，尽管他们不时也会打出恢复三代的旗号；而实际上，此意是在于现实社会政治的应用，更是为了建构道学系统的权威性。其意欲废除前人之注疏，也不是因为这些解释本身有什么问题，或者说讲得对与不对，而是他们自己要出以己意，立为新说，并且务必新奇，故必会抛弃前说。司马光（1019—1086）云："近岁公卿大夫，好为高奇之论，喜诵老庄之言，流及科场，亦相习尚，新进后生，未知臧否，口传耳剽，翕然成风。至有读《易》未识卦爻，已谓《十翼》非孔子之言。读《礼》未知篇数，已谓《周官》为战国之书。读《诗》未尽《周南》《召南》，已谓毛、郑为章句之学。读《春秋》未知十二公，已谓'三传'可束之高阁。循守注疏者谓之腐儒，穿凿臆说者谓之精义。"② 由此可知，宋人解经风格的改变，不是为了更加接近于事实本身，或者追求文本的原意，而是为了特别的义理建构之需要，以适应时代变化的新境况。譬如，因为理学要讲道统论，朱子便捻出了"人心惟危，道心惟微，惟精惟一，允执厥中"四句，寄为圣人代代相沿的"十六字心传"，这对后世的影响是极大的。在其后的文献考辨中，理学阵营中人明知道这几句话的出处是伪《古文尚书》，《大禹谟》这一篇是靠不住的，但为了维护他们的道统学说，宁可

① 皮锡瑞：《经学历史》，第264页。

② 司马光：《传家集》卷四二《论风俗札子》，《景印文渊阁四库全书》，台湾商务印书馆，1986年，第1094册，第390页。

置文本的非真实性于不顾，而仍然要坚持此说不移。皮锡瑞分析了其中的原因，认为有四条："宋儒虽于伪传献疑，而于伪经疑信参半"；"古文虽伪，而言多近理"，此理为道学所本，故不敢直斥之。此为远因二。近儒虽斥伪经，尽管"是知其伪，而欲留为纳言之益"；因为传统的因素，"是知其伪，而恐废之无以垂诫"。此为近因二。因为"有此四故，故得相承不废"。[①] 从这些因素来看，显然都不是围绕解经的具体内容，也非从文本本身的真实性来考量，而是关涉到经典解释的态度与方法问题，这就和文献学的解经立场根本不同了。

宋学的义理内容虽然时有变化，也存在着很多的派别，但大体上都不是以传统的注经学问为主业，即不是靠经文之疏解来阐发自己的思想；即便是在形式上依循旧例注解经典，也是时常出以己意，做大胆的阐释和发挥。在解经的体式上，更是多有创造，喜用灵活诠解的传、说、发微、本义等，且注释不守陈义，自辟新境，非一家一派所能囿者。"或折衷古训，或独抒别裁，或以议论相高，或以综比矜富，或陈往以讽今，或明体而达用。既异汉唐之诂训，复殊道学之义理，斯又极宋学之变而不相统摄者也。"[②] 理学之主流人物更是抱着"六经注我"的态度，以经解为自家学说的注脚，或者是直抒胸臆，用语录、问答等形式来直接阐发自己的思想，这就和传统的注经学问相去甚远了。这些与经典解释有一定关联的内容，有的在形式上似乎还保留着注疏之学的传统，而有些则完全是另起炉灶，与汉唐经学明显分道扬镳，走向了另外的形态。

三、分际与调和

宋元以降，皆法程朱，虽有不时的杂音或各式的潜流，但主流的文化形态非理学（广义的）莫属，所以人们关注的是理学内部的

---

① 参见皮锡瑞：《经学通论 · 书经》二四"论伪孔书相承不废，以其言多近理，然亦有大不近理者，学者不可不知"，中华书局，2017 年，第 125—126 页。

② 马宗霍：《中国经学史》，河南人民出版社，2016 年，第 121 页。

种种差异和其后的演变。谈朱、陆异同，或者“尊德性、道问学”之别，或是晚明后对心学的兴趣，这些都要远盛于对唐代以前的关注。儒家经典的要角也从“五经”变成了“四书”，所以解经的问题意识和表达方式都发生了改变。在这种状况下，无所谓汉学、宋学，也可以说天下皆为宋学。汉儒之训诂衍为六朝、隋唐之义疏，化为宋儒对唐代经注的记忆，仅此而已。而宋学之名，明清之间偶或用之，也并无特别的深意，更不是在汉宋对峙的观念下来使用的。随着清代学术的转向，特别是考据一派的崛起，朱子学的势头才渐趋于消沉，而与宋明理学形态划开界线、进行切割的意愿开始浮现出来，这方才有了自标“汉学”以与理学相区分的新思潮之兴起。“汉学”意识的呈现和汉学家自我身份的清晰化，是清代学术转型的重要标志，也是乾嘉考据学形态正式登场的奏鸣曲。曾国藩说：“自朱子表章周子、二程子、张子，以为上接孔孟之传，后世君相师儒，笃守其说，莫之或易。乾隆中，闳儒辈起，训诂博辨，度越昔贤；别立徽志，号曰汉学。”① 正是有了此特别的汉学之名，宋学之说也就自然别具一种意味了，汉宋对举、汉宋相异成了语用的基础，言汉学必意识到有宋学，言宋学便潜隐了汉学之义。

到了乾隆时期，汉宋之别已成为家常式话题，对汉学和宋学的论证、说辨，以及由此而起的各式争议、各种思想学说层出不穷，以至于汉学与宋学成了一个重要的学术范式，为之后的学术史叙事所广泛采用。当时，《四库》馆臣在撰写图书提要，品评学术风格与成绩，特别是涉及宋元明清四代人物时，就常常喜欢用汉学、宋学的标签到处粘贴。《四库全书总目》在总结了经学两千年发展的历程，所谓“儒者沿波，学凡六变”之后，便概括说：“要其归宿，则不过汉学、宋学两家互为胜负。夫汉学具有根柢，讲学者以浅陋轻之，不足服汉儒也。宋学具有精微，读书者以空疏薄之，亦不足服宋儒也。消融门户之见而各取所长，则私心祛而公理出，公

① 曾国藩：《圣哲画像记》，《曾文正公诗文集》文集卷2。

理出而经义明矣。盖经者非他，即天下之公理而已。"① 其言经学"六变"，然后归总为汉宋两条交织的线索，更是以汉宋之别为经学史描绘了一张全景图。纪昀有谓："盖汉儒重师传，渊源有自；宋儒尚心悟，研索易深。汉儒或执旧文，过于信传；宋儒或凭臆断，勇于改经。计其得失，亦复相当。惟汉儒之学，非读书稽古，不能下一语；宋儒之学，则人人皆可以空谈。"② 这些说法是如出一辙的，均强调了汉宋之别，但又不乏调和的意思。讲成绩，尽举其优长；讲缺点，则是各打五十大板。这可能是较早时的情状，而到了乾嘉考据的全盛期，崇汉抑宋的倾向开始明显增强，更多的是汉学家对于宋学的检讨和批评，而对汉学则赞美有加。尤其是江藩的《国朝汉学师承记》，完全呈现出一边倒的态势，这就直接引发了汉宋之争，由此形成汉宋严重对峙的格局。

皮锡瑞指出："宋儒之经说虽不合于古义，而宋儒之学行实不愧于古人。且其析理之精，多有独得之处。故惠、江、戴、段为汉学帜志，皆不敢将宋儒抹杀。学求心得，勿争门户；若分门户，必起诟争。江藩作《国朝汉学师承记》，焦循贻书诤之，谓当改《国朝经学师承记》，立名较为浑融。江藩不从，方东树遂作《汉学商兑》，以反攻汉学。平心而论，江氏不脱门户之见，未免小疵；方氏纯以私意肆其谩骂，诋及黄震与顾炎武，名为扬宋抑汉，实则归心禅学，与其所著《书林扬觯》，皆阳儒阴释，不可为训。"③ 汉学家对于宋学的批评，不外乎"宋儒可与谈心性，未可与穷经"，"宋儒经学，不惟不及汉，且不及唐，以其臆说居多而不好古也"④；"宋人说经，于三代古言不通，便以汉注为误，奋笔改之"⑤；"尝病后之儒者，废训诂而谈名理，目记诵为俗生，诃多闻

① 永瑢等：《四库全书总目》卷一，第 1 页。

② 纪昀：《阅微草堂笔记》卷一，第 10 页。

③ 皮锡瑞：《经学历史》，第 313—314 页。

④ 惠栋：《九曜斋笔记》，《丛书集成续编》第 92 册，上海书店出版社，1994 年，第 515 页。

⑤ 王鸣盛：《十七史商榷》下册，上海古籍出版社，2016 年，第 1306 页。

为丧志，其持论甚高，而实便于束书不观游谈无根之辈”①；等等。而到了江藩，更是严判门户，将有义理倾向性的学者尽数逐除，只肯定具有鲜明小学立场的汉学家。对此，方东树在《汉学商兑》中指出了其攻伐宋学、狭窄化学术路径的“六蔽”：

> 其一力破理字，首以穷理为厉禁，此最悖道害教。其二考之不实，谓程、朱空言穷理，启后学空疏之陋。不知朱子教人，固未尝废注疏。而如周、程诸子所发明圣意经旨，迥非汉儒所及，固不得以是傲之也。至于俗士荒经，古今通弊，不得概以蔽罪程、朱，如世治狱，并案办理也。其三则由于忌程、朱理学之名，及《宋史·道学》之传。其四则畏程、朱检身，动绳以理法，不若汉儒不修小节，不矜细行，得以宽便其私，故曰“宋儒以理杀人，如商、韩之用法，浸浸乎合法而论理，死矣更无可救矣”。所谓不欲明镜之见玼也。其五则奈何不下腹中数卷书及其新慧小辨，不知是为驳杂细碎，迂晦不安，乃大儒所弃余而不屑有之者也。其六则见世科举俗士空疏者众，贪于难能可贵之名，欲以加少为多、临深为高也。②

除了批评汉学家的门户之见和义气偏狭之外，也有不少人为理学家特别是朱子打抱不平。如管同（1780—1831）谓：“朱子解经，于义理决无谬误。至于文辞训诂、名物典章，则朱子不甚留神，故其间亦不能无失。义理之得，贤者识其大也；文辞训诂、名物典章之得，不贤者识其小也。世之善学者，当识大于朱子，识小于汉唐诸儒及近代经生之说。”③ 这一类的争论，之后持续不断，尽管汉学中人对待义理的态度也略有不同，但分别汉宋的意识已经深入人心，演变成一种流行的学术分析方式与叙事之模式。

借着汉学、宋学的争论，清中叶以后对于儒学的认识实际上是

---

① 钱大昕：《与晦之论尔雅书》，陈文和主编：《嘉定钱大昕全集（增订本）》第9册《潜研堂文集》卷三三，第544页。

② 方东树：《汉学商兑》，《儒藏》精华编一九六，下册，第1548—1549页。

③ 管同：《因寄轩文集·二集》卷一《答陈编修书》，《续修四库全书》集部第1504册，上海古籍出版社，2002年，第464页。

有所深化的，对儒家经典的范域和诠释之方法也有了新的理解，经与史的关系、经与子的关系，都被重新放置在一个有纵深度的平台上来考虑。这对于经典系统的重建、解释方式的多样化和普遍意义的寻求都是具有刺激作用的，经学在汉宋之辨的眼界下被极度地扩展，由此也开启了超越固有之经学传统的各种努力。一方面是分别汉、宋，崇汉抑宋，但另一方面在汉宋特征的辨识中，更大的视域和更多的方法被提及、关注和认知，使得儒家经典的释义空间进一步打开，为后续的发展或转型提供了可能。正像刘师培所归纳的，“汉儒说经，恪守家法，各有师承，或胶于章句，坚固罕通，即义有同异，亦率曲为附合，不复稍更。然去古未遥，间得周秦古义。且治经崇实，比合事类，详于名物制度，足以审因革而助多闻。宋儒说经，不轨家法，土苴群籍，悉凭己意所欲出，以空理相矜，亦间出新义，或谊乖经旨，而立说至精。此汉、宋说经不同之证也”①。对这种差异性的认识，如果是在非此即彼的观念及选项中，可能会走到偏于一执；但若为兼收并蓄的心态，则结果就会不一样，岂不更能够多样化和丰富多彩！所以，“汉儒重口授，故重耳学；宋儒竞心得，故重眼学。汉儒知字义寄于字音，故说字以声为本；宋儒不明古韵，昧于义起于声之例，故说字以义为本而略于字音”②。就字源之本义说，可能汉学见长，但要发挥文字功能来阐发义理，宋学便显优了。对各自的特点及其所蕴藏之问题的认识，在以往的单一方式中可能是无法办到的；只有通过大规模的论辩和深入的比较，儒家经典诠释方法中的细微末节才能够显现出来，经学史的复杂问题和核心内容才会越发凸显。

随着比较的深入，道、咸以后，汉宋之争中的绝对排他性倾向，实际上在逐步减弱，而调和两者的呼声与种种努力却日渐地占了上风。譬如，胡培翚（1782—1849）云：“人之言曰：汉学详于

---

① 刘师培：《汉宋学术异同论》，《刘申叔遗书》上册，江苏古籍出版社，1997年，第542页。

② 同上书，第546页。

训诂名物，宋学详于义理。以是岐汉、宋而二之，非也。汉之儒者未尝不讲求义理，宋之儒者未尝不讲求训诂名物，义理即从训诂名物而出者也。特汉承秦焚书之后，典籍散亡，老师宿儒之传，不绝如线，汉儒网罗搜讨，务期博采而兼收之，故于名物训诂特详。宋承五代之敝，人心盲昧，正学不明，故宋儒以言心言性为急。此亦运会使然，非其有偏重也。”① 在众多调和派中，以岭南诸儒的表现最为突出，朱次琦（1807—1882）、陈澧、朱一新（1846—1894）等人，或有主张朱子学和偏向汉学的不同，但在兼采汉宋的态度和立场上，却是完全一致的。朱次琦说：“乌乎！古之言异学者，畔之于道外而孔子之道隐，今之言汉学、宋学者，咻之于道中而孔子之道岐，何天下之不幸也。彼考据者，不宋学而汉学矣，而猎瑣文，蠹大谊，丛脞无用，汉学之长，有如是哉？……学孔子之学，无汉学、无宋学也。修身读书，此其实也，二三子其志于斯乎。”② 陈澧为了证明汉儒也讲义理，专门编著《汉儒通义》一书；对宋儒解经的长处，他也给予肯定，不吝赞辞。而兼采汉宋的说法，在其著作中更是触处皆是，如：

> 合数百年来学术之弊细思之，若讲宋学而不讲汉学，则有如前明之空陋矣。若讲汉学而不讲宋学，则有如乾嘉以来之肤矣。况汉宋各有独到之处，欲偏废之而势有不能者，故余说郑学则发明汉学之善，说朱学则发明宋学之善，道并行而不相悖也。③

> 俗儒妄议宋贤，试思二程、张、朱求圣人之学，凡天地人物之理、圣贤之书、二氏之说，皆尽心力而探索之，讲求之，研之于心而践之于身，自朱子之后，有如此之人否？此等魄力

① 胡培翚：《研六室文钞》卷五《答赵生炳文论汉学宋学书》，《续修四库全书》集部第1507册，上海古籍出版社，2002年，第423页。

② 朱次琦：《朱次琦集》，上海古籍出版社，2020年，第35页。

③ 陈澧：《东塾读书论学札记》，黄国声主编：《陈澧集》第2册，上海古籍出版社，2008年，第377页。

之大，虽亭林先生亦未及也，而况后来小儒哉！①

近人谓宋儒讲义理，讥汉儒不讲义理，此未见汉、宋人书者也。宋人有文集，有语录；汉人不但无语录，并无文集，其讲义理，惟注经耳。且汉人注经谨严简约，无自发议论溢出经文之外，如宋人之说经者也。②

朱一新虽非粤人，但主持广雅书院有年，早已融入岭南氛围，他说："宋学之有宗旨，犹汉学之有家法。拘于家法者非，然不知家法不可以治经；好立宗旨者非，然不知宗旨，不可与言学术。……汉儒谓之大义，宋儒谓之宗旨，其揆一也。故不合于六经大义者，不可以之为宗旨。"又谓："夫训诂者，文字之门径；家法者，专经之门径；宗旨者，求道之门径。学者苟有志于斯，阙一不可。而其轻重浅深，则固有别也。"③ 这些高度融合、兼收并蓄的姿态和方式，打破了汉学的排他性，也改造了宋学的义理模式，在更大的范围里面来思考儒家经典的诠释问题，为儒学新形态的出现奠定了基础。

经过汉宋之争的洗礼，儒学的阐释形式变得更为多样化了，更多的诠释方法进入到解经的视野当中，对经学以外的解释学资源的关注，也是以往任何时代都无法比拟的。经子之辨和汉宋、今古文的讨论交织在一起，激发了对经学的整体性反思；在西学东渐的大背景下，这种反思又不断地向着改造传统学术、创造新的学问形式的方向发展。晚清，走出汉学藩篱，借以今文经学所鼓荡的社会变革思潮，而成一大趋势；由此，对于清儒的总体性否弃亦势不可免。章太炎指出："余谓清儒所失，在牵于汉学名义，而忘魏晋干蛊之功。"又谓："文有古今，而学无汉晋。清世经说所以未大就者，以牵于汉学之名，蔑魏晋使不得齿列。今退而求注疏，近之

---

① 陈澧：《东塾读书论学札记》，黄国声主编：《陈澧集》第 2 册，第 360 页。

② 陈澧：《东塾杂俎》卷二，黄国声主编：《陈澧集》第 2 册，第 450 页。

③ 朱一新：《无邪堂答问》卷一，《朱一新全集》（上），上海人民出版社，2017 年，第 21—22 页。

矣。必牵于注疏之名以为表旗，是使何休、郑冲之徒，复乔乔然而居上也。”① 走出乾嘉考据学的范式，必然会思考经学形态的前世今生，跳出经学来看经学，视野和思绪便不为传统范围所囿。蒙文通提出：

晚周之儒学，入秦汉为经生，道相承而迹不相接。孟、荀之术若与伏生、申公之业迥殊。苟究明之，非学晦于炎汉、义逊于前哲，以道术发展之迹寻之，实周秦之思想集成于汉代，若百川之沸腾，放乎东海而波澜以息也。岂徒儒分为八，同萃于兹。周季哲人皆具括囊众家之意，惟儒亦然。名、墨、道、法之精，毕集于六艺之门，盖儒者至是已足以倾倒百家而独尊，有诚非由于一时偶然之好恶者。前则《吕览》《淮南》之书，及《尸》《管》之俦，胥主于道家以综百氏，司马谈父子亦其流也；后则贾生、晁错、董生、刘向，亦莫不兼取法家道家之长以汇于儒术。穷源竟流，而后知西汉之儒家为直承晚周之绪，融合百氏而一新之，其事乃显。②

把经学放在中国传统文化的整体发展历程中来思考和评说，便走出了经学形态本身，经学的独尊性和唯一性都消失了，儒学研究的方式也转换为现代的学科形态。像现代新儒家就不走经学的老路，而是接受了现代学术的分类，用哲学或者史学、语言文字学的方式来解释经典。熊十力在《读经示要》一书中解经，虽有用训诂的方法，但基本上是现代之解义。他把儒家区分为“释经之儒”和“宗经之儒”，前者接近于汉学，而后者近似宋学，所谓“宋学”又可以用哲学来看待。要而言之，又都是非汉非宋，其方法和问题已完全为现代学术所改造和收编。他说：“向者汉学家，力伐宋学。今之所争，不必在汉、宋，而更在中西。今日只有中西之争。旧有汉、宋之争虽未已，但汉学则托于科学方法，及外人考古学等，而

① 章太炎：《汉学论·下》，《章太炎全集》（五），上海人民出版社，1985年，第22—23页。

② 蒙文通：《经史抉原》，《蒙文通文集》第3卷，巴蜀书社，1995年，第148页。

借西学以自文。宋学只合以中国哲学自尊。故汉、宋门户，无形化为中西之分途。后生稍涉西化，又力伐中学。此与六朝、隋、唐之浮屠，力伐儒道者，如出一辙。”① 这种面貌，儒学已不为经学，儒学本身也只是现代学术研究的对象而已，由义理来解释儒籍之内容，可能偏重思想和哲学，而从文献整理与语言文字入手，便是史学或者语文学了。

原载《中国文化》第 55 期

① 熊十力：《读经示要》，《熊十力全集》第 3 卷，湖北教育出版社，2001 年，第 806 页。

儒家礼乐文明的人文精神及其现代意义

郭齐勇①

礼乐研究方面有很多的专家，钱玄、杨天宇、彭林、陈戍国、吕友仁、王锷、丁鼎、杨华、龚建平、欧阳祯人等教授。抱歉，我不是这方面的专家，只是客串，只是觉得礼乐文明十分重要，应该好好学习，应该继承和创造性地转化。

今天我要谈一谈学习礼乐经典的肤浅的体会，就教于各位专家、同仁和朋友。礼之中有不少行为规范其实就是文明的一个习惯，在今天仍然有价值。它的行为规范，比方说吃饭的时候你不要发出“咤咤”的声音、你用筷子夹起的鱼肉不要再放回盘中去、不要专挑一样好东西吃、不要侧耳偷听别人说话、答话不要高声地喊叫、看人的时候目光不要游移不定、站立要正、坐姿要雅等。这都是礼。

《礼记》里面还有不少道德训诫，这些训诫也具有普遍的意义。比如《曲礼上》说：“敖不可长，欲不可纵，志不可满，乐不可极。”还有“临财毋苟得，临难毋苟免”,② 都是有益我们身心的格言。

礼是什么？我国很早就是礼仪之邦，也就是文明的国家或者文明的民族。儒家的礼是古代社会生活的规范、规矩，它包括等级秩序等等，当然礼起源于习俗。儒家的礼节除日常的应事接物以外，重大的像冠、丧、婚、祭、朝、聘、乡、射等等，都有它具体的含

---

① 作者简介：郭齐勇，武汉大学国学院教授。

② 本讲《礼记》引文俱见杨天宇：《礼记译注》，上海古籍出版社，1997 年。

义。比方说冠礼，在明成人之责，是成年礼；婚礼在成男女之别，立夫妇之义；丧礼在慎终追远，明死生之义；祭礼使民诚信忠敬，其中祭天为报本返始，祭祖为追养继孝，祭百神为崇德报功；朝觐之礼，在明君臣之义；聘问之礼，使诸侯相互尊敬；乡饮酒之礼在明长幼之序；通过射礼可以观察德行等。这些古礼它包含、综合了宗教、政治、伦理、艺术、美学的一些价值，对于稳定社会、调治人心、提高生活品质都有积极意义。

儒家除了礼教还有诗教、乐教、书教、易教、春秋教等等，统称六艺之教。总体上这些教育、教化，都是为了使人扩充善性，敦厚庄敬，相互和睦，克服人性负面的东西。而就礼治、礼防、礼教而言，它根本上要使社会有序化。乐教要使社会和谐化，所以六艺之教是提升人的素养，使人有教养，更加文明。

一、儒家重构了礼乐文明并提扬了其内在价值

我给大家汇报的第一个问题，是儒家重构了礼乐文明，并提扬了它的内在价值。礼乐文化是孕育儒家的文化土壤。礼乐文明早于儒家的正式诞生。夏、商都有礼仪，西周礼乐制度完备，但是我们见到的西周的典章制度、礼仪规范，又大多是经过孔子之后的儒家来改造、重塑、整理过的。杨宽先生的《西周史》考证了西周春秋的一些乡遂、宗法、文教等制度、社会结构、贵族组织等等，可见“三礼”及诸经典所说确有其事，当然也有儒家的理想化、系统化的成分。可见儒家和礼乐文化的关系是密不可分的。徐复观先生讲，“礼在《诗经》的时代，已转化为人文的征表。则春秋是礼的世纪，也即是人文的世纪”①。这个判断也是礼乐早于儒家，而儒家又强化了礼乐。它是一种人文性的象征。

黄侃季刚先生有《礼学略说》一文，特别强调有礼之意、礼之具、礼之文。礼之意也就是礼的内涵与意义，礼之具就是礼的器具，礼之文就是礼的仪节。他引用《郊特牲》所说的“礼之所尊，

---

① 徐复观：《中国人性论史》（先秦篇），台湾商务印书馆，1987 年，第 47 页。

尊其义也。失其义，陈其数，祝史之事也。故其数可陈也，其义难知也”云云。他指出礼的器具、仪节背后的意义、义理更为重要。他说比方“三年之丧”，原来并不是过度的，而“毁之者，不知礼意也”，批评它的人不知礼义。他又引《檀弓》篇子游回答有子“丧之踊”之问，以言“礼道”之文，认为“丧礼有不可妄訾者”，“观此，则《丧礼》仪文，无不具有微意，后世虽不能尽行，而不可以是非古人也”。① 所以黄侃先生指出礼的细节中蕴含有圣人的微旨，它的意义在于远别禽兽，近异夷狄，也就是今人所谓文明。

他讲的礼具是指各种礼器，他说我们学礼学、学仪礼，首先就要辨其名物。他说三礼，名物必当精究，辨是非而考同异，然后礼意可得明也。所以学习三礼，最难的还是这些名物训诂，但是又非常必要。

他说礼文，当然是节文度数，比方说丧礼、祭礼，丧礼主哀，祭礼主敬。但是如果没有器物，没有威仪，那这些感情就表达不出来。他说宴享相见、三辞三让等等，那都是礼乐的一些步骤，这些仪节、程序、过程，都非常重要。

他说礼之失则或专重仪文而忘其本意。所以礼具、礼器、礼文，这些都很重要，不能偏废，不能减省，正是在细节中才能体会出礼意，但是我们又不能沉溺在礼具、礼文中。相比较而言，在礼具、礼文、礼意三者中，礼意更重要，其中蕴含的价值，礼具、礼文中的价值，是更重要的。另一方面，没有仪节就不可以行礼，所以仪文度数也很重要。当然，它只是礼之粗迹，不是其中精要的东西，礼文度数很重要，但是它只是礼之粗迹也，更重要的是其中蕴含着的礼意，即意义的世界、价值的世界。

传统社会有关于礼的系统和功能，还有一些讲法，比如讲礼防、礼制、礼治、礼教等等。《礼记·坊记》：“礼者，因人之情而为之节文，以为民坊者也。”“坊”通“防”，取防水灾的堤防之

① 黄侃：《礼学略说》，陈其泰等编：《二十世纪中国礼学研究论集》，学苑出版社，1998 年，第 27 页。

意。礼防是防什么？防民邪僻，使情感欲望的表达有所节制，达到适中的状态。

礼治的治，有水治，有刀制，以礼治国是水治的治，涵盖面广，而礼制则是刀制的制，强调了制度、体制的层面，与礼中包含的成文与不成文的法有关。礼乐刑政四者协调配置，总体上叫礼治。礼教所凸显的是礼治教化的层面，礼教又和乐教相配合，是礼文化中最重要的内容。所以礼教的积极意义，现在被人们开始重视起来，当然还是很不够的。

至于乐，当然就没有乐防这一说了，乐也是礼乐刑政四种治理社会的方法之一。乐是乐教，起教化的作用。礼乐、礼乐，它是以礼为中心，乐为补充的，当然是很重要的补充。礼乐文化中，有它的知识系统，有它的价值系统，有它的信仰系统。按照黄季刚先生的说法，知识系统就是礼的器具、仪节、仪文。价值系统就是这些里面所蕴含的礼意，仁义礼智、孝悌忠信、诚敬恕、廉耻勇，或者君仁臣忠、父慈子孝、夫义妇顺、兄友弟恭、朋友有信等等。徐复观先生讲，从礼仪中抽绎出来的礼的新的观念，淡化了宗教的意味，特别是许多的道德观念，几乎都是由礼加以统摄的。徐先生从《左传》《国语》里面找到很多资料，特别是关于敬、仁、忠信、仁义等观念是和“礼”紧密地联系在一起的。

除了知识系统、价值系统之外，还有信仰系统。信仰系统就是对终极性的昊天上帝，对天地、对山川等自然神灵，对祖宗神灵、对人文始祖的崇拜，礼之中虽然淡化了它的这样一些宗教成分，但是仍然保留了它的一些宗教的意涵。

下面我讲讲礼乐文明中有终极信仰信念的层面，有政治正义和社会治理的智慧，有生态的智慧，有道德理性与君子人格，有艺术和美学的精神，以及对现代社会和现代人的精神安立的积极的意义。

二、礼乐文明是具有宗教性的人文精神

儒家的人文不反对宗教，包容了宗教。礼乐文明是具有宗教性的人文精神。礼乐文明中有终极关怀。刚才讲到，礼是人文化的宗

教，是道德性人文精神的自觉。尽管如此，它仍有终极关怀在其中。礼不仅是人间的秩序，而且还是天地的秩序，是宇宙的秩序。我们中国文化和外国文化的区别，就在于中国有系统的“礼”，不只是有宗教和法制，当然包含着宗教和法制。不是说外国没有礼仪、礼貌、礼敬，没有礼，也不是说外国文化中没有礼制，只是说外国文化中虽然很重视礼仪，但是它没有把“礼”作为整统性的大文化系统。外国凸显的是宗教和法律，中国强调的是人文性的礼。礼包含宗教和法律，但是不堕入盲从性、排他性的教，也不堕入太过刚性的法。礼是宗教、政治、社会、伦理、道德、法律的综合体，它的实质是道德人文主义的，它强调人文教化、感化等等。

《礼运》曾经假孔子之口，回答言偃的提问，讲“礼必本于天，殽于地”。它说孔子讲，“夫礼，先王以承天之道，以治人之情。故失之者死，得之者生。……是故夫礼，必本于天，殽于地，列于鬼神，达于丧、祭、射、御、冠、昏、朝、聘。故圣人以礼示之，故天下国家可得而正也”。这就指出礼是前代圣王秉承天之道用来治理人情的，以礼治天下国家是十分重要的。礼根据于天，效法于地，具有神圣性。

《礼运》又指出，规范有序、庄严肃穆的祭祀，用以迎接上天之神和祖宗神灵的降临。祭礼的社会功能，可以端正君臣，亲和父子兄弟的恩情，整齐上下关系，夫妇各得其所。这是承受了上天的赐福。祭祀最重要的是祭天、祭地，祭天地就是追本溯源，尊重其所自出。在这个意义上，天地是我们人的父母，天地有着价值本体的意涵，又具有宗教性的意涵。所以从《礼运》上看，天神是至上神，对天神的崇拜要重于对地神的崇拜，然后就是对山川诸神的崇拜。除祭祀至上神与自然神灵外，还要祭祀祖宗神灵。这就反映出人文化的“礼”仍然具有“宗教性”与“超越性”。“宗教性”与“超越性”是不同的而又有联系的两个概念。天是人文之礼最终的超越的根据。我们都读过《礼记》的《孔子闲居》，它其中有“五至”（志至、诗至、礼至、乐至、哀至）与“三无”（无声之乐、无体之礼、无服之丧）等思想。志向到了，诗到了，礼到了，乐到了，哀情也到了。

“五至”“三无”，马一浮先生怎么解读的呢？他说这里说的是秉承天的性德流出了六艺的动态的过程，就是包括礼乐在内的六艺六经，已经成为与生活世界内在相通的真善美的内容。[①] 六艺不仅仅是儒家经典、经学形态、学术研究的对象，六艺更是人类性德中所本具的生命意涵、文化的脉络。所以马先生讲，通过礼教、乐教这些人文之教，能够唤醒人之天赋的内在性德，我们又通过修身养德，才使自己成为一个真正的人。

人是具有宗教性的动物，人有终极性的信念信仰，对至上神、昊天上帝，对天地自然神灵、对祖宗神灵、对人文始祖与至圣先师礼敬礼拜，这样可以增加人的生命的庄严感和神圣性。冠昏丧祭之礼不可废，我们要结合现代和传统，有创造性地在现代重新制礼作乐，结合西方现代文化，重新制礼作乐。尤其我们现在的国家礼、社会礼、家庭礼，还要把它健康化地重建起来。

三、礼乐文明中的政治正义和社会治理的智慧

现在讲第三方面，我们中国人对于社会治理有高度的智慧，它所包含的政治正义的内涵也非常丰富。比如《周礼》，我们现在谈谈《周礼》提供的一些材料。钱玄先生认为，《周礼》是儒家之书，它成书在战国后期，它的思想主要属早期儒家，但是也有一些是发展到战国后期的儒家融合儒、道、法、阴阳等家思想而成。杨宽先生说，《周礼》虽然是春秋战国间的著作，但是它所讲的一些制度，已非西周时代的本来面目，夹杂着一些拼凑和理想的成分。但是其中的一些制度，如乡遂制度等等，基本还保存着西周、春秋时代的思想。

杨宽先生又讲，《周礼》所在，当然已不是西周原有的制度了，它是儒家按后世流行的制度改造过的。我们看《周礼》《礼记》的《王制》，它们都是讨论制度的，大体上体现了先秦儒家的理念和制度的设计。其中有的制度在西周、春秋时代实行过，有的制度在战

---

① 详见马一浮：《复性书院讲录》，《马一浮全集》第1册，浙江古籍出版社，2013年，第223—248页。

国时代实行过。我们看看《周礼·地官·司徒》《礼记·王制》，前者是古文经，后者是今文经。假如我们打破今古文经的壁垒，从两者有关社会公平正义和福利制度的内容来看，其实相关性还是比较大的。

在礼的制度设计中，有对后世的土地制度极有影响力的“一夫授田百亩”的制度设计。《王制》篇有“制农田百亩”。制度规定，一个农夫到了一定年龄就要单独立户，一个农夫就授田百亩。百亩土地按肥瘠分类，上等土地一个农夫可供养九人，次一等的可供养八人，依次递减为七人、六人、五人。庶人在官府任职者的俸禄，依这五等农夫的收入区分等差。诸侯的下士的俸禄比照上等土地的农夫，使他们的俸禄足以代替他们亲自耕种所得。中士的俸禄比下士多一倍，上士的俸禄比中士多一倍，卿的俸禄是大夫的四倍，君的俸禄是卿的十倍。俸禄显然是有差等的，但农夫有农田，是最基本的生活保障。

我们看《周官》和《王制》，它们都有对社会弱者给予关爱的一些制度设计。比方说养老制度，上古虞夏殷周都有养老之礼。综合前代的周制，特别强调实行养老的礼仪制度。50 岁以上的老人，包括平民，享受优待。三代君王举行养老礼之后，都要按户来校核居民的年龄，年 80 的人可以有一个儿子不服徭役，年 90 的人可以全家不服徭役，残疾人、有病的人、生活不能自理的人、为父母服丧者，三年不服徭役。从大夫的采地迁徙到诸侯采地的人，三个月不服徭役，从别的诸侯国迁徙来的人，一年不服徭役。

关于对待鳏寡孤独和社会弱者，《王制》几乎重复了孟子之说，比方说“少而无父者谓之孤，老而无子者谓之独，老而无妻者谓之矜，老而无夫者谓之寡。此四者，天民之穷而无告者也，皆有常饩”。常饩就是经常性的食物救济或者生活补贴。又对于聋哑和肢体有残疾、有障碍的人，有供养制度，由国家养活。国家就以工匠的收入来供养他们。“庶人耆老不徒食”，就是老百姓中的老人不能只有饭而没有菜肴，不徒食。“养耆老以致孝，恤孤独以逮不足”，就是通过教化，形成风气，引导人民孝敬长上，帮助贫困者。

古时候借助民力耕种公田不收民的田税，贸易场所只征收店铺的税不征收货物的税，关卡只稽查不征税，还开放山林河湖，百姓可以按时令去樵采渔猎，耕种祭田不征税，征用民力一年不超过三天，土地和居邑不得出卖。这样一些条文，在礼仪里面，在《孟子》《荀子》里面都有相关的、内容很相近的，甚至文字都相同的一些东西，这都是儒家的制度诉求。这是非常重要的经济制度方面。

涉及政治参与权、受教育权和有关于选拔人才的制度，这是我们中华优秀传统文化的一部分。我们看《王制》对庶民中的人才选拔、任用，并授以爵禄，都予以肯定，并规定了步骤。

我们礼乐文化中，有关于社会治理和国家治理，它强调的是前面我提到的礼乐刑政的配置。《乐记》里面讲，“是故先王之制礼乐，人为之节。衰麻哭泣，所以节丧纪也；钟鼓干戚，所以和安乐也；婚姻冠笄，所以别男女也；射乡食飨，所以正交接也；礼节民心，乐和民声，政以行之，刑以防之，礼、乐、刑、政四达而不悖，则王道备矣。”就是四个方面来调节，“礼以道其志，乐以和其声，政以一其行，刑以防其奸。礼、乐、刑、政，其极一也，所以同民心而出治道也。”你看，礼乐里面讲到的王道、治道，都是讲治理社会和国家，要用礼、乐、刑、政四种方法来加以配合。

“乐者为同，礼者为异。同则相亲，异则相敬。乐胜则流，礼胜则离。合情饰貌者，礼乐之事也。礼义立，则贵贱等矣；乐文同，则上下和矣。好恶著，则贤不肖别矣；刑禁暴，爵举贤，则政均矣。仁以爱之，义以正之，如此则民治行矣。”可见我们的《乐记》里面所讲的这些道理，是把礼乐这些文化、这些价值，看作是滋润政刑的，政令刑罚一定要配上礼乐，“乐所以修内也，礼所以修外也，礼乐交错于中，发形于外，是故其成也怿，恭敬而温文。”所以礼乐教化在社会治理和国家治理中，是强调和谐，并且提升百姓素养的。

礼乐之教把天地精神、人的性情与日用伦常打通了，贯穿起来了。礼乐的社会功能，尤其是与法律、政令相配合，使社会和谐。礼乐之中有秩序、节度、交往、和谐的原则与原理。所以古代这样一种治理社会的方略，这样一种方法，四者相配置，礼乐中有文化，有价值。

前面我们说到，礼是带有宗教性、道德性的生活规范，在礼这种伦理秩序中，它也包含着一定的人道精神、道德的价值。荀子推崇礼，认为它是“道德之极”。极是标准，最高的标准。“治辨之极，人道之极。”极就如屋梁一样的，大中之正的标准。因为“礼”的目的是使贵者受敬，老者受孝，长者受悌，幼者得到慈爱，贱者得到恩惠。在贵贱有等的礼制秩序中，含有敬、孝、悌、慈、惠这些德目，以及对于弱者、弱小势力的保护问题。《曲礼》上讲，“太上贵德，其次务施报。礼尚往来：往而不来，非礼也；来而不往，亦非礼也。人有礼则安，无礼则危。故曰：‘礼者，不可不学也。’夫礼者，自卑而尊人，虽负贩者，必有尊也，而况富贵乎？富贵而知好礼，则不骄不淫；贫贱而知好礼，则志不慑”。所以你看，《曲礼》中所讲到的礼尚往来，它是次之，施报关系是次之。主要是讲什么呢？它讲的是礼自卑尊人，负贩者、小民也要得到尊重。我们要以德为贵，自谦而尊重别人，讲究施惠和报答，礼尚往来，不管是富贵或者贫贱，都要相互尊重，互利互惠。

这里就提到了对负贩者、贫贱者、弱者的尊重和对等的施报关系，过去我们对“礼不下庶人”的理解有偏颇，根据清代人孙希旦的注释，“礼不下庶人”说的是不为庶人制礼，而不是说对庶人可以无礼，或者庶人没有礼可遵行。古时候制礼，是对士这个等级以上的，比方说冠礼、婚礼、相见礼都是士礼，庶人是参照士礼而行，婚丧嫁娶、祭葬等，它的标准可以降低，这主要是考虑庶人的家庭里面的节文仪物方面应该量力而行。可见我们平常一般的对“礼不下庶人”的理解是错误的。在礼里面，它一定是包含对贫贱者、对负贩者的尊重。

在社会治理上，儒家重视道德教化，同时也重视法制。《王制》篇里面有关于刑法制度的记录和设计，涉及在审案、判案、处罚过程中如何审慎、如何认真、如何讲规范，还要避免冤假错案，严格程序，以及对私人领域的保护问题。

总之我们看，《周礼》的《地官》、《礼记》的《王制》等有关理念和制度安排中，体现了我们先民的原始人道主义。如果我们配合《论语》《孟子》《荀子》，我们都可以看到，这里体现了中华民族以仁爱为核心的价值系统和人文精神，其中不少制度文明的成果值得我们重视。比方说我们有应对灾荒、瘟疫的传统，并且予以组织化救助的制度等等。我们有关对老幼病残、鳏寡孤独、贫困者等社会弱者的尊重和优待的制度，这都是极有人性化的制度，而且后世在理论和实践上都有发展。这些就类似于今天的福利国家和福利社会的因素。此外有关颁职事及居处、土地、赋税、商业的制度和政策中，对老百姓权利和福祉的一定程度的关注和保证，有关小民的受教育权和参与政治权的基本保障，有关对百姓施以技能教育的制度，有关刑律制定和审判案件的慎重、程序化和私人领域的保护方面等等，也都涉及今天所谓社会的公平公正的问题。我们用历史主义的观点去审视，同样是在等级制度中，以我国先秦和同时代的古希腊、古印度、古埃及的政治文明相比照，我们不难看出中国的政治理念和制度中的可贵之处，这些资源今天还可以做进一步的创造性转化。

我们现在一提到中国文化、儒学、礼制，就说是等级秩序。那请问，人类哪一个社会没有等级秩序呢？人类的社群，人类组成社会，当然要有等级秩序。问题在于我们的制度文明中、礼制中、礼学中，不仅有等级制度，而且有等级间正常流动的机制。比方说通过教育公平达到政治公平，“朝为田舍郎，暮登天子堂。”历朝历代由布衣而为三公者不乏其人。我前面讲到的对于贫贱者的尊重，对于最不利者的关爱，还有制度化，还有由教育公平达到社会公平，这都是礼制中的宝贵的因素。

《礼运》的作者认为，政治权力根源在天、天命，所以“政必本于天”。“故政者，君之所以藏身也，是故夫政必本于天，殽以降命。”所以这里讲国政本于天理，要效法天理来下达政令，政令要符合地德，也要符合人的道德。另外我们都知道，《礼运》开篇讲大同之世，他讲社会理想，这些社会理想也是中国人的社会理想、文化理想，所以大同之世和小康之世不同，这个理念里面包含最高的政治正义的追求。

四、礼乐文明中的生态的智慧

我们再讲第四方面。我的朋友、山西大学的崔涛先生，对这一方面有深入的研究。我这里讲的也有他的一些研究成果。

“天地”是万物之母，一切皆由“生生”而来。《礼记·月令》讲：“天地和同，草木萌动。”《乐记》讲：“和故百物不失。”所以“草木”“百物”的化生都是以“和”为条件的。天地不和，则万物不生，“天地合而后万物兴焉”。天地是万物化生的根源，生态系统的生生大德，它是借天地两种不同力量相互和合、感通而实现的。

《礼记·乐记》里面有一段话，跟《周易·系辞》里的话是相通的：“天地相荡，鼓之以雷霆，奋之以风雨，动之以四时，暖之以日月，而百化兴焉。如此，则乐者天地之和也。”我们看，礼的文化中通过对天地生物于四时的描述，认为乐是天地之和的体现。反而观之，天地通过雷霆、风雨鼓动宇宙间的阴阳两种力量、两种气，而四时无息地展现出生生大德的景象，这何尝又不是宇宙间最壮丽动人的生命交响的演奏呢？

儒家对生态系统生生大德的认识，对天地、阴阳和以化生的认识，是非常深刻的。所以生态系统它是一个不断创生的系统，也是一个各类物种和谐共生的生命共同体，这是儒家对天地这个大的生态居所的一种深切感悟。这在今天也成为东西方的环境伦理学的一个基本共识。

天人合一的理念中，天是一切价值的源头，而从生物而言，天与地往往需要并举，有时候要举天来统摄地。所以我们也可以说，天或者天地是生态系统中一切价值的源头。儒家有着人与天地万物一体的共同体悟。就是这样一种情况之下，人才可以说对万物都持有一种深切的仁爱、关怀，将整个天地万物都看作是与自己的生命紧密相连的。在这种价值来源的共识之上，儒家的生态伦理可以建立“范围天地之化而不过，曲成万物而不遗”的生态共同体，将生态系统真正视为人与万物共生、共存的生命家园。

正是这样一种生命家园的意识，使得《礼运》里面讲宇宙生态的各种层次中，人处在较高的层次，体现了生态系统的一个整体的意义。人体现了天地的德行、阴阳的交感、鬼神的妙合，荟萃了五行的秀气。人又是天地的心脏，五行的端绪，是能够调和并且品尝各种滋味，创造并且辨别各种声调，制作并且披服各色衣服的动物。尽管人是万物之灵，但人仍从属于生态系统的整体。因此，圣人制礼作乐，制作典则，以生态天地的大系统为根本，以阴阳二气的交感为起点，以四时所当行的政令为权衡，以日星的运行来纪时，以 12 个月来计量事功，以鬼神为依傍，以五行的节律为本位，以礼义为器具，以人情为田地，以四灵为家畜。

因此，人在天地之中一定要尊重山川、动物、植物等等。这种尊重和敬畏，是通过祭祀山林川泽来加以表达的。“天子祭天地，诸侯祭社稷，大夫祭五祀。”《礼记》里面讲到这样一些祭祀，山川、天地、社稷的祭祀等等。此外，《礼记》里面还强调，礼要配合时令，配合地的物产，我们取用动植物，要依据于不同季节的不同的生物，不同的地理环境有不同的物产。

礼“合于天时，设于地财，顺于鬼神，合于人心，理万物者也。是故天时有生也，地理有宜也，人官有能也，物曲有利也。故天不生，地不养，君子不以为礼”。比方说我们在山地生活的人，就不能够拿鱼鳖等湖区产的礼物去送人，因为那个东西太贵。我们居在湖区的人，不能拿山里面的山货如鹿豕等作为礼物，因为这一类在这里也是贵重的。所以礼是大伦，我们要从地理出发，制礼行礼的原则，不违背自然的原则。在一定时空条件下，不适于生长的物产，君子是不用来行礼的，这样鬼神也是不会享用的。所以以本地稀罕的物产作为礼品，这种人是不懂礼的。行礼它要用本地物产、本国的物产。行礼必须量力而行，要依据土地的大小、年成的好坏。这是关于行礼。

关于生态的保护，比方说仲春之月，“安萌牙，养幼少”；“毋竭川泽，毋漉陂池，毋焚山林”。孟夏之月，“继长增高，毋有坏堕，毋起土功，毋发大众，毋伐大树。”人们取用动植物，要考量季节、时间，不可以在动植物的生长期、繁衍期滥砍滥杀，不要砍伐小树，不射杀幼鸟兽和怀孕的兽，否则就是不孝。曾子讲了一句话，他说是圣人讲的，孔子讲的。他说："树木以时伐焉，禽兽以时杀焉。夫子曰：'断一树，杀一兽，不以其时，非孝也。'"你看，他引用孔夫子的话说，我们砍树、杀兽，如果不注意时令，非孝也，跟不孝敬父母一样。所以可见时令的重要性。孟春之月要怎么样？我们要保护山林川泽，我们不要杀母兽，要禁止伐木，要保护这些昆虫、飞鸟、野兽的母体，及幼小的生命。在叙述天子、诸侯田猎礼的时候，特别强调不要赶尽杀绝，不要竭泽而渔，田猎的过程中，网开一面，一方面要让小民来跟着，有猎物，另一方面不合围、不掩群。即一方面也使小民可以跟着打一点猎，狩一点猎物，另一方面也是不赶尽杀绝。草木凋零的时候，然后才能够入山林，不要用火田，不杀胎取卵，不覆巢等等。另外，怀胎的牲畜，即使是天子也不得食用，郊祭的时候也不要用，这是对天地生养万物的礼敬。

另外，《王制》里面讲，"林麓川泽以时入而不禁"。不禁是说小民也可以去，不是禁止老百姓进林麓川泽中取用动植物。但是也要以"时"，这就是孟子讲的，"泽梁无禁也"。同时要"以时入山林"。要注意时令。这考虑到人取用的可持续性，当然还不只此意。《礼记》诸篇都隐含有礼制秩序和自然节律的一致性。《月令》把春夏秋冬四季又各自分出孟、仲、季三个时段，按不同的季节时段详细规定了祭祀活动、农业生产、资源取用、政令发布的内容，这些都需要有相关的具体部门去完成。

从这里我们可知，儒家以礼法保护生态资源有三个重要的内容：第一是禁止灭绝性的砍伐、捕猎；第二是保护幼小的生命；第三是重"时"。禁止灭绝性的砍伐、捕猎，这很好理解，因为这种行为与天地的生生大德是背道而驰的。保护幼小生命与儒家重视"养"的思想有关，天地生万物要养育之，这是符合于天地自然之道的，"天地养万物"。

《乐记》里面也讲，"是故先王之制礼乐也，非以极口腹耳目之欲也，将以教民平好恶，而反人道之正也"。就是饮食等礼节的制定，不是为了满足人的口腹欲望，而是为了让人返归"人道之正"。所以儒家有关生态保护的礼乐观念，它是遵从天地的生养之道，也出于对人的物欲进行节制的目的。

儒家以天地为人与万物之祖，对天地的尊崇有着强烈的宗教性的情怀，对生养万物礼敬、礼拜。另外，儒家一向认为生态资源是天地所赐，对此充满着虔诚、敬礼的情感。年成不好的时候，儒家对饮食特别要求节制，以体恤天地生养万物的不易。

有人说，儒家是人类中心主义者。是吗？从上可知显然不是。儒家是主张生态系统存在客观内在价值的，人有人性，物有物性，甚至人性中也有神性，物性中也有神性。儒家对生态系统的价值判断是基于天地对万物赋形命性的认识。万物生生不已的过程中，都被赋予了形以及它的性，这种赋予是普遍的、无遗漏的，差异只是阴阳创化的不同。当然，无物不出于创化。从天地创生、赋形命性的普遍性去作价值的判断，价值自然不仅仅限于有机的生命体，万物和人一样，具有客观的内在价值。

因此，在儒家那里，“天地”这种创生是具有价值本体论的意义的。事实上，儒家对万物都是关爱的，而且是从其所具有的内在价值去确定这种爱的。因为万物的内在价值都是“天地”所赋予的，与人的内在价值同出于一源。当然，万物的内在价值是有差异的。

古代中国的生态环保意识是被逼出来的，因为我们是个自然灾害多发、频发的国家。根据邓拓的《中国救荒史》、竺可桢的《历史上气候之变迁》，我们知道古代的自然灾害从未间断过，大的灾荒每半年都有一次。我们在这样一种状况之下，有了一些应对灾荒的本领。

总之，儒家对于以礼乐来理顺生态资源，它有三原则：第一，人要生存不得不对生态资源有所取用，当然应该顺应生态系统的生养之道，要做到有理，“顺于鬼神、合于人心”，还要做到有节，“合于天时，设于地财”。人类不能为了一己之私，日益竭尽天地之材，这是第一点。第二，《乐记》里面讲，“是故大人举礼乐，则天地将为昭焉。天地欣合，阴阳相得”。即是以礼乐精神关照生态问题，意味着对天地之道的清醒的认识。天地默运而万物化成，因此，对于生态系统的保护，人类最有效的策略是尽可能少地去干预它的完善自足的生养之道。只要人不去破坏生态环境，天地自然会让万物生化不已、充满生机。第三，生态问题的彻底解决，它不只是一个生态问题，要“暴民不作，诸侯宾服，兵革不试”，这就礼乐所起的作用。大乐和天地和同，大礼和天地同节。这就是它不只是个生态问题，人类如果自身不能和睦共处，导致战争四起，社会动荡，那么所谓生态保护就是一种奢望。

礼文化中对生态系统的认识，它是容纳在天、地、人、神诸多要素的天地概念下进行的，是一个整体论、系统论的观念。它以“和”为条件的不断创生，是古人对生态系统的根本认识。他们对天地的创生现象持有价值判断的观念，肯定天地万物皆有内在的价值，要求一种普遍的生态的道德关怀。而他们对人性、物性的辩证认识，又同时清楚地表明了一种生态伦理的等差意识，或者是对不同伦理圈层区分的意识。儒家即使从工具价值的立场取用生态资源的同时，并不忽视动植物的内在价值。从儒家天人合一的理念来看，生态伦理作为一种新的伦理范式，其确立的基础必须建立在对人性的重新反思之上。上面讲的是第四个方面。

五、礼乐文明中的道德理性和君子人格

第五个方面讲道德人格。《礼记》中的《表记》，这个表就是标准，是以仁德为标准。《儒行》，它记载了孔子论述儒者的 16 种高贵品行，有温良、敬慎、宽裕、逊接、礼节、言谈、歌乐、散财等等，都是以仁德为本。其中讲到澡身浴德、特立独行、见死而不更其守，可亲而不可劫，可近而不可迫，可杀而不可辱，儒家志不可夺的刚毅的品格，现在太缺乏了，知识分子太无人格操守了。

“儒有忠信以为甲胄，礼义以为干橹，戴仁而行，抱义而处。”儒者应该把忠信作为甲胄，把礼义作为盾牌，头戴仁而行，怀抱义而居。“儒有不宝金玉，而忠信以为宝；不祈土地，立义以为土地；不祈多积，多文以为富。”而儒者不以金玉为宝，把忠信当作宝贝，不祈求土地，以道义作为立身之地，不祈求多积财富，而以学识广博、多才多艺为富有。

儒者生活在现代，却与古人的意趣相合，叫作“儒有今人与

居，古人与稽；今世行之，后世以为楷”。说现代社会的行为可以成为后世的楷模，那么有君子恰好生不逢时，上面没有人援引，下面没有人推举，一些奸佞的人结伙陷害他，虽然他的身体可能危险，然而他的志操却毫不动摇，虽处于险境，举动行事仍然伸展着自己的志向，念念不忘老百姓的疾苦。儒者忧国忧民的心就是这样的。

儒者广博的学习无止境，切实地实行不厌倦，隐居独处时不淫邪放纵，上通国君被重用时，不会失态困窘。以礼待人，以和为贵，有忠信的美德，有从容的风度，仰慕贤能而又包容众人，有时可以磨毁掉自己方正的棱角而依随众庶，有如房瓦之垒合。儒有宽厚容众如此，但又不失他的刚毅、刚强、刚健的品格。

所以熊十力先生、钱宾四先生都很重视《儒行》篇。三礼中有关于人格教养和人格成长，特别是君子人格养成的智慧，它体现了儒家文明的特点，儒家教育是多样的、全面的，它的内核是成德之教，尤其是培养君子成圣成贤，它的方法是用礼乐、六艺浸润身心，用自我教育调节性情心灵为主，它的功能在于改善政治与风俗，美政美俗，它的特点是不脱离平凡生活，知行合一、内外合一的一种体验。所以在当代我们建设现代公民社会、培养平民化的自由人格的过程中，尤其需要调动儒家的修养身心和涵养性情的文化资源。

忠信是礼的基本精神，义理就是规矩仪式。这就是《礼器》里面讲的“忠信，礼之本也，义理，礼之文也。无本不立，无文不行”。礼有本有文，“故礼义也者，人之大端也”。就是《礼运》里面讲的，“所以讲信修睦，而固人之肌肤之会，筋骸之束也。所以养生送死，事鬼神之大端也”。这样来达天道、顺人情。《礼运》里面所强调的是礼对于人的人格成长和治国理政的重要性。我们强调的是礼的功用在于治理人情。

礼是义之实，义是仁之节，仁是义之本。它肯定治国不以礼，就像没有耒耜而耕田一样。“为礼不本于义”，就像耕了田不播种一样；“为义而不讲之以学”，就像种了不去耨田一样；“讲之于学而不合之以仁”，就像耨了也没有收获一样；“合之以仁而不安之以乐”，就像有收获而不吃它一样。所以“安之以乐而不达于顺”，就像吃了而不长胖一样。它的意思是说我们人格成长的过程、治理人情的过程，以礼义、以这些德目来修炼自己，一定要有受用有收获。

《礼运》它对于人的界定，它是把人放在天地之中的。尽管人是天地中最灵秀的，是具有终极信念的人，但人又是在自然生态序列中的人，又是治理的主要对象，所以“人情以为田，故人以为奥也。”用礼来节制人的过头的欲望欲念。这里对人的界定，它是以礼义、仁德为中心，而人应当是一个道德的人。这里强调了治国之本，这是在礼的规范中，重要的是道德仁义的精神，它是礼仪规范中的主要的精神。

我们讲的道德教化，比方说《王制》里面讲到了六礼、七教、八政，司徒之官的使命，是节民性、兴民德，当然首先是精英层自身的一种道德修炼。但同时也要重视教化，要节民性、兴民德，肯定人文教育，发挥退休官员、乡下贤达的作用，运用射礼、乡饮酒礼，通过习礼来对民众、青年进行持续不断的教化。

所以司徒修习六礼，包括冠、婚、丧、祭、乡饮酒和乡射礼，来节制民众的性情，讲明七教（父子、兄弟、夫妇、君臣、长幼、朋友、宾客等伦理），来提高人们的德行。整顿八政（饮食、衣服、技艺、器物品类、长度单位、容量单位、计数方法、物品规格等制度和规定）来防止淫邪，规范道德来统一社会风俗，赡养老人来诱导人民孝敬长上，抚恤孤独的人来诱导人们帮助贫乏的人，尊重贤能的人以崇尚道德，检举、摒除邪恶，实在是屡教不改的人，再摒弃到远方。由此可见，王制就是道德之治。

在人与自然、人与社会、人与人的交往关系，以及人自身的身心关系方面，儒家有极其重要的资源，尤其是“修己及人”“将心比心”的“恕道”，“推爱”“推恩”的方式，“爱有差等”是具体理性、实践理性。在“爱有差等”的过程中，我们恰好可以成就普爱。儒家强调的是在这样一个差等爱中来推己及人，因为人不是上帝，上帝可以没有差等，因为它没有时间、空间，人只是一个具体的人，他的爱当然有差等。但是儒家说“老吾老以及人之老，幼吾幼以及人之幼”，推己及人，所以儒家强调的这种爱，它强调人己关系、人物关系，是交互主体性的。成己、成人、成物，它是仁德之心推扩的一个过程。这相当于今天的人际交往和文明对话中的一些伦理，它有积极的意义。

我们中国哲学的突破，我们中国人的觉醒的一个特点，它并不斩断人与宗教、神灵、自然万物的联系。所以我们前面讲到，《礼记》强调，人是宗教、神性意义的天的产儿，人又是自然生态序列中的一个成员，这是连续性的、整体性的中国哲学的题中应有之义。人又是一个道德的人，人的道德性又尤其表现在对自然物取用上的反思性，前面我们讲到反思贪欲、反思占有欲等等。人是宇宙大家庭的成员，应自觉地维护生态平衡。

前面我们又讲到，人的道德性又表现在社会治理上，尊重庶民大众的权益，予不利者以最大的关爱，有更多制度的保障，构成社会的一种和谐。它的教育公平之于政治公平是一个基础。它使得阶级、阶层间有合理的流动，保证一定意义上的社会公正，这些都是礼学的真义。人应是一个有终极信念的人，当然要对底层的人有恻隐之心，需要在人和天地万物交往中不断地反省、调节自身。这样，人才不至于像西方近代文化不断地自我膨胀、妄自尊大。

六、礼乐文明中的艺术和美学的精神

关于乐，我的朋友中像欧阳祯人教授、林桂榛教授，他们都有很深的研究。林桂榛的夫人王虹霞，她是音乐理论的专家，他们夫妇俩都做乐方面的研究。《郭店楚简》中讲到，多听古乐对君子心性人格的培养尤其重要。诗和乐舞相配，香港中文大学的王顺然博士在他的博士论文中，认为很多古乐篇章与《诗经》有的篇章一样，就是多幕的音乐舞蹈剧，他认为不要轻视其中类似于今天戏剧的一些形式和内容。

《乐记》里面讲，“乐由中出，礼自外作。乐由中出故静；礼自外作故文”。“乐者，天地之和也；礼者，天地之序也。和，故百物皆化；序，故群物皆别。”礼乐它有不同的侧重，“礼主别异，乐主合同”。礼用来治理身，乐用来陶冶心。荀子讲：“乐也者，和之

不可变者也；礼也者，理之不可易者也。乐合同，礼别异，礼乐之统，管乎人心矣。”礼乐是相互配合发生作用的，它是特别管乎人心的。

徐复观先生在《中国艺术精神》里面特别论述了乐的本质，他认定乐是仁德的表现，是美与仁的统一。他指出，孔子所要求于乐的，是美与仁的统一，而孔子之所以特别重视乐，也正是因为仁中有乐，乐中有仁的缘故。可见孔子把仁德作为礼乐最重要的内涵。徐先生重视古代的乐的内在精神，他说尧舜的仁德的精神，是融透到了《韶》乐中去的，它形成的与乐的形式完全融合统一的内容。仁德是道德，乐是艺术，孔子把艺术的尽美和道德的尽善——仁德融合在一起。这又是如何可能的呢？徐复观说，这只是因为乐的正常的本质与仁德的本质，仍有其自然相通之处。乐的正常的本质，可以用一个和谐的“和”字来总括。在先秦、秦汉的典籍中，都以乐的特征和功能为“和”。“和”本是各种相异、有差异的东西的相成相继，谐和统一。所以荀子在《乐论》里面讲“乐和同”，《礼记·乐记》里面讲，“乐者为同……乐者异文，合爱者也”。《儒行》里面讲，“歌乐者，仁之和也。”也就是说，仁者必和，“和”中含有“仁”的意味。仁者的精神状态，也就是“乐合同”的境界。《白虎通》里面讲“乐仁”，也就是认为乐是仁德的表现、流露，所以把乐和五常之仁配在一起，把握到乐的最深刻的意义。乐和仁的会通统一，就是道德和艺术，它其中最深深的根底中的最高的一种境界，它会得到自然而然的融合。道德充实了艺术的内容，艺术助长了、安定了道德的力量。所以徐先生论证了夫子的“吾与点也”之叹，昭示了艺术境界和道德境界是可以融合的。

徐复观先生阐发了音乐、艺术的这样一种政治教化和人格修养上的意义，他说：“乐的艺术，首先是有助于政治上的教化。更进一步，则认为可以作为人格的修养、向上，乃至也可以作为达到仁的人格完成的一种工夫。”① 他认为，同样起教化作用，和礼教相

① 徐复观：《中国艺术精神》，台湾学生书局，1998 年，第 20 页。

比较起来，乐教是更加顺乎人的情感而加以诱导的，它是积极的。“儒家在政治方面，都是主张先养而后教。这即是非常重视人民现实生活上的要求，当然也重视人民感情上的要求。‘礼禁于未然之前’，依然是消极的。乐顺人民的感情将萌未萌之际，加以合理的鼓舞，在鼓舞中使其弃恶而向善，这是没有形迹的积极的教化。”① 按照徐先生的理解，构成音乐（这里指古代“乐”）的三要素：“诗”“歌”“舞”，是直接从人的“心”发出的，主体性很强。他说：“儒家认定良心更是藏在生命的深处，成为对生命更有决定性的根源。随情之向内沉潜，情便与此更根源之处的良心，于不知不觉之中，融合在一起……由音乐而艺术化了，同时也由音乐而道德化了。”②

所以中国的乐不是一般的器物和形式，它是与人的内在精神、情感紧密联系在一起，从心中流出的，乐和乐教它起着安顿情绪、支撑道德、修养人的品格、提升人的境界的作用。

关于礼乐与礼乐之教，《荀子·劝学》：“礼之敬文也，乐之中和也。”《礼记·乐记》：“礼节民心，乐和民声……乐者为同，礼者为异。同则相亲，异则相敬。乐胜则流，礼胜则离。”“大乐与天地同和，大礼与天地同节……礼者，殊事合敬者也。乐者，异文合爱者也。礼乐之情同，故明王以相沿也。”“仁近于乐，义近于礼。乐者敦和……礼者别宜……”“乐也者，圣人之所乐也，而可以善民心。其感人深，其移风易俗，故先王著其教焉。”足见礼乐有不同的特性与功能，乐比礼更与人的内在情感相通，二者又相辅相成。总体上说，礼乐教化或礼乐之治，有助于社会安定、人格完善，至少有助于上层社会的文明化与下层社会的移风易俗（亦是文明化的题中应有之义）。

以上是我讲的第六个方面。

---

① 同上书，第 23 页。

② 同上书，第 26—27 页。

七、礼乐文明的现代意义

这是我讲的最后一个方面，也就是徐先生讲的，中国人之所谓人文，其实就是指的礼乐之教，礼乐之治。《周易》的“观乎人文以化成天下”，实即是兴礼乐以化成天下。“儒家的政治，首重教化；礼乐正是教化的具体内容。由礼乐所发生的教化作用，是要人民以自己的力量完成自己的人格，达到社会（风俗）的谐和。由此可以了解礼乐之治，何以成为儒家在政治上永恒的乡愁。”①

徐先生指出，礼乐有三方面的功能或作用。第一，在政治层面上，人把人当人看待，这是理解礼治的一个基础。第二，在社会层面上，建立一个“群居而不乱”“体情而防乱”，既有秩序，又有自由的合理的社会风俗习惯。第三，在个人修养层面上，“人的修养的根本问题，乃在生命里有情与理的对立。礼是要求能得情与理之中，因而克服这种对立所建立的生活形态”。“现代文化的危机，根源非一。但人的情感因得不到安顿以趋向横决，人的关系因得不到和谐以致断绝，应当也是主要的根源。”② 现代文化的危机，很可能是人的情感得不到安顿以趋向横决，人的关系得不到和谐，以至于断绝，这是最主要的原因。“那么这个时候我们提出中国人文的礼乐之教，把礼乐的根源意义在现代重新加以发现，这是现代知识分子得以重视的重大的课题之一。”③ 所以徐复观先生这个说法是值得我们深思的，也确需我们重新发现礼乐的现代价值。

关于礼乐的现代价值，徐先生说它包罗广大，其中之一“乃在于对具体生命的情欲的安顿，使情欲与理性能得到和谐统一，以建立生活中的‘中道’，使情欲向理性升进，转变原始性的生命，以成为‘成己成物’的道德理性的生命，由此道德理性的生命，来承担自己，承担人类的命运。这就可以显示出中国人文主义的深度，

---

① 徐复观：《中国艺术精神》，第 23 页。

② 徐复观：《中国思想史论集》，台湾学生书局，1993 年，第 240—241 页。

③ 同上书，第 241 页。

并不同于西方所谓人文主义的深度。”① 中国人文主义和西方人文主义确有不同，中国的人文主义它不是寡头的人文主义，它不与宗教对立，不与自然对立，不与科学对立，的确有其深度。

徐复观先生对于“礼教吃人”的说法也加以批评，他说：“即使在封建时代，礼也是维系‘人地地位和人与人的合理关系，而不是吃人的。封建的宗法制度，主要是靠亲亲与尊尊两种精神，礼即是把这两种精神融合在一起，以定出一套适切的行为规范。这与由法家只有尊尊没有亲亲的精神所定出的秦代礼仪，绝不相同。在实际上大大缓和了政治中的压制关系。汉儒多反对叔孙通取秦仪来定汉仪，而思另有制作，其根本原因在此。”②

所以，我们以礼节来节制人的性格和行为，这是近仁的工夫，这是孔子立教的最大的特色。我们现在要讲在礼乐文明中来调动它的资源，在现代化重新诠释礼乐，借助礼乐之教的推行来补充刑法、政令的单面化，发展民间社会，调整政治、社会和人生。在一定意义上，礼乐它是补充、调整、改善单面的刑法和政令的，有助于文明的建构和保护民间的道德资源。

儒学以仁义为道体，以礼乐为路径。礼是民族、国家、社会、家庭的秩序。以个人言，守礼则文明，无礼则禽兽。以群体言，隆礼则致治，悖礼则致乱。乐是礼的补充。礼治理身形，乐陶冶性情。

法律出于强制，礼则出于人性之自然，靠人的良知与社会习尚即可推行。法治无礼乐辅助，则徒有具文。民主无礼乐维系，则徒增混乱。如人人不知尊重他人，亦不知尊重自己，又怎能施行民主？礼的作用，在保障人与人自由的界限，人类要求得自由，不能离开礼与礼乐。

礼与礼乐是传统四民社会具有内在约束力的信仰系统，是从社会上层到老百姓的行为方式。西方法律背后是基督教精神在支撑，在起作用，中国新时代法律背后一定要有本土文化精神，特别是长

---

① 徐复观：《中国思想史论集》，第239页。

② 同上书，第237页。

期积淀下来并对公序良俗有滋润的儒家礼乐文明来支撑来起作用。

“礼”具有秩序、节度、和谐、交往四大原理。三礼之学是中华民族宝贵的精神遗产，仍有其现代价值。礼让为国，安定社会，消弭争夺战乱，节制骄奢淫逸，是使人民得以安居乐业的前提。以一定的规矩制度来节制人们的行为，调和各种冲突，协调人际关系，使人事处理恰到好处，是礼乐制度的正面价值。这里有社会正义的意蕴，即反对贫富过于悬殊。一部分人富起来了，富了以后怎么办？孔子讲“富而后教”“富而好礼”，讲教化、教养，反对铺张浪费、夸财斗富，用今天的话来说，就是不要有土豪的心态与做派。目前我国的大众文化渲染淫逸，对社会风气有极大的腐蚀作用，对青少年的成长十分不利，而文化批评的力量却格外薄弱。这是值得我们检讨的。“礼”恰好是调节、治理我们的欲望、人情的。

就现代生活而言，在外在强制的法律与内在自律的道德良知之间，有很大的空间，即包含社会礼俗在内的成文与不成文的生活规范，这就是所谓“礼”。古今社会规范的差异不可以道里计，但提高国民的文明程度，协调群体、乡村、社区、邻里的关系，促成家庭与社会健康、和谐、有序地发展，不能没有新时代的礼仪文化制度、规矩及与之相关的价值指导。今天我们仍然面临提高国民的文明程度的任务。在这一方面，礼学有深厚的资源。就国家间的交往而论，尽管周秦之际的诸侯国与现代的民族国家不可同日而语，但互利互惠、和平共处的交往之礼义，亦有可借鉴之处。

过去讲五伦，君臣、父子、夫妇、兄弟、朋友。现在，君臣这一伦可以发展为上下级关系一伦。从朋友一伦，以及《大学》中的“与国人交，言而有信”，可以发展为同事关系一伦，或群己关系一伦。五伦关系可改造转化为新的礼治秩序，进而发展文明间、宗教间、民族间、国家间的交往伦理，乃至生态伦理。所以，我在《新时代“六伦”的新建构》一文中指出，应增加同事一伦，还应增加群己一伦，以应对个人与社会、国家、人群之间或陌生人之间的交往，乃至调整人类与天地、山河、动植物类的关系，处理好自我与他者的关系问题。新“六伦”似应为：父（母）子（女）有仁亲、夫妻有爱敬、兄弟（姊妹）有情义、朋友有诚信、同事有礼智、群己有忠恕。还可以有新“七伦”等。

礼乐文明在社会与国家治理方面，在人的精神安立、安身立命方面的意义甚大甚广，不可轻视。我们今天建设新时代的礼与礼乐，应以此为目标。

以上我讲了七点：一、儒家重构了礼乐文明并提扬了其内在价值；二、礼乐文明是具有宗教性的人文精神；三、礼乐文明中的政治正义与社会治理的智慧；四、礼乐文明中的生态的智慧；五、礼乐文明中的道德理性与君子人格；六、礼乐文明中的艺术与美学精神；七、礼乐文明的现代意义。

原载《国际儒学论丛》2017 年第 2 期

中国哲学中的心、性、情

杨国荣[1]

心、性、情是中国哲学中的重要范畴。从先秦开始，中国哲学对心、性、情的讨论便绵绵不绝。这些范畴既与现代意义上的理性、情意等相涉，又包含更为丰富的含义。心、性、情不仅被赋予不同内涵，而且其间呈现多样的关系，后者从另一个方面为中国哲学提供了独特的形态，并使之获得深沉意义。

一

在心、性、情之中，首先需要关注的是心。宽泛而言，心之所指，主要是综合性的意识或心理现象，包括知、情、意、想象、直觉、体验、感受，等等。在心与物之辨中，与物相对的心，便指广义的意识或心理现象。这一意义上的心，既是认识层面的对象，又是形而上之域的存在。孟子曾指出："尽其心者，知其性也。知其性，则知天矣。"[2] 其中的"心"，便不仅关乎认识上的反省意识，而且具有形而上的超越意向。

除了以意识现象为形态，心常常被理解为与耳目之官相对的思维器官，所谓"心之官则思"[3]，便表明了这一点。这里的"思"，主要指理性之思。在肯定"心之官则思"的同时，孟子又强调"思则得之，不思则不得也"[4]，此所谓"得之"，也就是对性与天

---

① 作者简介：杨国荣，华东师范大学中国现代文化研究所暨哲学系教授。
② 《孟子·尽心上》。
③ 《孟子·告子上》。
④ 《孟子·告子上》。

道以及对象内在规定的把握。在相近的意义上，荀子也曾自设如下问答："人何以知道？曰：心。"① 以心知"道"与以心"得之"内涵一致，其实际指向是形而上层面的世界原理与经验对象的所以然之故。如上所言，这一视域中的心不同于耳目之官，耳目之官主要与感性直观相关，其结果（对耳目之实的感知）也许可以归入作为意识或心理现象的广义之心，但却不同于表现为理性之思或知"道"之心。对后一意义上的心的关注，同时使中国哲学史上的一些哲学家区别于突出耳目之官的经验主义者。

如前文提及的，广义之心又兼及形而上的意义，后者不仅关乎本体论上的存在，而且与价值领域及精神之境相关。在张载的"大其心"之说中，便可比较具体地注意到这一点："大其心则能体天下之物，物有未体，则心为有外。世人之心，止于闻见之狭。圣人尽性，不以见闻梏其心，其视天下无一物非我，孟子谓尽心则知性知天以此。天大无外，故有外之心不足以合天心。"② 对心的以上界说，当然仍有认识论层面的内涵，这一意义上的心近于理性之思，其特点在于可以超越感性闻见的限制，引向更广的对象。然而，"大其心"的内在之意又不限于此：它同时指向价值领域。在后一层面，它意味着通过精神的扩展，引向"万物与我为一"的价值之境。与之相关，中国哲学中的心不仅关乎宽泛意义上的意识和心理、认识上的理性之思、本体论上的超越存在，而且涉及价值论上的精神境界。

相对于心，中国哲学中的情包含更为复杂的含义。先秦时期，情便呈现情实与情感两重意义。庄子在谈到道时，曾指出："夫道，有情有信，无为无形。"③ 这里的"情"便指存在的形态，"有情有信"强调的是道的真实性。同样，孟子在谈到物的差异性时，也肯定"物之不齐，物之情也"④。这里的"情"，也指情实，其意在于

① 《荀子·解蔽》。

② 张载：《张载集》，中华书局，1978 年，第 24 页。

③ 《庄子·大宗师》。

④ 《孟子·滕文公上》。

强调事物之间的区别，是其真实的形态。除了物（对象）的情实，情另一含义，是人之情感，《礼记·礼运》对此有一个概要的界定："何谓人情？喜、怒、哀、惧、爱、恶、欲，七者弗学而能。"心、性、情论域中的情，涉及的便是与之相关的情感。

人之情意义上既不同于有意为之的结果，也非通过努力而达到，而是表现为自然而然的过程。《礼记·礼运》中所说的"弗学而能"已表明了这一点。《文心雕龙》对此作了更具体的阐释："人禀七情，应物斯感，感物吟志，莫非自然。"① 这里虽然首先考察诗的品格，肯定其具有内在之情与外在之物彼此交融的特点，但同时也指出了情感发生的自然性质；所谓"情以物兴""物以情观"②，亦表明了这一点。韩愈进一步将情与性联系起来，强调了情的自生、自然之维："性也者，与生俱生也；情也者，接于物而生也。"③ 依此，则情形成于人与物的互动过程，自然而然。

作为自然而生的意识趋向，情并非仅仅形之于外，而是具有内在性的特点。中国哲学对"恭"与"敬"作了区分，认为"恭在貌，敬在心"④，恭主要侧重行为方式，敬则关乎人的态度，唯有后者，才属内在意识层面的情感。钱大昕对此作了更为具体的解说："恭敬、辞让，本非两事。舍让而言敬，则空虚无所着，虽曰言敬，而去礼愈远矣。"⑤ 情感既是人的意识的自然流露，也是内在之情的真切表达。它不同于外在的姿态，也有别于行为过程中的做做样子。"恭"与"敬"的区分，从一个方面展现了这一点："恭"仅仅表现为顺从的样貌，不一定具有内在真情；"敬"则是一种发自内心的情感，其中包含敬重等内在意识。孔子在谈到孝时

① 《文心雕龙·明诗》。

② 《文心雕龙·诠赋》。

③ 韩愈：《原性》，《韩昌黎文集校注》，上海古籍出版社，2014 年，第 22 页。

④ 郑玄：《礼记·少仪注》。

⑤ 钱大昕：《十驾斋养新录》卷一八，上海书店出版社，2011 年，第 350 页。

指出："今之孝者，是谓能养，至于犬马，皆能有养；不敬，何以别乎？"① 这里的"养"，是物质层面的赡养，如果仅仅注重这一层面，缺乏内在的关切，则并未达到真正之孝；"敬"则表现为内在的敬重之情，它构成了孝的实质规定。"养"与"敬"之别，从一个方面体现了情的内在特点。

从意识的层面看，情与感性的欲求有着更为切近的关系。荀子曾比较明确地指出了这一点："夫人之情，目欲綦色，耳欲綦声，口欲綦味，鼻欲綦臭，心欲綦佚。此五綦者，人情之所必不免也。"② "食欲有刍豢，衣欲有文绣，行欲有舆马，又欲夫余财蓄积之富也；然而穷年累世不知不足，是人之情也。"③ 饥而欲食、渴而欲饮，热衷于物质层面的生活享受，都属人之常情，自然而然。这既体现了情的自然特点，也展示了情的感性之维，后者使之呈现非理性的特点。

然而，情虽不同于理性趋向，但又与理相关。朱熹在解释孟子思想时，曾指出："恻隐、羞恶、辞让、是非，情也。仁、义、礼、智，性也。"④ 这里所说的恻隐、羞恶、辞让、是非，即四端之心，在朱熹看来，它们都属情。恻隐、羞恶，分别与同情心、羞耻感相关；辞让一方面涉及理性的自觉，另一方面又内含谦卑之情；是非则不仅涉及真假，而且关乎善恶，后者与道德情感相联系。情的以上方面，分别对应于仁、义、礼、智，后者又以理为内容："仁是爱之理，义是宜之理，礼是恭敬、辞逊之理，知是分别是非之理也。"⑤ 从逻辑上看，恻隐、羞恶、辞让、是非之情与仁、义、礼、智之性相关，后者又展开为理的不同方面，从而，情既展现为感性的欲求，又并非与理性完全无涉。从现实的形态看，情固然主要体

---

① 《论语·为政》。

② 《荀子·王霸》。

③ 《荀子·荣辱》。

④ 朱熹：《孟子集注》卷三，朱杰人等主编：《朱子全书》第6册，上海古籍出版社、安徽教育出版社，2002年，第289页。

⑤ 朱熹：《朱子语类》卷二〇，《朱子全书》第14册，第693页。

现了感性之维，但无论是恻隐、羞耻之情，还是辞让、是非之心，都在不同层面渗入理性的规定。在此意义上，情与理并非截然相对。

与心、情相关的是性。事实上，情的讨论，已与性相关。从原初的意义看，性往往指本然的规定，所谓“不事而自然谓之性”①，便表明了这一点。这一视域中的性尚未与人的活动或人之所为（事）发生任何关联，情作为自发或的趋向，则被认为源于这一意义上的性：“情生于性。”② 在以上层面，情与性呈现初始的关联，王夫之由此肯定：“情者，性之端也。循情而可以定性也。”③ 此所谓“情者性之端”与“情生于性”顺序相异［在“情为性之端”中，出发点（端）为情；肯定“情生于性”，则意味着以性为源或端］，但所指相通，故两者可互换，它从本原的形态肯定了情与性的联系。

当然，从更为实质的内涵看，性同时涉及意识、心理、精神之中的理性品格，当朱熹指出仁、义、礼、智之性分别与理相关之时，已经肯定了性的理性内容。在谈到性的总体特征时，朱熹更为明确地指出了这一点：“性只是理。”④“性者，人所受之天理。”⑤“性便是心之所有之理。”　“性即理也。在心唤做性，在事唤做理。”⑥ 如此等等。这一意义上的性以理为其内涵，一方面，它表明理性之思以普遍之理为依据；另一方面，性作为与理为一者，又构成了理的内化形态。

性即理，主要体现了性在意识层面的理性内涵，但性在广义上又不限于心理、意识之域，而是涉及存在规定。荀子在比较人与其

---

① 《荀子·正名》。

② “性自命出”，荆门市博物馆：《郭店楚墓竹简》，文物出版社，1978 年，第 179 页。

③ 王夫之：《诗广传·齐风》，《船山全书》第 3 册，第 353 页。

④ 朱熹：《朱子语类》卷五，《朱子全书》第 14 册，第 218 页。

⑤ 朱熹：《论语集注》卷三，《朱子全书》第 6 册，第 103 页。

⑥ 朱熹：《朱子语类》卷五，《朱子全书》第 14 册，第 223 页、216 页。

他存在的不同特点时，曾指出："水火有气而无生，草木有生而无知，禽兽有知而无义；人有气、有生、有知亦且有义，故最为天下贵也。"① 这里的"义"被视为人区别于禽兽的根本之点，而义在广义上又涵盖仁、礼、智等方面，与之相关的性，则构成了人之为人的本质。类似的看法也见于孟子。在孟子看来，"人之所以异于禽兽者几希"②。"几希"所体现的，是人兽之别的主要差异。按朱熹的说法，"虽曰少异，然人物之所以分，实在于此"③。使人与物（禽兽）区分开来的这种根本之点，就是孟子一再强调的本善之性。这一意义上的性，已超出了心理、意识的范围，表现为形而上层面的存在规定。事实上，性本身属本质系列的范畴，所谓人性，也就是人不同于其他存在的本质规定。这种规定，具有本体论的意义。

以本质层面的规定为内涵，性同时蕴含"当然"："性是合当底。"④ 如上所言，性以理为内容，作为性的形上根据，理本来包含当然之则，朱熹曾概要地对理的相关内涵作了如下界说："至于天下之物，则必各有所以然之故，与其所当然之则，所谓理也。"⑤ 这里的"所当然"便关乎理的当然义。以理为源，性也与当然相关。人作为社会的存在，需要承担不同的社会责任和义务，这种责任和义务，以当然为其形态，从"父父子子"的伦理义务，到"君君臣臣"的政治责任，传统思想中的"父子之亲"和"君臣之义"作为与人相关的当然，涉及社会生活的各个方面。对中国哲学而言，这种当然或伦理、政治责任，同时由人之性所规定。

就心、性、情的关系而言，心与性融合，引申为志。对中国哲学来说，心本身具有自主性："心者，形之君也，而神明之主也，出令而无所受令。自禁也，自使也，自夺也，自取也，自行也，自

---

① 《荀子·王制》。
② 《孟子·离娄下》。
③ 朱熹：《孟子集注·离娄下》，《朱子全书》第6册，第358页。
④ 朱熹：《朱子语类》卷五，《朱子全书》第14册，第216页。
⑤ 朱熹：《大学或问》，《朱子全书》第6册，第512页。

止也。”[①]“出令而无所受令”体现了意识的自我决定特点，这一意义的心既体现了心的自律，也以内含于心的性为依据，由此，可以进一步引向区别于个体之意的志。在张载那里，便不难看到这一理解：“儒者穷理，故率性可以谓之道。”“盖志意两言，则志公而意私尔。”[②]志与穷理过程相关，故具有普遍、公共的性质，意则表现为个体的心理趋向。作为心性的体现，志呈现正面的意义。与张载有所不同，朱熹尽管也提及志为心之帅[③]，但在总体上又对志与意不作区分，并在由情引向意的同时，进一步将志与意都归为情：“情又是意底骨子，志与意都属情。”[④]从理论上看，志、意、情的如上交融固然肯定了意识现象的相关性，但又容易模糊理性与非理性的界限。从后一方面看，较之张载区分志与意，朱熹的以上理解似乎存在理论上的不足。后来的王夫之则上承张载，对志与意的关系作了较为切实的阐释：“意之所发，或善或恶，因一时之感动而成乎私；志则未有事而豫定者也。意发必见诸事，则非政刑不能正之；豫养于先，使其志驯习乎正，悦而安焉，则志定而意虽不纯，亦自觉而思改矣。”[⑤]个体意向随物而动，容易流于负面之“私”，志则体现了正当的价值方向。相对于朱熹的解说，以上看法无疑更多地回归了中国哲学对志意关系的合理理解。

可以看到，心、性、情作为中国哲学的重要范畴，关乎多重方面，其意义不仅涉及意识之域，而且与本体论、价值论、认识论相联系，从而呈现宽泛层面的哲学意义。以观念性的存在为基本的形态，心在其中具有更为重要的地位，其内涵则包含某种复杂性。一方面，心与作为普遍本质的性相对，首先呈现为个体意识。这一视域中的心性之辨，相应地展现为个体意识与普遍本质的关系。后来理学中的道心与人心之辨，也以此为指向：道心作为理的内化，其

---

① 《荀子·解蔽》。

② 张载：《张载集》，第31、32页。

③ 朱熹：《朱子语类》卷一二，《朱子全书》第14册，第358页。

④ 朱熹：《朱子语类》卷五，《朱子全书》第14册，第232页。

⑤ 王夫之：《张子正蒙注·中正》，《船山全书》第12册，第189页。

实质内涵即表现为性；然而，在形式上，道心与人心同为心，就这一意义而言，心性关系又被置于心的层面，而普遍本质（性或道心）对个体意识的主宰，则成为意识之域的问题。人的意识与人的本质的以上关联，既体现了内向的进路，并可能悬置人与人的交往和人与物的互动，又不同于超验的趋向；早期儒学正是由此提出尽心知性，肯定人心之中即蕴含普遍本质，故尽人之心即可尽性（深入人的本质），并进一步把握形上之天（知天）。前文引述的孟子之语，便喻指此意。① 从形而上的层面看，这一思路区别于从超验之"在"到人的存在，是从人的存在引向超越的存在。另一方面，心又不仅仅限定于个体之域。张载曾指出："合性与知觉，有心之名。"② 这里的"知觉"以广义的意识活动为内容，作为性与知觉的统一，"心"已超越单纯的个体意识，展现了某种综合的品格。在下面将讨论的"心统性情"说中，这一点得到了更为具体的展现。

二

作为与人相关的存在规定，心、性、情之间本身呈现何种关系？中国哲学以"心统性情"为理解以上关系的基本观念。"心统性情"最早由张载提出："心统性情者也。有形则有体，有性则有情。发于性则见于情，发于情则见于色，以类而应也。"③ 以后的中国哲学家，大致接受了这一看法。朱熹便认为："心者，性情之主也。"④ "性以理言，情乃发用处，心即管摄性情者也。"⑤ "性情皆出于心，故心能统之。"⑥ 如此等等。心统性情中的"统"，既指

---

① 参见《孟子·尽心上》："尽其心者，知其性也。知其性，则知天矣。"

② 张载：《张载集》，第 9 页。

③ 同上书，第 374 页。

④ 朱熹：《元亨利贞说》，《晦庵先生朱文公文集》卷六七，《朱子全书》第 23 册，第 3254 页。

⑤ 朱熹：《朱子语类》卷五，《朱子全书》第 14 册，第 230 页。

⑥ 朱熹：《朱子语类》卷九八，《朱子全书》第 17 册，第 3304 页。

包含、涵摄，也有支配、主宰、统摄之意，所谓“心，主宰之谓也”①，便表明了这一点。

从认识论的角度看，心统性情中的心近于康德哲学中的“我思”或“统觉”，具有综合、统一的作用。情与性分别涉及感性规定与理性品格，二者在人的意识结构中并非互不相关。按其内容，心泛指人的精神、意识，在此意义上，心统性情意味着理性与情感均属人的意识或精神，二者在不同层面上受到意识结构的制约。就中国哲学的理解而言，性与情常常被理解为已发与未分，情作为呈现于外（已发）的意识，具有多样的形态，既涉及人的不同情感，也关乎人的感性欲求。性则既可以取得理性之思的形态，也可表现为人之为人的内在规定。以上层面的情与性尽管有已发与未分、体与用等区分，但都内在于同一主体（人）之中，表现为人在观念形态上的相关规定，所谓“心统性情”，即表明了这一存在结构：此处之心，着重从观念形态上指出了这些规定的统一基础。这一意义上的心统性情，体现了对精神世界统一性的肯定：仅仅讲性为未发，情为已发，性与情便难以摆脱彼此分离的形态；以心统性情，则在肯定心的统摄性的同时，将性与情视为同一精神世界的相关方面。这一看法与现代的现象学有所不同。在现象学系统中，舍勒（M. Scheler）是对情感较为关注的哲学家，在情感之中，舍勒又常常赋予“爱”以比较重要的地位。按其理解，爱具有“激发认识与意愿”的作用，“是精神和理性之母”。②这一看法的要义在于情感支配理性，它与后面将论及的休谟（D. Hume）的看法有相通之处。情在精神世界中的主导性，则使精神世界呈现不同于中国哲学所理解的形态。事实上，舍勒也比较明确地肯定了这一点，按其理解，“对人而言，所谓事物的‘本质’的‘核心’始终在他的情性赖以维系之处。凡是远离人的情性的东西，人始终觉得‘似是而

---

① 朱熹：《朱子语类》卷五，《朱子全书》第 14 册，第 229 页。

② ［德］M. 舍勒：《爱的秩序》，生活·读书·新知三联书店，1995 年，第 47 页。

非’和‘不在其位’”。[①] 以性情而非广义之心为核心，精神世界似乎难以达到真正的统一。

“心统性情”同时涉及价值系统，与之相关的统，则具有统摄、主导之意。朱熹在谈到这一点时，特别指出：“统，如统兵之统，言有以主之也。”[②] 情既是价值本体的呈露（恻隐、羞恶、辞让、是非，分别构成了仁、义、礼、智之端），也是内在意识在现实世界中的多样展现（喜、怒、哀、惧、爱、恶、欲表现为情感的不同形态）；性作为本质层面的规定，决定着意识活动的价值方向；具有主导或统摄意义的心，则同时以根据、本体为其内涵。心的主导（“心统性情”）不仅在价值层面引导着性、情的发展，而且具有成就人性的作用。胡宏曾指出：“心也者，知天地，宰万物，以成性者也。”[③] 从心与物的关系看，心可以把握对象，宰制万物；就心与人自身的关系而言，心又能够基于意识能力，通过以心成性的过程为形成人的本质提供前提。可以看到，“心统性情”既在功能之维表现为意识活动对人的性、情的制约和统摄，也关乎价值意义上成己与成人。王夫之认为“‘心统性情’，统字只作兼字看”[④]，无疑亦注意到了“心统性情”的以上两个方面。

心与情、性的以上关系，同时涉及一体化与对象化的区分。在情感中，情感主体、过程、对象往往融为一体；无论是宗教情感，还是伦理情感，都关乎情感主体与对象的交融，从宗教情感中对超验存在的皈依，到伦理情感中以万物为一体的形式普遍地关切世界，都涉及情感与对象的互融。在认知中，认知对象（所知）与认知主体（能知）则更多地呈现彼此区分的形态。情感的流露与体悟，不同于对这种情感的理性的反思：只有在反思的形态下，情感的表达与情感的对象才区分开来。以广义的理性意识和情意等为内涵，心在整合情、性（“心统性情”）之时，一方面确认了人的内

---

① ［德］M. 舍勒：《爱的秩序》，第 48 页。

② 朱熹：《朱子语类》卷九八，《朱子全书》第 17 册，第 3304 页。

③ 胡宏：《胡宏集》，中华书局，1987 年，第 328 页。

④ 王夫之：《读四书大全说》卷八，《船山全书》第 6 册，第 947 页。

在意识之间以及意识与对象之间的交融和互动，另一方面又蕴含着对情、性或广义意识与对象区分的肯定。

引申而言，“心统性情”中的心可侧重于意识中的意志之维，表示人的意志力量。前述荀子强调心“出令而无所受令”，心的这一品格即主要突出了意识中的意志之维。在此视域中，“心统性情”意味着理性与情感均受到意志的制约。当然，“自禁”“自使”“自夺”“自取”“自行”“自止”之心又与情、性相关，作为具有价值意义的意识，心的以上内涵近于康德（I. Kant）的善良意志，其具体内容涉及实践理性。道德实践的过程中，意志的决断对于行为的选择和决定，具有不可忽视的意义，与之相关的“心统性情”，也内含着实践的品格。

以心沟通性与情，其前提是肯定性与情的相关性。历史地看，《礼记·乐记》已肯定了情与性的不可相分：“是故先王本之情性，稽之度数，制之礼义，合生气之和，道五常之行，使之阳而不散，阴而不密，刚气不怒，柔气不慑，四畅交于中，而发作于外，皆安其位而不相夺也，然后立之学等，广其节奏，省其文采，以绳德厚。律小大之称，比终始之序，以象事行。使亲疏、贵贱、长幼、男女之理，皆形见于乐，故曰：乐观其深矣。”这里通过讨论乐的形成过程，肯定了性与情的关联：所谓“本之情性”，即从发生的本源上，确认了乐的生成以性与情的统一为前提。就内容而言，乐既从一个方面构成了人之情的表达方式，也体现了人之性（人不同于其他存在的本质规定），在此意义上，乐确乎离不开性与情的统一。

《礼记》的以上看法，也为中国哲学中的其他哲学家所承继，王充便是其中之一。当然，较之《礼记》，王充从更为普遍的层面上肯定了性与情的不可分：“情性者，人治之本，礼乐所由生也。故原情性之极，礼为之防，乐为之节。性有卑谦辞让，故制礼以适其宜；情有好恶喜怒哀乐，故作乐以通其敬。礼所以制，乐所为作者，情与性也。”① 这里所说的“治”，是指社会的治理，对王充而言，社会的治理，乃是以人之情与性为本，与之相关的礼乐，也由此生成。值得注意的是，《礼记》所关注的乐，在此进一步引向礼，后者关乎更广的社会秩序与规范系统。社会关系的调节（卑谦辞让），基于人之性，礼的形成（制礼），也以此为出发点。同样，好、恶、喜、怒、哀、乐本来呈现为自发形态的情，它们之引向具有价值意义的敬，离不开乐的陶冶。礼乐与性情的以上关联，使性与情的统一获得了更为深沉的价值意义。

性与情的相通，也体现于人与人之间的日常互动。徐干在谈到君子的交往过程时指出：“故君子之与人言也，使辞足以达其知虑之所至，事足以合其性情之所安，弗过其任而强牵制也。”② 这里的交往虽然以语言为中介，但同时也涉及生活过程的不同方面。以语言（辞）表达人的所思所虑，需要达到言词与知虑的一致；更广意义上的做事过程，则应合乎人之性与情。过度（“过其任”）与强制（“强牵制”），都违逆了人之性与情，以此为形式，既难以形成人与人之间的和谐关系，也无法趋向社会行为的有序化。徐干的以上看法，肯定了“合其性情之所安”在建构合理的社会交往关系中的作用。

当然，对主流的中国哲学而言，心之能够统性情，其前提是心本身与性无法相分。王夫之已指出这一点：“此人心者，既非非心，则非非性。故天下之言性者，亦人心为之宗。”③ 所谓既“非非心”，也“非非性”，其实际的内涵即心性不二。心与性这种联系所指向的，是对理性之思作用的确认。在谈到心之官与耳目之官的关系时，王夫之指出：“盖心之官为思，而其变动之几，则以为耳目口体任知觉之用。故心守其本位以尽其官，则唯以其思与性相应。”④ 这里的知觉，主要指感性层面的意识，思则是与之分别的

① 王充：《论衡·本性》。

② 徐干：《中论·贵言》。

③ 王夫之：《尚书引义》，《船山全书》第2册，第259页。

④ 王夫之：《读四书大全说》，《船山全书》第6册，第1108页。

理性活动，其实质体现于对本质层面规定的把握，故与性一致（“相应”）。心之思与性的以上关联，可以视为张载关于“合性与知觉，有心之名”观念的展开。对心的这一理解，与朱熹有所不同。就心而言，尽管朱熹也肯定“心、性本不可分”①，并以性为内在于心之理，但同时又趋向于以知或知觉言心，强调“所谓知，便是心了”②。由此，朱熹进一步对张载提出了批评和质疑，认为：“横渠之言大率有未莹处。有心则自有知觉，又何合性与知觉之有？”③从逻辑上说，将性与知觉加以分离、以知或知觉规定心，容易偏离“心、性本不可分”的论点，并把心还原至感性的层面，这无疑为理解朱熹本身所赞同的“心统性情”带来了某种理论困难。相形之下，张载与王夫之视域中的心则蕴含着对理性与情意统一性的肯定，后者同时使“心统性情”所具有的综合、统摄义获得了内在的理论依据。

从比较的角度看，中国哲学所肯定的“心统性情”，与休谟的哲学观念存在较为明显的差异。对休谟来说，情感具有价值意义，理性则主要关乎真伪：“理性的作用在于发现真或伪”④，与价值意义上的善恶无关。“道德宁可以说是被人感觉到的，而不是被人判断出来的；不过这个感觉或情绪往往是那样柔弱和温和，以致我们容易把它和观念相混。”⑤ 在休谟看来，相对于情感而言，理性缺乏主动性：“理性是完全没有主动力的，永远不能阻止或产生任何行为或感情。”⑥ “人类在其情绪和意见方面很少受理性的支配。”⑦从中国哲学的角度看，以上观念的内在取向在于突出情而贬抑性，就哲学的层面而言，这种思想进路，表现出比较明显的经验主义

① 朱熹：《朱子语类》卷六〇，《朱子全书》第16册，第1931页。

② 同上书，第1933页。

③ 同上书，第1944页。

④ ［英］休谟：《人性论》下册，商务印书馆，1980年，第498页。

⑤ 同上书，第510页。

⑥ 同上书，第497—498页。

⑦ 同上书，第409页。

趋向。

相对于休谟的哲学取向，康德哲学呈现不同的特点。康德区分感性、知性、理性，这一视域中的理性同时具有形而上的超越意义，知性则近于现在认识论所说的狭义理性。在认识论和伦理学上，康德所注重的都是广义的理性（包括知性与超验的理性），这里特别值得注意的是康德在认识论与伦理学上的分别。在认识论上，康德肯定普遍必然的知识的形成既需要先验的知性范畴（狭义的理性），也需要经验的直观，也就是说，在肯定知性（理性）的同时，康德并没有完全否定经验活动及其结果。然而，在伦理学上，康德则主要强调了实践理性的作用，以合乎普遍的理性规范为道德行为正当唯一根据，强调“仅仅根据这样的准则行动，这种准则同时可以成为普遍的法则（universal law）”①，对经验领域的情感，则基本上作为偏向（inclination）加以拒斥。康德所承认的“唯一情感”，是对道德法则的敬重心。② 这种以道德法则为对象的“敬重”，实质上仍是理性的意识，它并没有离开康德以理性法则为实践理性的至上形态这一哲学立场。就此而言，在道德哲学中，康德所坚持的，主要是广义的理性主义原则。

对情感与理性的以上不同侧重，在中国现代哲学中也得到某种折射。如李泽厚的“情本体”说与新儒家的心性论的相关讨论，便表明了这一点。作为现代新儒家的代表人物，牟宗三在较早的时期即表现出以性为本体的哲学趋向。就性与情的关系而言，性更多地与普遍的理性相关，在这一方面，其哲学进路与晚明的刘宗周有相近之处。刘宗周既受到王阳明心学的影响，又表现出回归性体的趋向。③ 与之相近，牟宗三的心性哲学在上承心学的同时，又一再强

---

① Immanuel Kant, *Grounding for the Metaphysics of Morals*, Hackett Publishing Company, Inc, 1993, p. 30.

② ［德］康德：《实践理性批判》，人民出版社，2003 年，第 101、110 页。

③ 参见杨国荣：《心学之思：王阳明哲学的阐释》，生活·读书·新知三联书店，1997 年。

调性体的主导性，认为“体万物而谓之性。性即是体”，“性为超越的绝对”。① 比较而言，李泽厚提出“情本体”，至少在形式上将情置于更为重要的地位。当然，在李泽厚那里，性与情呈现颇为繁复的关系。在肯定情的同时，李泽厚并未完全否定理性的作用，他一再强调情中有理，理非离情，也体现了以上立场。与之相关，李泽厚常常徘徊于理和情之间：对理性，往往欲拒又迎；对情感，则常常欲迎还拒。从实质的方面看，性与情是人的存在的相关方面，难以截然相分。无论是将人的内在意识还原为情，抑或将其仅仅归属于性，都将偏离人的具体存在。牟宗三之执着于性体，李泽厚之游移于情理之间而强调“情本体”，都在不同意义上表现出疏离人的现实存在的趋向。

从以上前提考察“心统性情”的观念，无疑可以进一步看到其理论意义。基于人的综合意识（心）而融合情与性，“心统性情”既肯定了表现为情的存在规定，又确认了人的理性本质，从而对经验主义与理性主义作了双重超越。就中国现代哲学的演进而言，以“心统性情”为理论出发点，“情本体”与“性本体”之间对峙的扬弃，也在理论层面获得了某种历史前提。

三

在中国哲学中，心性问题的讨论，同时与穷理尽性相联系。《易传》已提出“穷理尽性以至于命”② 的观念，尔后的中国哲学进一步将穷理过程与致知工夫联系起来。朱熹便指出：“大要在致知，致知在穷理，理穷自然知至。要验学问工夫，只看所知至与不至。”③ 从理论的层面看，理构成了性的内涵，性内在于人之心；情则在欲求等层面与理相对，从而，心、性、情在不同意义上与理都无法相分；穷理、尽性与致知的以上关联，使心、性、情的讨论，同时引向人的工夫过程。

---

① 牟宗三：《心体与性体》上册，上海古籍出版社，1999 年，第 483 页；《心体与性体》中册，第 381 页。

② 《周易·说卦》。

③ 朱熹：《朱子语类》卷五，《朱子全书》第 14 册，第 228 页。

就心、性、情本身而言，“心统性情”侧重于三者在精神结构层面的关联。在中国哲学看来，心性本身并非仅仅停留于静态之中，而是始终处于生成过程。《易传》已指出：“一阴一阳之谓道，继之者善也，成之者性也。”① 其中的关切之点即成性。尽管中国哲学中的一些人物以先天性为人性的出发点，从而，成性过程包含着某种复性（回归本然之性）的趋向，但即使以复性为指向，其实现也离不开自我成就的过程。在“成之者性也”之说中，德性的完成或提升固然以本然之性为内在根据，但这种本然之性本身并不构成变化、成就的动力，与之相应，“成”并不是性自身的活动，而是以性为根据而展开的过程，所谓“习成而性与成也”②，这里的“习”即习行活动，这种活动过程在中国哲学中往往取得广义工夫的形式。朱熹曾以“仁”为例，指出工夫的不可或缺性：“且如‘仁’之一字，上蔡只说知仁，孔子便说为仁。是要做工夫去为仁，岂可道知得便休。”③ 这里的“仁”以“恻隐之心，仁之端也”为实质内容，从而既关乎情，也涉及性；仁之离不开工夫，则从一个方面肯定了心性与工夫的相关性。

从中国哲学的角度看，工夫的展开过程，又与命相关。事实上，《易传》所提出的“穷理尽性以至于命”，已经把穷理工夫与命联系起来。朱熹更具体地肯定了二者的关联，并对消极地顺从天命的趋向提出了批评：“‘不能自强，则听天所命；修德行仁，则天命在我。’今之为国者，论为治则曰，不消做十分底事，只随风俗做便得。不必须欲如尧、舜三代，只凭地做，天下也治。为学者则曰，做人也不须做到孔、孟十分事，且做得一二分也得。尽是这样苟且见识，所谓‘听天所命’者也。”④ 历史地看，中国哲学所说的命，大致包含以下含义：其一，天之所命，所谓“天命之谓性”，便表明了这一点。这里的“天之所命”，可以视为形而上层面的超

① 《周易·系辞上》。

② 王夫之：《尚书引义·太甲二》，《船山全书》第2册，第299页。

③ 朱熹：《朱子语类》卷五，《朱子全书》第14册，第228页。

④ 朱熹：《朱子语类》卷五六，《朱子全书》第15册，第1815页。

验赋予。其二，命表现为一种必然的趋向。孔子曾指出："道之将行也与？命也。道之将废也与？命也。"① 这里的命，便指必然性趋向。其三，命运又具有不确定性。中国传统哲学家如荀子讲"节遇谓之命"②，王充也肯定"逢遭于外"的所谓"遭命"③，等等，其中都关乎命或命运中的偶然性这一面。总体而言，一方面，命非人所能左右——以上三重意义上的命，都不是人所能支配的；另一方面，命又与人的活动相关。

与以上内涵相联系，命无法疏离于人的存在：物或对象中的普遍规定，主要以道、理、法则等为表现形式，其特点表现为外在于人；命则即使表现为必然趋向，也与人的活动不可分离。可以说，唯有人（作为个体的人或作为社会的人），才有命或命运的问题。人的存在，具体展开为人做事的活动过程，做事过程则以工夫为其实际内容。朱熹所说"为治"和"为学"作为人做事的过程，表现为治理社会和学术研究的不同活动。对中国哲学而言，这种活动与人自身的作用便无法相分，其结果也离不开人的作用的充分发挥。如果不能做得"十分底事"，仅仅限于"一二分"，则无法达到理想的目标。而不能做得"十分底事"，则意味着"听天由命"或离人言命，亦即单纯地顺乎外在之命，而在实质上放弃人的真正作用。

就命的基本涵义而言，其三重内涵（天之所命、外在必然、偶然节遇）固然非人所能左右，但并非与人的作用完全无涉。天之所命，提供了行为的根据，这种根据诚然非来自人的作用，但却构成人的作用的前提。成性首先展开为人的活动，但其出发点，则是既成之性（天之所命或天之所赋的本然之性）。程颐认为："性之本谓之命。"④ 王夫之进一步指出："夫天之生物，其化不息。初生之

① 《论语·宪问》。
② 《荀子·正名》。
③ 王充：《论衡·命义》。
④ 程颢、程颐：《二程集》第1册，中华书局，1981年，第318页。

顷，非无所命也。何以知其有所命？无所命，则仁、义、礼、智无其根也。”① 依此，天之所命便可视为成就人性的根据（“本”“根”）。作为外在的必然，“命”对人的活动无疑构成了某种限制，但在把握这种必然之后，人仍可以有所作用，荀子所提出的“制天命而用之”②，便确认了这一点。以“节遇”为形式，“命”展现了人的存在中偶然的一面，但在中国哲学看来，这种偶然性主要与“在外者”相关，除了这一方面，还有“在我者”，孟子已指出这一点：“求则得之，舍则失之，是求有益于得也，求在我者也。求之有道，得之有命，是求无益于得也，求在外者也。”③ 与之相近，荀子在肯定“制天命而用之”的同时，也在心性层面区分了“在己者”和“在天者”④。“在我者”或“在己者”主要关乎德行的涵养、提升，“在外者”或“在天者”则涉及物质境遇。人的内在品格、理性能力、价值取向等方面属“在我者”或“在己者”，在这方面，人自身具有决定的能力；物质境遇更多地表现为“在外者”或“在天者”，其好坏取决于作为“节遇”的“命”，无法由自我主导。朱熹之反对“听天由命”，主要是就“在我者”或“在己者”而言，前面朱熹所说的“为治”和“为学”，在广义上也属这一方面，它们的价值指向，是“成性”。

在耳目四肢所涉及的感性欲求与仁义礼智的分别中，性与命的关系得到了更具体的展示。孟子指出：“口之于味也，目之于色也，耳之于声也，鼻之于臭也，四肢之于安佚也，性也，有命焉，君子不谓性也。仁之于父子也，义之于君臣也，礼之于宾主也，知之于贤者也，圣人之于天道也，命也，有性焉，君子不谓命也。”⑤ “口之于味”意义上的性，指感性的趋向。在中国哲学看来，感性欲求主要与命（不受人支配的外在力量）相关，而与人的本质（性）

① 王夫之：《尚书引义·太甲二》，《船山全书》第2册，第299—300页。
② 《荀子·天论》。
③ 《孟子·尽心上》。
④ 《荀子·天论》。
⑤ 《孟子·尽心下》。

无关，故“不谓之性”（人的本质）；“仁之于父子”“义之于君臣”意义上的命，本来是作为社会责任或义务的“当然”，但在中国哲学中，这种当然之命往往被赋予必然的性质，所谓“孝弟者天之所以命我，而不能不然之事也”①，便明确地表现出化当然为必然的趋向：孝悌本来属“当然”（应该如此），却同时被视为必然（“不能不然”）。作为必然，它同时与人的本质（性）相关，而不能简单归之为“在外者”或不受人自身支配的外在力量（“不谓之命”）。这一意义上的命，常常被理解为“由我”而“不由他”：“至‘义之于君臣，仁之于父子’，所谓‘命也，有性焉，君子不谓命也’。这个却须由我，不由他了。”② 总体上，性有感性与理性之分：味、声、色等欲求既与人的自然之情相关，也在感性层面体现了人的本然之性，“仁之于父子”“义之于君臣”的社会责任则在理性之维展现为人之性；命有“在外者”与“在我者”之分，二者一方面都与人的存在相关，另一方面又以不同的方式制约着人的践行。

在中国哲学的历史脉络中，体现感性欲求的命，常被视为“在外者”或“在天者”，与之相关的命非人所能左右；表现为理性要求的命，则往往被理解为“在我者”或“在己者”，所谓“天命在我”“由我不由他”，主要便涉及后一方面。不过，就更广的视域而言，与感性需要和理性意向相关的命，同时又指向宽泛之域中的变革自然，所谓“制天命而用之”，即与之相涉。这里同时可以注意到荀子对命理解的二重性：在心性层面，荀子区分“在己者”与“在天者”；在更广的天人关系上，荀子又肯定人可以基于对必然法则的理解作用于自然。后一意义上人对命的作用，以化“天之天”为“人之天”为内容③。“天之天”即本然的自然，“人之天”则是打上人的印记的对象，将“天之天”化为“人之天”的意义在

① 朱熹：《论语或问》，《朱子全书》第6册，第613页。

② 朱熹：《朱子语类》卷九八，《朱子全书》第17册，第3308页。

③ 王夫之：《诗广传·大雅》，《船山全书》第3册，第463页。

于以人的知、行活动作用于自然，通过自然对象的变革或本然存在的转换以合乎人的多方面需要。当然，在心、性、情的论域中，主流的中国哲学趋向主要体现于区分“在我者”或“在己者”与“在外者”或“在天者”这一衍化进路。

性与命的以上关联，在《周易》关于“乾道变化，各正性命”① 的表述中，也得到了肯定。性命之学关乎人性和命运，对中国哲学而言，人性既包含相近的可能，也具有可塑性，孔子“性相近也，习相远也”② 之说，已对此作了确认。同样，与人相关的命也不仅有必然的一面，而且关乎偶然性。所谓“各正性命”，同时包含以上诸种含义。“乾道”以普遍之道为题中之义，在普遍之道的变迁中（“乾道变化”），人的活动既受制于必然性，又本于道而有所作为，所谓“分于道谓之命，形于一谓之性”③，由此各安其位、各正性命。王夫之说：“一禀受于天地之施生，则又可不谓之命哉？天命之谓性，命日受则性日生矣。”④ 就本然的层面而言，天之所命构成了人性的最初出发点，作为普遍的本质，性具有非人所能决定的一面，天命之谓性，也肯定了这一点；这一既成之性规定了人的发展可能、发展根据。但人性的现实内容，则是在后天的习行工夫中逐渐形成、发展的。性日生日成，便确认了人性同时经历发展过程，其实际的内容表现为可能的实现以及与之相关的人的存在规定的逐渐丰富。在人的存在过程中，性的既成性（非经过人的选择而形成）与性日生日成（可能在知行工夫的发展中不断实现）并行而不悖。

不难注意到，心、性与命的相关性，乃是基于人的存在及其作为；“心统性情”则以成性为指向，这一过程既关乎命，又以人自身的作用为前提，所谓“由我”而“不由他”所强调的便是这一点。在中国哲学中，命通过“天之所赋”而展现为心体与性体的根

---

① 《周易·乾·彖》。

② 《论语·阳货》。

③ 《大戴礼记·本命》。

④ 王夫之：《尚书引义·太甲二》，《船山全书》第 2 册，第 301 页。

据，这种根据又进一步为心体和性体的发展提供了内在可能；以必然趋向与偶然节遇为实际内涵的命，则作为成心和成性工夫的条件而制约着这一过程。由此，命与心体、性体的关系获得了二重维度：一方面，它作为本体和根据而构成了成性和成心过程的出发点；另一方面，它又在必然和偶然两个方面表现为成性和成心过程展开的条件。旨在成心与成性的"由我"之行或人的作为，具体即以人的工夫为实际内容，而统摄性与情的心体，最终则源于人自身的这种工夫："心无本体，工夫所至，即其本体。"① 尽管一些哲学家将心体与先天赋予联系起来，但如上所述，心体的这种先天性又不同于现实的精神形态，而是具有内在根据或可能的意义。对中国哲学而言，即使承诺心体的先天性，这种先天心体也只是构成了工夫的出发点，仅仅停留在这种形态，则"虽曰知之，犹不知也"。② 对心体意义的真正理解，离不开工夫的展开，所谓"做得工夫的，方识本体"③。这一思路的逻辑发展，便是确认：从终极的层面看，心体本身形成或完成于人的工夫过程，"心无本体，工夫所至即其本体"即以此为实质的内涵。如果说，"天命之谓性"或天之所赋以形而上的形式预设了人性和人心的先天性，那么，工夫所至即心本体的命题主要通过肯定基于命的后天工夫，对人性和人心的这种先天性作了某种扬弃。中国哲学中的心、性、情与性命之学的关系，在此得到了更广层面的展现。

要而言之，中国哲学中的心、性、情既包含多重内涵，又涉及不同维度。从内在的结构看，心、性、情融合于心，所谓"心统性情"，便侧重于三者的内在关联；就心、性、情本身的起源与衍化而言，其变迁又关乎性命之学。对中国哲学来说，心、性、情的发生和成就，基于不同形态的根据和条件，如果说，"天命之谓性"

---

① 黄宗羲：《黄梨洲先生原序》，《明儒学案》上册，中华书局，1985 年，第 9 页。

② 王守仁：《大学问》，《王阳明全集》中册，上海古籍出版社，2018 年，第 1070 页。

③ 王守仁：《传习录拾遗》，《王阳明全集》下册，第 1287 页。

以天之所命的形上形式规定了意识的内在可能，那么，兼含必然与偶然的命，则构成了成性或成心（意识和精神形态的发展）工夫展开的多样条件。以命为根据和条件的工夫过程，最终指向统摄情与性之心体的完成。

原载《南国学术》2023 年第 1 期

道器形上学新论

陈少明①

形而上学（简称“形上学”）是个久假不归的重磅词。这词原本有中文的经典出处，但在它被用来与西文的 metaphysics 配对翻译之后，一会儿是研究存在（being）性质的学问，一会儿是孤立、静止、片面的思想方法的代名词，最近还被用来当作断定中国传统没有哲学（philosophy）或哲学不够正宗的依据。了解这个词被“借出”后的是非得失或恩怨情仇，堪比研究一部西方哲学在中国的接受史。但本文不准备承担这一任务，而是打算把它悬搁起来，或者说让“形而上学”与 metaphysics 暂时脱钩，以便回到它的本义上。“形而上者谓之道”，“形而上”在历史上的首次出场，就是与中国哲学最核心的范畴“道”搭配而来的。在中文语脉中掌握它的要义及演变，同时揭示其内涵与古典中国文化经验的内在联系，对今日做中国哲学，是更值得努力的工作。虽然，这个“形而上”的对象究竟是什么，我们不敢妄称知“道”。但是，它如何呈现在我们的思想传统中，则可以尝试通过反思来探索。意义就在于隐蔽的精神机制之中。

一、观器

“道”不只是哲学概念，诸子百家都言“道”。《庄子·天下》就感慨“道术将为天下裂”，因此，“道”也是古典思想文化的核

---

① 作者简介：陈少明，中山大学哲学系教授。本文系作者在北京大学“严复学术讲座”（第十三届，2021 年 12 月 8 日）所作同名报告基础上改写而成，并刊于《哲学研究》2022 年第 10 期。

心词汇。近代章太炎《原道》，就以为诸子言道，多指治国理政的方略，或者道术。①实际上，只有道家特别是老子，还有《易传》所言之“道”，才具哲学的意味，因为其“道”已成为反思的对象，故老子说它视之不见，听之不闻，搏之不得；《周易》则称它为“形而上者”。两者套路相近，但后者透露出与历史文化关联深厚的信息。“形而上者谓之道，形而下者谓之器”，道器匹配，由此入手，可以打开进入古典文化世界的思想门径。

道若隐若现，器则触目皆是，问道莫若先观器。《说文解字》说“器”字“象器之口，犬所以守之”，大概指起源于器皿之意。有若干儒家经典，集中保存三代关于器的基本信息。以《易·系辞》、《礼记·礼运》和《尔雅》为例，《系辞》概述了从“观物取象”到“观象制器”的原理：“圣人有以见天下之赜，而拟诸其形容，象其物宜，是故谓之象。”“见乃谓之象，形乃谓之器，制而用之谓之法，利用出入，民咸用之谓之神。”同时，借《易》卦象功能的揭示，概括描述了器的发明史。从“古者包牺氏之王天下”到“神农氏作”，再到“神农氏没，黄帝、尧、舜氏作”，即从狩猎到农耕及早期工商时代各种器物的产生或应用。内容包括生产工具与生活用具，前者如“作结绳而为罔罟”“斫木为耜，揉木为耒”“服牛乘马，引重致远”“弦木为弧，剡木为矢”“断木为杵，掘地为臼”，后者如“垂衣裳”“易之以宫室”等。《礼运》则在论述从“夫礼之初”到“礼之大成”的整个过程中，与社会、精神生活发展的关系，同时展示对各种器具及应用的描写。如祭祀活动中，酒食的陈列和告祝的对象、内容，以及期盼的社会效果。这些器具称作礼器，它包括如麻丝、布帛、台榭、宫室、牖户、鼎俎、簠簋、笾豆、铏羹等由日常生活用具移用而来的器物，也有特别为礼仪制作的琴瑟、管磬、钟鼓等。《尔雅》作为古典辞书，除专门的《释器》外，还有专篇的《释宫》和《释乐》。简言之，器的制

① 以道为术的集中见解，可参见张舜微：《周秦道论发微》，中华书局，1982年。

作与运用，覆盖着物质、社会和精神（宗教与艺术）等人类生活的各个领域。器是人类力量（物质与精神）的见证。

器为有形之物，但与一般自然物不同，器是人为达到特定的目的而制作或利用的物品。上述文献展示的器物可分两大类：一类是实用物，即利用材料的物理特性制作的生活与生产用具，它直接满足人们对物质生活的需要，是社会生活甚至是文明发展的基础；另一类是象征物，它是用以表达观念与社会行为的器具。象征物的价值不在于其材料特性，而是被赋予的某种非物理的精神意义。人可通过对其作特定的操作（设置或展示）来表达自己的行为意愿。礼器是其中之大宗，它既可用于致敬鬼神，也可用于规范人伦，如别贵贱或辨主客。礼器可以从实用物转手，也可以特制，如各种旗帜、佩饰及乐器，包括权力的象征如古代的九鼎或帝王的服饰、玉玺。此外，还有另一些似乎也是象征物，但与一般礼器功能很不一样的品类，这就是货币与文字。

《系辞》说，“日中为市，致天下之民，聚天下之货，交易而退，各得其所”。这是对早期商品交易的描写。其中的“货”即货物或商品，本为日常用品，一旦用于交换，物就变成“货”，交易时其作为用物的使用价值便转变为作为商品的交换价值。虽然使用价值是其交换价值的基础，但货的意义在后者。后来便发展出用于代表一般交换价值的特殊商品“货币”。货币包括价值的计算、储存与交换多种功能。它就是象征物，即表示财富的符号。但它不仅代表财富（不是某种具体的财物），同时还通过交换提供财富在社会中流动的机会。原始的货币有贝壳、玉石，后来是黄金、白银。把它们当作“器”，虽然其“器用”很特别，但很好理解。而且，一开始这“物”还有一定的材料价值，变成纸币后，材料价值与交换价值便完全不对称。当人们看到货币时，并非看到金银或钞票，而是直观到财富，发财致富直接就是赚钱。结果是，货币僭越价值，手段取代目的。现在又有数字货币，只有“象”而没有形，连物质形态的材料都不需要。这意味着，随着技术的发展，这种价值对载体的需要变得可有可无，它只是财富或社会经济价值的符号。

不若钱币，文字很少被人当作一种“器”。但是《系辞》说，

“上古结绳而治，后世圣人易之以书契，百官以治，万民以察”。结绳就是在绳子上打结，用于提示某种事实。“仓颉之初作书，盖依类象形，故谓之文。其后形声相益，即谓之字。文者，物象之本；字者，言孳乳而浸多也。著于竹帛谓之书。”（《说文解字》）“书”原本应是刻画出来的某种符号，契是两片骑缝上刻有记号的竹子的拼合，故书契可能是用于通过比对契合（或符合）的符号，它携带着让多人能够共同确认的信息，类似于兵符。今天知道，汉字的前身是甲骨文。那些刻在动物骨骸上的类象形符号，其传达意思的复杂性，远非结绳的作用可比。象形为文，声读成字，刻写即书。在特定的固体材料上镂刻某种符号，并以其作为某种信息的载具，完全符合制作器物的定义，只是它不是实用品而是象征物而已。那么，通常我们为何不把文字视为器呢？原因在于，作为载具的材料从石壁、木板，到甲骨、竹帛，再到纸张，甚至银幕、荧屏，不断变换，让人感到文字是脱离物质材料而存在的。虽然字义不能离开字形，但阅读现象学揭示，我们的阅读体验是，当眼睛读到文字符号时，意识注意的不是字形，而是直接指向字义，包括被字义唤起的意象或观念。①而且，阅读是以意群组合的方式进行，而不是一个个的字形辨识后再串联起来认识的。除非你不是阅读文章，而是欣赏书法。②同时，文字可以转化为声音，当阅读转化为朗读时，听者不需要文字而是借助语音，便可获得相应的意义。字的形质一

① [波] 罗曼·英加登：《对文学的艺术作品的认识》，中国文联出版公司，1988 年，第 16—21 页。

② 海德格尔曾引述日常的观点：“相反，当我们把数字‘5’也叫作物的时候一定会犹豫不决，人们不能抓到数字，既不能看到也无法听到。同样，‘天气真糟糕’这句话也不应该被当作一个物，单独的一个词‘房子’更不是物。我们直接把‘房子’这个物和指称这个物的词区分开来，还有那些我们在某种场合保留或背离的立场或看法，我们也不把它们称为物。”[（德）马丁·海德格尔：《物的追问》，上海译文出版社，2016 年，第 4 页。] 正常情况下，没有人因为字有形而视其为物，如“5”，“房子”也然。但“房子”这个词作为有形之字，与其所指称对象的物，是不同层次的“物”。海德格尔对此未能加以区分。

旦被忽略，作为“器”的形象就容易被漠视。当然，与日用器具相比，文字现象从器到义，需要以字形作为中介。此即文字呈现在材料上，而字义寄隅于字形中。这情形，颇类于从钞票直观到财富，对钞票的质地与图案常常不放在眼里一样，两者的结构是一致的。

如果要归类，文字与货币，关系最密切。一开始，两者对材料的选择都有一定的要求，文字所附着的材料，需要合适的质地，货币则要求相对稀缺的物品。但两者的发展过程表明，材料只是临时的载具，意义在于其符号价值。不过，货币的意义单一或者抽象，它把所有的财富或物质的使用价值均折算为“价值”，把财富均质化，并以价格标示出来。其信息内容的区别，只靠文字中的数字便能显示。它可以储存，也可用来处理财富交换与流通。文字则是信息最基本的载体，其负载的内容丰富复杂。不仅思想，甚至物质都得借助它才能交换或流通。货币的数字也属于文字。与实用物的价值受制于人的生物需求不同，象征物的功能是社会形成的。之所以称象征物，是因为它起源于“象征”的思维机制。①如“观物取象”和“观象制器”，包括象形文字，一开始都是可以直观的，意义复杂化或影响扩大以后就靠约定。有些约定依习俗，有些则靠制度化。部分象征最终演变为需要定义的符号。礼器、货币与文字，都在不同程度存在着这种情况。

更特殊的器，不是物，而是人。拟人为器，并非新观点，而是从孔子开始的说法。《论语・八佾》中，孔子批评“管仲之器小哉”；《公冶长》中则把子贡比喻为有类于“瑚琏”一类的礼器。然而在《为政》中，孔子又声言“君子不器”。夫子重器，主要是礼器。其对人的观点，往往依礼的立场来看评价对象所起的作用或所处的位置。循此思路，每个人首先有自立的身体，即形。虽然生育不是制作，但对人的养育是一个寄托着希望的过程。不但父母有培养子女成才的理想，社会与文化也有施加其影响的价值标准。所谓成才，即是成器。其他生物再重要，如果与人的生活不关联，都

① 参见陈少明：《作为精神现象之“物”》，《孔学堂》2021 年第 4 期。

不会独立列入器的范围，因为它们没有人所寄托的理想。器需要保养维修，所以人不但要培养，还要修养。修养不只是修心，还要修身。①身不仅是心的载体，也是礼的承担者。有个专门词叫“躬”，指礼仪式的身体，如鞠躬或躬行之躬。要讲究容颜（所谓“色难”）甚至涵养气象。器是制作（或培养）出来的，但投入运用才显示其意义。然而，人有自我，而非人之器物则没有。自我包含形之神，或身之心。自然器具是由人使用的，人不然，人既受他人的支配，也可能支配他人，更要自我支配。“成器”是社会的观点，“成已”则是自我的要求。自我的要求既包括接受或同社会要求妥协的一面，也有生命体的内在表达。后者除饱暖情欲外，还有身体机能的展示，如歌咏、舞蹈或运动。此外，更重要的是，这个作为自我的“神”（或“心”）在支配利用物的同时，还产生一套相关程序及其理想的观念。

这样排列下来，器物世界可分五个层次。分别为自然物（器物的资源或“物欲”的对象）、日用物（生产与生活用品）、象征物（礼器、艺术品与文物）、功能物（从象征物中派生，如货币、文字）与人物。人物几乎是不被注意的器。人作为器，既在整个器物系统之中，又在器物系统之外。人是器的组成部分，但器也为人所设。“君子不器”，人还有超然器外的抱负，是唯一会否定自身为器之“大器”。观器虽未必见道，但探其形之大略，则庶几找到进入文明之门的路径。

二、即器言道

道器相连，从道的观点看器，器可能就是道坚实的身躯；但从器的立场观道，则道是器曲折的投影。器之道，即器的各种作用、用法和秩序。先讲基础的器，实用器具。每一种器具都有特定的作用，衣裳可以保暖（或遮羞），车舟用以致远，宫室适于居住，刀

---

① 参见陈立胜：《轴心期之突破——“身”何以成为“修”的对象?》，《从“修身”到“工夫”——儒家“内圣学”的开显与转折》，台湾大学人文社会高等研究院、东亚儒学研究中心，2021 年，第 67—72 页。

枪用于战斗。更早的石块，基于形状或大小的不同，可以当作武器、刀具甚至椅桌。器与自然物的差别，在于我们赋予它一定的用途。这种用途或者目的，不是在制造时预先设计，就是在选用时打量盘算。早期的用品，特别是那些制作成分不高的简易器物，如石器，或者盛具、衣衫，作用是一目了然的。器的制作（或选择）与使用，可以是同一个人直接操作。即使是结构稍复杂点的车马，由于古代技术变化缓慢，即便局部上有所变化，人们也能触类旁通加以利用。车用马拉，或者用牛、用骡，甚至用人，都不妨碍大家把其当车用。也就是说，很多用器具从器形就可以直观到其器用。因此，道器相即，不必离器言道。

然而，在技术进步之后，更复杂的器具出现，制作与使用，便不是同一个人。器的目的，首先存在于制作者的构想中，通过设计制作，才成为器内在的用途。而这种作用是潜在的，只有通过正确的使用，这种内在作用即器之道才能得到实现。虽然马车、牛车常人都知道，但对诸葛亮的木牛流马就未必。掌握其驾驶技术的士兵，就能御器致用；不能掌握者，即使拥器也未见得知道。随着科技的发展，更分离出两套技术，一套是设计制造，一套是使用操作。制造者考虑如何操作，操作者则不必知道如何制造。由于器的作用是通过操作体现的，有可能存在使用者不懂或错误操作的情形，这就是器、道分离的现象。当然，这不等于说，原始的器具就没有操作的差别。想象《庄子》中解牛的庖丁就可知道。庖丁解牛的那把刀，原本平淡无奇。使用类似的刀，有人一月一换，有人一年一更，庖丁一把刀愣是用了十九年，还完好无缺，宛如新刀。原因在于他比别人技高一筹。庄子笔下这类神乎其技的人，如挥斧斫垩的匠人、操舟若神的津人、堂下斫轮的轮扁，用器都极简单或普通。庖丁的答案是“臣之所好者道也，进乎技矣”，操作要领是“以神遇而不以目视，官知止而神欲行。依乎天理，批大却，导大窾，因其固然”。这个“天理”也就是“道”。这样看来，还得区分两种操作技术，一种是知识复杂，但动作简单，典型者如算盘的使用；一种是知识简单，但动作微妙，需要全身心综合运用，如解牛。一般来说，现代技术的发展，导致现代器械的操作，越来越偏向前一类型，但不意味着后一类的技术会被淘汰，技艺性的能力在艺术、体育等大众热爱的事业中绝对不可或缺。重要的还在于，这种通过技的运用体现的道，意味着道不是一种抽象观念，而是实践过程。①用器之道，从人类支配、征服自然开始。

用器之后，再讲礼器。礼的意义，就是树立权威，维护秩序。《中庸》这样描述礼器、礼仪与礼义三者的关系：

> 春秋修其祖庙，陈其宗器，设其裳衣，荐其时食。宗庙之礼，所以序昭穆也；序爵，所以辨贵贱也；序事，所以辨贤也；旅酬下为上，所以逮贱也；燕毛，所以序齿也。践其位，行其礼，奏其乐，敬其所尊，爱其所亲，事死如事生，事亡如事存，孝之至也。郊社之礼，所以事上帝也，宗庙之礼，所以祀乎其先也。明乎郊社之礼、禘尝之义，治国其如示诸掌乎。

荀子的概括更简洁："上事天，下事地，尊先祖而隆君师。是礼之三本也。"（《荀子·礼论》）这"三本"即权威，包括宗教的、血缘的与政治的。秩序则是等差有别："君子既得其养，又好其别。曷谓别？曰：贵贱有等，长幼有差，贫富轻重皆有称者也。"（《荀子·礼论》）"三本"是礼权威的根源，"养"与"别"是礼的功能。《礼记·礼运》的"夫礼之初，始诸饮食"，说的就是"养"。不过不限于饮食，衣衫、宫室也是养的条件。食也有从茹毛饮血到熟肴甘醴的变迁。《中庸》的"设其裳衣，荐其时食"是"养"，而"序昭穆"或"序爵""序事""序齿"则是"别"。"事死如事生，事亡如事存。"《礼运》也表明，从"养生送死"到"事鬼神上帝"，都有成熟配套的制度安排，目的便是"以正君臣，以笃父子，以睦兄弟，以齐上下，夫妇有所"。"别"就是等差安排，也即"序"。所以，孔子对季氏"八佾舞于庭"难以容忍，因不守礼而责"管仲之器小哉"，斥提议缩短"三年祭"的宰我"不仁"，都是基于遵礼的立场。

---

① 参见庞朴：《解牛之解》，《当代学者自选文库——庞朴卷》，安徽教育出版社，1999年。

祭礼上，“故玄酒在室，醴盏在户，粢醍在堂，澄酒在下，陈其牺牲，备其鼎俎，列其琴瑟管磬钟鼓，修其祝嘏，以降上神与其先祖”（《礼记·礼运》）。祭器是特定的重要礼器，其中很多盛放食物的器皿，是借用或复制日常食具而来的。但其作用，并不通过饮食过程体现，而是在祭仪上展示。祭器的使用过程，除“陈其宗器，设其裳衣，荐其时食”外，祭拜者的身份与位置，祝告文辞，还有音乐的选择，也特别重要。所谓“践其位，行其礼，奏其乐”，就是祭祀行为。这种情况下，人就是礼器系统的一部分，意义就在这个程序中。程序是礼仪的要求，它可能有一个发展的过程，但又是相对定型，在一个共同体内一起遵守的。孔夫子入太庙要“每事问”，问的就是这些复杂的规程。他说：“俎豆之事，则尝闻之矣；军旅之事，未之学也。”（《论语·卫灵公》）“俎豆”指的就是礼器。孔子的礼乐知识是通过问或闻，即学习来的，不是自行主张的。礼需要学习和训练。整个祭祀活动中，最重要的是拜祭的对象。与其他各种器的展示不一样，它是不现身的。神对祭品的享用，常人也看不到。但是，“祭如在，祭神如神在。子曰：‘吾不与祭，如不祭。’”（《论语·八佾》）道场一开始，神灵就自然在。因此，祭之道，就在于从可见的活动看到不可见的神。祭礼、丧礼相类，《礼记·问丧》说“辟踊哭泣，哀以送之，送形而往，迎精而反”，意味着故者的“形”即将消逝，返留回来的只是脱离形体的“精气”。生命是身心统一体，在生曰心，逝后称精或神。逝后，其精（或神），就借祭场而莅临。这就是祭的意义，或祭之道。当然，也存在追求“俎豆”与“军旅”结合者，秦始皇陵中秘藏的兵马俑军团就是历史的见证。

《礼记·礼运》提到祭礼上酒的种类很多，“玄酒在室，醴盏在户，粢醍在堂，澄酒在下”。故酒具自然少不了，虽然没有具体的描写。酒不是生存必备的食品，它耗费粮食，对精神能产生刺激，属奢侈品，是有身份的人才能享受的。与之相应，酒具也与尊贵相联系。《礼制·王制》说“五十而爵”，爵原本就是酒杯，是上了年纪的人在乡饮酒礼上的待遇，是被尊重的表现。爵位或爵禄由此而来。①而尊重的尊原本也是酒器，尊贵或者尊敬，也与此关联。体现高品质生活的酒具，成为尊贵的象征，因此进入礼器的行列，它既能服侍生者，也可关怀逝者。一般用品未必有此资格，文献中就鲜见把农具当礼器的现象。不过，成为最重要礼器的用具还不是爵或尊，而是大型的钟与鼎。钟鸣鼎食，钟鼎同列，但大名鼎鼎、一言九鼎之“鼎”更被器重。《易》卦：“巽木于下者为鼎，象析木以炊也。”这是说鼎原本为炊具。《汉书·五行志》则说：“鼎者，宗庙之宝器也。”传说中，九鼎成了三代王权的象征。《左传·宣公三年》所载的“问鼎”事件，就把鼎与王权的盛衰关系，从鼎盛到鼎革的变迁与缘由说得十分透彻。

一件或一种器物，可以从日常食具，到财富的体现，再到权势的标识，以及敬神的祭器，甚至化身王权的象征。此外，还有成为艺术品及文物的可能。艺术与器的其他作用或功能是可以共存的，器形及纹饰的选择或设计，一开始可能服务于器的基础作用或功能，如上述被问之“鼎”，“铸鼎象物，百物而为之备，使民知神、奸”（《左传·宣公三年》）。其中“象物”之举，原本是认知神、奸的图标。但采取象征的思维方式，与艺术途径相同。一旦脱离其原初的思想背景，图案或纹饰就会成为艺术形式。②事实上，青铜器也发展出独立的艺术形式，如著名的马踏飞燕。如果这些或用具、或礼器的器物传之后世，其功能就转变成文物。艺术的制作及

---

① 参见阎步克：《先秦礼书所见“五十养于乡”“五十而后爵”新解——父老体制与爵制起源》，北京大学人文社会科学研究院，2021 年 10 月 3 日，“文研讲座第 221 期”纪要。

② 西美尔说：“对象的从实用价值到美学价值的整体发展是一个客观化的过程。当我称一个对象为美时，较之它仅仅是有用的，它的性质与重要性都变得更为独立于主体的安排与需要。只要客体仅仅是有用的，它们就是内在可变换的，并且每一件都能够被别的有同样用处的任何东西所代替。但是当它们是美的时，它们就拥有了唯一的个别存在，并且一者的价值不能够被另一者代替，即使它可能以它自己的方式表现得跟另一者一样美。”［（德）西美尔：《货币哲学》，华夏出版社，2002 年，第 17 页。］

文物的专业鉴定与普通鉴赏同样是可以脱离的，鉴赏就类似于用具或仪式上操作的技术，是艺术或文物实现其价值的最终步骤。器物的基本器形不变，但用途及意义则可不断跃升。这意味着，道的形态从实用到象征，从社会功能到精神价值，意义是多层次及变化的。其多样性既是共时态，也是历时态的。即使是用具之器，也可以起不同的作用，例如一块石头，可以是武器、座位或建筑材料。这意味着器在实用的层次上，功能也是可能转化的。放眼中国文明，最大的器，莫过于长城，从秦汉到明清，万里绵延，它是“边墙”兼防御工事，后来成为卫国意志的象征，今日则为世界文化遗产。这并非错置或将就的结果，而是存在内在可理解的行为逻辑的。器物是具体的、丰富的，但非杂乱无章的。从其发展与变迁轨迹，可以透视物质生活、社会生活、政治生活以及宗教或精神生活诸多意义的有序叠加。文明就奠基在器物上。即器言道，就是从器的使用中理解其作用或意义及其变迁。

三、问道

虽然道器相即，但道不等于器，甚至有离器独立的趋势。分析、描述这种趋势，有助于把握“道”逐步观念化的轨迹。孔颖达对道器的区别，有一则很经典的表述：

> “是故形而上者谓之道，形而下者谓之器”者，道是无体之名，形是有质之称。凡有从无而生，形由道而立。是先道而后形，是道在形之上，形在道之下，故自形外以上者谓道，自形内而下者谓之器也。形虽处道、器两畔之际，形在器不在道也。既有形质可以为器用，故云形而下者谓之器也。(《周易正义》)

简言之，道无体而器有形。为什么用上下表示无有？大概是来自《系辞》“在天成象，在地成形，变化见矣”的观点。天在上，地在下。天之象不是实体，是视觉现象，所以无形。相对而言，器置于天下即大地，故有形。器之形呈现在三维空间中，不仅容易观察，甚至还能触摸。撇开孔颖达“道本器末”的观点不论，我们首先面对的是看得见的器。器之道，包括作用、用法、价值或意义，不是另外的实体，它得通过不同的器来体现。而其体现程度的差别，形成不同的“能见度”。道的“能见度”是个有趣的问题。一般来说，日常用物的作用最容易观察到。椅子可坐，衣服可穿，刀枪可以攻击敌人，一看便知道。复杂一点，如单车，虽然有人不会骑，但看到别人使用后，就知道它的用途。更复杂的机械也如此，只要有人操作，作用就显示出来。你不需要有复杂的观念或知识，也不必有大家协调一致的观点，便能看出其端倪。但是，那些具有社会意义的器物，如各种礼器，如果你不了解相应的文化背景，是没法看出它的意义的，即使观看其操作过程也如此。它需要相应的风俗或制度的知识，才能理解使用器具的行为与意义。用具的作用是可以观察的物理现象，象征物的意义则不能直观，需要思考。依塞尔的观点，他给制度性的“物”提出一个“构成性规则”：X 在 C 中算作 Y。以货币为例，即在特定的经济制度中，那叠花花绿绿的纸片，应该“看”作货币。没有制度背景及其知识，眼睛看到的只能是图片。钞票只因附着在货币制度上，其价值才得以实现。①但制度是人与事物互相联系的行为体系，其规则虽然不像物理规律那样客观，却也不是任何个人任意的结果，而具有社会的规范性。货币的使用规则就是它的道。它的“能见度”，显然低于日常用具。因为它不是看一两眼就能明白的，需要有理解的过程。不过，更难客观化的可能是精神性的事物的意义。如古器或文物，其价值在于其出处或经历与历史的关联。但这些器物本身不一定携带相关的历史信息，即便有所标示，对于没有相关知识或者缺乏历史感的人，也没法感受其价值，即看不出任何奥妙来。祭祀场面中，盛满食物的器皿，是为神祇或亡灵的享用准备的。只有拜祭对象在场，意义才能实现。但是，《中庸》说：“鬼神之为德，其盛矣乎！视之而弗见，听之而弗闻，体物而不可遗。使天下之人齐明盛服，以承祭祀。洋洋乎！如在其上，如在其左右。”即是说，祭祀场合中，拜

---

① 参见［美］约翰·R·塞尔：《社会实在的建构》，上海人民出版社，2008 年，第 34—45 页。

祭对象的“能见度”几乎是零，只有靠“事死如事生，事亡如事存”，或孔子的“祭如在，祭神如神在”的信念来保证。因此，虽然道不离器，但因器类的不同，其能直观的程度存在从显到隐的变化。把它作为对象来描述，就是从有到无的现象或过程。所以，《中庸》也说：“道也者，不可须臾离也，可离非道也。是故君子戒慎乎其所不睹，恐惧乎其所不闻。莫见乎隐，莫显乎微，故君子慎其独也。”决不能因其看不到，就当作其不存在。

从道器合一，到道行于诸器之间，再到道可离器独立，道的存在便需要提醒与警示。除了以某种仪式展示外，对于不能直观其价值或意义的器物，要把价值或意义传达出来，其途径就是通过语言文字进行标示，即起“名”。将其铭刻在器物上，即器铭。儒家就既重器，也重名。孔子说：“唯器与名，不可以假人，君之所司也，名以出信，信以守器，器以藏礼，礼以行义，义以生利，利以平民，政之大节也。”（《左传·成公二年》）对此，阮元的解释是：

> 器者所以藏礼，故孔子曰：“唯器与名，不可以假人。”先王之制器也，齐其度量，同其文字，别其尊卑，用之于朝觐燕飨，则见天子之尊，锡命之宠，虽有强国，不敢问鼎之轻重焉。用之于祭祀饮射，则见功德之美，勋赏之名，孝子孝孙，永享其祖考而宝用之焉。且天子诸侯卿大夫，非有德位，保其富贵，则不能制其器；非有问学，通其文词，则不能铭其器。①

名是名分，界定权力与责任，器是权位的象征，名、器匹配，便能循礼行道。楚子“问鼎”，暴露出他对名器关系的无知：“楚子伐陆浑之戎，遂至于雒，观兵于周疆。定王使王孙满劳楚子，楚子问鼎之大小轻重焉，对曰：‘在德不在鼎。昔夏之方有德也，远方图物，贡金九牧，铸鼎象物，百物而为之备，使民知神、奸。……桀有昏德，鼎迁于商，载祀六百。商纣暴虐，鼎迁于周。德之休明，虽小，重也；其奸回昏乱，虽大，轻也。天祚明德，有所底止。成

① 阮元：《商周铜器说上》，《研经室集》，中华书局，1993 年，第 632 页。

王定鼎于郏鄏，卜世三十，卜年七百，天所命也。周德虽衰，天命未改，鼎之轻重，未可问也！'”（《左传·宣公三年》）楚子问“大小轻重”，关心的是器之形，而非器之道，以为据器就拥有权力。王孙满义正词严，告诉他权力之道“在德不在鼎”，见器而不知道，是没有器识的表现。

用鼎是一套制度，制鼎与拥鼎是需要资格及有等级的区分的。除传说中的九鼎外，《广雅疏证》释鼎还提及有牛鼎、羊鼎和豕鼎之分：“牛鼎受一斛，天子饰以黄金，诸侯白金。羊鼎五斗，大夫饰以铜。豕鼎三斗，士饰以铁。”大小与用料是级别的呈现。鼎被器重，除了象征权力的原因，还有纪念、赏功、赠礼等的需求。不同的鼎有不同的用途，需要命名甚至有叙述缘由、表彰荣誉的铭文，如商王为祭祀其母定制的、刻有“司母戊”三字的大方鼎，又如刻上近五百字铭文、记述周王重用毛公治国理政事迹的“毛公鼎”，还有记载中春秋时晋国的“铸刑鼎”。《礼记·祭统》中云：“夫鼎有铭。铭者，自名也，自名以称扬其先祖之美，而明著之后世者也。”郑玄注：“铭，谓书之刻之以识事者也。自名，谓称扬其先祖之德，著己名于下。”一个鼎，单凭原料、器形和工艺，不足以将其复杂的意义传达出来。特别是跨时代流传之后，可能无人识其铸造的真相。只有文字铭刻其名或事情缘由，其价值才能呈现出来。在技术的层次上，名与器的结合，是“道”从不可见变成可见的重要途径。没有铭，汤之盘“苟日新，日日新，又日新”的训言就不能复现。铜器如此，石器亦然。李斯为秦始皇歌功颂德所立的“峄山碑”，虽然碑石没了，但碑文被拓下并流传下来。这意味着，这种记载史事、宣示观念的“道”，也可以脱离原器，或转附于其他器物，最终独立成文，即意义通过文字的书写或刊刻而得以传世。

前面提及，字是一种“器”，它的器、道关系由两个层次叠加而成，一个是物（材料）与字（形迹），一个是字形与字义。把字刻在甲骨上与刻在金属或石料上，都可以看作它的不同形式。关键还在于字形与字义的关系，字有形，是表达文的符号，同时字还有义，是其无形之道。因为文也可以从视觉形象（字）转换为听觉形象（言）即语音，“字—义”与“言—意”的结构是对称的。由于字的发明一开始是用简易图像表示不在眼前的事物，进一步简化发展成文字后，书写与保存相对简单的文字可以携载指涉庞大物理事件以及复杂思想内容的信息，大幅度地提升、扩展有限器物所象征的意义。同时，文字比语言的传递有更精确与长久的优点，成了思想文化传承的根本途径。树碑是为了立传，几乎所有的碑都刻有文字。武则天的“无字碑”是个例外，不过，把它同她为唐高宗所立的写满5000字颂辞的“述圣碑”相对照，这座“无字碑”的形制与纹饰之辉煌，并不逊色。这或许透露出立碑者对道、器关系的理解有更“形而上”的品味，它可能得联系魏晋时代的“无弦琴”才能领悟。大概字与弦一样，都是“迹”，而非“所以迹”，前者是器而后者是道，刻意着“迹”反而是对“道”的遮蔽。①

回到孔子的正名观：“名不正则言不顺，言不顺则事不成。事不成则礼乐不兴，礼乐不兴则刑罚不中。”（《论语·子路》）名、言相联系，名虽是称呼，但它包含名分的规定。特定的名分与言行必须匹配，才能名正言顺。这个名主要是社会身份或关系如君臣、父子。但还有另外一类名，其作用不是让对象在制度秩序中定位的符号，而是命名者一种理想或信念的表达。因此，中国传统中大量儒家或道家所崇尚的道德术语成为人名的基本字库。儒家传统把人当作器，器与物不同之处，在于器是有制作目的的，合于目的才能叫成器。目的就是人成器之道。父母或师长给子女、晚辈起名字，就寄托着对孩子人格或功业的希望。而那些有文化者给本人起的字号，更是自己人生理想的期盼或鞭策。此即自我定位，或所谓明志。真诚者就以之为终生修身的目标。很多思想家如朱子称紫阳，陆九渊号象山，都是内涵丰富或深邃的思想符号。②当然，命名明

① 南朝梁萧统《陶靖节传》载：“渊明不解音律，而蓄无弦琴一张，每酒适，辄抚弄以寄其意。”明洪应明《菜根谭》：“人解读有字书，不解读无字书；知弹有琴弦，不知弹无弦琴。以迹用不以神用，何以得琴书佳趣？”

② 参见郑泽绵：《从朱子与陆象山的字号看儒禅之代兴——经典世界中如何察名》，《中山大学学报》2022年第1期。

志还有多种途径，给身边的事物例如宫室特别是书斋，甚至刀剑或文房四宝起名，也是一种寄托。所以刘勰也说："铭者，名也。观器必也正名，审用贵乎盛德。"（《文心雕龙·铭箴》）

"盖文字者，经艺之本，王政之始，前人所以垂后，后人所以识古。故曰：'本立而道生'，'知天下之至啧而不可乱也'。"（《说文解字》）无论是名还是文，正是文字的发明和运用，让"道"不局限于对物的物理利用，而是能发展出一套相互协作配置的器用制度，同时具备对历史与未来的回顾与想象的条件，最终发展出超越物理条件的思想价值或意义结构。文明之道从文字开始。

四、救道：经世与玄思

器是具体或一件件的，也是分层次或可交叉分类的，整体的器是一个协调作用的"人—器"系统。道亦然，最广泛的道叫"天下之道"，是人与物相互嵌合的制度安排。它涉及对器物的掌控、分配、操作与享用等复杂的关系。由此，每个人也视其出身、能力与努力被安置到特定的岗位上，这就是职位与阶级的形成。一开始可以是个自然形成的过程，慢慢会出现有能力的人，成就大器，占据要位。然后这些大人物，会按照自己的意愿，调整制度结构。周公的"制礼作乐"，可以视作这类计划中最重要及最成功的实践。如果社会大多数人在这种制度安排中不同程度获益，且各自的利益相对平衡，社会就可以礼乐升平，或叫"天下有道"。假如运转过程中平衡被打破，名、器、位错乱，从而影响整个治理秩序，那就是礼崩乐坏，"天下无道"。孔子说：

> 天下有道，则礼乐征伐自天子出；天下无道，则礼乐征伐自诸侯出。自诸侯出，盖十世希不失矣；自大夫出，五世希不失矣；陪臣执国命，三世希不失矣。天下有道，则政不在大夫。天下有道，则庶人不议。（《论语·季氏》）

在孔子心目中，有道无道是依据运用礼器的权力秩序是否正常来判断的。清代阮元的《商周铜器说》便是从政治角度论述器、道关系的文字。文中提及鼎的转移，存在赐、赂与取三种途径。其中，"赐"是赏赐，"赂"是收买，而"取"是掠夺。除赐外，赂与取都是严重非礼的行为。这种现象，春秋后期屡见不鲜。“有以小事大而赂以重器者，齐侯赂晋以地而先以纪甗，鲁公贿晋卿以寿梦之鼎，郑赂晋以襄钟，齐人赂晋以宗器，陈侯赂郑以宗器，燕人赂齐以斝耳，徐人赂齐以甲父鼎，郑伯纳晋以钟镈是也。有以大伐小而取为重器者，鲁取郓钟以为公盘，齐攻鲁以求岑鼎是也。”①《左传·桓公二年》便记有臧哀伯指斥鲁公把宋贿赂的郜大鼎陈于太庙系“失德”“违乱”的行为。当象征名分的器变成可以争夺的对象后，人们已经见“器”不见“道”。而失道之器，其实只是废器甚至乱器。孔子作《春秋》，就是基于救道的热情：

世衰道微，邪说暴行有作，臣弑其君者有之，子弑其父者有之，孔子惧，作《春秋》。（《孟子·滕文公下》）

太史公曰：“余闻董生曰：‘周道衰废，孔子为鲁司寇，诸侯害之，大夫壅之。孔子知言之不用，道之不行也，是非二百四十二年之中，以为天下仪表，贬天子，退诸侯，讨大夫，以达王事而已矣。’子曰：‘我欲载之空言，不如见之于行事之深切著明也。’夫《春秋》，上明三王之道，下辨人事之纪，别嫌疑，明是非，定犹豫，善善恶恶，贤贤贱不肖，存亡国，继绝世，补弊起废，王道之大者也。”（《史记·太史公自序》）

道废不是因为器亡，而是支配政治权力的礼器秩序的混乱甚至丧失。以守护礼义为使命的孔子，编修经典，便是试图通过历史经验的评述，恢复道的本来面目。章学诚认为，六经本身就是“器”：

道不离器，犹影不离形。后世服夫子之教者自六经，以谓六经载道之书也，而不知六经皆器也。……夫子述六经以训后世，亦谓先圣先王之道不可见，六经即其器之可见者也。后人不见先王，当据可守之器而思不可见之道，故表章先王政教，与夫官司典守以示人，而不自著为说，以致离器言道也。夫子自述《春秋》之所以作，则云“我欲托之空言，不如见诸行事之深切著明”。则政教典章人伦日用之外，更无别出著述之

① 阮元：《商周铜器说下》，《研经室集》，第633—634页。

道，亦已明矣。①

对章学诚的“六经皆器”论，需要引申我们的道器观来理解。道器是相对的：以钟鼎为器，则器铭为道；以铭刻的字形为器，则字义为道。但字义也有类型的不同。一开始，特别是象形文字阶段，字基本是指称经验中的事物，即有形可象的人、事、物。慢慢地，这些具体名词或动词，有了抽象含义，变成形容词或抽象名词。此即章太炎说的，字义从表实到表德、表业的转化：“语言者不冯虚起。呼马而马，呼牛而牛，此必非恣意妄称也，诸言语皆有根，先征之有形之物，则可睹矣。……一实之名，必有其德若与其业相丽，故物名必有由起。”②这样，由字组成的文，便既能描述过去的事物，也能表达超越事物的思考。用经典学术的分类讲，侧重前者言经世，侧重后者谈义理。用道器关系表达，则经世为器，义理为道。孔子所言之道属于实践智慧，它扎根于历史文化之中。“见诸行事之深切著明”，即把用器的行为规范到周文上来。通过“贬天子，退诸侯，讨大夫，以达王事”，就是把是非善恶贤不肖的观念表现出来，起到孟子说的“乱臣贼子惧”的作用。这是孔子履行的救道使命。

道家与儒家的救道战略形成鲜明的对比。礼崩乐坏，丧德失道是孔、老共同面对的局面，但两者对症状的诊断不同，从而药方也不一样。作为“周守藏室之史”，“老子修道德，其学以自隐无名为务。居周久之，见周之衰，乃遂去。”（《史记·老子韩非列传》）③面对乱世，在孔子看来，需要拨乱反正，回归周礼规范的秩序，恢复天下有道的局面。而老子则认为，问题在于人们对权势与财富的贪婪，陷溺太深，故器乱而道蔽。在道器错乱的局面中，当

① 章学诚：《文史通义新编新注·原道中》，浙江古籍出版社，2005年，第100—101页。

② 章太炎：《语言缘起说》，《国故论衡》，上海古籍出版社，2011年，第30—31页。

③ 年代上老子在孔子之前，但由于《道德经》有一个成书的过程，传世文本的思想包括后期加入的内容，因此，本文将孔老作平行的对比。

务之急不是徒劳地整顿器用的秩序，而是把道拯救出来，才是长治久安的正途。出路在于道器脱钩，弃器扬道。故《道德经》反复强调："天下神器，不可为也。"（《道德经·二十九章》）"夫佳兵者，不祥之器，物或恶之，故有道者不处。"（《道德经·三十一章》）"民多利器，国家滋昏；人多伎巧，奇物滋起。"（《道德经·五十七章》）其最理想的社会是："小国寡民。使有什伯之器而不用，使民重死而不远徙。虽有舟舆，无所乘之，虽有甲兵，无所陈之。使民复结绳而用之。"（《道德经·八十一章》）老子有器而不用，干脆连文字都想放弃。这种"反器"的思想，在《庄子》中也有回响，如《天地》中圃者对抽水机械的拒绝："有机械者必有机事，有机事者必有机心。机心存于胸中则纯白不备。纯白不备则神生不定，神生不定者，道之所不载也。"这也是对老子重道轻器的呼应。投射在现实中，老子把处世置于经世之先，其方略便是遵循"反者道之动"的原则，人先己后，知雄守雌，若水若愚，谦虚濡弱……总之，是一系列不仅与儒家，也与世俗相反的价值取向。

因此，救道就是摆脱器的纠缠，在思想上提高道的位阶，给道重新定位。老子的道，是离器、无形、非名之道："道可道，非常道；名可名，非常名。"（《道德经·一章》）"视之不见名曰夷，听之不闻名曰希，搏之不得名曰微。此三者不可致诘，故混而为一。其上不皦，其下不昧。绳绳兮不可名，复归于无物，是谓无状之状，无物之象，是谓惚恍。"（《道德经·十四章》）"大方无隅，大器晚成，大音希声，大象无形，道隐无名。"（《道德经·四十一章》）在道的"能见度"的分析中，道的可感性的下降，与其同器物以至经验事实直接关联度的减弱是相联系的。演变的最终结果，不仅是诉诸文字，甚至是寄托在不可作经验描述的抽象观念上。《道德经》五千言，就几乎没一字涉及任何具体的时间、地点、人物、事件。故说"吾不知其名，字之曰道"（《道德经·二十五章》）。"道"这个高度抽象的概念，原本是从器演变而来的。从文字上看，道原本是走路，后来成了路。路便是器，其用途是通向目的地，目的从具体变为抽象后，道也成为抽象的手段，成为方法或原则。方法或原则进一步对象化，便成为不可捉摸、难以言说的道。因此，老子的道成为最玄虚的概念。

孔、老两种不同的救道方略，都是以退为进。老子是“见周之衰，遂退”，是“功成身退”。孔子则是知“时之不用，道之不行”，才退而修《春秋》。孔子知其不可，但积极编修经典，仍然关怀世道人心；老子则不得已，为了过关西去，留下那五千言，作为买路钱，是看破人心世道。一个是经世之道，一个是玄思之道，在中国文化中，分别成就了史学与哲学。

五、形上学的衍生

老子认为，世道乖离的问题，在于人们心目中只有器而没有道，充满对财富、权势占有的欲望。对治这种病根的途径，不是即器言道，而是轻器重道，甚至弃器扬道。有形为器，无形为道。“道”视之不见，听之不闻，搏之不得，就是“无”。“无”是一个关键词。“无”不仅与“有”相反相成：“埏埴以为器，当其无，有器之用。”（《道德经·十一章》）而且“无”是“有”的根本：“天下万物生于有，有生于无。”（《道德经·四十章》）庄子心领神会，把“无”理解为以道观物的态度：“古之人，其知有所至矣。恶乎至？有以为未始有物者，至矣，尽矣，不可以有加矣！其次以为有物矣，而未始有封也。其次以为有封焉，而未始有是非也。是非之彰也，道之所以亏也。”（《庄子·齐物论》）至魏晋王弼，就把“无”的态度进一步转变为认知的结果：“夫物之所以生，功之所以成，必生乎无形，由乎无名。无形无名者，万物之宗也。”（《老子指略》）因为形是具体的，属于“有”（或存在）的领域，但任何特定的现象都不能成为事物的普遍基础，故作为基础的性质不能是某一具体的特征，其最基本的特征只能是抽象的“有”，类似于庄子说的“以为有物矣，而未始有封也”。有物而不能区分识别，等于“无”。王弼以为，“无”才能成其大，贯通无碍而至于“道”。道器问题便转化为无有问题，“道器形上学”衍生出“无有形上学”。

玄学之“无”与佛教的“空”有合流的趋势，所以韩愈《原道》强调，如果没有儒家的仁义及相应的生活方式加以充实，道家的道德就只是虚名。他要求与佛老划清界线。宋明理学在韩愈反虚无主义的方向上推进。针对玄学以无为本、以无为道的主张，张载提出以气为本的观点："知太虚即气，则无'无'。"（《正蒙·太和》）形与不形，是明与幽，即见与不见，而非有与无的问题。王夫之称赞张载："言幽明而不言有无，张子至矣。谓有生于无，无生于有，皆戏论。……幽明者，阖辟之影也。故曰是故知幽明之故。"（《思问录·内篇》）"吾目之所不见，不可谓之无色；吾耳之所不闻，不可谓之无声；吾心之所未思，不可谓之无理。以其不见不闻不思也而谓之隐，而天下之色有定形、声有定响、理有定则也，何尝以吾见闻思虑之不至，为之藏匿于无何有之乡哉！"（《船山经义》）船山反对把不见不思等同于不在。实际上，朱熹的理学已经整合气学的观点："天地之间，有理有气。理也者，形而上之道也，生物之本也。气也者，形而下之器也，生物之具也。是以人物之生，必禀此理然后有性，必禀此气然后有形。其性其形虽不外乎一身，然其道器之间分际甚明，不可乱也。"（《答黄道夫》）这是以气释器，用理言道。由于气非固体且透明的特质，可以化解王弼关于任何物的具体性均不具普遍性的难题。而理则把道的秩序感表现得更细致，加上以"天"饰"理"，修辞上更加强其普遍性的倾向。理气与无有、道器比较巧妙地对位联系起来，"无有形上学"被扭转为"理气形上学"。宋代道学称为理学，确有道理。

把宋儒的理气论，同亚里士多德的四因说相比较，气类似于质料因，理则兼有形式、动力与目的三因。如果在道器、无有和理气三个模式中挑选，可能理气形上学的功能最接近于亚氏的形而上学。不过，理学也还不是研究所谓"物之物性"的知识问题，而是试图确定从社会到人生的规范根据。虽然后者"理气"衍生自"无有"，但前者具有超过后者而接续"道器形上学"的意图，至少宋儒的道统是接续到孔子的。然而，对照道器之"器"与理气之"气"就知道，两者虽然都肯定"有"，但器有形，而气则聚散不定。每一件或每一类器都有其作用或意义，是不同层次或类别的道的承载者，而气是没有分别的，它只是无特征的抽象材料。把器物还原为物质要素是人类根深蒂固的世界观，无论是古希腊的四大元素还是中国的五行均如此。逻辑上，气比五行更基本或更彻底，是思维的推进。但气与器的关系，类似原材料与产品的区别，原料不是产品。气的意义在于说明所有事物都是实有而非虚假的，但没有说明事物的区别，依然类似庄子的“其次以为有物矣，而未始有封也”。其实，没有具体形态的物，等于不是物，故庄子把它的位置同“无物”挨在一起。虽然理学家把区分的功能交给“理”，有“理一分殊”之说，但是，这个“如有物焉，得于天而具于心”①的“理”，如何塑造不同的器物及具体的人伦关系，则是有争议的。

海德格尔在探讨西方“存在形上学”的基本问题时，以“物的追问”作为焦点。他认为从古希腊以来的西方传统，一直围绕着“物之物性”的定义问题打转。而问题在于，我们对“物”的经验具有多样性，以及对“物”的捕捉背后被历史性所规定，这导致对之作抽象的概念理解，成果注定很贫乏。反观道器形上学，虽然器物连用，物中含器，器不离物，但它把焦点放在器上，因为器是人基于特定的目的而制作或选用的物品，具有人的因素。而器物功能在共时态与历时态两个维度上的分析，正好是对其形象多样性与历史性的有力揭示。存在形上学以物的抽象为基础的真理问题，对道器形上学来说，则变成即器言道，展示道的具体性与丰富性的过程。表面上，两者的区别在于对象的选择是物与器层次的不同，实际上，是基于两种思想态度的差别。存在形上学的旨趣是认知的，而道器形上学的关怀是实践的。认知可以普遍之物为对象，而实践首先必须理解、掌握生活的器具。海德格尔引柏拉图《泰阿泰德篇》中泰勒斯在研究天象时掉进井中的段子，借女仆的话嘲讽哲学家：“当他想要把所有的热情都用于对天空中的物的探究上的时候，摆在眼前和脚下的东西就已经对他隐藏起来了。”②道器形上学可以

① 戴震：“宋儒合仁、义、礼而统谓之理，视之‘如有物焉，得于天而具于心’，因以此为‘形而上’，为‘冲漠无朕’；以人伦日用为‘形而下’，为‘万象纷罗’。盖由老、庄、释氏之舍人伦日用而别有所谓道，遂转之以言夫理。”（《孟子字义疏证》，中华书局，1961 年，第 45—46 页。）

② ［德］马丁·海德格尔：《物的追问》，第 3 页。

避免这样的哲学病。回过头看，那些断言中国的形而上学不是西方形而上学的人士，观点也许是对的。可惜他们疏于对中国道器传统的理解，否则其观点可能会更深刻些。

回观中国，明末清初的王夫之，非常关注道器结构的实践意义，因此他强调“天下惟器”：“天下惟器而已矣。道者器之道，器者不可谓之道之器。无其道则无其器，人类能言之。虽然，苟有其器矣，岂患无道哉？……无其器则无其道，人鲜能言之，而固其诚然者也。”（《周易外传》卷5）这种道器论，不只是对理气论的冷落，其器本道末的想法，实际上颠覆了重道轻器的观点。章学诚后来的“六经皆器”说，倾向与之相同。而“洪荒无揖让之道，唐、虞无吊伐之道，汉、唐无今日之道，则今日无他年之道者多矣”，这种道随器变的呼声，对比“天不变，道亦不变”的陈词滥调，更是空谷足音。船山哲学近代以来得以回响，正是器、道共变的时代特征的写照。回味经书古训，《诗》云：“周虽旧邦，其命惟新。”《书》言：“人惟求旧；器非求旧，惟新。”旧邦、旧人，讲的是继承；新命、新器，论的是开新。问题是，在前所未有的时代变局中，中华文明如何做到固本而能开新，或者开新且不忘本？从历史的长时段看，这是一道可能刚刚开始作答的考题。

六、结语

人行走所成之路为器。关于道路选择的方案即道，道器之道。人、器、道三者，是道器系统的完整要素。回到历史的原野，考察每件或每类器物的出现与变化，包括功能的合并或意义的更迭，我们可以窥视文明的道路，从一条条小径的开辟，到网状的拼接、叠加和扩展，以至形成“天下之道”。从用器到礼器，从货币到文字，从物到人，从礼到道，道器形上学把文明理解为人类对器物的发明和器用规则的建立与发展的过程。这个过程推动相应的社会、政治制度的发展，同时，也促成精神文化的成熟。道器之“道”不必是一个超时空的形而上学“道体”，从人们践道、体道与问道的过程，可知“道”就是体现或潜藏在器物的生产、分配与使用中的规则、秩序与意义。它从依器而存的物理作用、社会功能，最终发展为人直接创造的精神产品。道器形上学，就是对意义形成进行思想追踪的学问。方法上，它可以借鉴知识考古学，从作用，功能，到精神，对道的不同意义方式之间的关联或转换，进行深度的勘察。但我们的目标，不是继续成就从词语向虫鱼还原的名物之学，而是从有形与无形、在场与不在场相互转化的哲学分析，指向一种古典的精神现象学。

重审理学第三系说[①]

杨儒宾[②]

一、前言：三系说的提出

笔者在以往的著作中提过新的理学第三系的方案，这新的第三系儒者以北宋的周濂溪（敦颐，1017—1073）、张横渠（载，1020—1077）、邵康节（雍，1011—1077）、程明道（颢，1032—1085）及晚明的方以智（1611—1671）、王船山（夫之，1619—1692）为核心，张横渠与王船山可作为代表，此系儒学可简称张王之学。此系的学说以兼顾心物的道体论为核心，由于道体论是以“气化之道”作为理论核心，所以第三系也可称作“气学”，但“气学”一词容易有争议，所以笔者更加细密规定其气为“先天之气”，此学为“先天气学”。由于笔者的提案没有更详细的铺陈，

① 谢谢审查意见书详细而地道的审阅，笔者受益良多。审查者提出四点意见，其中第二点为：“将张载、方以智与王夫之归为道体论一系，除了在论道、论物有共同与共通的面向外，在性论、心论上是否亦有共同与共通处？如王夫之性日生日成说如何与整个宋明儒（包括张载）的复性说协调。”第四点为：“就物之存有论而论，整个宋明理学中，可能还是要首推朱子，朱子对天地万物之不同存有形态论述系统而精详，很难划入作者所说的‘境界论述’之范围。如作者坚持第三系新说旨在开出儒家的物论，如何处理朱子的道论与物论？对此道体论还是需要给出特别之说明的。”这两个问题都是关键性的质疑，极富理论价值。但因问题重大，短时间内的短文不容易彻底厘清，笔者希望以后能撰专文分别讨论之。

② 作者简介：杨儒宾，台湾清华大学哲学研究所讲座教授。

“先天气学”的说法也容易引发争议，笔者也需要作进一步的澄清。

本来学派的分化乃是学术史上常见的现象，先秦时期两大显学的墨儒两家在墨翟逝世后，墨分为三；孔子走后，儒分为八。近代欧洲思想的两大思潮黑格尔（Georg Wilhelm Friedrich Hegel，1770—1831）与马克思主义也有分化，黑格尔后的黑格尔学派分左右；马克思学派分青年马克思与老年马克思。至于宗教，基督宗教分化为天主教、东正教、新教；佛陀后的佛教分成上座与大众部，其后的分化更繁。若此种种，不必细述。作为千年来中国主流思潮的理学也不能免，也有分系的问题。理学的分系可分两个等级，就宏观的观点讲，分系是在“理学”这个学派之下所分出的大分类，理学与心学二分，程朱［程伊川（颐），1033—1107；朱熹，1130—1200］一系，陆王［陆象山（九渊），1139—1193；王阳明（守仁），1472—1529］一系，即是常见的理学分系模式。就较细的分级来讲，理学或心学这样的大学派内的分化也可视为分系，如王学内分化而出的江右、泰州与浙东诸学派，其他的分类法尚有，兹不细述①。本文所说的分系说采取的是“理学”概念下宏观的分法。

当代学术论述的理学分派说普遍见于1949之后的海外儒学研究社群，影响最大的论点主要是由牟宗三先生（1909—1995）提出来的，众所共知，牟先生将理学分成“程朱”“陆王”与“胡刘”［胡五峰（宏），1106—1162；刘蕺山（宗周），1578—1645］三系，程朱是“性即理”一系，陆王是“心即理”一系，胡刘则是“以心著性”一系。劳思光先生（1927—2012）在牟先生后，提出一系说，劳先生的一系说之判断标准，大概是将北宋儒学视为“宇宙论中心”的哲学，程朱哲学则是“存有论”的哲学，但哲学的正途只宜走向道德主体论，陆王的良知学才能确立道德的标准。理

---

① 如明儒高景逸（攀龙，1562—1626）的分法是从人格型态与工夫造诣着眼，周濂溪、程明道与颜回一脉，阳明、象山与孟子一脉，横渠、伊川、朱子与曾子一脉，陈白沙（献章，1428—1500）、康节与曾点一脉，其分法亦有理路。见《高子遗书·会语》卷五，《景印文渊阁四库全书》，台湾商务印书馆，1983年，第1292册，第421页。

学一系说所设定的理学的发展既是历史学的问题，也是理性发展的问题，理学由周张走向程朱，再由程朱走向阳明，乃是儒学由歧途走向正途的历程。

除了牟、劳两先生外，唐君毅先生（1909—1978）其实也有理学分系说，他主张程朱之学以“理”为核心，陆王之学以“心”为核心，张横渠之学以“气”为核心，张横渠屹然独立一宗。用唐君毅先生的话说：“宋明理学中，我们通常分为程朱、陆王二派，而实则张横渠乃自成一派。程朱一派之中心概念是理。陆王一派之中心概念是心。张横渠之中心概念是气。”① 唐先生对理学分系的问题没有系统的铺陈，分系的标准自然不能特别突显出来，受到学界重视的程度相较之下自然较轻。但唐先生于理学诸家中，特别重视王船山，王船山之学在他的理学著作中，占的篇幅特别显著。王船山固以张横渠为儒学之正宗，终身所瓣香不断者也。延伸唐先生之意，张横渠、王船山之学当可独立成系，与程朱、陆王并立。窃以为唐先生之说特具卓识，应当严肃看待。

牟先生和劳先生的理学分系说都以“道德主体主义”为判准，相当程度内，可以说都是以王阳明为宗。然而，两人分判的歧异还是很清楚的。在写《中国哲学史》时，劳先生的哲学立场基本上是严格的道德主体主义，这种观点运用在中国哲学史的范围内，孔、孟、陆、王即是他的思想的典范，在西方哲学传统，他接受了康德（Immanuel Kant，1724—1804）的观点。康德哲学在1949年后的海外中国哲学研究领域是和陆王联结在一起的，被视为整体中国哲学活动的拱心石，这种康德—陆王主义的建构者主要即是牟宗三与劳思光两人。两人对照之下，劳思光的康德哲学的立场可能更纯粹，他遵守康德所划下的批判哲学的界线，不轻易跨界，也就是更坚守道德主体主义的范围，不会进入“天道性命相贯通”的禁区。因此，像《中庸》《易传》或受《庸》《易》影响的北宋理学家，自

① 参见唐君毅：《张横渠之心性论及其形上学之根据》，《唐君毅全集》卷一八，台湾学生书局，1984年，第211页。

然就被批判为不如法的。

相对于劳先生直线的发展史观，牟先生的三系说比较像上下回向的构造。在牟先生的理学图像中，一种具备超越且内在性之本体乃是核心的概念，“本体”一词落实下来讲，原则上应当是心体、性体与道体，其名称随施用的项目而定。但在牟先生的著作中实质发挥作用的，乃是心体与性体，这也是他的理学研究代表作命名为《心体与性体》之意义所在。

当学者主张心体与性体同一，且道德判断由心体的直接性出发者才是道德正宗，这种道德哲学即属“心即理”一系。如其学说主张以性体为道德的标准，心只能透过格物穷理的过程，无限拉长地趋近之，以期心性合一，而不是同一，这就是“性即理”一系。如其学说主张心体与性体同一，性体乃天地鬼神之奥，它的朗现被悬为工夫的目标；但性体的奥秘必须经由本心加以彰显，其义乃显，心性对扬，这就是胡五峰、刘蕺山的“以心著性”说。

按照牟先生的儒学观，儒学的核心观念在本体，本体不仅要为个人的道德负责，也要为世界的存在负责，所以本体显现为人的心体或性体，固是此概念应有之义，而本体显为道体，也是必然的。但在他的三系说当中，“心即理”的核心是心体，道体的意义不彰；“性即理”系此说对性体与道体的神化义理解不透，乃是别子为宗。相对之下，“以心著性”系继承了北宋理学，但又别立一系。原则上，此系理学应当是最为圆满，最符合牟先生对理学的想象。但牟先生判别第三系的法语是“以心著性”，“以心著性”说的重点在性体，不在道体。“以心著性”说与北宋理学的关系如何，牟先生的解说颇模糊。笔者认为牟先生第三系说能否成立的关键即在“以心著性”说与道体的关系如何理解。

牟先生晚年著有《圆善论》，畅论儒家圆教的规模，他的圆教模式是以孟子为宗。孟子对后世理学的影响特深，孟子学在北宋的兴起可视为国史上的一次重要事件，最深的影响当是对陆王一系起的作用。但孔子之后，孟子与《中庸》《易传》同样发展儒学，同样有天道性命相贯通的关怀，至少宋明理学家都是这样看待的。其偏重却相当不同，孟子重心体，《中庸》《易传》重道体，《孟子》

一系由心性彰显儒学价值的体系和《中庸》《易经》由天道下贯所成的价值体系，两者环构成完整的儒学体系。而两者所以能够相互支援，依照儒学的价值体系定位，应当就是心体与道体的相通且两者为一（合一或同一姑且不论）此义。“天道性命相贯通”的文本依据也就是《中庸》《易传》与《孟子》的互文性。但晚年牟先生的圆教义以孟子为中心，对孟子学如何处理世界的存有论的问题，着墨不深，他的《圆善论》之圆与他的理学系统中的圆教论之圆的关系如何，很值得再思。

笔者探讨理学的第三系说，所以要将物的存有论的问题带进来，乃因笔者下文要说的第三系理学对物（亦即对于世界）的价值有存有论的关怀。这种物的存有论关怀于经典有据，《易经》《中庸》的核心义可说都落在“尽物之性”上，于儒家义理也有据，因仁的滋润不能不由人及物，仁民而爱物，层层彰显。何况，物的存有论的关怀或法的说明也是牟先生圆教说核心的概念。语及圆教，他除了归宗孔孟外，也曾被天台宗“即九界而成佛”的彻底的诡谲的法的存有论思想所吸引——天台宗的“一念无明法性心”为法的存有论价值作了极特别的阐释。牟先生对天台圆教的解释在当代的佛教判教学中，占有特殊的地位，但他对圆教的孟子模式与天台模式如何打通，似乎未曾严肃考虑，反而隐然有以胡五峰的“天理与人欲同体而异用，同行而异情”之说作为圆教论基础之意，但着墨也不深。窃以为理学所以宜有非“以心著性”说的第三系，未尝不可在他的圆教理论的隙缝中找到另类解释的可能性，笔者的第三系说可以释为“接着讲”牟先生的第三系说。

二、“以心著性”说与“心即理”说的关系

程朱、陆王分系，此说古已有之。以“心是否即理”作为检证系统的标准，牟先生虽然言之特别精省，但其论点亦远有所承。牟先生分系说之特别者在于他提出的“以心著性”此系，此系前人未曾道及。牟先生的著作体系严整，概念的分析很细致，他的《心体与性体》三大册（如加上《从陆象山到刘蕺山》则为四大册），无疑是 20 世纪中国哲学的经典作，他对当代学者的影响之大也是有

目共睹的，如果有人说牟先生是1949年以后影响海外中国哲学研究最重要的哲人，其说绝不为过。牟先生的著作新义时出，不管论哲学史上的儒释道之诠释或自铸系统的哲学论著之论证，都提出一扫陈说的创见，引发后学跟进讨论，形成有力之假说。然而，相较于牟宗三先生提出的其他学说，第三系之说并没有受到足够的青睐。牟先生说的第三系当然不是哲学史的历史面向的问题，因为我们找不出胡五峰影响刘蕺山的史实，刘蕺山对胡五峰也未曾青睐。没有历史影响的关系而又能被划归为一系，显然我们不能以“学派”常见的师承关系为着眼点。众所共知，牟先生是从理论形态着眼，他认为胡刘两人都主张性体的奥秘，而奥秘的性体只能透过本心加以朗现。胡刘这种以“性体”为核心的学说很特别，在理学其他宗派中少见，因此，两人不管自觉不自觉，他们都可划归为同一阵营的人物。

然而，即使只从理论形态着眼，牟先生的判准似乎也没有得到学界太多的回响。现代新儒家第三代代表人物刘述先（1934—2016）与杜维明两位先生即没有接受牟先生的第三系说，他们的拒绝接受需要正视。刘先生提出胡五峰主张性无善无恶之说，而刘蕺山最反对者正是四无说中的无善无恶的说法。由于“性善”与“无善无恶”之说是理学的重要论辩，阳明与他的两大弟子王龙溪（畿，1498—1583）、钱绪山（德洪，1496—1574）对此问题的讨论，已成了理学史上的坐标事件。在阳明后学的活动中，“性善或性无善无恶”这个问题几乎变成学派分判一个极重要的标准，江右学派与东林学派对“无善无恶说”的批判尤为严厉。以性体的属性作为学派立派的依据，刘先生的批评显然是有说服力的。

牟先生对刘先生的质疑没有提出答辩，但代牟先生设想，刘先生的质疑也是可以解答的。就像牟先生解释阳明四句教“四有说”与“四无说”的关系时，他很明显地认为这两说并不构成理论冲突，因为“无善无恶说”并不是指向心的本体，它指的是作用层的问题。在王学系统中，良知是作为道德判断的依据，也是作为世界存在的超越依据，这是王学各派共同接受的，良知因此不可能不是至善。但在良知的流行当中，良知本体永远超越于一切相对的概念之上，包括善恶，它不着于恶相，也不着于善相，随立随扫，过而不留，因此，自无善恶可言。同样的道理，我们可以移之于胡五峰与刘蕺山对“无善无恶说”的解释。即使刘蕺山本人不会接受“至善”与“无善无恶”双说相容的解释，但牟先生依他理解的理学要义介入其间，调停折衷，化解矛盾，另立系统，他的自我作古也是合法的。由于后来者可能可以比原作者更了解原作者思想的蕴含，因此，即使历史上曾发生过彼此的学说龃龉难容的学派判断标准，牟先生不妨重启新的标准以取代之。他拉住胡五峰与刘蕺山，构成第三系，并不算违法。

依据牟先生在《心体与性体》及《从陆象山到刘蕺山》两书里的解释，他界定胡刘一系“以心著性”说的特色如下：

1. 心为形著原则，性为客观原则也是自性原则，心性对扬。

2. 逆觉体证。牟先生说的“逆觉”之“觉”不是感官知觉，而是觉识、体证之意，“逆”是返身自求之意，“逆觉体证”乃“反而觉识此本心，体证而肯认之，以为体也”①。

3. 归显于密。此系思想特色在于将工夫集中到极隐秘的性情深处，刘蕺山将工夫深处分成心宗与性宗，心宗尚有主体意识，性宗则进入难以言说的一气流行之境。胡五峰归心于性，倡言：“性，天下之大本”，乃“天地鬼神之奥”。此系的学说都触及存在的奥秘。

如果上述三点可以作为“以心著性”一系的特色的话，我们不妨即依此检证其独立成系是否可以成立。

首先，就“心为形著原则，性为客观原则，心性对扬”来看，牟先生认为这条主张是胡刘一系成立的根本依据。“心为形著原则”争议性不大，东方哲学范围内，只要思想体系中有性命之学的工夫论内涵的学派，不只是理学，连佛、老在内，大概都可以承认这条原则。关键在“性体”的内涵。牟先生很注重理学系统中性体概念的独特意义，这个既不是“物自身”，又不是“心体”的概念，在

① 牟宗三：《心体与性体》第 2 册，正中书局，1969 年，第 476 页。

西洋哲学框架中未见，曾带给他很大的理论刺激。胡五峰、刘蕺山都重视性体，对“性”的内涵也都有展示，牟先生因此将两人跨界联结，构成独立的学派。牟先生立下的这条准则相当清晰，他的假说是否能够成立，首先要面临的挑战即是他所说的胡刘此系的此一特色是否在其他学派处不可见到。

上述第一条是那么重要的特色，笔者认为事实上却是共享的特色，因而也就没有特色。笔者相信就“心为形著原则，性为客观原则”来看的话，它只是形式的主张，理学各系都接受的，也都是不能不接受的。胡五峰、刘蕺山两人对心性的理解只是共法，往上皆承自北宋理学，更早的依据则是孟子的性善论及《中庸》的“天命之性”的主张。理学的一大特色在于它的超越哲学的内涵，而这种超越哲学都有主体的依据，否则，没有转化的工夫论可谈；也都是建立在无限人性论上的超越哲学，思孟之学已奠定了“性体”的概念。先别说北宋理学家当中被牟先生视为和胡刘一系较接近的周、张、明道，即便就程伊川而言，他提出“性即理”“心、性、天一也”之说，也都预设了性为客观原则、心为形著原则的前提。不接受这项原则的宋明儒者自有其人，一般的经生固不必论，理论较深刻者如叶適（水心，1150—1223）、陈亮（同甫，1143—1194）、王廷相（浚川，1474—1544）等人皆属之，他们反超越的人性论，因此，自然不会有以心著性的主张。他们是儒者，但这些人不宜列入理学家的范围。

就第二点“逆觉体证”而言，我们有理由说这个特色恰好也不是特色，它仍是理学的共法。在牟先生的理学图像中，除了程朱一派外，其他学派的理学家的工夫都预设了从主体立根基，逆着感觉，以证心体。只有程朱学派因为主张心性不一，所以工夫不走直证路线，而走顺取的格物工夫。但程朱的工夫论是否能以“顺取”两字穷尽之？是否不能以逆觉体证解释之？笔者认为仍有待斟酌。关于逆觉体证的命题，笔者认为牟先生的界定是新义，是他个人的用法，他将工夫与工夫所出的主体依据紧紧相扣讨论，凡是不主张“心即理”的工夫论都不是逆觉体证。然而，“逆觉体证”的思考方式在中国有很悠远的使用传统，牟先生的界定不一定可以取代传统的公共用法。笔者相信程朱的工夫论不能只以格物穷理视之，主敬至少是与之并行的工夫，而且两者有辩证的发展。主敬穷理双管齐下，这是程朱学的决定语，而不是边缘的理论。主敬是不是逆觉呢？我们如依中国哲学“顺”“逆”的用法，① 凡逆着感官知觉下功夫而有所突破，以至先天之境者，皆可谓逆觉。程朱的“主一”之“敬”贯穿动静，“主静”是主敬工夫的一环。“主静”意指身心之自我凝摄，向内切入至极，毫不走作，最终可以“复其初”。②程朱主敬的工夫依然是逆觉的，他们学说的终点依然通向了一种豁然贯通的境界。程朱学派不仅重视逆觉，它的工夫所臻境界尚有某种儒家版的理事无碍的体证，兹不赘述。

我们如果以胡刘一系的“心为形著原则，性为客观原则”以及“逆觉体证”这两项特征作为独立成系的体证标准，笔者认为牟先生的第三系说没有得到学界普遍的首肯，这种现象是可以接受的。因为除了程朱学派以外，其他的理学家的“本体”的概念假如都是即存有即活动，绝对意识即见于当下的朗现，那么，这些理学家所说的合法的道德事件恐怕都要预设本体的存在。他们的道德觉识特别深，特别敏锐，此心唯觉性天通后，念念皆可自我觉识地自深渊处涌出。而他们的主体活动所以可以朗现潜存的性体的质性，自然意味着他们必须经历朗现此本体的工夫过程后，性入心中，念念著根，换言之，也都要预设“以心著性”的前提。虽然，就道德事件的表象而言，“心即理”系意味着本心的直心而发，无不中理，顿教的意味重；“以心著性”说则强调本心必须朗现作为天地鬼神之

① 如“顺之则生天生地，逆之则成仙成佛”的说法。

② 《论语》首篇《学而》破题：“学而时习之。”朱子注：“学之为言效也。人性皆善而觉有先后，后觉者必效先觉之所为，乃可以明善而复其初也。”这是朱子明显提到其学所要导致“复其初”的文字，“复其初”即“复性”，类似的语言在朱子著作中不时可见。关于“格物”与“豁然贯通”的关系，参见杨儒宾：《格物与豁然贯通——朱子〈格物补传〉的诠释问题》，钟彩钧编：《朱子学的开展·学术篇》，汉学研究中心，2002 年，第 219—246 页。

奥的性体，尔后行事，才可无不中理，密教的色彩浓厚。然而，我们如就牟先生所说的这两系的理学家的成德历程来看，他们在下工夫之前，大概都已有“性为客观原理，心为形著原理”的认知，这是他们不言自明的前提；他们大概也都有经历过本体朗现这样的经验，亦即都有“以心著性”的历程。反过来说，在日常的行事当中，不管依陆王或胡刘的解释，任何意识事件也都预设了背后有客观的理体之向度，所有事件都是“承体起用”的行为，也都是“心即理”的事件。

简言之，如果陆王与胡刘都主张本心即性体义，都主张本心即活动即存有，其理论重心也落在道德意识上讲——牟先生应该也是如此主张的，那么，“以心著性”与“心即理”系的差别就不是本质性的，陆王的“心即理”之说落在工夫论讲，也要预设“以心著性”的原则。因为心是主观性原则，性是客观性原则，“以心著性”就像“人能弘道”一样，它是整个陆王心学的基础。胡刘体系之于“心即理”之说亦然，他们固然都强调性体的奥秘，但他们说的性体依然是带有超越的活动义，所以心性仍是同一。

底下，仅举一例，以资说明。我们不妨注意朱子批判胡五峰的“心不死”之说，这是他质疑《知言》的一个要点。朱子的心是灵妙之气，气无不散之理，“心”自然没有不死之义。“心不死”之所以能够成立，当在此种心是心体的概念，只有不落于时空框架的超越的理念才不能以生死的变化界定之。阳明的良知学也不能违背此义，良知也不死。高景逸临终之语有“本无死生”之说，此一叙述毋宁是心学系统下常见的主张，胡五峰、王阳明、高景逸、刘蕺山在此点上的理解并无出入。牟先生所说的“心即理”与“以心著性”两系如果有差别的话，我们不妨假借牟先生所说的两种“逆觉体证”的模式，亦即内在的体证与超越的体证，加以说明。陆王心学重视内在的体证，也就是圆融的当下之体证；而胡刘学派重视的是超越的体证，他们沉潜于性体的奥妙。虽然他们的论点如果落在具体的道德事件上面，也只能是“心即理”，而所谓第三系的胡刘之学也有某种实践阶段的“当下哲学”。

我们不妨具体地再以王阳明的事迹为例，以示陆王与胡刘的差别乃是工夫论入手或重点的差别，此差别并没有影响到系统的差异。众所共知，王阳明的龙场驿之悟是千年儒学史的关键性事件。王阳明在三十七岁之前，已在成圣之途上摸索多年，《年谱》记载，他当时“日夜端居澄默，以求静一”，一夕大悟，“始知圣人之道，吾性自足，向之求理于事物者误也”。王阳明悟道的现实机缘乃针对朱子的格物学说而发，然朱子的格物之终点，固在“复其初”，也就是“复性”，其途径则是主敬、穷理并下，主敬之心与所穷之理的关系也是种形著原理与客观原理的关系。王阳明成德之前，其为学之前提即顺朱子之格局而来，朗现性体是他的目标。只因格于朱子的权威，未曾参透。只待他彻底地将“物”脱客观化，也就是将格物学彻底地良知化以后，积年疑惑才豁然解消。但即使龙场驿大悟之后，工夫途径已改，心性对扬的格局依旧没变。他在滁州之前，多主张静坐以证良知本体，此时的工夫可说是注重超越的体证，“以心著性”的格局相当显著；越到晚年，越重视良知的当下流行，也就是越重视内在的体证。但不管是内在体证阶段或超越体证阶段，王阳明良知学的本质并没有改变，都预设了心性对扬。理学是成圣之学，成圣皆以证本体（性体）为宗，以转化意识为入手途径，无人不然，这是周程立教以来的大本大宗。① 论及陆王与胡刘思想的差异，我们如从工夫法门考量，也就是从教法着眼，以显教、密教的观点区分两者，也许更合理。陆王近显教，胡刘近密教。

论及显密，牟先生界定刘蕺山学问的重要标志即是“归显于密”，我们由此可以界定刘蕺山思想的特色。刘蕺山在师承上继承许敬庵（孚远，1535—1604），传承有序，然而，前贤一般的评价

---

① 兹再举理学家悟道经验的一个典型例子，此即是高攀龙的汀洲之悟。高攀龙在此悟之前对儒家的性命之学已有学理上的认知，只是未体之于身。促使他发心的重要机缘是他以往对“本体”没有彻悟，只是随口衍义，所以才会在旅途上严立学程，日夜体究，终于有了电光一闪、全体穿破的经验。在心上格的本体即性体也，日夜参究即行超越的体证，以期以心著性也，心与性仍是体现的主观性原则与待体证的客观性原则的关系。

是他的成就已超越了乃师。刘蕺山在明儒当中，以工夫缜密见长，特别重视体证性体之奥义。他的学风特色那么明显，学界对他的理解容易取得共识。我们如果追溯刘蕺山的思想的理路，发现他对江右学派的“归虚”“致寂”或东林党的“复性”论显然心有戚戚焉，他很自觉地继承了这种惟精惟一、于超越的性体处体证天理流行的学风。在罗念庵（洪先，1504—1564）的“致寂”、刘两峰（文敏，1490—1572）的“悟性修命”、王塘南（时槐，1522—1605）的“透性研几”以至刘蕺山的“诚意体独”之学之间，可以找到灯火相续的法脉。就工夫论的观点考量，江右学派和刘蕺山思想的走向显然更接近，刘蕺山也很自觉地将自己接上江右学派——周濂溪的谱系。笔者相信不管就文献内容或就蕺山学派本身的证词来看，从江右到蕺山的这条线索是很清楚的。

唐君毅先生和牟宗三先生对江右学派的学风以及价值、评价相差甚大，这种落差很值得体玩。关于江右与王学间的异同，尤其与王龙溪之学的异同，前贤也有支持王龙溪者，如关学后劲李二曲（颙，1627—1705）即是。然而，前贤论阳明后学之价值等第，固有从“合不合良知学”的角度立言者，判教意识会扩大差距，但认为两者的差距乃是工夫入手的先后或学者资质的利钝（所谓上根之人、下根之人）的差别所致者，人数或许更多，其主张也更合理。如从工夫下手处言，从江右到蕺山一脉显然更接近渐教或密教之风，他们之于晚年阳明的距离乃是“归显于密”。然而，“归显于密”的前提乃是“密”为“显”的修正，而不是对反，密教不违显教，蕺山—江右往上追溯，其法脉所出仍是王学。晚明理学家多将王阳明—江右—蕺山视为一系的发展，《明儒学案》即是以此脉络作为有明一代学术的主轴，刘蕺山是良知学的完成者，笔者认为《明儒学案》的定位需高度重视。

相对于刘蕺山在工夫论及心性论上都强调归显于密，胡五峰的工夫论之特色比较不明显，到底他没有像刘蕺山般留下大量的文字以及相关的传记数据。但从牟先生特别着重的归显于密之学风与性体的关系，我们知道胡五峰对性体的发挥特别深刻，一个不容易在西洋哲学找到相对应的概念——性体在胡五峰思想中，却占有相当重要的位置。他说的性体乃“天地鬼神之奥”，突显了全体法界聚拢于性体的深奥向度。心显性隐，就工夫论而言，突显性体即是归显于密。“归显于密”预设了心性对扬的关系，这种心性对扬的原则不多不少，如前一再提及的，乃是陆王心学的主张。显然，“陆王”与“胡刘”都可以划归为“心即理”系，在“心即理”的系统下，不管是主张“以心著性”或是主张“致良知”，两者只能构成工夫入门先后的差异，或者入门途径的殊异，并没有体系的不同。

三、从性体奥妙到道体流行

如果“归显于密”是工夫论的语言，意指工夫要由心体的明朗向内收敛，以至于隐奥精微的层次，也就是体证性体的层次，那么，“归显于密”只能是“以心著性”此概念下的分析命题。因为“密”意即在作为心体超越依据的性体处，性体虽说是“天下之大本”，是“天地鬼神之奥”，但它实质上的内涵乃是由心往内体证的意义，也是在主体作工夫下所朗现的概念。“天地鬼神”云云，其实指的即是一切存在之总称，是法界的概念，但这是未彰显开来的法界，它仍是收束于性体的概念，未曾展开独立的内涵。“性体”这个概念是理学极特殊的理念，“性”作为个体性原理的概念，它不可能不和经验界意义的个体有关，因为个体总是在经验界中存在的，没有个体即没有性体。但作为天下之大本，性体不可能没有超越的意义，也不可能没有普遍性的意义。换言之，“性体”的概念用以联结经验界的“个体”与超越界的“道体”的概念。学者从心上作工夫，由下仰攻，深之又深，日趋精微，他会触及到人天交界处的人之奥义。相反，学者如果在人天交界的奥秘之处潜证性天显现的风光，鱼龙变化，万物皆备，他会在天道流行处密契人性的另一种面向，一多为一；“归显于密”反而是“归密于显”，显密同体。前者的“归显于密”乃是工夫论句子，后者的“归密于显”则是境界论语言，但不管密显的模态为何，及其至也，一也。

在“以心著性”的系统中，“归显于密”和“归密于显”虽然就工夫论的过程来看是连续性的，就结果来看也可说是一体的两个面向，“密”“显”都表现在性体呈现处，也就是工夫有成的复性处，也就是道体的流行处。牟先生论及理学第三系时，所以“性体”“道体”混而用之，即缘此故。我们如果从广义的冥契论的传统来看，这种一多、动静诡谲同一的现象其实不是那么特别的，它毋宁是冥契论传统，尤其是外向型冥契论的核心因素之一。[①] 然而，“性体”“道体”两词所以可分开使用，总有语义上的差别，“性”字的个体义与“道”字的普及义，两者的内涵毕竟有别。“性体”与“道体”施用范围的广狭，影响我们对第三系的判断，本文顺此线索，再略进数言。

牟先生讨论“归显于密”时，重点放在工夫论意义上的“以心著性”，我们如果以上述三点作检证的标准，胡刘一系的特色极为明显，他们事实上只宜并入“心即理”一系。然而，牟先生之所以提出此第三系说，有一项重要的理论关怀，此即赋予《中庸》《易传》合法性的基础。在中西哲学史上，皆有将道德合法性建立在宇宙论基础上的哲学，这种以宇宙论为中心的思考模式有相当强的文化基因。事实上，许多文明发展的第一步都是天文学的出现，原始天文学所以在早期文明发展阶段扮演重要的角色，总和初民需要从天界获得初步的世界秩序的模型——所谓天道——有关。然而，以宇宙论为中心的哲学容易减杀道德主体的创造性，也容易将应然的意识化为实然的叙述，宇宙论或不免被视为过时的粗浅物理学，心性论之兴起势所必至。

然而，宇宙论不一定即是物理学的分支，天道论或某种意义的宇宙论（如牟先生所说的本体宇宙论）也并非即是过时而不合法的知识。如果存在和意识在主体深处有极精致的勾连，学者体证至深，常不免会碰到心—物、天—人之间的连接。在有工夫论传统的文明，学者工夫所至，心性的问题总会牵涉到主体的深层依据与世界的关联，这种大小周天的联结之思维模式在宗教中的冥契传统极

---

① 参见［英］史泰司（W. T. Stace）：《冥契主义与哲学》，正中书局，1998年，第69—93页。

常见，在中国哲学处，也蔚为大宗。依照理学的传统，《易经》《中庸》就是这种大小周天联结的典型经典，“尽人之性”与“尽物之性”同步完成。大小周天联结的正当性建立在“天道性命相贯通”的基本预设上。因此，对理学家而言，如何理解在“以心著性”的究竟处呈现《中庸》《易经》的天道流行的境界，此事即变得极为重要。

牟先生处理刘蕺山的“性宗”的问题时，即特别强调他的语言显现了他说的第三系与北宋理学的独特的联结，因为刘蕺山的“性宗”牵连到性体“於穆不已”的性质。“於穆不已”这样的状词总带有逸出个体性之外的内涵，它近于“道体”的述词。“性宗”的“性”字的性格极暧昧，它既带有个体义，但又超个体义。就超个体义而言，它的概念不如说是近于统体意义的“道”字。因为正是在以心著性的极处，我们看到天道流行的意象：“独体不息之中而一元常运，喜怒哀乐四气周流，存此之谓中，发此之谓和，阴阳之象也。四气，一阴阳也。阴阳，一独也，其为物不贰，则其生物也不测。故中为天下之大本，而和为天下之达道，及其至也，察乎天地，至隐至微、至显至见也。”① 刘蕺山是心学大家，但他对《易经》《中庸》的重视不下于《论语》《孟子》，引文所示现者正是他所谓的“性宗”也是“先天之易”的气象。在工夫的极致处，也就是“宗”或“先天处”，我们看到至隐至微的场域，却是广袤无涯的流行，意识与自然融合无间。

类似的意象在刘蕺山著作中反复出现，如论“生生之理”曰：“一元生生之理，亘万古尝存，先天地而无始，后天地而无终。浑沌者，元之复；开辟者，元之通。推之至于一荣一瘁、一往一来、一昼一夜、一呼一吸，莫非此理。”② 论及“独知”时，这种“於穆不已”的语句再度出现。他说：“天命何命，即吾独知，一气流

---

① 刘宗周：《易衍·第七章》，戴琏璋、吴光主编：《刘宗周全集》第 2 册，“中研院”中国文哲研究所筹备处，1996 年，第 160 页。

② 刘宗周：《学言上》，戴琏璋、吴光主编：《刘宗周全集》第 2 册，第 439 页。

行，分阴分阳，运为四气，性体乃朕，率为五常，殊为万事，反乎独知。"① 两段引文的"生"与"气"字明显地当上提，可视为体用一如的"用"之功能，而不宜委诸自然哲学所言的负责生物生成的形下之气。牟先生在《心体与性体》第二册论胡五峰处，颇征引刘蕺山之说以坐实第三系的假说，彼处所显现的刘蕺山话语皆带有天道於穆不已及性体奥秘之意。

可能因"性宗""先天之易"之说蕴含了超越的活动面向与整体论面向，小周天叠合了大周天，刘蕺山的论点反而近于周濂溪等人的论点，刘蕺山确实也赋予周濂溪之学极高的地位，② 所以牟先生的第三系说如果采取宽松义理解的话，他会将胡刘与北宋诸子划归为一系。笔者觉得牟先生的第三系的北宋源头说，很值得注意。牟先生强调第三系的"性体"之绝对性、客观性，这种关注是有意义的，然而，当他将"性体"的绝对性、客观性放在道德主体的角度下定位，而以胡五峰、刘蕺山为代表，他所要求的第三系的特色恐怕是无法彰显出来的，"以心著性"说恐怕只能视为"心即理"说下的一个次型。如果理学有第三系的话，我们应该先列出足以和第一、二系区隔的理论标准，再寻找出足以担负此责的人物。

关键还是要回到"本体"的概念，如果本体是理学的基本范式的话，我们有理由认定在天道性命相贯通的格局下，本体不会只有主体意义的成人的作用，它也会有自然意义的成物之作用，自然界之物事实上也就是全体法界的意义。本体既为道德负责，也为存在负责。本体落于意识上讲即是心体，落在个体之存有论意义上讲即是性体，如果落在存有之全体上讲即是道体。如果陆王可作为"心体论"导向的代表，程朱可作为"性体论"导向的代表，那么，可作为第三系代表者当是能畅发"道体论"意义的理学家。道体论之不同于心体论或性体论者，在于道体意味着一种超越个体或主体

① 黄宗羲：《蕺山学案・独箴》，《明儒学案》卷六二，河洛图书出版社，1974 年，第 101 页。

② 刘蕺山赞叹周濂溪道："夫周子，其再生之仲尼乎？"参见刘宗周：《圣学宗要・引》，戴琏璋、吴光主编：《刘宗周全集》第 2 册，第 265 页。

的观念，它遍全体法界而言。事实上，也就当有独立的“物学”可言。“物”的保障不能只放在“本体风光”下理解，也不能只从良知的意向所至理解，王阳明所谓“意之所在便是物”。“本地风光”意义及良知学意义的“物”自然足以成说，但道体论要求“物”有独立的意义。

我们三体并列，不只是就哲学而言，因为就理学家的“本体”概念的内涵而言，对万物有存有价值的保障原本即是个中应有之义。就史实而言，三体并列也符合理学史的事实，很明显，北宋理学家的思想主轴在于道体论，或者牟先生所说的本体宇宙论。北宋理学构成理学这个体系的一大板块，它的思想的特色是不可能视而不见的。不但就理学史而言，道体之说于史有据，即使依牟先生对儒家义理及北宋理学的理解，北宋理学从客观面——也就是天道面立言的特色也是于法有据，而且是本质性的有据，它符合先秦儒学《易经》《中庸》所立下的传统。北宋理学的基础如果建立在道体论上的话，它与从主观面立论的陆王心学或性体面立论的程朱之学的重点都不相同。

如果心体、性体、道体之说可以成立的话，牟先生的第三系说能否成立的标准应当放在“胡五峰、刘蕺山的思想是否继承北宋理学而来”这样的观点下考量，而胡刘继承说如果可以成立的话，窃以为其前提则在于两人思想触及的性天之奥，到底是性体的意义还是道体的意义。这样的界线应该要划分清楚。所谓性体的意义，意指一种天道流行的叙述落在主体体证的境界解释，道体的意义指此种叙述乃偏向客观的自然界解释。在理学的脉络下，尤其描述超越层次的概念与描述证悟本体的特殊经验时，这两种叙述的语言颇有相近之处，很难分别，因为这两套语言的相似处会牵涉主客两个概念终极依据处的关联问题，尽心知性处常被解释成太极流行处。但就语言所牵引的理论系统来讲，心体论（或性体论）的语言与道体论的语言之主张大不相同。

如前所述，胡五峰、刘蕺山的思想虽然都触及了性天交界处的讯息，他们也很能突显性体独特的意义，但他们所提的宇宙论的文字基本上都是果位之事，都是放在个人的体证的工夫究竟处说的。

如果只就体证境界上说及宇宙性意识的叙述而言，我们可以说：胡刘绝不是特例，反而更像是通例。比如我们在陈白沙这位常被认为有异端之嫌的大儒身上，同样可看到典型的叙述。陈白沙在著名的《与林缉熙书》中说："此理干涉至大，无内外，无终始，无一处不到，无一息不运。会此则天地我立，万化我出，而宇宙在我矣。得此把柄入手，更有何事？往古来今，四方上下，都一齐穿纽，一齐收拾，随时随处，无不是这个充塞。"此处的"我"字绝不是意识主体意义的我，而只能是作为终极实体的造化者，"天地我立，万化我出"的句子才有意义。陈白沙此处所说的心体流行的语言也可视为道体流行的语言。而他要达到这个境界之前，已有长期的"心与理不一"的困扰，"不一"是他的终极困惑。他的为学目标即是要跨越此不一，以达心理为一。"理"是本体，对本体的体证是理学家下工夫之前默认的目标。这种在性体上呈现宇宙性风光的因素，我们仍可在心学系统中找到类似的案例，比如罗近溪（汝芳，1515—1588）、杨复所（起元，1547—1599）的案例中，都充斥着类似的语言。王阳明《咏良知》的名句"无声无臭独知时，此是乾坤万有基"，我们也可以从这个界面去理解，兹不赘引。

牟先生说的第三系的胡刘之学的特色：心性对扬、以心著性、逆觉体证乃是工夫论的语言，作为个体成体原则的性与个体意识活动原则的心，乃是贯穿其学的两个轴心概念，这些主张也是"心即理"系的儒者的论点，两系构不成实质的分系的理由。在胡刘的著作中论及性体之奥秘时，我们会看到天道於穆不已的叙述，这些语言确实是《易经》《中庸》的语言，胡刘一系纳天道于性体中，作为理学主体进路与客体进路的绾结者，胡刘一系确实有特色。然而，我们不能不指出，在"心即理"系统下的儒者也多有"天道流行"之类的报导，他们同样是纳天道于性体。他们之不同于胡刘，只能在文字出现的量的多少，不在体系的差异。胡刘虽然用了不少天道於穆不已的叙述，但对于解释自然（物）存在原则的道体殊少着墨。北宋理学家的思想的极大特色乃是对于物的存在有存有论的肯定，他们的天道论不会只放在性体处论，而是就经验世界肯定道流通于世界的事事物物之中。胡刘恐怕接不上北宋理学，或许不该说接不接得上，而是关怀的重点不同，两者还是宜早分家，分家以后各有面貌，其实还可以是一家。

因为分家之后，彼此的体系反而更清晰了。道体论强调道体的生生不息，而且是以气化的形式全幅度地展开，但又下贯万物，有物有则，无一物是妄然的存在。道体论的关怀与心体论或性体论者不同，道体论系统下的儒者恐怕不是胡五峰与刘蕺山，笔者认为最足以代表者当是北宋的周濂溪、邵康节、张横渠、程明道以及晚明的方以智、王船山。我们不妨以张横渠、王船山为代表，合称为张王之学。这些人系统近，人数也不少，而且他们的学说明显地可以和心体论与性体论区隔开来，他们代表一支在北宋时期出现的新的儒学队伍，而且是理学范围中首先出现的体系，这支队伍可能可以带给我们特殊的“现代性”的讯息。

四、道体论与气学

笔者举北宋理学家（程伊川除外）与晚明王船山、方以智为第三系儒学的代表，虽然与牟先生三系说的主张不同，但未必完全偏离。诚如前文所述，胡刘之学特别标举“性体”的意义，其“性体”的理解可以往两方面延伸，一是与心性联结讨论，性体作为自性原则，心体作为形著原则。性体这个概念虽然原则上可用于任何物上，事实上只有落在人这种生灵上，才有实践的意义。它与主体性的道德意识有难以分割的脐带，牟先生说的“以心著性”“归显于密”之说的重点落在此处。这种心体性体联结、心性对扬的格局虽然已经触及到个体的客观面，但心体、性体之说毕竟仍预设个人的主体性之前提，没有主体即没有性体，这仍是人性论中心的提案，更恰当的说法乃是建立在无限的人性论上的工夫论的主张。“物的性体”义在牟先生的三系理学中没有独立的地位，事实上也不存在。

但“物的性体”义是不容忽视的，“性体”作为“天下之大本”，显为性宗之学，不免会触及大小周天的神秘联结地带，它不一定只和心体联结，亦即它不一定只依无限的人性论的格局考虑。它可以跨越人性论的界限，而和道体论联结。如果依牟先生晚年对天台圆教的“即九法界而成佛”之说，一切法需获得存有论之保障，其教才圆。比照其义，我们也可以说儒教的道体论也要赋予万物存有论的价值，其教才圆，道体论这样的知识系统应该独立成系。依牟先生对天台圆教的理解，他似乎是可以赞成笔者的调整的。牟先生一向主张心体不只要为道德负责，也要为存在（自然）负责。《论语》《孟子》与《中庸》《易经》不但不冲突，而且是上下相通的一环中之两极。牟先生举出胡刘著作中相当多天道於穆不已的叙述，显示了天道与性命贯通的格局，他们两人已将《易经》《中庸》的内容纳入主体的道德活动当中。牟先生认为胡、刘一系的出现是必然的，因为完整的道德论述应当是主、客两面皆兼顾，彼此呼应，所以理学系统中有陆王一系的由良知碰触到干知，也当有一种先立下客观的形而上依据后再加以体现的体系。然而，客观的形上依据是否只能由“性体”概念负责？

牟先生的哲学史分系说之背后有哲学的依据，巨眼洞识，第三系不得不横空出世。然而笔者之所以没有接受牟先生的第三系说，乃因“天道於穆不已”这个因素在胡刘的思想处基本上只是境界论的述词，它是工夫论的尾闾叙述，没有发挥《易经》《中庸》积极的作用，亦即对物的存在负责。《易经》《中庸》出现于思想史舞台的一大事因是对于物的价值的形上肯定，《易经》《中庸》论道体流行也都借用鲜明的自然界意象，以表生生赓续、於穆不已之意。“物与无妄”是《易经》《中庸》所欲证成的目的，但胡刘一系对此的承诺相当薄弱。我们只要对照张横渠的《正蒙》、周濂溪的《通书》与胡五峰的《知言》以及刘蕺山的《人谱》，两两前后对照，即可明显看出差异——书风的差异即学风的差异。

胡刘的著作描述那些天道於穆不已的文字基本上都是此心性处于精妙冥极状态下的述词，极少扣连到“物”上。相对地，北宋理学家周濂溪、张横渠、邵康节、程明道等人论及天道於穆不已，都从世界的生成、物的生成立论，天道论不是人性论，而是物的存有论。北宋理学的成立是背靠着佛教这个伟大的体系来的，相生而相杀。佛教对法的存有有深刻的洞察，理学不能不跟进，处理同一领域的问题。他们面对性空学说的挑战，都从《易经》《中庸》处获得灵感，他们都主张天道下贯于万物以成其性的世界观，这样的宇宙论如用中国传统的术语表之，可称为道体论。就像《易经》的太极透过阴、阳、天、地、风、雷、水、火、山、泽显现出来，所有的物象都显示了太极的真理，所有的物都由太极盈满之，并活动于变化之途中，北宋理学家表示道体的活动义亦相仿佛，周濂溪的《太极图说》从"无极而太极"以下，以至"二气交感，化生万物，万物生生，而变化无穷焉。……惟人也，得其秀而最灵"，① 显示了一切变化无非太极之流行。邵康节的本体由"天从一中分造化"以下，"体无定用，惟变是用。用无定体，惟化是体。体用交而人物之道于是乎备矣"，② 世界的简繁表里无不氤氲化生，皆在太极的创造中。张横渠的《正蒙》之要旨可以说是从"太虚即气"以下，衍化至"天道之极，尽于参伍之神"，其说意指太虚即道，道即气，格局特显宏阔。这些语言都指向了"道"与"物"的本质性关联，客观面的"道体"有独立的意义，它不能只显现于体证道体时的神秘心境。

相较于胡刘所论及的於穆不已的天道思想多集中于性体的境界，北宋理学家则多集中在道体的展现上面。牟先生论第三系的独立价值时，对道体、性体没有严格区分，或者说：他更倾向将道体的概念纳入性体之内。然而，性体是自性原则，道体是普遍性的创生原则，两者皆重客观义，性体的观念可以含有道体论的内涵，这些都是事实。但这些事实不能改变底下的差异：道体论是对一切物的存在价值负责，而性体论的性体事实上只有放在人的领域内才有效。道体论的内涵可用张横渠的"由气化有道之名"的说法界定之，道体论意指本体经由气化的历程参与了自然的大生、广生的历程，道体论对自然，也就是对物有独立的解释。性体论没有，性体论的本体宇宙论成分只是"本地风光"，"本地风光"是体道者主

---

① 周敦颐：《太极图说》，《周敦颐集》卷一，中华书局，1990 年，第 5—6 页。

② 邵雍：《观物内篇 · 第二篇》，《邵雍集》，中华书局，2010 年，第 6 页。

体境界的报导。

北宋理学的道体论思想进入南宋以后，重点发生了极大的转变。在南宋曾发挥学术影响的永嘉（叶適）、永康（陈亮）等人的学风与主流理学的关系较远，其是非得失姑且不论。构成南宋理学主流的学问乃是朱陆之学，朱陆之学一主“性即理”，亦即以性体论为核心展开的学问；一主“心即理”，亦即主张本心的当下之自我展现与自我证成。朱陆严格说来，皆与北宋理学的道体论思想有差距，陆象山一向自言其学乃读孟子而自得之；朱子的情况较复杂，但他竭力继承伊川之学，后世因而有程朱学派之称，其学基本上以《大学》为核心，与北宋其他诸家不能没有较大的差距。从南宋以至明代的陈白沙、王阳明继起，乃至阳明后学的学术活动，北宋理学的工夫论虽然对其间的硕学鸿儒不能没有深刻影响，比如王学中人普遍受程明道、周濂溪两人甚深的恩泽，阳明本人也是如此，但他们所受的影响主要不是在北宋理学道体论所牵涉的物的存有论的因素，而是他们的工夫论主张（如“主静”“定性”之说）或人格境界。

自觉地继承北宋理学的道体论而又堂庑特大者不能不推晚明的方以智与王船山两人。方王两人生于明代心学大兴之后，对心学之殊胜及偏差，有极深的体会。方王两人的思想可说都是对王学的反动或修正，当然也包含了对禅学的反动。他们面对的问题和北宋理学家面对佛教挑战的背景有类似之处，方王的知识也受到北宋理学家极大的启发，方以智对邵康节、王船山对张横渠，其佩戴之情尤不能掩抑。方王之学继承北宋理学，另立赤帜，主要是透过对心学的批判而来，他们的批判与宋明清时期一系列反理学的儒者［如叶適、王廷相、戴震（东原，1724—1777）］之反心学甚至是反理学的格局不同，他们是站在理学的高峰上重新调整理学的方向，是理学内部的自我修正。

北宋理学家加上方以智、王船山，这个名单的分量够重了，作为一个独立的派系所该有的条件也够了：他们也是主客并重，道体、心体兼扬，道德主体的角色没有减少，但道体论的成分相当突显。他们虽然也重视《四书》《五经》，但似乎更倾向《易经》《中庸》两书。相对于程朱之于《大学》、陆王之于《论语》《孟子》，他们所重视的经典不同，这样的经典差异是有意义的。除了本体概念的重点、经典的依据这两点外，还有第三点，即学问传承的因素，方王两人都很自觉地绍述北宋理学，隐约之间，有学派意识，而学派意识是构成学派很重要的成分。如果我们以张横渠及王船山作为此系的代表，两人合称张王，张王之学和程朱、陆王并列的资格，应当比当代建构出来的胡刘并称的资格更有说服力。

张王之学都上承《易经》《中庸》的气化历程，张横渠对“道”字有一著名的定义：“由气化有道之名。”凡是道体论的哲人无不重视气，道体论在此意义下可以称作气论或气学。由于在理学词汇中，气是少数可以和心、性鼎立齐观的重要概念，以气为中心的理论也可以极深邃丰富，不亚于心、性两个概念，所以以气为中心的理论称为气学亦无不可。为避免与自然哲学的气之理论混淆，笔者在其他场合曾称呼道体论哲学为“先天气学”。笔者同意“先天气学”这个词语用于界定张王之学不一定很妥当，因为在近世的三教修炼传统中，“先天之气”往往指向修炼者精致的身体概念中一种与自然体质相对应的精气，它不是来自现实界的水、谷、呼吸，但仍是形体概念下一种玄秘精致的身体动能，它没有理学传统所用的“先天”之义。但笔者所以使用这个词语，乃因“先天”一词本来出自《易经》“先天而天弗违”一句，它有“超越”义，“气学”的提法也有不可取代的意义。只是笔者需要在当代中国学界所用的“气学”这个概念中，再细分何者才是理学传统中该有的气学，以立界线。当代学界中，理学的分系说不时会有“气学”另立一系的主张，在近代的中日两国皆有支持此说者，张岱年（1909—2004）与山井涌（1920—1990）可作为代表[①]。他们的气学的主张可极简单地归纳如下：他们认为理学系统中除了陆王心学、程朱理学一派外，另外还当有“气学”一派。因为理学中人不

① 参见张岱年：《中国哲学大纲》，商务印书馆，1958年；以及山井涌：《明清思想史の研究》，东京大学出版会，1980年。

属“性即理”或“心即理”的学派，而侧重“气”的价值者，颇有其人，而且人数不少，其学足以成系。至此而言，笔者的提法和他们的论点似乎没有太大出入，事实上，却是完全不同的定位。

大体说来，他们和笔者一样，很注重张横渠与王船山在气学扮演的角色，但他们看张王之学往往是从唯物论哲学的角度出发。气被当成一种精致的物质，“天下唯气而已矣”这样的叙述一转，就是世界由气组成；这样的命题再转，就是世界由物质所构成，物质是世界终极的基础。1949 年之后，中国大陆学界的中国哲学史的写作以马克思主义作为学术的指导原则。气论被视为和唯心主义极不兼容的一套知识，气论再体系化了就可称之为气学。中国哲学界马克思主义者为了建构东方版唯物主义的系统，他们很努力地在布满无限唯心论述的学术园地上，斩断旧传统，出土久被掩抑的或被扭曲的思想家，所谓掩抑、扭曲自然是依马克思主义者所作的价值判断。所以他们挖掘了吴廷翰（苏原，约 1491—1559），重点突显了王廷相，也调整了罗钦顺（整庵，1465—1547）的定位，明末清初入围的名单更多，方以智、陈确（乾初，1604—1677）、颜元（习斋，1635—1704）等人纷纷中选，甚至连很典型的理学家如刘蕺山也被提了进来。“气学”不但俨然可以成系，其声势甚至有凌越心学、理学而上之气势。

气学一系在 20 世纪下半叶横空出世，无疑和政治局势的演变有关，但笔者不认为气学论点的提出就只能划归为政治意识形态下的产物。道体论的语言如果建立在“因气化而有道之名”的基础上，那么，以气名学并非不可接受之举，理论意义也可以非常重大。但“气”这个词汇可能是中国哲学中最复杂的词汇，此字应用的范围几乎横跨了所有的领域，从形上到形下，从精神到自然，莫不笼罩。在中国传统的用法中，尤其用于五术传统时，它常不免带有精致的物质义，占卜、星相、风水，莫不如此。即使人文科学常出现的词汇如气质、气性、形气、神气等，这类的用法也常常都缺乏超越义。但理学家言及本体之作用时，势必会用到“气”字，这样的“气”字不能依自然义使用，这是很明显的。如果将重视“气”理论的儒者都视为气学学者，这样的归类显然太笼统，其异不胜其同，错误的归类不如不用。

“气”之一字，众惑之门，但笔者接受理学第三系的名称可以用“气学”称呼之，这是“有缘于旧名”的方式。不过为了避免混淆，笔者严格划分两种气学，一种属于理学范围，此种气学可名为先天型气学或本体论气学；一种已不属于理学范围，这样的气学可名为后天型气学或自然主义型气学。这两种气学的判断当依它们所使用的“气”字有无超越义而定，如果有的话，这样的“气”字应该就是“体用论”语言中的“用”字。这样的气学所强调的气的优先性，其实都是体用一如之意，它所谓的气的优先性只有放在与朱子学那种理的优先性作对照，才可显现其义。实质而论，他们任何带有气的优先性的语句都不该当作定论，定论是理气同体，即体即用。真正主张气的优先性的学派可视作后天或自然主义的气学，后天型气学是自然主义的用法，此派气学的“气”概念有存有论上的优先性，理是气的原初活动所产生的属性，它由气导出。这两种气学都强调“气”的重要，甚至存有论上的优先性，但事实上体系的性质大不相同，它们的人格典范、人生目标、天人关系都不一样。既然貌合神离，最理想的解决办法就当离，合则两害，分则两利。

笔者划分了两种气学，将王廷相、吴廷翰、戴震这类所谓气学思想家划出理学的分系之外，因为他们本来就不属理学的范围。虽然笔者认为后天型的气学仍有重要的理论价值，但它的价值已不落在本文需要处理的范围之内。笔者在先天型气学的阵营中，也将刘蕺山这类当属广义的心学而被错认为气学的哲人划出去；同时也将罗钦顺这类因朱子的问题意识而发并校正朱子学的设定，也就是他仍属朱子学修正派的哲人划出去不论，因为心学模式或理学模式下的气论哲人都无法赋予万物存有论的价值，他们别有关心。他们的气高来高去或深来深去，不落人间。他们之所以高举气的价值，只是为了修正阳明学或朱子学在实践上的偏差，他们仍隶属在王学或朱学的系统下，旧瓶旧酒参新酒，他们不是体系外的人物，不属于道体论模式下的哲人。

“性即理”模式以及“心即理”模式下的理学论述都有可能出

现气学面貌的语言，笔者在其他文章中已论过，兹不重述①。唯刘蕺山之学的定位特别纠结，依传统的分类，它可被定位为心学的完成者；在牟先生的分系说中，又被定位为“以心著性”说的集大成者；然而，在当代的气学叙述中，刘蕺山思想的特色也曾列入气学的行列中。刘蕺山之学与心学、气学的关系，笔者前文已稍有触及，但由于本文的重点之一在于厘清“先天气学”的内涵，刘蕺山之学的一个争议点在于他的“气”的主张，笔者因此借蕺山气学的解读再缀数语，略加申述，以解此纠葛。

蕺山之学气学说是有本的，并非新说，黄梨洲（宗羲，1610—1695）《明儒学案》论及其师的学问时，即主张：“先生之学，以慎独为宗，儒者人人言慎独，唯先生始得其真。盈天地间皆气也，其在人心一气之流行，诚通诚复，自然分为喜怒哀乐，仁义礼智之名，因此而起者也。不待安排品节，自能不过其则，即中和也。”②黄梨洲的判断如是，他没用到“气学”一词，但“盈天地间皆气也”此全称命题已蕴有此义。黄梨洲显然是有依据的，同样的论点在刘蕺山的论述中不时可见。笔者在此仅举一例足以壮唯物论气学说者之胆的言论如下：“盈天地间，一气而已矣，气聚而有形，形载而有质，质具而有体，体列而有官，官呈而性著焉，于是有仁义礼智之名。”③ 这是他《原性》篇的语句，是重要论文。黄梨洲

① 杨儒宾：《异议的意义——近世东亚的反理学思潮》，台湾大学出版中心，2012 年，第 85—126 页。

② 黄宗羲：《蕺山学案》，《明儒学案》卷六二，第 36 页。

③ 刘宗周：《原性》，《刘子全书》卷七，第 328—329 页；亦见于黄宗羲：《蕺山学案·原性》，《明儒学案》卷六二，第 76—77 页。

《明儒学案》之说显然依据其师之说而来，并没有扭曲之处。①

刘蕺山喜言“盈天地间一气而已矣”“理即是气之理，断然不在气之先，不在气之外”之语，论者如要找出“蕺山之学气学论”的文字证据，可谓俯拾可得。问题是这些文字该如何看？窃以为刘蕺山文集中凡是这类的语言都是境界语言，不是日常生活事件的语言，这些语言皆需善加领会。刘蕺山这些语言可以说都是用以表示工夫至极时的境界之改写，试观下列诸语，其主要概念都不是“气”，但其叙述却高度雷同。这些语言皆出自《明儒学案》选录，表示黄梨洲也是赞成其师的用语的。首先，“盈天地间，只是此理，无我无物，此理只是一个。我立而物备，物立而我备，恁天地间一物为主，我与天地万物皆备其中”。② 引文的语句如将“理”字改成“气”字亦通，刘蕺山名言乃“盈天地间一气而已矣”，可见他的“气”优先之意其实皆指“理气合一”。其次，“动也是常惺惺，此时不增一些子，增一些子，则物于动矣；静也是常惺惺，此时不减一些子，减一些子，则物于静矣。此心极之妙，所以无方无体，而慎独之功，必于斯而为至也”。③ 答文明言信中妙境是指“心极”，亦即本心朗畅之境，此时动静一如，无方无体，此境可谓心气同流之境。第三，“一敛一发，自是造化流行不息之气机，而必有所以枢纽乎是，运旋乎是，则所谓天枢也，即所谓独体也”。④

① 牟先生认为刘蕺山这些语言只是语用不当，并非唯物论意义下的气论学者，黄梨洲则不免误上贼船，错解了老师。但从黄梨洲的观点看，他的学问归宗于刘蕺山，形上学的思想也是以气为本，不会误解。黄梨洲有很强的文化哲学的理念，他注重文学，注重历史，眼界高，堂庑特大，俨然为理学文化哲学的一大归墟。他不但对文史的兴趣高，下的功夫深，他对自然科学，尤其天文学也有异乎常儒的关怀。不管是文化哲学或是自然哲学，黄梨洲的思想都建立在“气”的基础上，他认为自己是在宣扬其师学说的。相关问题参见刘述先：《黄宗羲心学的定位》，允晨文化出版公司，1986 年。

② 黄宗羲：《蕺山学案·答王嗣奭》，《明儒学案》卷六二，第 65 页。

③ 黄宗羲：《蕺山学案·答叶廷秀问》，《明儒学案》卷六二，第 72 页。

④ 黄宗羲：《蕺山学案·答门人》，《明儒学案》卷六二，第 66 页。

引文所说妙境乃是“天枢”“独体”之境，独体不独，它要有“造化流行不息之气机”，也就是“独体”与“气之流行”同境之义。本文引述至此为止，以免累赘。引文的“理”“心极”“独体”都可以和“气”字代换，显然这样的“气”概念和自然主义气学的“气”字不相干。事实上，我们观察刘蕺山著作中的“知”“意”诸字，也都有气化流行之义。蕺山之学归显于密，在非想、非非想的独证境界，一切重要的概念齐登法界，全融入难以言喻的即动即静的流行中，他的“气”之叙述大抵都是从体证至极的心境立论。

笔者严分两种气学，并将某些只从体证境界立下气化流行、於穆不已的哲人排除在外，因为他们根底上仍是心学体系下的儒者，但最后仍保留气学之名给从道体论立论的理学家，自认这样的抉择还是合理的。由于“气”字的语义极纠缠，有鉴于此，牟先生对此字作了严格的定义，他主张为免混扰，学者于“气”字外，必须正式建立“神”此一观念，其内涵即以濂溪“动而无动，静而无静，神也”之语确定之。① 准此，则气之观念即不能不落于形气层或经验层，属于形下领域。但“神”这个语汇其实也不一定尽是超越论的用法，它有时也属于气之质性，如言“神采”“神气”之类，但这样的“神”字必须和太虚神体之“神”分开来。依据重新安排过的定义，牟先生清楚地划分了超越界与经验界，“神”属超越层，而“气”属于经验的语汇。牟先生的用语令人有似曾相识之感，他的划分与朱子的用法何其相肖。牟先生对朱子的哲学体系意见很大，但对朱子划分形而上与形而下，而气属于形而下，却是赞成的。经由牟先生此一划分，气的领土缩小了，概念也清晰了。如果我们了解牟先生的用法，知道“神”“气”的划分是他站在后来的诠释者所作的区分，而不是“神”“气”两字在历史上即已如此泾渭分明，那自然是有益的。

然而，牟先生的严格定义是他站在规范的立场，也可以说是站

① 此义在牟先生的理学研究诸书中常可见到，较密集的解说参见牟宗三：《心体与性体》第 2 册，第 210—212 页。

在后来者后设的立场，对两词的重新界定，他的重新界定不能改变历史上曾有混用的情形。我们不能不正视每位哲人都是活在具体的语用世界里的，在“神”“气”两字常混用的时代，他们未必不受影响，他们的混用符合日常的用语习惯。退一步想，每位哲人的用语不同，其有效性当放在个别的哲人之体系下判断。气的性质如何界定，原本即是中国哲学史里不时会出现的老议题，比如，孟子的“浩然之气”、庄子的“游乎天地之一气”、《管子·内业》的“心气”等该如何界定，即很值得仔细省思。朱子、牟先生的用法自是一说，概念的清晰有益于理路的畅通，但那是朱子与牟先生的用法。就哲学史的现状考量，道体论哲人所用的“气”却不是形而下的，此义应该可以成立。牟先生自然了解这种混用的情形，他的解决方式自然也是合理的，但笔者保留“气”字的丰富历史积淀，再依性质划分两种气。不管笔者的划分乍看之下如何笨拙，一气化二气，“气”字成了“邪恶孪生兄弟”看起来如何诡异，这样的划分应当还是有理论意义的，窃以为也还是可以成立的。

五、结论：扩大的三系说?

笔者第三系说的对照论述是牟先生的“以心著性”一说，牟先生的分系说密察精深，充满了哲学的洞见。大的哲学体系的分化与分系是必然的，毋宁也是合理的，后来者会再重新分类也不是罕见的。理学的分系说牵涉到提出者对整体儒学的想象，在各种分系说的提法中，牟先生的三系说特别引起学界注意，虽然跟进者相对之下少了许多。他的“以心著性”说在之前的学界中未闻有人提及，胡五峰、刘蕺山自成一系自然也是旷古未闻的新说。然而，相较于牟先生其他的创见，他的理学第三系说虽引人注意，却未曾引发足够的回响，不过牟先生似乎也从未放弃过此一主张。牟先生对第三系说的坚持以及学界缺乏回应所形成的巨大落差，不能不说是个显目的文化现象。

牟先生的坚持源于他的学术洞见，在天道性命相贯通的格局下，工夫当然都不能脱离现在良知一义。现在良知一方面为当下的道德行动负责，它显现为道德意识；但现在良知在本质上也要为物的存在负责，它是乾坤万有基。正因良知同时具备主观—客观二义，落在工夫实践上来讲，良知的作用可以分成两途发展，一是当下承体启用，如陆王心学所主张者；一是心性对扬的模式，学者下工夫时，已预设了道体的朗现。关于道体的朗现，犹可再论。底下，笔者借牟先生之言以论述之："以天道性命为首出，则可有两路之归：一是视道体性体为即存有即活动者，一是视道体性体为只存有而不活动者。前者必归于'以心著性'之一路，胡五峰、刘蕺山即代表此一路。后者必归于伊川朱子之格物穷理而心性不能一。"① 准此论述，理学即有三系。牟先生的"以心著性"说以及"性即理"说两说的关键性差别，在于"心性能不能为一"。"心性能否为一"的问题与程朱学的关系又是理学传统的一大课题，此处姑且不论。我们的关心集中在牟先生所说的"以心著性"系统上，换言之，《易经》《中庸》在理学史上的角色如何理解？其答案和"心性能否为一"的关怀有关。

《易经》《中庸》在牟先生所说的"以心著性"及笔者所说的"道体论"系都扮演重要角色，然而，我们如分析胡五峰、刘蕺山一系，以及他们所继承的北宋儒学的学风，不能不发现他们之间的学问重点还是有相当大的差异。简单地说，胡刘思想中有关"天道性命"的成分，也就是他们学说与《易经》《中庸》的衔接点，基本上是落在复性阶段的性体流行处。但北宋理学家的学问以及他们所承继的《易经》《中庸》的传统，却有相当大的比例是关心物的存有的问题，也可以说关心世界或自然的超越的意义的问题。同样继承《易经》《中庸》，同样有天道性命，何以北宋儒学与胡刘一系的学问却会偏重不同，学风竟有如此大的差异？两者归为一系，如何说总是勉强。由于两者的学问性质以及表现风格颇有差异，难以掩抑，所以论及分系问题时，牟先生也曾将北宋理学剔出，视北宋时期为理学尚未分化，也未曾分系时期。

然而，牟先生的北宋理学未分化论只是取消了问题，并没有解

① 牟宗三：《从陆象山到刘蕺山》，台湾学生书局，1979 年，第 406—407 页。

决问题。这种取消的策略和他的分系说的精神是不符合的。众所共知，牟先生的分系说固然是哲学史的问题，但也是哲学的问题，他是就哲学史论哲学。北宋理学家提出的“物的存有论问题”固然是北宋时期的儒学的议题，但它也是普遍性的哲学议题，也有经典的依据，北宋诸儒在哲学版图上又占有相当重要的位置，分系说不考虑北宋理学的特色，说不过去，问题恐怕还是要回到牟先生分系的基本立场上来。

牟先生论理学分系的时间，也就是他撰写《心体与性体》的时间，乃是他竭力宣扬道德主体主义，宣扬“中国哲学为什么落于主体性”的时期。① 在“道德主体主义”的概念笼罩下，尽心知性的工夫论成为学问的核心，一种典型的陆王学问模式重新兴起。虽然牟先生扩大了道德主体主义的范围，打破了康德在现象与物自身之间所划下的严厉红线，跨越了过去，但道德主体主义的模式并没有放弃。我们如果比较他论天台宗的圆教模式，比较他曾引用胡五峰的“天理与人欲同体而异用，同行而异情”作为儒家可能的圆教模式，即可知“法的存有论问题”在他的知识版图里始终还是占有重要的位置，但这个问题却是他的三系说没有解决的。

“法的存有论问题”来自于佛教，论者可能可以代牟先生辩解道：牟先生所以触及这个概念，或许只是出之于哲学理论的兴趣，所以不必将它引进儒学的诠释中。然而，儒家虽不讲“法的存有论问题”，《易经》《中庸》却说“尽物之性”“天道生生”的问题，这种牟先生称之为本体宇宙论的问题，不可能不涉及物的存有论保障的向度。物或世界的终极依托的问题在北宋时期是随着《易经》《中庸》的重新登上历史舞台，也跟着一并显现出理性的光芒的。北宋理学的一大成就无疑是带给世界诚明的讯息，赋予万物“无妄”的价值。北宋理学的议题相当大的比例论物、论世界、论自然，物、世界、自然这些概念都有相对独立的地位。北宋理学无疑

① 这是他的著作《中国哲学的特质》（台湾学生书局，1963 年）第一章标题的改写。

仍属道德主体主义，但他们的道德主体主义下的物不是只在体道者的境界中呈现，它也在自然界中如其自如地呈现，心物之间有较平衡的地位。北宋理学有自然哲学，有物学，道体论不离自然哲学或物学，胡刘之学恐怕不能有这套学问。

笔者重构理学的第三系，言简意不赅，不足以畅尽此说之蕴含，比如“复性”说、“物”学等核心议题在第三系理学中如何呈现，都需要仔细讨论。即使仅就名称而言，亦不安稳。“先天气学”之说虽自认为并无误用语汇之嫌，但确实也没有作出足够的澄清，以释众疑。如果用“道体论”或“张王系”的称呼，至少语义的歧异可以大幅减少，这也是本文的立场。但不管如何称呼，笔者相信我们如果接受《中庸》《易经》作为圣经的价值，也接受它们在整体理学思想中占有核心的地位，那么，一种有别于“心即理”“性即理”之说的系统恐怕是不能不被承认的。

笔者的理学第三系说虽然不同于牟先生的提法，但未必不符合他的圆教的理念。扩而充之，如果我们将拙见放在现代新儒家学圈看待，不难发现拙见的立场更接近熊十力（1884—1968）、唐君毅两位先贤，熊、唐两先生论分系的文章虽然不多，论点也不够突显，但就学问格局而论，他们显然更接近张横渠、王船山一系的学问。如果我们从理学的三系说反观现代新儒家的学问系谱，并将冯友兰（1895—1990）的思想包括在内，可能也可以得到一些启发：是否笔者所说的三系说不仅可以归纳宋明理学的体系，它也可以解释现代新儒家的学问光谱？是否有扩大的三系说？

道德实在论：朱熹美德伦理学的进路

黄勇①

一、引言

在元伦理学中，特别是在道德本体论问题上，存在道德实在论与反实在论之争。实在论者承认（1）道德命题有真假，而且至少其中有些是真的；（2）其真假取决于客观存在的道德事实或道德性质。反实在论者都否认（2），有的还否认（1），而对（1）的否定又可采取两种形式，要么根本否认有道德命题存在，要么承认有道德命题存在，但否认有任何道德命题为真。② 因此，道德反实在

① 作者简介：黄勇，香港中文大学哲学系教授、系主任。

② 还有一种立场，一般归于实在论，但在我看来也可以看作实在论和反实在论之间的一种立场。这种立场通常被称为反应依赖说（response-dependent theory）或者感受性说（sensibility theory）。这种立场当然也接受（1），认为道德判断有真假，但对于（2）的立场则比较复杂，认为决定我们的道德判断之真假的道德事实或性质既不是完全客观的，也不是完全主观的。这是因为道德性质有点类似洛克所说的第二性质。与完全客观的、即不依赖于我们对其感知而存在的第一性的质（如一个物的形状、大小、数量等）不同，第二性的质，如颜色、声音、味道等，取决于我们的感知，因为物本身没有颜色、声音、味道，在此意义上，它们是主观的；但同时我们之所以在物上感知这样的第二性的质是因为这个物确实有在我们的感官上产生这样的感觉的力量，在此意义上它们又是客观的。道德本体论上的这第三种立场认为，道德性质在一种类似的意义上既是主观的又是客观的。持这样一种立场的主要有麦克道尔（John McDowell）和维金斯（David Wiggins）。

论基本上可以分成三类。最极端的是非认知主义（non-cognitivism），认为我们的道德判断并不具有认知的意义，因此没有真假；它事实上并不是道德命题，而不过是伪装成道德命题的，或者有道德命题假象的我们的情感的表达，所以这样一种立场通常被称为情感主义（emotivism）或者表达主义（expressivism）。例如，当我们说某个行动不对时，我们实际上只是在表达我们不喜欢这个行动的情绪，这样的表达也许有恰当与否之分，但没有真假之别。这种理论的主要代表是艾耶尔（A. J. Ayer）和布莱克本（Simon Blackburn）。另一种反实在论承认道德判断是认知性的，而且试图描述某种客观的道德实在，但由于这样的实在根本不存在，这样的道德判断便总是错的，而永远没有任何真的道德判断。其情形类似于历史上的燃素说，它想用燃素来解释燃烧现象，但由于这样的燃素根本不存在，不管什么样的燃素说总是错的。所以这样一种理论也叫作错误理论（error theory），主要由麦基（John Mackie）和罗伊斯（Richard Royce）提出。道德反实在论的第三种形式认为我们的道德判断有真假，但否认客观的道德实在的存在。一个道德判断的真假取决于判断者所接受的一套主观标准。我们说某人的行动不对与一个球赛的裁判说某个球员的动作犯规类似。我们可以确定这个裁判的判断的真假，但我们根据的标准是球赛规则，而球赛规则不是客观的，而是为球赛更赏心悦目而制定出来的。因此这样一种理论通常也被认为是主观主义或者非客观主义。当代元伦理学中的大多数反实在论者都属于这一类，主要代表则有哈曼（Gilbert Harman）和科斯嘉（Christian Korsgaard）。道德实在论也有各种形式，但根据一种简单的分类，有自然主义的和非自然主义的。自然主义的道德实在论认为客观存在的道德事实或道德性质要么就是自然事实或自然性质，要么是依附于（supervene）自然事实或自然性质上的事实或性质，我们可以像认识其他自然现象一样认识道德事实。代表这样一种立场的有博伊德（Richard Boyd）和莱顿（Peter Railton）。非自然主义的道德实在论认为道德事实、道德性质不是自然事实、自然性质，而是与三角形所具有的其内角之和为 180 度这样的数学性质或者是像柏拉图所讨论的形式所具有的形而上学性质类似的非自然性质。这种立场以摩尔（G. E. Moore）和夏佛-兰道（Russ Shafer-Landau）为代表。按照另一种不太常见但对本文的讨论至关重要的划分，道德实在论还可以分为以道德行动为关注点的道德实在论和以道德行为者为关注点的道德实在论。前者所说的道德事实和道德性质都涉及道德行动的事实或性质，而后者说的道德事实或性质都涉及行为主体的事实或性质。在这个意义上，这两种道德实在论的元伦理学立场分别相应于大家熟悉的几种规范伦理学立场：前者相应于关注行动的后果论和道义论，而后者相应于关注行为者的美德论。我之所以说这种划分不常见（事实上也许是我在这里第一次明确地、有意识地作出这样的区分），是因为在当代道德哲学中的道德实在论几乎都是以行动为中心的。我之所以说这种划分对本文的讨论很重要，是因为本文将关注的朱熹的道德本体论不仅在实在论与反实在论之争中持实在论立场，在自然主义与反自然主义之争中持自然主义立场，而且在道义论、后果论与美德论之争中持美德论的立场。在我看来，道德实在论必须要正面面对反实在论者认为道德实在论必须面对的一些严重困难（第二节），但以行动为中心的道德实在论无法克服这样的困难（第三节）。只有以美德伦理为进路的道德实在论，即以行为者而不是以行动为焦点的道德实在论才能为道德实在论提供一个真正的出路。在这方面，代表当代西方美德伦理学复兴运动中最重要的新亚里士多德主义的霍斯特豪斯（Rosalind Hursthouse）虽然并没有有意识地提出一种道德实在论，但她对美德的客观性的详细论述表明了以美德伦理为进路的道德实在论之可能性，但由于其亚里士多德主义固有的理智主义倾向，使这样的道德实在论不能真正说明一个行为主体作为人为什么必须具有美德（第四节）。本文的重点是要阐明，朱熹的以儒家美德伦理学为进路的道德实在论不仅可以克服新亚里士多德主义的问题（第五节），而且也可以很好地避免道德反实在论认为道德实在论所具有的困难（第六节）。最后我对全文做一小结。

二、道德实在论的四大困难

如果我们在道德上持一种反实在论的立场，那么我们的所有道德主张都缺乏了客观性；而如果我们的道德主张缺乏了客观性，我们对于为什么要做这种道德主张认为应该做的事情就会开始产生疑问。就此而言，道德实在论就有它独特的吸引力，因为它认为道德主张具有客观性，即以客观存在的道德事实或道德性质为基础，因而我们也就更有理由遵循这样的道德要求。但是，在道德反实在论者看来，道德实在论存在着一些严重的困难。

第一就是我们无法从事实推出应该。持一种道德实在论，就是说规范性的道德主张是建立在事实基础上的，也就是说，我们以“应当”形式出现的规范性命题是从以“是”为形式的事实性命题推演出来的。但是，大家知道，休谟在其《人性论》指出，在“是”与“应当”之间存在着一个巨大的，但为人们忽略了的鸿沟：“在我遇到的每一个道德学体系中，我一向注意到，作者在刚刚是照平常的推理方式进行的，确定了上帝的存在，或是对人事作了一番议论；可是突然之间，我却大吃一惊地发现，我所遇到的不再是命题中通常的‘是’与‘不是’等联系词，而是没有一个命题不是由‘应该’或‘不应该’联系起来的。这个变化虽是不知不觉的，却是有极其重大的关系的。因为这个应该或不应该既然表示一种新的关系或肯定，所以就必须加以论述和说明；同时对于这种似乎完全不可思议的事情，即这个新关系如何能由完全不同的另外一些关系推出来的，也应该举出理由加以说明。不过既然作者们通常不是这样谨慎从事，所以我倒想向读者们建议要留神提防；而且我相信，这样一点点的注意就会推翻一切通俗的道德学体系，并使我们看到，恶德和美德的区别不是单单建立在对象的关系上，也不是被理性所察知的。”① 休谟说的是类似这样的情况：我们刚刚做了一个描述性的命题，“甲打了乙”，便很自然地做出一个规范性命题，“甲不该打乙”或“甲打乙不对”，好像我们可以从“甲打乙”这个事实命题推出“甲不该打乙”这样一个规范命题似的。

---

① David Hume, *A Treatise of Human Nature*, Oxford: Oxford University Press, 1978, p. 469.

类似地，我们刚刚做了一个描述性的命题，“张三把摔倒的李四扶了起来”，便很自然地做了一个规范性的命题，“张三应该帮助李四”或者“张三帮助李四是对的”，仿佛后者可以从前者推导出来似的。而休谟在上面这一段话中，就是要提请我们注意，关于“是”的命题与关于“应该”的命题是两种完全不同类型的命题，我们不能从一个关于“是”的实然命题中推出一个关于“应该”的应然命题来。皮格顿（Charles R. Pigden）认为，之所以从“是”推出“应当”是谬误，并不是因为道德具有任何特殊的特征，而是由于逻辑的保守本性：“合法推理的结论是包含在前提之中的。你不可能取出你没有事先放进去的东西。”① 既然在“是”的命题中没有“应该”，那么，根据逻辑的这种保守性质，从前者推出后者就是一种谬误推论。后来，人们往往用摩尔在其《伦理学原理》中提出的“自然主义谬误”（naturalistic fallacy）来说明这种谬误推论的性质，实际上摩尔关心的不是这个问题，而是我们接着要讲的大多数道德实在论都会面临的另一个问题（他自己也是一个道德实在论者，确切地说，是一个非自然主义的实在论者，但他认为自己的实在论不会犯这种自然主义的谬误）。

第二，自然主义的道德实在论面临着摩尔所谓的“开放问题”（open question）。我们上面讲了摩尔的自然主义谬误实际上并不是指从事实推出应该的谬误。摩尔自己是个非自然主义的道德实在论者。在他看来，“好”或“善”（good）是一个最基本的、简单的、不可分析的道德概念，我们可以用它来定义别的概念，如“正当”（right）概念，但它本身是不可定义的。任何要对“好”进行定义的意图，不管是用快乐还是神的诫命，在摩尔看来都是犯了被称作“自然主义谬误”的逻辑错误。因此必须指出，摩尔对“自然主义谬误”这个词的使用并不是非常严格的，因为尽管快乐确实是“自然的”，神的诫命却肯定不是。也因此，弗兰克纳（W. K. Frankena）正

① Charles R. Pigden, “Naturalism”, In *A Companion to Ethics*, *ed. Peter Singer*, *Oxford*: Blackwell, 1991. p. 423.

确地指出，摩尔实际上指的是“定义谬误”（definitional fallacy）而不是“自然谬误”（natural fallacy）。[①] 在摩尔看来，当我们用别的东西来定义“好”、说某某属性是“好”时，我们就会面临一个开放的问题：它真的“好”吗？一个问题是否是一个开放的问题，就看我们提的这个问题是否说得通（intelligible）。例如，如果有人把“光棍”定义为“没有结婚的成年男子”，我问：“光棍真的是一个没有结婚的成年男子吗？”这个问题就不是一个开放的问题，因为这是一个说不通的问题，就是说，我会提这个问题这个事实本身就表明了我要么不知道什么是光棍，要么不知道什么是未结婚的成年男子，要么两者都不知道。但是假如我们用某种自然属性来定义“好”或“善”，我们就一定会面临开放的问题。例如，如果我们把“好”定义为“快乐”这种自然属性，人们就可以合理地问：“快乐真的是善吗？”这是一个开放的问题，因为这个问题是说得通的，就是说，我们提出这个问题这个事实本身并不表明我们不理解“好”和“快乐”。如果我们把“善”定义为我们有欲望去欲望的东西，定义为令人羡慕的东西，或任何别的什么自然属性，我们都会面临开放的问题。而我们能对这个定义提出开放的问题就表明这个定义有问题，也就是说，“好”与我们用来定义它的那种自然属性不是一回事。[②]

道德实在论必须面对的第三个问题是麦基所谓的怪异性（queerness）问题。道德实在论者断定有客观的道德性质。在麦基提到的持这种观点的人中包括哈奇森（Hutcheson）和普莱斯（Richard Price），前者说道德的善是体现于行动中的、使我们赞成这种行动的某种性质，后者则说，对和错是行动的特质，而不是我

---

① 参见 W. K. Frankena，“The naturalistic fallacy”，*Mind*（New Series），1939，48（192）：469。

② G. E. Moore，*Principia Ethica*，Revised Edition，Cambridge：Cambridge University Press，1939，p. 67.

们心灵的性质。[①] 麦基认为道德实在论的这种观点是非常怪异的。这个怪异性有两个层面，一个是存在论的，一个是认识论的。在存在论层面，麦基认为，如果存在有客观的道德性质的话，这是一种非常怪异的性质。为什么呢？以打人这个行动为例子。如果我们说，这种行动有产生痛苦的自然性质，这并不是一种怪异的性质，因为我们可以知道这个打人的行动确实造成了被打的人的痛苦。但道德实在论者说，除了这种产生痛苦的自然性质以外，这个行动还具有“错”（wrongness）这种道德性质，麦基认为这就是一种怪异的性质。我们再以帮人疗伤为例子。如果我们说这个行动有减轻痛苦的自然性质，我们不会说这是一种怪异的性质，因为我们确实看到这种行动帮助他人减轻了痛苦。但如果道德实在论者说，这个行动不仅有让人减轻痛苦的自然性质，而且还有“对”（rightness）这种道德性质，麦基认为这就是一种怪异的性质。一方面，“对”和“错”这样的道德性质怪异在什么地方呢？跟打人这种行动所有的产生痛苦的性质和帮助人疗伤这种行动所有的减轻痛苦的性质光具有客观性不一样，道德实在论者认为这两种行动分别具有的“错”和“对”这样的道德性质不仅具有客观性，而且具有规范性，或者说它们具有客观的规范性（objective prescriptivity）。换言之，如果我们知道了某个行动的自然性质，我们只是知道存在着这样的性质，但如果我们知道了某个行动的道德性质，我们不仅知道存在着这样的性质，而且还会有一种动机去从事具有“对”这种性质的行动（如帮人疗伤）或者不做甚至阻止具有“错”这种性质的行动（如打人）。这怎么可能呢？另一方面，这样一种客观的道德性质本身是否是一种自然性质？如果是，为什么与我们熟悉的自然性质如此不同呢？如果不是，那么它们与自然性质的关系如何呢？就是说一个行动之产生痛苦的性质与其“错”的性质之间有什么关系，一个行动之减轻痛苦的性质与其“对”的性质之间有什么关系？所有这些都表明，道德实在论者所假定的客观的道德性质具

① J. L. Mackie, *Ethics: Inventing Right and Wrong*, London: Penguin Books, 1977, p. 31.

有存在论上的怪异性。麦基认为这种性质在认识论上也具有怪异性。如果这样的道德性质存在的话，我们需要某种与我们认识自然界的所有其他东西不一样的、独特的知觉或直觉的官能。因为凭我们认识自然世界的日常官能，我们所能认识到的只是客观的自然性质，而不是具有客观规范性的道德性质。道德实在论者往往诉诸一个独特的道德直觉官能，但麦基指出："不管这个过程多么复杂，如果它要产生权威的规范结论，这种直觉需要某种特定的输入项，不管是前提还是论证还是两者兼而有之。当问我们怎么知道这种权威的规范性、知道这些独特的伦理前提的真假、知道这种独特的伦理推理形式的说服力这样的困难的问题时，我们关于感官知觉、关于内省、关于对解释性的假设的设想、关于推论、关于逻辑构造、关于概念分析，或者关于上述诸项的任何综合所能作出的日常说明都不能为此提供一个令人满意的回答。"① 由于道德实在论所假定的客观的道德性质具有这样的存在论和认识论上的怪异性，麦基认为我们最好还是放弃这样的假定，即否认这种客观的道德性质的存在。

道德实在论必须面对的第四个，也是我要讨论的最后一个问题就是所谓的无法追踪的（intractable）道德分歧问题。这是麦基用来反对道德实在论的第二论证，他称之为根据相对性的论证（argument from relativity）。这个论证的前提是"不同文化之间和不同历史时期之间道德规则之差异以及在一个复杂的社会内部不同团体和阶级的道德信念之不同"。② 道德相对主义者哈曼也说："不同文化的成员在对错问题上通常持有很不相同的信念而且通常根据很不相同的信念行动。"③ 当然光是存在着道德分歧这一点还不足以证明客观的道德事实、道德性质的不存在，因为在科学问题上也存

① J. L. Mackie, *Ethics*: *Inventing Right and Wrong*, pp. 38—39.

② J. L. Mackie, *Ethics*: *Inventing Right and Wrong*, p. 36.

③ Gilbert Harman, "Moral Relativism", in Harman and Judith Jarvis Thomson, *Moral Relativism and Moral Objectivity*. Cambridge, MA: Blackwell Publishers Inc., 1996, pp. 8, 10—11.

在着分歧，而我们一般都并不因此而否认科学涉及的是客观存在的事实或性质。这里的关键是人们在伦理问题上的分歧与人们在科学问题上的分歧具有不一样的性质："科学上的分歧是由于作为理性推论或者解释性假设之基础的证据之不足，而我们很难用同样的方式来说明在道德规则上的分歧。"① 换言之，与科学上的分歧不一样，在道德问题上的分歧是无法追踪的。由于科学问题上的分歧是由于证据的不足，因此分歧的双方可以设计一些实验，即使这样的实验在当下因各种条件所限实际上还不能做，争论的双方都可以接受实验的结果所证明的假设，因此科学分歧至少在理论上是可以最终解决的。但道德问题上的分歧并不是因为证据的不足，因此争论的双方无法共同设计一个其结果大家都能接受的、用来检测双方不同假设的实验。哈曼用了几个例子来说明道德分歧的这种不可追踪性：即使在充分讨论并就相关问题拥有完整信息以后，素食主义者和肉食主义者之间的分歧还是会存在，因为他们之间的分歧似乎在于他们各自赋予动物和人的重要性不同；同样，人们在堕胎和安乐死问题上的争议，也不是因为其中的一方或双方对关于堕胎或者安乐死的相关事实缺乏全面的了解，而是因为他们在生命的内在价值与生命使之成为可能的东西（如快乐的经验和有成就感的活动）的价值问题上的看法不同；我们有的认为恐怖主义炸毁一个有名的古老的博物馆的行为比炸一条人群拥挤的街道更坏，还有一些人则持相反的看法，这样的分歧同样不是因为这两部分人对博物馆和拥挤的街头的事实在认知上有分歧，而是由于他们对生命的价值和珍贵的建筑与艺术品的价值看法不一。当然，即使证明了道德分歧较之科学分歧的这种不可追踪性，道德非实在论者也意识到，这并不就直接表明道德实在论之不能成立。在他们看来，道德实在论和道德反实在论可以看作对不可追踪的道德分歧这种现象两种不同的解释，而在他们看来，道德实在论的解释没有道德反实在论的解释好。为什么呢？如果我们接受道德实在论，认为存在着客观的道德

---

① J. L. Mackie, *Ethics: Inventing Right and Wrong*, p. 36.

事实或道德性质，而相互之间有分歧的各种道德主张都试图把握这同一个道德事实。很显然，这些分歧的道德主张有可能都是错的，而不可能都是真的，因为对于同一个道德事实，相互矛盾的各种观点中最多只有一个是真的。那么为什么其他人都错了呢？这些人“要么对这个事实犯了错误，要么他们的推论有问题，要么他们缺乏别人具有的达到真理的能力”①。这样的解释之所以有问题，不只是因为我们很难想象在（例如）堕胎问题上的任何一方有这里所说的问题，而另一方则没有，而且是因为我们没有一个客观的、可操作的标准来断定到底是其中哪一方有问题。相反，根据反实在论的解释，之所以人们在道德问题上有分歧，是因为“人们属于和参与不同的生活方式。这里的因果联系似乎主要是这样的：人们之所以赞成一夫一妻制，是因为他们在过一夫一妻的生活，而不是相反，即人们之所以过一夫一妻的生活是因为他们赞成一夫一妻制”②。换言之，之所以人们在道德问题上持不同的立场，是因为他们在过着不同的生活方式。在道德反实在论者看来，很显然这样一种对道德多样性的解释比道德实在论对它的解释要好得多。

我们上面讨论的是道德反实在论者认为道德实在论会面临的四个主要问题。因此，任何人要想提出一种可信的道德实在论，都必须能对这些问题作出恰当的说明。

三、以行动为焦点的道德实在论的问题

我在本文的引言中说，道德实在论可以根据其聚焦的不同而分为以行动为中心的道德实在论和以行为者为中心的道德实在论。前者所说的客观的道德性质是道德行动所具有的性质，而后者所说的客观的道德性质是行为者所具有的道德性质。在我看来以行动为焦点的道德实在论无法避免我们在上一节讨论的所有问题。当然我们在这里不可能逐一考察这种道德实在论的所有版本，并说明它们各

① Gilbert Harman, “Expressing Basic Disagreement” in Harman and Judith Jarvis Thomson, *Moral Relativism and Moral Objectivity*, p. 40.

② J. L. Mackie, *Ethics: Inventing Right and Wrong*, p. 36.

自具有的问题。事实上我们也没有必要作这样的详尽考察，因为有些道德实在论者自己就承认他们的理论存在着上述的某些，至少某个问题。例如，莱顿在其著名的《道德实在论》一文的结尾就承认，他的道德实在论不能完全避免摩尔的开放问题。[①] 在本节，作为例证，我仅考察以行动为中心的道德实在论对休谟挑战的两个回应，看看他们为什么没有成功地从“是”推出“应该”。

我从稍近但较不为人知的尼尔森（Mark T. Nelson）的论证开始。尼尔森没有去论证道德实在或道德性质的客观性，但他认为我们可以从事实命题推出价值命题。为此，他提出了这样一个针对休谟命题的反论证：[②]

N1. “从道德角度看，伯蒂应该跟玛德琳结婚”是达利娅阿姨的诸信念之一；

N2. 达利娅阿姨的所有信念都是真的；

N3. 因此，从道德角度看，伯蒂应该跟玛德琳结婚。

这显然是个有效论证，但这个论证真的如尼尔森认为的从事实陈述推出了应然陈述吗？显然，上面论证的结论是一个应然陈述，而第一前提是一个事实陈述。关键是第二前提。它表面上看起来同样是一个事实陈述。然而，如果我们说“达利娅阿姨的所有信念都是真的”，那么达利娅阿姨的这一信念“从道德的角度看，伯蒂应该跟玛德琳结婚”就同样是真的；然而说达利娅阿姨的信念“从道德的角度看，伯蒂应该跟玛德琳结婚”是真的，却只是意指“从道德角度看，伯蒂应该跟玛德琳结婚”——这却是一个应然陈述。因此，尼尔森所实现的，不是从一个事实陈述推出了一个应然陈述，而是从一个应然陈述推出了一个应然陈述。

为了回应我们的反对意见，尼尔森在对第二前提的特殊（specific）解释与一般性（general）解释之间做出了一个区分。根

---

① Peter Railton, “Moral Realism,” in his *Facts and Values: Essays toward a Morality of Consequence*, Cambridge, Cambridge University Press, 2003, p. 32.

② Mark T. Nelson, “Is it always fallacious to derive values from facts?” *in Argumentation* 9, 1995, p. 555.

据特殊解释，第二前提确实“隐含一个清单，包括了达利娅阿姨的所有信念以及对于每一个信念为真的断言”。① 由于这个清单当中同样包括达利亚阿姨的这一信念“从道德的角度看，伯蒂应该跟玛德琳结婚”以及其他应然信念，因此第二前提不是一个纯粹描述性的陈述。然而，尼尔森宣称，对第二前提也可以做一般性的解释，“即解释为这样一个命题：达利娅阿姨的所有信念——不管它是什么——都是真的，或许这样说更好些：达利娅阿姨是绝无错误的，而这种解释并不带有道德承诺……对 N2 的特殊解释带有一个‘伯蒂有义务跟玛德琳结婚’的道德承诺，但是对它的一般性解释却不带有这样一个道德承诺。此外，我的论证在对 N2 的一般性解释之上仍然是有效的，而我所意指的正是这个一般性解释”。②

尼尔森的论证存在的问题是双重的。一方面，他并没有告诉我们为什么在一种特殊解释同样自然的情况下必须对第二前提进行一般性解释；另一方面，如果一般性解释可以接受，否认存在道德信念的逻辑实证主义者和其他道德情感论者（因为对他们来说道德信念只是情感表达而已）可能认为尼尔森的反论证是无效的，因为对他们来说第二前提并不包括达利娅阿姨的这样一个情感——“从道德角度看，伯蒂应该跟玛德琳结婚”，因此我们不能得出结论说从道德角度看伯蒂应该跟玛德琳结婚，即便达利娅阿姨的所有信念都是真的。在这样一种情况下，尼尔森不得不向道德情感论者表明存在道德信念且这样的信念同样包含在第二前提中。然而，即便情感论者被说服，他们也将认识到尼尔森并没有从事实陈述推出一个应然陈述，因为第二前提本身就（至少部分地）是一个应然陈述。

现在我转向另一个更早也更著名的尝试。在其发表于 1964 年的经典文章《如何从‘是’推出‘应当’?》中，塞尔（John R. Searle）对休谟命题直接发起攻击。他认为，休谟命题的意思就

---

① Mark T. Nelson, “Is it always fallacious to derive values from facts?” *in Argumentation* 9, 1995, p. 559.

② Ibid.

是："存在一类事实陈述，它在逻辑上与价值陈述不同。没有任何一套事实陈述能够单独引出任何价值陈述。用更具当代性的术语来说就是，如果不至少加上一个评价性前提的话，就没有任何一套描述性陈述能够引出一个评价性陈述。"① 塞尔设计了如下反例对休谟命题进行反驳：

(1) 琼斯说："我兹许诺付给史密斯5美元"；

(2) 琼斯许诺要付给史密斯5美元；

(3) 琼斯将自己置于付给史密斯5美元的义务之下；

(4) 琼斯有义务付给史密斯5美元；

(5) 琼斯应当付给史密斯5美元。②

塞尔宣称，在这个例子当中，作为前提的第一个句子显然是一个描述性陈述，而第二个句子只是第一前提的重述，第三个句子只是对"许诺"这个词的一个字典式解释，第四个句子是对第三个句子的一个重述。由此，从第四个句子似乎就合逻辑地得出了作为结论的第五个句子——一个**应然**陈述。

塞尔的文章一经发表，就引起了关于这一反例是否有效的热烈讨论。我的质疑稍有不同。我并不质疑此反例的有效性，我质疑的是它是否真的从那个事实陈述推出了一个应然陈述。在解释他的反例时，塞尔宣称休谟命题建立在对于"描述性陈述"的一个狭义理解的基础上，所谓狭义的"描述性陈述"，指的是限于如"我的车一小时能跑80英里""琼斯身高6英尺""史密斯的头发是棕色的"等一些陈述。然而塞尔认为有一类十分不同的描述性陈述，如"琼斯已婚""史密斯作出了一个许诺""杰克逊有5美元"，以及"布朗击出了一记本垒打"。它们如何不同呢？塞尔说："尽管这两种陈述的对象都是客观事实，包含'已婚''许诺''本垒打''5美元'这些词汇的陈述所描述的是这样一些事实——它们的存有预

① John R. Searle, "How to Derive 'Ought' From 'Is'?" *The Philosophical Review* 73, 1964, p. 43.

② Ibid., p. 44.

设了某些制度（性存在），比如，一个人有 5 美元，这就预设了货币这种制度。如果去掉那种制度，他所拥有的不过就是一个上面有绿色墨水的长方形纸片。一个人击出了本垒打，预设了棒球规则的制度；没有这个制度，他就只是用一根棒子击中了一个球。类似的，一个人只有在婚姻和许诺的制度范围内才能结婚或作出许诺。没有那些，他所做的就不过是发出声音或者做出动作。为了表明这种事实的特征，我们可以称其为制度性事实（institutional fact），以与非制度性或者说原始事实（brute fact）进行对照。一个人有一张上面印了绿色墨水的纸片是原始事实；而他有 5 美元则是一个制度性事实。"①

所谓"制度性事实"，塞尔指的是由某些特定规则**创造**出来的行为（例如下棋这种行为只有在相关的规则形成之后才可能），而不是仅仅由规则所**规定**的事先已经存在的行为（例如吃这种行为早在餐桌礼仪形成之前就已经存在了）。在塞尔看来，"一旦我们承认这种制度性事实的存在并且开始去把握它们的性质，那么看出许多形式的义务（obligation）、承诺（commitment）、权利、责任都是类似的制度化的东西就只有咫尺之遥了。某人有某些义务、承诺、权利、责任常常是事实，却是制度性事实而不是原始事实。上文中我借以从'是'推出'应当'的，就是这种制度化形式的义务——许诺"。

正是在这个意义上，我认为塞尔未能成功地从一个事实陈述推出一个应然陈述，因为他的结论——尽管其中有"应当"这个词出现——实际上仍然是一个事实陈述或者说描述性陈述。"应当"一词至少有两种用法，一种是规范性的，一种是描述性的。如果我说"人不应当伤害他人"，"应当"在这里的用法就是规范性的；然而，如果我说"在不允许死刑的地方凶手不应当被处死"，"应当"这个词的用法就是描述性的。二者的区别在于，在第一种用法中，

① John R. Searle, "How to Derive 'Ought' From 'Is'?" *The Philosophical Review* 73, 1964, pp. 54—55.

我作为说话人显然同意人们不应当伤害他人；而在第二种用法中，我认为凶手不应当被处死只是因为考虑到死刑不被允许，而我完全有可能认为死刑是好的、杀人者应当被处死。①

我认为塞尔反例的结论当中对"应当"的用法同样是描述性的，这一点甚至在他自己对于该论证的解释当中就已经清晰地显示了出来："我从一个原始事实开始，即一个人说出了某些词，然后我用制度这个概念来产生出制度性事实，如此我们得出了'此人应当付给另一个人5美元'的制度性事实。整个论证都有赖于对'作出一个许诺就是要去承担一个义务'这个构成性规则的诉诸。"②换句话说，塞尔的整个论证只是等于：只要一个人参与了许诺这一制度，他就应该遵守他的许诺；而对于这个制度是好的还是不好的、人们是否应当参与这一制度，它什么都没说。既然我们可能都接受塞尔的结论，它的描述性特征就不那么清晰。为了更清楚地揭示这种描述性，我们可以构造一个类似的例子：

(1) 琼斯全心全意地信奉纳粹主义；

(2) 并且琼斯发现史密斯躲藏在一个波兰人家庭里；

(3) 史密斯是个犹太人；

(4) 琼斯应当杀死史密斯。

在这个例子当中，结论的得出并不是因为我们认为琼斯应当杀死那

① "应当"的两种意义之间的这个区分是由雅戈（Alisŏn Jaggar）提出的："一个对于事实陈述与价值陈述之间存在逻辑鸿沟具有承诺的哲学家……可能会论证'应当'一词存在至少两种不同的含义：一种是描述性的，说话者是在报告一个无可争议的、客观的事实（尽管是一个制度性意义的事实而不是原始事实）；一个是评价性的，它带有这样一个内涵：说话者赞同琼斯去履行自己的支付承诺。对此，反对者可能会说，只要前提被解释为只是包含描述性的或者说分析的陈述，塞尔例子中的最后一个陈述就只包含前者，即纯粹描述性的'应当'。"（Alison Jaggar, "It Does Not Matter Whether We Can Derive 'Ought' from 'Is'", *Canadian Journal of Philosophy* 3, 1974, p. 375）

② John R. Searle, "How to Derive 'Ought' From 'Is'?" *The Philosophical Review* 73, 1964, p. 55.

个犹太人，而是考虑到琼斯参与了纳粹主义的制度性活动，因此他应当杀死史密斯，即使我们可能因为认为琼斯不应当杀死史密斯，而想要废除这项制度。① 所以与尼尔森的论证事实上是从应然命题推出应然命题相反，塞尔的论证是从实然命题推出了实然命题。但他们共同的问题是，他们设计的论证并不构成对休谟命题的反论证，因为他们想向我们证明的是，他们能够从实然命题推出应然命题。

四、亚里士多德主义美德伦理学的进路：霍斯特豪斯的成就及局限

虽然我在上一节中只讨论了以行动为中心的道德实在论的一个侧面，但在我看来，这也从一个侧面反映了这种道德实在论的一般问题，也就是说它不能避免我在本文第二节所列举的道德反实在论者认为道德实在论会面临的问题。在这一部分，我将考察新亚里士多德主义美德伦理学家霍斯特豪斯论证道德实在论的美德伦理学进路，包括它的成就和局限。如我在本文一开头所指出的，霍斯特豪斯本人没有有意地想从美德伦理学的进路论证道德实在论，但她对美德的客观性的论证事实上是一种道德实在论的论证。当然，也如我在本文引言中指出的，我们在霍斯特豪斯对美德伦理学中发现的她对道德实在论的论证是以行动者为中心的，而不是以行动为中心的。换句话说，这样一种道德实在论的进路所要论证的，不是一个行动所具有的“对”和“错”这样的道德性质的客观性，而是作

① 马丁（Michael Martin）对塞尔的论证做了一个类似的批评：“（1’）戈培尔说，‘我兹向你，希特勒，承诺，我将杀死五百万犹太人’。通过一种类似于塞尔的论证可以得出（4’）戈培尔有义务杀死五百万犹太人。然而这何其荒谬。不管是戈培尔还是任何其他人，没有人可以具有一个实施残暴行为的道德义务，也就是说有这样一个初始（prima facie）义务。这表明塞尔推出他的（4）的推理过程是有问题的，因为它与上面得出（4’）这个荒谬结论的推理过程是一样的。”（Michael Martin，“The deduction of statements of prima facie obligations from descriptive statements”，*Philosophical Studies: An International Journal for Philosophy in the Analytic Tradition* 25.2，1974，p.150）

为行动者的人所具有的“好”和“坏”这样的道德性质的客观性。我认为对道德实在论的这种美德伦理学进路不仅有望证明道德性质的客观性，而且可以避免道德反实在论者认为道德实在论所具有的问题。

由于道德实在论的美德伦理学进路关注的是作为行为主体的人，其最重要的道德概念是作为行动主体的人的好坏，而不是行动的对错（在这种进路中，行动的对错是从行动者的好坏推导出来的），而它最重要的任务就是要证明人的“好”与“坏”这样的道德性质是客观的。在作出这个证明之前，霍斯特豪斯强调，在美德伦理学中使用的“好”与“坏”这样的形容词是属性（attributive）形容词，而不是谓语（predicative）形容词。霍斯特豪斯认为，“这必然导致的情况就是，尽管你可以根据你喜欢的任何一个标准来对事物进行评价和选择，然而你所挑选的名词或名词词组必须是你用来描述你有意称其为‘好’的事物的，因为它决定了恰当的好（goodness）的标准”①。霍斯特豪斯说在这两类形容词之间的区分来自其老师富特（Philippa Foot），而富特则说这个区分源于季奇（Peter Geach）的一篇常常被忽略而不应该被忽略的论文《好与恶》。② 所以我把季奇的这篇文章找来，发觉它确实是一篇非常重要的文章，至少对于本文要讨论的问题来说。所以在讨论霍斯特豪斯的观点之前，我先简单地说明一下季奇在这篇文章中的主要观点。

在这篇文章的一开头，季奇就从语法上区分了属性形容词和谓语形容词。他说，如果“X 是 AB”（A 是形容词，而 B 是一个名词）可以分成“X 是 A”和“X 是 B”，那么 A 这个形容词就是谓语形容词，如果“AB”不能被分开分别作为 X 的谓语，那么 A 这个形容词就是一个属性形容词。他举例说明。如果我们说，“X 是

---

① Rosalind Hursthouse, *On Virtue Ethics*. Oxford: Oxford University Press, 1999, p. 195.

② Phillipa Foot, *Natural Goodness*. Oxford: Oxford University Press, 2001, p. 2.

红书”，这里“红”和“书”可以分别作为X的谓语，因为我们可以分别说“X是红的”和“X是书”。相反如果我们说“X是小象”，这里的“小象”就不能分开分别作为X的谓语，因为虽然我们还可以说“X是象”，但不能说“X是小的”。为什么不能呢？我们可以设想另外一种情况。如果我们说“Y是大蚂蚁”，我们同样不能将作为形容词的“大”与作为名词的“蚂蚁”分开，用作“Y”的谓语说“Y是大的”和“Y是蚂蚁”。如果我们把“X（象）是小的”和“Y（蚂蚁）是大的”放在一起，我们就看到了问题，因为很显然，我们看到的X要比Y大很多。①

在对属性形容词和谓语形容词作了这样的区分以后，季奇说形容词“好”“坏”与“大”“小”这样的形容词类似，而与“红”“黄”这样的形容词不同。就是说，它们是属性形容词，而不是谓语形容词。为了说明这一点，他在“红车”与“好车”之间作了对比。如果在远处有一辆红车，我看到了它的颜色，但看不清它是什么，我可以说“那是红的”，而另一个视力好但色盲的人看到它是车，但不知道它的颜色，他可以说那是车，然后我们听到两个人交流以后，可以说“那是红车”。这说明“红”和“车”可以分别作为我们看见的东西的谓词，因此“红”是谓语形容词。但是，季奇指出：“很显然，我们不可能综合两个独立的信息，即‘这是好的’和‘这是车’，来确定‘这是好车’。”② 这是因为，假如有一辆好车在两个人面前，即使一个人可以知道这是车而不知其好坏，因而说“这是车”，但很显然另一个人不可能不知道这是什么而只知道“这是好的”，因此即使第二个人这样说了，我们在听到这两个人说的话以后，除非我们也像第二个人那样脑子有问题，不然断不会因而确定在他们面前的是一辆好车。

季奇之所以要强调“好”“坏”是属性形容词而不是谓语形容词，主要是为了反对两类哲学家的观点。第一类是他称为“客观主

---

① Peter T. Geach, “Good and evil”, *Analysis* 17.2, 1956, p. 33.

② Ibid.

义者”的哲学家的观点。虽然他没有点名，但因为他认为这样的哲学家有“自然主义的谬误”的概念并认为“好”是简单的、不可定义的非自然的属性，我们可以知道，他主要针对的是摩尔的观点。① 季奇虽然同意摩尔的观点，认为用快乐、欲望的满足等来定义“好”确实会犯自然主义的谬误，而且在这样做时，人们实际上是在将“好”看作是谓语形容词。但他也反对摩尔将好看作一种“非自然”的属性。一方面，这样的否定说法没有告诉我们这种属性是什么样的属性，从而使这种属性具有了神秘的成分。但更重要的是另一方面。像摩尔这样的“客观主义者”与他们所批评的、犯自然主义谬误的哲学家有一个共同的问题，就是他们把“好”看作是一种独立的单一的属性，仿佛“好车”“好树”“好老虎”“好刀”“好人”等中的“好”都具有相同的意义。在季奇看来，“认为要么所有被称为‘好’的东西都必须满足同一个条件，要么‘好’这个词就是不可救药的含混不清的，这纯粹是一种偏见”②。但我们在上面看到，“好”作为属性形容词与像“红”这样的谓语形容词的一个重要区别恰恰就是，像“红”这样的谓语形容词的意义是独立于其所描述的名词的意义的。因此即使我们对于红色之物一无所知，我们也可以知道“红”的意思，因为一把红椅、一朵红花、一件红衣中的红（redness）是完全一样的。然而，我们要理解“好”的意义就必须理解被看作“好”的名词的意义。换言之，我们并不具有一个独立的、一致的关于“好”（goodness）的标准可以应用于一切事物。相反，我们的“好”（goodness）的标准必须是特定于被我们描述为“好”的那个东西的。换句话说，“好”这个规范性概念必须来自于一个关于被认为是“好”的东西的描述性概念。好车的好、好树的好、好老虎的好、好刀的好、好人的好都有不同的意义，就好像大病毒的大、大蚂蚁的大、大象的大、大山

① 相对而言，富特在讨论作为属性形容词的“好”与“坏”时，则明确地反对摩尔的观点。见 Phillipa Foot, *Natural Goodness*, p. 2。

② Peter T. Geach, “Good and evil,” *Analysis* 17. 2, 1956, p. 35.

的大、大行星的大具有不同的意义。因此正如富特指出的，“我们必须将‘坏’改成‘好’，如果我们开始以为这样的形容词所描述的哲学书实际上是一本催眠书”。①

季奇要反对的第二类哲学家他称为牛津道德学家。在大多数情况下他也没有点名是谁，但在一个地方，他提到康德主义哲学家罗斯（W. D. Ross）的名字。这些牛津道德学家认为，季奇所讨论的作为属性形容词的“好”的用法主要具有赞扬的功能而不是描述的功能，换言之，它主要是一个规范概念而不是一个事实概念。因此说“这是一本好书”也就是“我建议你看这本书”。但季奇说，“我完全反对认为‘好’的首要功能不是描述功能的观点”②。他举了反例：如果我说“这个人是好小偷”，这里的“好”这个字完全是描述性的，意指这个人善于偷东西而不被发现，但我绝对不是赞扬他。在季奇看来，“好”的主要功能是描述而不是赞扬。例如，如果我说这个人有好的眼睛、有好的胃等，在一般情况下，我并不是想将他的眼睛和胃等推荐给别人。在季奇看来，虽然这些以罗斯为代表的牛津道德学家和以摩尔为代表的客观主义者互不同意，但他们都认为“好”这个形容词，为了避免其意义的含糊不清，就必须有一个统一的意义，而这个统一的意义就不可能是描述的，必须是推荐性的。因为在描述的意义上，如我们上面看到的，“好 X”之“好”与“好 Y”之“好”意义不同，但他们有共同的推荐意义：如果有人需要 X，我就把这个 X 推荐给他，如果有人需要 Y，我就把这个 Y 推荐给他。但在季奇看来，尽管对所有好的东西的“好”我们无法提供一个统一的说明，但并不表明我们的“好”的概念就是含混不清的。他做了一个类比说，2 的平方等于 2 的两倍，但 3 的平方是 3 的 3 倍，4 的平方是 4 的 4 倍。所以 X 的平方是 X 的几倍取决于 X 这个数字，但这并不表明“平方”这个词的意义含混不清。

---

① Phillipa Foot, *Natural Goodness*, p. 3.

② Peter T. Geach, “Good and evil,” *Analysis* 17.2, 1956, p. 36.

现在我们回到我们本节要讨论的核心主题，霍斯特豪斯美德伦理学进路的道德实在论。我们在这里只从道德实在论的角度对它作比较简要的说明。我们说了美德伦理学进路的核心概念不是行动的对错，而是行动者的好坏。刚才我们讨论的季奇的观点对这种进路的道德实在论的重要性就在于，它告诉我们，要知道作为行动者的好坏就必须要知道作为行动者的人是什么，因为仅当我们知道了人是什么，我们才能确定一个具体的人是好人还是坏人，而后者正是霍斯特豪斯所做的。① 霍斯特豪斯对人之好坏的讨论从相对无争议的对于动植物的好坏的讨论开始。她认为，我们在评价植物、动物和人的好坏时，要从他们各自的目的和方面着手，如果一个 X 的诸方面很好地为其诸目的服务，这就是一个好 X，否则是一个坏 X。这也许可以看作对“好”一般的、形式上的定义，但要具体知道“好 X”中“好”的实质意义，就必须了解这个 X 是什么。我们首先假定这个 X 是植物。植物有两个方面，即其构成部分（叶片、根、花瓣等）和活动（生长、吸水、发芽、枯萎、结籽等）。植物也有两个目的，即“（1）维持为其所属物种之成员所具有的典型的生存期的个体生存；（2）维持物种的延续”②。因此，一个好的植物就是其部分和活动与其个体生存和物种延续完美适应的植物。换言之，一个好的植物就是其两个方面能够很好地服务于其两个目的的植物。

其次我们假定 X 是动物。除了植物具有的两个方面和两个目的以外，动物还有两个额外的方面和目的。新增的第一个方面（第三方面）是与植物的被动性反应形成对照的能动性的活动，而新增的第二个方面（第四方面）是某种由情绪和欲望组成的心理状态。有

① 在我刚才描述的季奇的观点中，有一点是我不同意的。为了反对牛津道德学家认为“好”这个词主要是推荐性的观点，他强调它主要是描述性的。如我们在本文后面要论证的，在我看来，“好”这个词是同等地描述性的和推荐性的。

② Rosalind Hursthouse, *On Virtue Ethics*, Oxford: Oxford University Press, 1999, p. 198.

了这两个新的方面，动物不仅有了实现前两个目的的更为复杂的方式，而且产生了两个新的目的。第一个新目的（第三目的）是其“特有的避免痛苦及追求快乐的方式”，而第二个新目的（第四目的）是在狼和蜜蜂这样的社会性动物所具有的“群体的良好运作”。因此，一个动物特别是高级动物，到底是好的还是有缺陷的，应该以这四个方面能否很好地服务于这四个目的来衡量。最后一个目的，也就是“群体的良好运作”，作为社会性动物的特征，由于与我们对同样是社会性动物的人的评估相关而显得尤其重要。这种功能“使其成员（以为其物种特有的方式）获得好的生存；也就是说，有利于其特有的个体生存，有利于它们对物种延续作出其特有的贡献，有利于避免其特有的痛苦，有利于获得其物种特有的快乐”①。简言之，第四个目的，就是要使其成员能够更好地实现另外三个目的。

霍斯特豪斯认为，现在我们也可以以类似的方式来讨论人。在人那里，又出现了一个全新的方面（第五方面）——理性（rationality），尽管没有新的目的出现。因此如果我们要对一个人做全面的评价，我们就要看这个人的五个方面是否很好地为这四个目的服务，从而确定这个人是好人还是坏人。但在伦理学中，我们不讨论头两个方面，即人的身体的构成部分及其单纯的身体活动，它们是人体生物学和医学的对象。因此，伦理评估的方面包括行动、情绪、欲望和理性。虽然较之高级动物，人只是增加了一个新的方面即理性，但理性不仅是一个需要评估的新的方面，而且它影响了对人的其他方面的评估。例如，动物的行为是出自先天倾向的，而人的行为出自理性因而成了伦理评估的对象。同样，与动物不同的是，情绪（emotions）和欲望（desires）在人身上之所以同样是伦理相关的方面，是因为它们受到理性的影响。因此，霍斯特豪斯认为，理性的出现标志着人与动物的巨大差别。表明其他存在之特征的东西，很大程度上是被自然决定的。它们之所以不去做某些事，

① Rosalind Hursthouse, *On Virtue Ethics*, p. 201.

正是因为它们不能做。与此相反，人类所特有的东西在相当大程度上是由“我们的理性（如果愿意你也可以说‘我们的自由意志’）”所决定的：“除了显而易见的物理局限和可能的心理局限外，无法从我们实际上所做的知道我们**能够做到的**，因为我们能够对我们实际上的行为进行评估然后至少尝试去改变它们。”① 所以，人类特有的生存方式就是理性的方式，“就是任何我们可以正确地视作好的、有理由采取的方式”②。

因此，对一个人做伦理评价，即将纯身体方面排除在外的评价，说一个人是（伦理上的）好人或是坏人，就是看这个人的行动、情感、欲望和（特别是）理性能否很好地服务其四个目的，特别是第四个目的，即社会团体的良好运作。霍斯特豪斯强调，她对人的这样一种描述是建立在当代生物学、人种学、人类性、心理学和社会学等基础上的，因此她在此基础上确立的与人的独特性即人性紧密相关的“好人”之“好”的概念也具有客观性。事实上，她之所以不同意别的一些哲学家，认为人较之高级动物没有新增任何额外的目的，恰恰是因为我们缺乏客观的证据，证明人有这样的新的目的。例如，她说：“我们或许会说人的第五个目的是我们的灵魂为来世生活所作的准备，或者它就是沉思，即理论理性的良好运作。但是接受第一点就等于超出了自然主义的范围走向了超自然主义，而对于像亚里士多德一样接受第二点，即使是哲学家们也是要犹豫再三的。”③

我们可以看到，作为一个新亚里士多德主义者，霍斯特豪斯跟亚里士多德一样，认为人与动物的唯一差别是理性。但在一个重要的方面，霍斯特豪斯跟亚里士多德不同。亚里士多德没有区分人的方面与目的。由于在他那里，人的独特功能是理性活动，一个好的人就是具有卓越理性活动的人。但如有些当代哲学家所指出的那

① Rosalind Hursthouse, *On Virtue Ethics*, p. 221.

② Ibid., p. 222.

③ Ibid., p. 218.

样，这种意义上的“好人”之“好”并不具有完全的道德的确定性。就是说，虽然这种意义上的“好”是一种客观的性质，但它并非完全是道德的性质。也就是说，人所具有的这种“好”的性质虽然是客观的，但不一定是规范的。例如，麦克道尔就认为，一个理性功能得到卓越发挥的人不一定就是一个道德上的好人。为了说明这一点，他让我们想象一只获得了理性的狼。狼本来也是一种社会动物，这跟人一样，但跟人不一样的是狼没有理性。现在假设一个狼群中的一只狼获得了理性，应该说与人无异了。但这只狼在获得理性以后与获得理性之前的自己或者与还没有获得理性的其他狼会有什么差别呢？当然有很多可能性，但我们至少不能排除这样的可能性：在获得理性之前，它本能地参与其狼群的集体捕猎并与其他狼分享猎物；但在获得理性以后，它可能会想，我是不是可以不参加捕猎而继续分享（甚至设法独吞）猎物呢？这就表明，理性并不一定隐含道德上的“好”的性质。① 霍斯特豪斯的美德伦理学则可以避免这个问题，因为与亚里士多德不同，她区分了人的方面和目的。一个人是否是好人要看人的诸方面是否很好地为人的诸目的服务。虽然理性是最重要的方面，是影响了所有其他方面的方面，但一个人是否是好人，并非看这个人的理性活动是否卓越，而要看这个人的理性活动是否有助于人的目的、特别是第四个目的即社会团体的良好运作的实现。在这个意义上，麦克道尔所假想的那只卓越地发挥了其理性功能以便能够不劳而获的理性的狼就不是好狼，因为它妨碍了“社会团体的良好运作”这个目的的实现。

这就表明，在霍斯特豪斯的美德伦理学进路中，“好人”的“好”不仅是人具有的一种客观的性质，而且是在道德意义上规范的性质。在这个意义上，我们在霍斯特豪斯那里发现了一种非常成功的道德实在论证明。但是虽然非常成功，它还存在一个严重的问题。她这种意义上的“好人”虽然排除了充分运用理性为自己谋私

① John McDowell, *Mind*, *Value*, *and Reality*, Cambridge MA: Harvard University Press, 1998, pp. 171—173.

利的人（因为如我们上面看到的，这样的人妨碍了“社会团体的良好运作”这个目的的实现，因此是不好的人），却无法排除瓦森（Gary Watson）所设想的黑帮成员。这个黑帮成员，当然是个理性的人，但他跟其他成员非常合作，并通过其理性的卓越发挥让其他成员的利益和大家所属的整个帮派的利益最大化。① 按照霍斯特豪斯的标准，这样的人应该可看作好人，因为他的各个方面，包括理性，很好地服务于他的各个目的，包括所属的社会团体的良好运作。霍斯特豪斯也许会说，这个黑帮分子或许确实是好的，但那是作为一个黑帮分子，而不是作为一个人。但若如此的话，我们就不能说一个在捕猎中对群体有贡献的狼是一头好狼：它只是作为其特定群体的一员而不是作为狼是好的。如果一头狼仅仅因为对群体有贡献就可以被看作一头好狼，而一个人，除非他或她能够有利于人类物种，却不能被视作一个好人，那么人与社会动物的第四个目的就一定不同。在社会动物那里，这个目的是一个动物所属的特定团体的良好运作，而在人那里，这个目的是一个人所属的整个人类共同体的良好运作，然而霍斯特豪斯在讨论从社会动物到人的转折时，不仅没有为人增加新的目的，而且也没有修改人和动物共享的目的。也就是说人与动物具有相同的第四个目的：社会群体的良好运转。

因此，到最后，在霍斯特豪斯那里，“好人”的“好”虽然可以说是一种客观性质，但还不是一种道德上完全具有规范性的性质。换言之，它还不是一个严格意义上的道德性质。正因为这一点，我们有必要转而考察朱熹的道德实在论之儒家美德伦理学进路。

---

① Gary Watson，“On the Primacy of Character”，In *Virtue Ethics：A Critical Reader*，ed. Daniel Statman，Washington，D. C. Georgetown University Press，1997，p. 67.

五、儒家美德伦理学进路：朱熹对霍斯特豪斯局限性的克服

朱熹也是一个道德实在论者，而且他对道德实在论的论证也采取美德伦理学的进路，就是说，他主要关心的不是一个人的行动之对错，而是作为行动者的人的好坏。在这种进路中，一个人的行动的对错取决于行动者的好坏，也就是说，对的行动就是一个好人倾向于从事的行动。所以对于美德伦理学来说，最重要的是如何确定作为行动者的好坏，而对于实在论来说，最重要的是如何论证人的好坏这种道德品质是客观的而非主观的。由于好人是人所应当成为的人，即朱熹所谓的人之所当然者，确定这种当然之则的客观性的一个办法就是确定其理由即朱熹所谓的其所以然者之客观性。所以说明朱熹的以美德伦理学为进路的道德实在论的一个办法是从他关于所当然和所以然的讨论开始。

在《大学或问》中解释“致知”概念时，朱熹先说“致者，推致之谓……言推之而至于尽也”，紧接着他就说“至于天下之物，则必各有所以然之故，与其所当然之则，所谓理也……故致知之道，在乎即事观理，以格夫物”。[①] 这里朱熹说世界上的所有物都有其所以然之故，说明该物为什么是该物而不是别的物，也有其所当然之则，说明该物应该是什么，而两者都是由该物之理决定的。“致知”也就是知道这个理。这里朱熹是一般地说天下之物，而没有专门谈论人类。这就表明，在他看来，（例如）如果我们知道有毒的蔷薇有毒，那么它一定有其所以然之故，即它为什么会有毒的道理，它也有其所当然之则，即其应该有毒的道理（也就是说如果一枝有毒的蔷薇没有毒，那它作为有毒的蔷薇就是有缺陷的、不健康）。同样，如果我们知道狼会参与集体捕猎，那么它也一定有其所以然之故，即狼为什么会参与集体捕猎的道理，和它的所当然之则，即狼应该参与集体捕猎的道理（也就是说如果一只狼不参加集

---

① 朱熹：《朱子全书》第 6 册，上海古籍出版社、安徽教育出版社，2002 年，第 512 页。

体捕猎却争抢其他狼的猎物，我们可以确定这是一只有缺陷的、不健康的狼）。[1] 在该书后面解释格物穷理时，朱熹一开始又说了类似的一般的话："天道流行，造化发育，凡有声色貌象而盈于天地之间者，皆物也。既有是物，则其所以为是物者，莫不各有当然之则，而自不容已，是皆得于天之所赋，而非人之所能为也。"[2] 这里他特别强调物之当然之则"皆得于天之所赋，而非人之所能也"，这就更明确地表明，朱熹是一个规范实在论者，即一个物该是这样而不该是那样不是由我们人决定的，而是由天即客观实在决定的。紧接着，朱熹便特别对人之所以然和所当然作说明："今且以其至切而近者言之，则心之为物，实主于身，其体则有仁义礼智之性，其用则有恻隐羞恶恭敬是非之情，浑然在中，随感而应，各有攸主，而不可乱也。次而及于身之所具，则有口鼻耳目四肢之用。又次而及于身之所接，则有君臣父子夫妇长幼朋友之常。是皆必有当然之则，而自不容已，所谓理也。"关于人的这种所以然和所当然我们下面会详细讨论。在这段话的最后，朱熹又回到万物之所以然和所当然："使于身心性情之德，人伦日用之常，以至天地鬼神之变，鸟兽草木之宜，自其一物之中，莫不有以见其所当然而不容已，与其所以然而不可易者。"[3] 这里朱熹强调了物之所当然之理之不容已和所以然之则之不可易，实际上从另一个侧面反映了这样的理和则的客观性。

朱熹认为，世界上发生的一切，即"然者"，不管是否是其所当然者，都有其所以然者。因此有其所以然者之然者（所有然者都有其所以然者）并非都是所当然者，也就是说即使并非所当然之然

---

① 所以朱熹认为"人物各具当然之理处"（黎靖德编：《朱子语类》卷六〇，中华书局，1986 年，第 1430 页）。人物在这方面的不同之处在于，当物是其不当是或不是其所当是时，一定是自然的原因，因而我们不能要求它为之负责；而当人是其不当是或不是其所当是时，往往是由于这个人自身的原因，因而我们可以要求他为之负责。

② 朱熹：《朱子全书》第 6 册，第 526 页。

③ 同上书，第 527—528 页。

者也有其所以然者。这一点在他解释程颢“人生气禀，理有善恶”这句话时就体现得很清楚。朱熹认为，程颢这里并非在说有善的理也有恶的理，而是说世上有善人、有恶人这个事实，这个然者必定有其理，即有其所以然。由于程颢认为人性皆善，但人性必定禀于气中，而气的质量有不同，所以一个人如果禀有清纯之气，这个人就理应善，而如果一个人禀有浑浊之气，这个人就理应恶。换言之，一个人之所以善（然者也是其所当然者）有其所以然（有其理），其所以然者是这个人禀有清纯之气（或者，如果禀有浑浊之气的话，他将它澄清了）；同样，一个人之所以恶（然者但不是其所当然者）也有其所以然（有其理），其所以然者就是这个人禀有浑浊之气又不努力将其澄清。如果一个人禀有清纯之气却恶，或禀有浑浊之气又不加澄清却善，这反而是违背天理的事情，即不可能出现的事情。正是因为这样，朱熹说，程颢讲的“人生气禀，理有善恶”的“‘理’字，不是说实理，犹云理当如此”；这个“理”字“只作‘合’字看”。①

如果不仅作为所当然者的然者（成善人、做善事）有其所以然，而且作为所不当然者的然者（成恶人、作恶事）也有其所以然，那我们如何来确定何为所当然者，何为所不当然者呢？是我们可以任意决定的呢，还是存在着我们可以用来区分所当然者与所不当然者的客观标准呢？朱熹的回答是后者。在朱熹看来，任一然者皆有其所以然，而如果这一然者是所当然者，则它还有其作为所当然者之所以然者，如果这一然者是所不当然者，则它还有作为所不当然者之所以然。换言之，每个然者，例如每个存在的人，都有（至少）两个所以然者。一方面，一个善人作为善人（然者）有其所以然者（说明为什么他是善人），而这个善人应当是善人（其所当然者）也有其所以然（说明为什么他应当是善人）。同样，一个恶人作为恶人（然者）有其所以然者（说明为什么他是恶人），而这个恶人之不应当是恶人（其所不当然者）也有其所以然者（说

① 黎靖德编：《朱子语类》卷九五，第2426页。

明为什么他不应当是恶人）。尽管这两个所以然都可以用理来说明，但如朱熹所说的，说明前一种所以然者（为什么一个人是善人、为什么一个人是恶人）之理不是实理，为方便讨论，我们姑且称之为虚理，而说明后一种所以然者（为什么一个人应该是善人而不应该是恶人）之理则是实理。虚理与实理的差别在于，虚理只是说明一个物出现、产生或存在的原因，是纯描述性的，而实理则说明该物（不管其事实上出现、产生或存在与否，即不管它是否是个然者）该不该出现、产生、存在，是规范性的。例如，世界上有善人、有恶人，虚理只是说明为什么有善人、有恶人，而实理则要说明为什么一个人应该是善人而不应该是恶人。

在进一步展开我们的论证之前，有必要对我们上面关于朱熹的然者、所当然者和所以然者的理解作一些澄清，因为郑泽绵在其博士论文中认为我们这种对朱熹的理解是一种误解。在他看来，我们之所以认为有两个所以然，即说明然者（is）的所以然和说明所当然者（ought）的所以然，是因为我们把"'所以然'看成对'为什么'（why）的回答，而不是看成对'怎样做'（how）的回答。对'为什么'的回答是一套理论，如物理学或规则伦理学。与此相反，宋明理学的核心是自我修养，所讲求的理是为人处世的当行之理。譬如我向人请教如何游泳，他能游泳，这是'然'；他的游泳动作，是'所以然'，对我这个学习者来说，这些动作要领既是他的'所以然'，也是我要学的'所当然'。要等到我真正学会了游泳，才算得上真正把握到了其中的'所以然'。所以朱子常常并列使用这两个词。如'是以虽与物接，而不能知其理之所以然与所当然也'。准确地说，朱子的'所当然'与'所以然'只是同一个当行之理的两种描述，只是体会的深浅有所不同"①。我认为这样的理解并不符合朱熹的原意。如果知道所以然就是知道怎样做，并且不知道所以然就不知道怎么做，那么除非一个人知道做某事的所以然，这

① 郑泽绵：《朱熹论自我修养及其心性论基础》，香港中文大学，2011年，第218页。

个人就不能做这件事；反过来说，如果一个人成功地做了某件事，这就表明这个人知道了其所以然。但朱子显然并不持这样一种观点。例如，在解释《论语·泰伯篇》第九章“民可使由之，不可使知之”时，朱熹说：“民可使之由于是理之当然，而不能使之知其所以然也。”① 这就是说，我们可以让老百姓做他们应该做的事情，即使我们没办法让他们知道其所以然。很显然这里的所以然指的是为什么要这样做的理由。如果所以然应理解为怎样做，那老百姓怎么能做他们不知道怎么做的事情呢？同样，在解释《孟子·尽心上》第五章“行之而不著焉，习矣而不察焉，终身由之而不知其道者，众也”时，朱熹也说，这是“言方行之而不能明其所当然，既习矣而犹不识其所以然，所以终身由之而不知其道者多也”②。这里朱熹讲得更明确，一个人可以终身做一件事而不知道其所当然和所以然。如果所以然指的是怎样做，那一个人肯定不可能终身不知所以然而然者。在《朱子语类》中讲到孟子的这段话时，朱熹也说：“人固有事亲孝，事兄弟，交朋友亦有信，而终不识其所以然者，‘习矣，而不察也’。此‘察’字，非‘察物’之‘察’，乃识其所以然也。”③ 这里朱子也说，即使不知其所以然，人也还是可以事亲孝、事兄弟、交朋友信等。事实上，郑泽绵上引的朱熹的话说的也是这个意思。较完整的这段话是：“人莫不与物接，但或徒接而不求其理，或粗求而不究其极，是以虽与物接而不能知其理之所以然与其所当然也。”④ 这里的“与物接”也就是待人接物的意思。人可以知道如何正当地待人接物，却不知其所以然和所当然。朱熹在所有这些地方实际上都是在说明《系辞》中所说的“百姓日用而不知”的状况。

确信对朱熹的然者、所当然者和所有然者的理解无误后，我们

---

① 朱熹：《四书章句集注》，大安出版社，1994 年，第 141 页。

② 同上书，第 491 页。

③ 黎靖德编：《朱子语类》卷一二，第 215 页。

④ 朱熹：《晦庵先生朱文公文集》卷四四，《答江德功》，《朱子全书》第 22 册，第 2038 页。

现在再回到前一段讨论的问题：作为解释所当然者（和所不当然者）之所以然的理具有规范性没有问题，但它有没有客观性呢？或者说这种理的规范性是否是建立在其客观性的基础上的呢？这是确定朱熹是否是一个道德实在论者的关键问题。朱熹对这个问题的回答还是肯定的，因而是个道德实在论者。在朱熹看来，由于人之性在气中，而气有清纯和浑浊之分，因此，在虚理的意义上，理当有善人、有恶人，但是在实理的意义上，每个人都理当成善人而不是恶人。为什么呢？这要看什么是人，或者说人性是什么，或者说人之所以为人者是什么。在跟学生讨论《孟子·尽心下》第二章"仁者，人也"时，朱熹说："仁者，人之所以为人之理也。然仁，理也；人，物也。以仁之理，合于人之身而言之，乃所谓道者也。"① 在跟学生讨论同一章时，朱熹也说，"人之所以为人者，以其有此（即仁）而已。一心之间，浑然天理，动容周旋，造次颠沛，不可违也。一违，则私欲间乎其间，为不仁矣。虽曰二物，其实一理。盖仁即心也，不是心外别有仁也"；又说，"人之所以得名，以其仁也。言仁而不言人，则不见理之所寓；言人而不言仁，则人不过是一块血肉耳。必合而言之，方见得道理出来"。② 这就说明人之所以为人是因为其有仁，没有了仁，一个人就不再是人了，或者是有缺陷的人了，或者只是名义上的人了，或者是与动物没有太大差别的人了。值得注意的是，在第一段话中的"不可违也"的"不可"是规范意义的"不可"，意为"不容许"或"不应该"或"不应当"，而不是描述意义上的"不能够"，因为这一段接下来马上就讲了人能够违仁。但既然一个人能够违仁，为什么就不应该违仁呢？就是因为仁是人之所以为人者。

这里，为了解释为什么我们应当成为仁者，朱熹说这是因为它构成了我们的人性。当然，朱熹这里说的仁是包含了儒家其他美德的全德。在其《仁说》一文中，朱熹说："天地以生物为心者也，

---

① 朱熹：《四书章句集注》，第516页。

② 黎靖德编：《朱子语类》卷六一，第1459页。

而人物之生，又各得夫天地之心以为心者也。故语心之德，虽其总摄贯通，无所不备，然一言以蔽之，则曰仁而已矣。请试详之。盖天地之心，其德有四，曰元、亨、利、贞，而元无不统。其运行焉，则为春、夏、秋、冬之序，而春生之气无所不通。故人之为心，其德亦有四，曰仁、义、礼、智，而仁无不包。其发用焉，则为爱恭宜别之情，而恻隐之心无所不贯。故论天地之心者，则曰乾元、坤元，则四德之体用不待悉数而足。论人心之妙者，则曰'仁，人心也'，则四德之体用不待遍举而该。盖仁之为道，乃天地生物之心，即物而在，情之未发而此体已具，情之既发而其用不穷，诚能体而存之，则众善之源、百行之本，莫不在是。此孔门之教所以必使学者汲汲于求仁也。"① 在与学生讨论这个问题时，朱熹还具体地说明了在何种意义上仁德会导引并且涵括其他三德。朱熹认为，作为人之所以为人者，"仁者，仁之本体；礼者，仁之节文；义者，仁之断制；知者，仁之分别"②。关于这一点，他在《玉山讲义》中说得更具体："仁字是个生底意思，通贯周流于四者之中。仁，固仁之本体也；义，则仁之断制也；礼，则仁之节文也；智，则仁之分别也。正如春之生气，贯彻四时，春则生之生也，夏则生之长也，秋则生之收也，冬则生之藏也。故程子谓四德之元犹五常之仁，偏言则一事，专言则包四者，正谓此也。"③ 在其他地方他还做了一个类比："性是统言。性如人身，仁是左手，礼是右手，义是左脚，智是右脚。"④

这里，朱熹认为，仁义礼智这些美德构成了人性。在这个意义上，一方面，人性是具有美德的，是有德的性，即德性，因此朱熹说："大抵人之德性上，自有此四者意思：仁，便是个温和底意思；

---

① 朱熹：《晦庵先生朱文公文集》卷六七《仁说》，《朱子全书》第 23 册，第 3279 页。

② 黎靖德编：《朱子语类》卷六，第 109 页。

③ 朱熹：《晦庵先生朱文公文集》卷七四《玉山讲义》，《朱子全书》第 24 册，第 3589 页。

④ 黎靖德编：《朱子语类》卷六，第 110 页。

义，便是惨烈刚断底意思；礼，便是宣著发挥底意思；智，便是个收敛无痕迹底意思。性中有此四者，圣门却只以求仁为急者，缘仁却是四者之先。"[①] 而另一方面，仁义礼智，作为美德，乃是人性的美德，即性之德。因此朱熹在《答张钦夫（论仁说）》中说："盖人生而静，四德具焉，曰仁，曰义，曰礼，曰智，皆根与心而未发，所谓'理也，性之德'也。"[②] 说仁义礼智是人性，是人之为人的所以然者，也就是说这是将人与其他存在物区分开来的东西。因此在注《孟子·离娄下》"人之所以异于禽兽者几希，庶民去之，君子存之"一章时，朱熹说："人物之生，同得天地之理以为性，同得天地之气以为形；其不同者，独人于其间得形气之正，而能有以全其性，为少异耳。虽曰少异，然人物之所以分，实在于此。众人不知此而去之，则名虽为人，而实无以异于禽兽。君子知此而存之，是以战兢惕厉，而卒能有以全其所受之理也。"[③] 这里虽然没有明确指出人之与动物之几希差异为何，但他明确地说，由于这几希是将人与动物区分开来的东西，一个人如果不是存之而是去之，则"实无异于禽兽"。在与学生讨论《孟子》的这一段时，朱熹则更明确地指出了这几希差异究竟为何。朱熹首先不同意佛教将人定义为"耳能闻，目能见"，说"这个禽兽皆知"，是人与物所同者。然后他说："人所以异者，以其有仁义礼智，若为子而孝，为弟而悌，禽兽岂能之哉！"[④] 正是因为这是人与动物唯一的差异，人便"须是存得这异处，方能自别于禽兽"；[⑤] 而"人若以私欲蔽了这个虚灵，便是禽兽"。[⑥]

可以看到，与霍斯特豪斯一样，朱熹这里对道德实在论的论证

---

① 黎靖德编：《朱子语类》卷六，第110页。

② 朱熹：《晦庵先生朱文公文集》卷三二《答张钦夫（论仁说）》，《朱子全书》第21册，第1409页。

③ 朱熹：《四书章句集注》，第413—414页。

④ 黎靖德编：《朱子语类》卷五七，第1347页。

⑤ 黎靖德编：《朱子语类》卷五九，第1389页。

⑥ 黎靖德编：《朱子语类》卷五七，第1347页。

采取的是美德伦理学的进路，就是说他的关注点主要不是去论证一个人的行动之对或错这种道德性质的客观性，而是去论证作为行动者的人之好或坏、善或恶这种道德性质的客观性；而且与霍斯特豪斯一样，朱熹这种以美德伦理学为进路的对人之好坏、善恶的客观性论证也诉诸人性概念。但较之霍斯特豪斯的论证，朱熹的论证有一个明显的长处，即它避免了前者的一个重大缺陷。我们在前面看到，霍斯特豪斯理解人性基于人的四个目的，特别是社会团体的良好运作这个为社会动物所特有的目的，和为这四个目的服务的五个方面，特别是理性这个为人所特有的方面。她做了详尽的论证，表明人客观上确实有这些目的和方面。但我们看到，她的论证的一个问题是，从这样一种对人性的理解中，她无法作出具有道德上规范性的人之为人的充分说明，因为按照这样一种人性观，一个黑帮成员也可以说是一个好人，因为他的五个方面，包括其理性，很好地服务于其四个目的，包括社会团体（他所属的黑帮）的良好运作。与此相反，朱熹是用仁义礼智来说明人性的，而仁义礼智本身就是规范性的美德概念，它们不仅是人之为人的所以然者，也是人之为人的所当然者。因此，一个黑帮成员或任何其他不道德的人，因其缺乏仁义礼智这种使之成为人的人性，就不是一个好人，是一个有缺陷的人，是一个无异于禽兽的人。

但是朱熹较之霍斯特豪斯的这个长处似乎也隐含着一个短处。我们刚才讲了，霍斯特豪斯的人性概念具有其客观性，甚至是科学性，因为她的人性论是建立在生物学、人类学、人种学、心理学、社会学等当代知识基础上的。事实上，她之所以反对人们通过重新规定人的第四个目的或者提出人的第五个目的而修正她的人性概念，使之能够回应黑帮成员的问题，最主要的原因是在她看来，我们缺乏客观的甚至是科学的根据，对人性概念做出这样的修正。现在我们说朱熹的人性概念可以推导出人应该是道德的人，但他的人性概念是否具有为道德实在论所需要的客观性呢？朱熹的回答当然是肯定的，但他的回答有没有说服力呢？表面上看来是否定的。这是因为在朱熹看来，仁义礼智作为人性是形而上者。例如，在注《孟子·告子上》“生之谓性”章时，朱熹就指出：“性者，人之所得于天之理也；生者，人之所得于天之气也。性，形而上者也；气，形而下者也。人物之生，莫不有是性，亦莫不有是气。然以气言之，则知觉运动，人与物若不异也；以理言之，则仁义礼智之禀，岂物之所得而全哉？此人之性所以无不善，而为万物之灵也。”① 形而上者，顾名思义，就是超越形状者，即是无形者，因此朱熹说，“既曰形而上者，则固自无形矣”②；在跟学生讨论《中庸》第十二章时，朱熹也说，形而上者之事“固有非视听之所及者”③；在跟学生讨论周敦颐《通书》“诚上”章时，朱熹也说，“且如造化周流，未著形质，便是形而上者”④。既然性是形而上者，而形而上者是非感觉器官所能及者，性也就是非感觉器官所能及者。因此，在《答陈器之（问玉山讲义）》一信的一开头，朱熹就说，“性是太极浑然之体，本不可以名字言，但其中含具万理，而纲理之大者有四，故命之曰仁、义、礼、智”；又说，“所谓浑然全体，无声臭之可言，无形象之可见”。⑤ 如果人性是非我们的感官所能及者，我们当然还可以说人应该有仁义礼智之德，但我们不能说这是人性，毕竟我们无法知道人性。而如果这样，我们关于人应该成为具有仁义礼智之德的人的断言就只具有规范性，而缺乏客观性，因而也不能支持道德实在论。

但朱熹自己却认为，人应该有仁义礼智这个断言，不仅具有规范性而且也具有客观性。换言之，虽然人性非我们的感官所能及，但我们还是可以客观地知道人性由仁义礼智构成。为此，他提出了两个相互关联的论证。第一个是刘述先称之为“由流溯源的方法”：“朱子一贯以为性是未发，性即无形，故不可以直接的方法掌握，

① 朱熹：《四书章句集注》，第457页。

② 朱熹：《晦庵先生朱文公文集》卷六一《答林德久》，《朱子全书》第23册，第2949页。

③ 黎靖德编：《朱子语类》卷六三，第1532页。

④ 黎靖德编：《朱子语类》卷九四，第2390页。

⑤ 朱熹：《晦庵先生朱文公文集》卷五八《答陈器之（问玉山讲义）》，《朱子全书》第23册，第2778页。

必由已发倒溯回去，始可以见性之本然。”① 这里所谓的已发就是情，是流，其源是未发之性。未发之性固非我们的感官所能及，已发之情则可以为我们所感知。由流溯源的方法就是由可感知之情溯不可感知之性的方法。在上述《答陈器之》的信中，朱熹就用了这个方法。他说：“然四端之未发也，所谓浑然全体，无声臭之可言、无形象之可见，何以知其粲然有条如此？盖是理之可验，乃依然就他发处验得。凡物必有本根，性之理虽无形，而端的之发最可验。故由其恻隐所以必知其有仁，由其羞恶所以必知其有义，由其恭敬所以必知其有礼，由其是非所以必知其有智。使其本无是理于内，则何以有是端于外？由其有是端于外，所以必知有是理于内而不可诬也。”② 在跟他的学生讨论这个问题时，朱熹也说：“仁义礼智，性也。性无形影可以摸索，只是有这理耳。惟情乃可得而见，恻隐、羞恶、辞逊、是非是也。故孟子言性曰：‘乃若其情，则可以为善矣。’盖性无形影，惟情可见。观其发处既善，则知其性之本善必矣。”③

朱熹的这个由情溯性的方法来自程颐。程颐曾说：“因其恻隐之心，知其有仁。”④朱熹认为程颐此言“说得最亲切分明。也不道恻隐便是仁，又不道掉了恻隐，别取一个物事说仁。譬如草木之萌芽，可以因萌芽知得他下面有根。也不道萌芽便是根，又不道掉了

---

① 刘述先：《朱子哲学思想的发展与完成》，台湾学生书局，1984 年，第 217 页。类似的，陈来称这种方法为逆推论证。值得指出的是，这里讲的倒溯法或逆推法，与朱熹自己所说的和“顺其理”相反的“逆其理”不同。朱熹说：“恻隐羞恶，多是因逆其理而见。惟有所可伤，这里恻隐之端便动；惟有所可恶，这里羞恶之端便动。若是事亲从兄，又是自然顺处见之。”（黎靖德编：《朱子语类》卷五三，第 1288 页。）朱熹这里说的是我们见恻隐、羞恶之情的状况与我们见恭敬之情的状况不同。

② 朱熹：《晦庵先生朱文公文集》卷五八《答陈器之（问玉山讲义）》，《朱子全书》第 23 册，第 2779 页。

③ 黎靖德编：《朱子语类》卷六，第 108 页。

④ 程颢、程颐：《二程集》，中华书局，2004 年，第 168 页。

萌芽别取一个根”①。在朱熹看来，我们既不能混淆性与情，也不能把他们割裂开来：“有这性，便发出这情；因这情，便见得这性。因今日有这情，便见得本来有这性。”② 朱熹认为，程颐的由恻隐而知仁的方法可以扩展到四端的其他三端和性的其他三个方面。因此他说：“性不可言，所以言性善者，只看他恻隐、辞逊四端之善则可以见其性之善，如见水流之清，则知源头必清矣。四端，情也，性则理也。发者，情也，其本则性也，如见影知形之意。”③更具体地说，“恻隐、羞恶，是仁义之端。恻隐自是情，仁自是性，性即是这道理。仁本难说，中间却是爱之理，发出来方有恻隐；义却是羞恶之理，发出来方有羞恶；礼却是辞逊之理，发出来方有辞逊；智却是是非之理，发出来方有是非。仁义礼智，是未发底道理，恻隐、羞恶、辞逊、是非，是已发底端倪……如今只因孟子所说恻隐之端，可以识得仁意思；因说羞恶之端，可以识得义意思；因说恭敬之端，可以识得礼意思；因说是非之端，可以识得智意思。缘是仁义礼智本体自无形影，要捉模不着。只得将他发动处看，却自见得。恰如有这般儿子，便知得是这样母”④。朱熹更举例说：“见孺子入井，而有怵惕恻隐之心，便照见得有仁在里面；见穿窬之类，而有羞恶之心，便照见得有义在里面。”⑤ 在上述的《答陈器之》信中，朱熹用感应说提出了类似的说法：“盖四端之未发也，虽寂然不动，而其中自有条理，自有间架，不是儱侗都无一物，所以外边才感，中间便应。如赤子入井之事感，则仁之理便应，而恻隐之心于是乎形；如过庙过朝之事感，则礼之理便应，而恭敬之心于是乎形。”⑥ 这里我们看到，朱熹对孟子的“四端”的

---

① 黎靖德编：《朱子语类》卷五三，第1288页。

② 黎靖德编：《朱子语类》卷五，第89页。

③ 同上书。

④ 黎靖德编：《朱子语类》卷五三，第1287—1288页。

⑤ 同上书，第1288页。

⑥ 朱熹：《晦庵先生朱文公文集》卷五八《答陈器之（问玉山讲义）》，《朱子全书》第23册，第2779页。

“端”字有不同的理解。在孟子那里，某物之端指的是该物的起点，而该物就是在这个起点得到充分发展后实现的。例如恻隐为仁之端，意为恻隐经过充分发展以后便是仁。但在朱熹那里，某物之端则成了已经存在的某物所流露出来的端倪。因此在其《玉山讲义》中，朱熹在引了孟子“恻隐之心，仁之端也；羞恶之心，义之端也；恭敬之心，礼之端也；是非之心，智之端也”后就说：“谓之端者，犹有物在中而不可见，必因其端绪，发见于外，然后可得而寻也。”①

因此，在朱熹看来，尽管我们对于性没有直接的感知，我们仍然能够确信性是有德之性，是由仁义礼智构成的，因为存在我们能够感知的善的情。在朱熹看来，性是情之未发，而情是性之已发，因此，从所发之情我们可以逆推未发之性，作为对为什么会有这种情的解释。② 在上面所引的一些段落中，我们看到朱熹有了几个类比来说明如何从可见的情而知不可见的性。第一个是不可见的根与可见的萌芽的关系。我们虽然不能直接知道地下的根，但从地面上生长出来的健康的萌芽，我们就可以确定下面一定有健康的根。第二是不可见的母亲与可见的孩子的关系。虽然我们不能直接知道不在现场的母亲是否善良，但从我们看到的这个孩子之懂事，我们就可以断定他一定有个善良的母亲。第三个是不可见的水源与可见的水流的关系。虽然我们不能直接知道不可见的水源的质量，但从这个源头流出的清澈的水，我们就可以确定这个水源也一定非常清澈。第四是不可见的形与可见的影之间的关系。虽然我们不能直接

---

① 朱熹：《晦庵先生朱文公文集》卷七四《玉山讲义》，《朱子全书》第24册，第3589页。

② 因此，我曾撰专文说明，朱熹的形而上学与在当代西方哲学中被抛弃的形而上学不同，后者是基础主义的，而前者是解释性的。其差别就在于，解释学性的形而上学是以经验现象为基础的，是为了解释这些经验现象（然者）而作出的说明（其所以然），而后者的建立则是完全独立于经验现象的。见黄勇：《朱熹的形上学：解释性的而非基础主义的》，《社会科学》2015年第1期，第118—128页。

知道不可见的形，但从可见的影之大小我们可以推知其形之大小。根据这样的类比，虽然我们不能直接知道人性之善恶，但从可见的其所发之情的善，我们可以确定人性之善。由此可见，当朱熹说人性具有仁义礼智之德时，他不只是在做一个规范的断定，而且也是在做一个客观的描述。

但在这里我们似乎就碰到了一个问题。我们可以从恻隐、羞恶、辞让、是非这些善端、善情里面推知一定有仁义礼智等性之美德。但若想由此得出人性为善、为德性，我们就得假定所有作为端的情都是善的，而如果这样，世界上就不会有恶、不会有恶人，这显然是反事实的，也不是朱熹所持的观点。朱熹一方面认为性是有德的，另一方面他也确实承认情可以是善可以是恶的。他声称："性才发，便是情。情有善恶，性则全善。"① 这就是说，除了四端这些善端、善情外，还有一些恶端、恶情。然而这又导致了一个新问题。如果从善的情我们能够推论说它们由之生发的性必定是善的，我们难道不是同样能够从坏的情推出它们由之生发的性必定是坏的吗？陈来也看到了这个问题："按照朱熹，情是性的表现，由此，从普遍存在于人的四端之情可以证知人无不具有四德之性。但是，情有善恶，于是，同样的方法也可以说，从人有种种不善之情推知人也有与之相应的不善之性。所以朱熹这种以情证性的方法缺乏普遍性而陷入矛盾。"② 虽然陈来提出了解决这个矛盾的三个可能办法，但他又说，一则朱熹本身没有意识到这个问题，因而也不可能用这些办法来解决这个问题，二则这些解决方法本身也有问题。事实上，我认为朱子的逆推法在用来说明善恶之情时是具有不对称性的。我们再次借用朱熹的类比，从地面上生发的芽，我们能够推知在地底下一定有根。然而，我们不能仅仅因为地面上没有芽就说在地底下一定没有根；同样，从地面上长出的健康的苗我们可以推知下面一定有健康的根，但我们不能仅仅因为地上发的芽不好

---

① 黎靖德编：《朱子语类》卷五，第 90 页。

② 陈来：《朱子哲学研究》，华东师范大学出版社，2000 年，第 211 页。

就推出其在地下的根也一定不好。一个坏的根，由于它是坏的，确实不能生出好的芽来、甚至根本不能生出任何芽来；而一个好的根并不总是生出好的芽，根之没有芽或者芽变坏可能有其他的原因，比如土壤不好，或者没有适当地施肥、浇水或培育，或者长出的芽被人或动物踩坏等。同样，发出好的情的一定是好的性，但该有好的情出现的时候好的情却不出现，甚至出现恶的情，则不一定因为有不好的性，可能是因为有别的因素。

我认为这正是朱熹的观点。但这种观点还需要得到论证，因为我们上面最多只是表明一种可能性：好的性可能由于别的什么原因而没有发出好的情，甚至发出恶的情。但我们毕竟不能排除另一种可能性：之所以没有应该有的善的情确实是因为没有善的性，之所以有恶的情确实是因为有恶的性。这就好像在我们的类比中，虽然没有芽不一定是没有根，有不健康的芽不一定是有不健康的根，但我们毕竟不能排除这个可能性：没芽确实是因为没有根，或者芽不健康确实是因为根不健康。然而朱熹断然排除了性恶的可能性。这是否意味着，鉴于实际上确实存在恶的情和恶的人的事实，朱熹“德性论”的人性观说到底还是一个形而上学的、纯粹规范性的观点，而缺乏任何客观的根据？要说明这个问题，我们就必须转向朱熹的第二个论证：人，特别是恶人，与动物的不同。确实，如我们在前面看到，就恶人作为恶人来说，朱熹认为他们与禽兽无异。例如他说：“今人至于沉迷而不反，圣人为之屡言，方始肯来，已是下愚了。况又不知求之，则终于为禽兽而已！盖人为万物之灵，自是与物异。若迷其灵而昏之，则与禽兽何别？”① 在另一个地方，他又说：“人物之所同者，理也；所以不同者，心也。人心虚灵，无所不明；禽兽便昏了，只有一两路子明。人之虚灵皆推得去，禽兽便推不去。人若以私欲蔽了这个虚灵，便是禽兽。人与禽兽只争这些子，所以谓之‘几希’。”②

① 黎靖德编：《朱子语类》卷八，第132页。

② 黎靖德编：《朱子语类》卷五七，第1347页。

但同时，朱熹又注意到另一个事实并试图说明之：恶人作为人与禽兽又不一样。我们批评恶人，认为他们不应该是恶人，而应该成为善人，但我们不批评禽兽，不说他们不应该是禽兽，而应该成为善人。为什么呢？“应该”隐含着“能够”。恶人可以变善，但禽兽则不能。在《经筵讲义》的一开头，朱熹就说，虽然人人都生有仁义礼智之德，“但以人自生而有血气之身，则不能无气质之偏以拘之于前，而又有物欲之私蔽之于后，所以不能皆知其性，以至于乱其伦理而陷于邪僻也。是以古之圣王设为学校，以教天下之人，使自王世子、王子、公、侯、卿、大夫、元士之适子以至庶人之子，皆以八岁而入小学，十有五岁而入大学，必皆有以去其气质之偏、物欲之蔽，以复其性，以尽其伦而后已焉”①。他的学生问：“若是气质不善，可以变否？”朱熹回答说：“须是变化而反之。如‘人一己百，人十己千’，则‘虽愚必明，虽柔必强’。”② 在另一个地方，朱熹也说：“就人之所禀而言，又有昏明清浊之异。故上知生知之资，是气清明纯粹，而无一毫昏浊，所以生知安行，不待学而能，如尧舜是也。其次则亚于生知，必学而后知，必行而后至。又其次者，资禀既偏，又有所蔽，须是痛加工夫，‘人一己百，人十己千’，然后方能及亚于生知者。及进而不已，则成功一也。”③

这个观点似乎与孔子说的“唯上智与下愚不移”的说法有矛盾，但朱熹并不这样认为。在其《论语集注》中注这一段话时，他引了程颐的话来解释：“人性本善，有不可移者何也？语其性则皆善也，语其才则有下愚之不移。所谓下愚有二焉：自暴自弃也。人苟以善自治，则无不可移，虽昏愚之至，皆可渐磨而进也。惟自暴者拒之以不信，自弃者绝之以不为，虽圣人与居，不能化而入也，仲尼之所谓下愚也。然其质非必昏且愚也，往往强戾而才力有过人

① 朱熹：《晦庵先生朱文公文集》卷一五《经筵讲义》，《朱子全书》第20册，第691—692页。

② 黎靖德编：《朱子语类》卷四，第65页。

③ 同上书，第66页。

者，商辛是也。圣人以其自绝于善，谓之下愚，然考其归则诚愚也。”① 朱熹在这里提请我们注意的恶人能成为有德者而动物则不能这个事实，应该是不太有争议的。在上引的《经筵讲义》中，朱熹更进一步说明了这个事实的所以然：“天道流行，发育万物，而人物之生，莫不得其所以生者以为一身之主。但其所以为此身者，则又不能无所资乎阴阳五行之气。而气之为物，有偏有正，有通有塞，有清有浊，有纯有驳。以生之类而言之，得其正且通者为人，得其偏且塞者为物。以人之类而言之，则得其清且纯者为圣为贤，得其浊且驳者为愚为不肖。”② 有学生问“人物之性一源，何以有异”时，朱熹更明确指出：“人之性论明暗，物之性只是偏塞。暗者可使之明，已偏塞者不可使之通也。”③ 这里，朱熹不仅在人与非人之间作了区分，而且在有德因而真的人与邪恶因而只是名义上的人之间作了区分。人与非人类之间的不同在于其气是正、通者还是偏、塞者；而善人与恶人之间的区别在于其气是清、纯者还是浊、驳者。在人那里，不管其气是清纯还是浊驳者，都是正、通之气，因此浊驳之气可以澄清。而在动物那里，由于其气偏而塞，无法变得正而通，所以动物无法变善。因此，在跟学生讨论《中庸》第二十二章时，朱熹说：“物禀得气偏了，无道理使开通，故无用教化。尽物性，只是所以处之各当其理，且随他所明处使之。它所明处亦只是这个善，圣人便是用他善底。如马悍者，用鞭策亦可乘。然物只到得这里，此亦是教化，是随他天理流行发见处使之也。如虎狼，便只得陷而杀之，驱而远之。”④

我们前面在问，朱熹关于人性有仁义礼智之德构成的观点是否只是一种规范的观点，表示人应该有仁义礼智，还是也有其客观性。如果朱熹是一个道德实在论者，他必须对这样一种观点提供客

---

① 朱熹：《四书章句集注》，第 246 页。

② 朱熹：《晦庵先生朱文公文集》卷一五《经筵讲义》，《朱子全书》第 20 册，第 693 页。

③ 黎靖德编：《朱子语类》卷一四，第 57 页。

④ 黎靖德编：《朱子语类》卷六四，第 1570 页。

观性的证明。我们上面考察了他为证明这种客观性的两个相互关联的论证。一方面，他用逆推法，通过人有恻隐、羞恶、辞让、是非之善情来证明，人必定有产生这些善情之相应的善性，即仁义礼智。另一方面，虽然人也有不善的、恶的情。要解释这种恶的、不善的情的产生有两个途径。一个是证明人有产生这种不善之情的相应的不善之性，另一个是证明不存在相应于不善之情的不善之性，而证明这种不善的情虽然也发自善的性，但在这个过程中由于别的因素的作用，善性没有发出善情甚至发出恶情。我们看到，朱熹的论证采取的是后一种途径，而这个论证的核心就是人物或者说人禽之辨。因为通过经验的、历史的和文化的观察，我们可以知道即使是至恶之人也可以变成善人，甚至圣人，而动物则不可；相应的，我们重视对人的道德教育，而对动物，如我们上面看到朱熹所说的，则“无用教化”；同样，如果有人杀了人，我们就会谴责他，而如果虎狼吃了人，我们“只得陷而杀之，驱而远之”，不会谴责之。这就说明人性，作为人之为人者，作为将人与动物区分开来者，一定是具有仁义礼智诸德之性。因此，如果有人的仁义礼智被遮蔽，我们就可以说这个人不是一个健全的人，是一个有缺陷的人，是一个（在实然的意义上）与禽兽无异的人；而这样的事情一直在动物身上发生，在所有动物身上发生，我们则不说它们是不健全的、有缺陷的动物，原因就在于前者可以变善而后者不能。为什么说朱熹的这第二个论证，即恶人可以变善而动物不可以的论证，证明了人性一定是善的，一定具有仁义礼智呢？假设人的性，至少是恶人的性，跟动物一样，没有仁义礼智，① 都是不善的甚至都是恶的，那么我们就无法解释甚至至恶之人还是可以变善而动物则不可以这个经验事实。换句话说，由于动物没有善性而不可以变善，

① 这里为了论证的方便，我没有涉及更复杂的问题，即朱熹有时候认为动物也有仁义礼智。关于这一点，我在别的几个地方都有讨论，我的结论是朱熹最后所持的观点与我在这里简单化处理的观点并无二致。具体可参见黄勇：《朱熹的形上学：解释性的而非基础主义的》，《社会科学》2015 年第 1 期，特别是第 122 页。

那么如果人也没有善性，（恶）人也不可以变善，而这是反事实的（counterfactual）。因此我们必须认为，即使恶人之性也善。

六、朱熹如何面对道德实在论的四个难题

我们在本文力图阐明，朱熹以美德伦理学为进路的道德实在论何以证明作为道德性质的人之好坏或善恶这样的道德性质既是客观的又是规范的，换言之，它们具有麦基所谓的客观规范性。但是，我们前面说过，一个成功的道德实在论必须至少能够面对我们在本文第二节讨论的、道德反实在论者认为道德实在论必须面对的问题。因此，在结束本文之前，我们可以简单地考察一下，朱熹的以行为者为焦点的道德实在论如何面对这些问题。

首先是休谟的不能从事实命题推出价值命题的问题。休谟的假定是，事实都是纯事实，关于这样的事实的描述就一定是纯事实的描述，而任何价值的命题都不是事实命题，因此我们不能从事实命题中推出价值命题。这是因为，如皮格顿所指出的，推论具有保守性，我们不能从一个前提（事实命题）中推出它本身没有已经包含的东西（价值命题）。但休谟的这个假定本身就是错的，因为存在着一些价值事实，而关于这些价值事实的命题就既是事实命题，又是价值命题。做一个类比，假如一个医生检查了一个人的身体，说“你有病”。你说这是一个事实命题呢，还是价值命题？当然它是一个事实命题，因为这是医生对这个人的身体实际状况的描述。但它何尝又不是一个价值命题呢？说一个人的身体有病，就是说这个人的身体不是它应该所是的样子，而且往往隐含着应该得到医治。反过来说，假如这个医生在检查了这个人的身体后说“你没有病”或者“你很健康”，这同样既是一个事实命题，也是一个价值命题。它是一个事实命题，因为这是这个人实际的身体状况，但它又是一个价值命题，因为它表明这个人的身体是它应该所是的情况，而且往往还隐含着这个人应该维持这样的情况。现在我们再回到道德层面上。如果我们对一个人做了考察，发现他的仁义礼智没有被私欲遮蔽，因为在恰当的情况下，他都有恻隐、羞恶、辞让、是非之情，我们就会说他是一个好人。这当然是一个价值命题，但它也是

一个事实命题，是可以被我们在这个人身上发现的事实证实的命题。反过来说，如果我们对一个人做了考察以后，发现在该有恻隐等四端之情发出来的时候却没有发出来，甚至反而会发出相反的情，我们就会说他是一个坏人。这当然也是一个价值命题，但它又是一个事实命题，因为这是对这个人的实际情况的描述。当然有人会说，好坏是纯价值概念，而不是事实概念。从纯事实上，我们最多只能说这个人有没有四端之情，而不能说这个人好坏；从这个人有没有四端之情得出关于这个人之好坏的结论就是从事实命题推出价值命题。但这个说法是不能成立的。我们再回到医生对病人的诊断上。按照这种说法，医生在检查了一个人的身体以后，只能说(例如)“你身上有 COVID—19”，而不能说“你身体有病”，并指责这个医生从前者推出后者是从事实命题推出价值命题。很显然，这种说法是不能成立的。这是因为医生根据对人的身体的了解已经确定了什么样的状况是健康的状况，什么样的状况是有病的状况，因此在对一个人的身体做了检查以后，就直接可以说这个人身体有病还是没有病。道德上的好坏也是一样的。我们已经确定什么是健康的、没有缺陷的、能与其他动物相区分的人的状况，因此在对一个人做了考察以后，马上就可以确定这个人有没有“好”或者“健康”的品质，一种既是事实的又是规范的品质。因此，简言之，朱熹对休谟问题的回答不是说明如何从事实命题推出价值命题，而是解释我们关于人的“好”这个规范品质的命题本身既是事实命题又是规范命题。

其次，朱熹的以行为者为焦点的道德实在论也不会面临摩尔所谓的开放问题。我们前面对季奇一篇文章的讨论表明，之所以摩尔认为我们在试图定义“好”的时候会面临开放问题，是由于其持一种独特的“好”的观念。一方面，如季奇所指出的，他的“好”的概念是含混不清的。当我们试图理解他的这个概念时，他只能说它不是什么，因为我们想到的这些“什么”都是自然性质，而他说“好”是非自然性质，但他又不能指出这种“好”的具体性质。另一方面，他讲的“好”的这种性质是单一的，也就是当我们说“好 X”“好 Y”“好 Z”时，这里的“好”都有同样的意义。但这种“好”的概念是有问题的。在美德伦理学进路的道德实在论中，我们看到，“好”的意义离不开被称为好的东西的意义。因此，“好X”之“好”不同于“好Y”之“好”，后者又不同于“好Z”之“好”。如果我们开始以为某物是“X”而说它是“好X”，但后来发觉它不是“X”而是“Y”，我们很可能要说这是“坏Y”。同时，在这种美德伦理学进路中，无论是霍斯特豪斯的亚里士多德主义版本还是朱熹的儒家版本，“好”都是一种自然性质，而不是非自然性质。由于在“好”这个观念上的这两点差异，这种以行为者为中心的道德实在论可以避免摩尔的开放问题。例如在朱熹那里，人是具有仁义礼智之性的存在物，因此好人就是其仁义礼智之性没有被私欲遮蔽的人。如果摩尔问“具有仁义礼智的人真的好吗”，那么他问错了问题，因为他又把“好”看作具有独立于好的东西的意义的一般性质，而我们所使用的“好”的意义不能离开被称为好的东西来理解。但他可以问“具有仁义礼智的人真的是好人吗”，而这个时候我们就可以给他一个肯定的回答，因为，我们对人的定义就是具有仁义礼智之性的存在物，因此这里没有开放问题。当然他可以不同意我们对人的定义，但在这个时候他不是说我们对好人的定义会面临开放的问题，而是说我们对好人的定义错了。在这种情况下，为了说明这里不存在开放问题，我们可以问他，既然他不同意我们对好人的定义，那么他的定义是什么。如果他说“好人是具有X、Y、Z特性的人”，那么他也一定承认这个定义并不面临开放问题。如果他认为这还是会面临开放问题，那么他就不仅在说“好”不可定义，而是在说任何东西不可定义。

再次，我们看看朱熹的“好”和“坏”这样的道德性质是否具有麦基所谓的怪异性，包括存在论上的和认识论上的。首先从存在论角度看，麦基在说客观的道德性质（即他所谓的客观的规范性）具有怪异性时，他主要针对的是以行动为焦点的道德实在论，因为这种实在论主张行动具有客观的“对”与“错”的性质。也许持这样一种道德实在论的人可以设法回应麦基的问题，虽然在我看来这样的性质确实是很怪异的。但是我们在这里讨论的是以作为行动者为中心的道德实在论，而这种实在论所关心的道德性质是人之“好”与“坏”的性质。虽然霍斯特豪斯和朱熹关于人之“好”与“坏”的规定有所不同，因为他们对人之为人者理解不同，但他们所讲的人之“好”与“坏”这两种道德性质都是自然的性质，没有任何怪异之处。这是因为他们对这两种道德性质的理解是以人的身体之“健康”与“有病”这两种自然性质为模型的。因此，除非麦基认为医生对人的身体使用的“健康”和“有病”这样的概念本身也具有怪异性，我想他不会认为以人为焦点的道德实在论所强调的“好”“坏”这类客观的道德性质具有任何怪异性。但我们在前面讨论对休谟问题的回应时已经指出，医生所使用的“健康”和“有病”这样的具有麦基所谓的“客观的规范性”的性质是自然的性质，因而也不可能有什么怪异性。美德伦理学所使用的人在道德上的“好”“坏”这两种性质类似身体上的“健康”“有病”这两种性质，因而也没有什么怪异性。由于这类客观的道德性质在存在论上没有怪异性，它们在认识论上也就不会有什么怪异性。因为它们本身就是自然性质，我们不需要有任何不同于我们用来认识自然现象的特别官能来认识这样的道德性质。就好像医生在确定一个人的身体有健康与否时完全凭借他与我们都有的日常的认识官能，我们在确定一个人是好人还是坏人时，即在通过确定其有没有恻隐、羞恶、辞让、是非等四端而确定其有没有仁义礼智时，我们也只是在使用我们日常的认识官能，而不需要有任何特别的官能。

最后，我们看看朱熹以人为焦点的道德实在论如何回应道德相对性或者说基于不可追踪的道德分歧的批评。我们看到，这种批评简单地说就是，如果存在着客观的道德性质，而且伦理学的任务就是要把握这样的客观性质，那么在伦理学问题上就不会有这么多的分歧，并且这种分歧与在科学问题上的分歧不同，后者可以追踪到对所研究对象的证据之不足，但前者是不可追踪的，即使大家对有关的事实有了充分的了解并达成了共识，这样的争论还是会存在。以人为焦点的道德实在论对有关的道德性质，即作为行动者的人之“好”和“坏”的性质，有没有争论呢？当然有争论，因为这种有关人的“好”“坏”的性质的理解取决于我们对被称为“好”或

"坏"的人之性的理解，而对于什么是人性，不同的哲学家有不同的理解。我们在本文中已经看到霍斯特豪斯与朱熹对什么是人性，即人之为人者，亦即将人与他物区分开来者，就有不同的理解，而且这只是对人性众多理解中的两种。但这是否就成为我们认为人之"好"和"坏"作为客观的道德性质不存在的理由呢？显然不是的。关键是，在这里，大家对人之"好""坏"这样的道德性质的理解上的分歧与科学分歧类似，如果本身不就是科学分歧的话。换句话说，这样的分歧是可追踪的：可以追踪到大家对人性的理解上的分歧，大家在人性问题上的分歧又是因为大家关于人性的事实证据不足，而这种关于人性的证据不足的问题，随着研究的逐步深入，至少在理论上是可以解决的。不过，可能有人会说，即使在人性的好坏这样的道德性质问题上确实不存在不可追踪的意见分歧，但这种以作为行动者的人为中心的道德实在论怎么回应道德反实在论所说的不可追踪的道德分歧——在堕胎问题上的分歧、在素食和肉食问题上的分歧、在藏有珍贵艺术品的博物馆被炸和一个繁忙的街道被炸哪个更坏的问题上的争论？回答是，因为这种道德实在论采取了美德伦理的进路，它主要关心的是行为者的好坏的问题，而不是行动的对错的问题，上面提到的有争议的问题都是行动的对错问题而不是行为者的好坏问题。但毕竟美德伦理并没有完全排除行动对错的问题，而只是说行动的对错问题是从行为者的好坏问题推导出来的，就是说，对的行动就是好的人，即具有美德的人典型地会做的事情。因此道德反实在论者还是会问，一个好人，一个具有仁义礼智这样的美德的人，在碰到这样的问题时会怎么做？要回答这样的问题，我们要看到，这里我们所面对的实际上是道德两难，而在真正的道德两难（即两个选项同样坏，我们又不得不选择其中的一项）面前，一个好人、一个具有仁义礼智等美德的人也没有比我们更好的办法。我在别的地方曾用有轨电车难题来说明，假定这里我们面临的是真正的道德两难，那么两个同样好的、具有同样程度的仁义礼智之德的人如果做出恰恰相反的事情，一个人让它前行从而压死五个人，另一个则扳轨道让它转向从而压死一个人，也没有什么奇怪。他们之所以是好人，是具有仁义礼智之德的人，不在于他们在面对这样的两难时做了什么与众不同的事情，因为两个坏人，两个没有仁义礼智的人，在这种情况下做的事情与他们不会有两样。他们之所以是好人是因为他们在做这样的事情时，还伴有某些恰当的情绪，例如为他们行动的负面后果感到懊恼、沮丧，甚至有负罪感等，并且有为被压死的人的家族提供帮助的欲望或其他什么补偿。

七、结论

本文的目的是讨论道德实在论如何可能。为此我们区分了两种道德实在论，即以行动为中心的道德实在论和以行动者为中心的道德实在论。前者强调行动之对错这两种道德性质的客观性，而后者则要论证作为行动者的人之好坏这两种道德性质的客观性。由于规范伦理学中的道义论和后果论关注行动，而美德伦理学关注行动者，前者可以说是以道义论或后果论为进路的道德实在论，后者可以说是以美德伦理学为进路的道德实在论。道德反实在论认为道德实在论面对种种难题，我们特别提到了其中四个最重要者。我们认为以行动为中心的道德实在论确实很难避免所有这些问题，但以行为者为中心的道德实在论则可以很好地避免所有这些问题。这种以美德伦理学为进路的道德实在论的一个特征，是强调作为行为者的人之好坏是与人性紧密相关的，而人性不仅是客观的，也是可以研究的，尽管关于到底什么是人性，即什么是将人与他物区分开来者，迄今还没有共识。本文讨论了这种以美德伦理学为进路的道德实在论的两个版本，即霍斯特豪斯的亚里士多德主义版本和朱熹的儒家版本。尽管前者有不少的成就，但它的一个明显缺陷是其所得出的“好人”之“好”的概念无法将“好的”黑帮成员排除在“好人”外面，也就是说这个概念虽然具有明显的客观性却在规范性方面有缺陷。与此形成对照，朱熹以仁义礼智之德来规定的“好人”之“好”这种道德性质则不仅具有完全的客观性，而且还有充分的规范性。

多元生命、复调脉络、隐显线索：《庄子·德充符》新解

陈　赟①

一、《德充符》的通行理解之局限与新思路之导出

《德充符》是《庄子》内篇的第五篇，“德充符”的本意是德充于内而符征于外。“德”即得，得之于心，实有诸己；“充”即充实，充实于内，必形著于外而呈现生命之光辉。道德的充沛会由内而外地滋润其身体，从而使得生命具有感化人心的精神力量，表现出某种威仪或气象，这就是德充以后的外显之“符”。对《德充符》的通常理解是以形残者（如兀者）或貌丑者（如“恶人”哀骀它）为“德充符”的代表人物，这些人之所以能够忘记自身的形体残缺，正是内德充实，以德而忘形；正是内德充实而致使了他们能够“支离其形”，即在意识中解构了对作为意向性对象的身体及其我属性的执着。而全文中的其他人物都被视为衬托他们的配角。

然而，上述通行理解有其局限：其一，孔子贯穿在《德充符》全文六节中的三节，显然孔子的角色很是吃紧，并非可有可无，也绝非被否定的配角，尤其是当孔子以至人面貌第三次出场时。但如何处理孔子的角色及其意义，通行理解显得无能为力。其二，通行理解不得不将常季、子产、惠施等视为多余人物。但对追求“人无弃人”“物无弃物”的哲人庄子而言，任何一个角色都非可有可无

---

① 作者简介：陈赟，华东师范大学中国现代思想文化研究所暨哲学系教授。

的，通行理解同样无法处理这些人物，甚至错误地将惠施的故事视为画蛇添足。这传达的并非《德充符》的局限，而是解释者的局限。其三，通行理解受道家叙事的现成化框架影响，先行设置或接受了凝固化的道家视野，而后以此去检视《庄子》，必然导致《庄子》“非庄”现象，哪怕对被视为庄子自作的内篇，遇到矛盾处也将其视为“非庄者”的植入。而对庄子这样以“与化为人”为宗旨的第一流心智而言，我们应该看到，是一流心智定义了学派，而不是学派定义了一流心智。所有从某种学派的固化视角切入第一流哲人的思路都很难不陷入困境。其四，影响甚远甚广的通行理解并没有洞彻《德充符》叙事与结构的复杂性，而实际上是以单一线索削减了《德充符》乃至《庄子》的丰富意涵，虽然可以通过身体残障者阐发《德充符》义理中的“支离其形”，却无法从精神层面阐发“支离其德”。我们认为，“吹万不同”而“咸其自取”的多元生命类型、交织叠构的复调脉络、隐显交互内嵌的多样线索，对理解《德充符》全文非常重要。唯有开启这种复杂多元、复调性、立体性、交响性的阐释方式，才能充分开启《德充符》的思想世界：不能见其众生，则无以见其天地；不能见其天地，则无以见其道体。

首先，将《德充符》中生命戏剧的角色进行先行性分类是必要的，至少可以分析出三种人格类型，当然每一类型都包含着不同的亚类型。第一种人格类型是“支离其形”者，以形体残缺者为代表，包括兀者王骀、兀者申徒嘉、兀者叔山无趾、恶人哀骀它、闉跂支离无脤、瓮盎大瘿等。在德与形之间，他们德有所长而形有所忘，以德而忘形，之所以能够“支离其形”，是因为内德充实，不仅能忘其形骸，而且还能超越具体社会的礼法秩序。在这个意义上，“支离其形”者又是“游方之外”者。第二种人格是“支离其德”者，即“忘德”之人。有德者不仅德充于内，而且光辉于外，道德的光辉外显为德之“容”，德充而后有德之容，有德之容而又能忘其德容，然后其符乃大，此为无符之符。忘其德之容，即老子所谓的“上德不德”，必盛德之至而后能忘德，忘德之人则超越了“支离其形”而进至“支离其德”的境界，其符号化人物则为孔子。通常人们对《德充符》的理解，偏重“支离其形”者，而实质上《德充符》深层的逻辑则是进一步给出“支离其德”的可能性。第三种人格是以常季、子产、鲁哀公、惠施为代表的方内生存者——常人。他们居住在方内世界但又不能超越方内而抵达方外，因而达不到第一种人格的境界，第一种人格相对于第三种人格的主要差异就是能够超越方内；同时又与第二种人格不同，因为第二种人格虽然也同样居住在方内，但后者能游而他则不能游。这种人格是典型的世俗化的世间人，其人性被缩减为世间化的生存论视野。这种人格处在一种摇摆不定的状态，因而有常季、子产与惠施等不同亚类型。

《德充符》以“伯”“仲”“叔”“季”的排行来暗示以上三种人格的层次或品秩：对于“寓言十九”的《庄子》一书而言，“伯”“仲”“叔”“季”的使用本身就具有耐人寻味的寓意，绝非偶然的字面意思。“伯昏无人”是方内者与方外者的共同老师的象征性符号，是道体的人格化身，它理所当然是排在“伯”的位置。孔子一出场是以“仲尼”而非以“孔子”的名义，隐喻圆满性人格是最接近于道体的体道人，但即便是最高人格也不能立处“伯”位而只能处在“仲”位。这表明道体具有开放性，永远不可能被完全实现，与此相应，达到“仲”位已经是人格的最高可能性，人永远无法完成，总是具有无法穷尽的开放性前景。“叔山无趾”是兀者、恶人的代表，以其排在“叔”的位置而在孔子之后，这意味着在整个《德充符》的语境中，“支离其形”的超越性人格在品秩上低于圆满性人格，这一点我们与《德充符》的主流理解分道扬镳。“常季”是常人的代表，与“伯”（道）、“仲”（游方之内的圆满性人格）、“叔”（游方之外的超越性人格）相比，身处“季”位。这是因为，“常人”可上可下，其心性能够敏感于来自超越性的牵引，作为其突破方内的关键，但若不能感受到超越性的牵引，则完全沉降在“方内”，而不能自拔于世间性，无法向着超越性开放自身，甚至如同惠施那样发生生存论的畸变。正常人生活在超越性与世间性的张力性结构之中，但惠施的符号象征着完全丧失了超越性的维度，世间性成了其生存的全部，因而其生存处在陷溺与沉降的形而下状态。

三种人格的交互相遇构成隐/显的不同线索。《德充符》全文由六段组成：(1) 孔子与常季关于兀者王骀的对话；(2) 兀者申徒嘉与子产；(3) 兀者叔山无趾与孔子；(4) 恶人哀骀它与孔子；(5) 从以德忘形到上德忘德；(6) 惠庄之辩。每一则故事都存在隐/显的结构，其内容则是其中两种或三种人格的交锋与交会。这些交锋与交会，体现了《德充符》的复调逻辑与多元脉络，但又不限于平面化的多元，而是给出了人格上行的线索与视域。以此方式，我们实质性地开启了对《德充符》进行内在化理解的独特视域。

二、孔子与兀者王骀：圆满性人格与超越性人格的隐显交会

鲁国的王骀受过刖刑，被砍去了一只脚，然而跟从他游学的人，和跟随孔子的学生数目一样多。这引起了常季的好奇，就向孔子请教。直接出场的是仲尼与常季，王骀则是通过二人的对话间接出场。常季的问题在于，王骀作为形残的兀者，何以弟子数量竟与孔子不相上下；更奇怪的是，王骀立不言教，坐不议论，可是弟子们皆能实有所得。《淮南子·俶真训》："坐而不教，立而不议，虚而往者实而归，故不言而能饮人以和。"《庄子·则阳》也有"不言而饮人以和，与人并立而使人化"的表达，此与《庄子·知北游》"圣人行不言之教"相通。这种无形之中感人之心的默化是如何可能的呢？孔子对常季的回答，是褒扬王骀为圣人，自己还没有来得及前往求教，表示愿意带着鲁国人甚至天下人都去师从他。这里使用了隐微的笔法刻画孔子的让德于人，而能够让德于人正是孔子其德内充之符，但是这一点在现代执着于字面化的理解上一直被忽视。在显的线索上好像是写王骀，孔子是陪衬，但就隐的线索而言，其实是在写孔子，写孔子与兀者的第一次交会。

常季奇怪的是，王骀是个形体残缺的兀者，远超寻常之人也就罢了，何以其影响超过孔子？常季之问，显示其作为世间性人格，既不能理解超越性人格的"支离其形"，更不能理解圆满性人格的

“支离其德”者。孔子的让德于王骀，正是孔子“上德不德”（即“支离其德”）之表现，但在常季那里却被理解为王骀之声闻德音超出孔子。孔子的让德实质上是忘德，忘己之德更能显人之德，终极性道德显现的并不是德人自己，而是照见并引发了众生之德；常季并不能理解这一点，这也是何以兀者形体残缺与内德充实的鲜明对照对他更具有吸引力的原因。常季提出的问题是：“若然者，其用心也，独若之何？”一个“若然”留下了伏笔，王骀之“王”于孔子，其实是“若然”，如果将不同的兀者视为同一种人格类型的不同侧面，那么王骀之高于孔子，不仅是常季的看法，也是王骀的看法，叔山无趾与老聃对话的那一段就是在表明兀者对孔子有如此看法。但在庄子的文本中，这一出于兀者（超越性人格）与常季（常人）的看法，其实只是“若然”，而自更高的视角来说则并非这样。但是常季的问题还是抓住了一个关键点，这就是王骀之“用心”，这一“用心”正是其默化而“心成”的根本。

孔子对常季的回答，仅仅扣住一个要点，王骀的“用心”在于其心始终与超越性（不变者、不遗者、不迁者）同在，这就是“守宗”，而“宗”正是不变、不遗、不迁的超越性，即所谓的命物之化者，变化世界的最终根据。王骀之用心在于超越性的体验，即那种与形而上的天道合一或冥契的体验：“死生亦大矣，而不得与之变；虽天地覆坠，亦将不与之遗；审乎无假而不与物迁，命物之化而守其宗也。”① 此意在突出形上与形下的区分：形而下者处于永恒的变化之流中，从生到死，又从死到生，正如万物之迁流不息，即便是天地也会有覆有坠；但形而上者却是变化的根据，它自身并不变化。《庄子·天道》：“审乎无假而不与利迁，极物之真，能守其本。”变化中的事物显现出来的状态都是暂时性的，而非其本真状态，本真的存在并不为变化所左右。《庄子·渔父》云：“真者，所以受于天也。”这里的“天”与“天地覆坠”之“天”

① 郭庆藩：《庄子集释》，中华书局，2013 年，第 175 页。以下凡引用《德充符》原文不再注明版本与出处。

显然有所不同，后者是形之大者，前者则更具形上性，是天之运化过程中显现的不变不已之天德。《庄子·天下》“以天为宗”，即以天德为宗，这才是万物的最终根据。王骀体道的关键在于，心朝向形而上的道，由此而有超越性的体验，这使得他虽然立身于世界的变化之流，却能够做到不被变化所影响，能够“外化而内不化”。《庄子·知北游》：“古之人，外化而内不化。今之人，内化而外不化。与物化者，一不化者也。”心德之不化，即与天道之德通一无隔，从而立于“命物之化”者、“守其宗”之“宗”上，与之同其无假、不迁、不遗。《道德经》第4章谓：“道冲而用之或不盈，渊兮似万物之宗。”虽然大化迁流不息，而心有以主宰之，所以不与之变化。即便“外化”依然，其心却能做到“内不化”“一不化”，[①] 即心与形而上者（《庄子》中的“道”“无假”“真”“宗”）合一的体验，其实质是让天德充溢于自己的灵魂——这就是王骀的用心之所在。形而上的道超越了生死、变化、迁流，甚至超越了万物在其中共在的世界，而表现为永恒的稳定品质。王骀的安定便以此永恒的道为根据，其生命以天德为宗，这使得他超越了对形而下事物的依赖，其心境也超出了流转变化，其灵魂立足于宇宙、万物与人生的共同根源之处。

孔子给出了王骀这一精神生命的本宗所在，即心与能化万物而自身不化的超越性的合一。但常季对于孔子的解释依然困惑，心与道一，何以能让王骀忘其形残之躯，何以能够历经死生而不变其朝向超越性之心？仲尼则给出了进一步的解释：肝和胆在人体内紧密相连，但若从差异的视角来看，则二者犹如楚国与越国那样彼此悬殊；设若从同一的视角来看，则天地间的一切万物都是一气之所化。从形化视角来看，万物以不同形而彼此相代；但从气化视角来看，则万物之不同形不过同归一气之化。万物是以千差万别的形式

---

① 《庄子·知北游》：“古之人，外化而内不化，今之人，内化而外不化。与物化者，一不化者也。安化安不化，安与之相靡？必与之莫多。”《庄子·则阳》：“日与物化者，一不化者也。”

对我们呈现，还是以同一种形式对我们呈现，归根结底与我们观察它们的方式相关。耳目等不同感官分别了声色，目以视色，耳以辨声，当我们以耳目各有所适的方式去面对世界时，世界自然呈现给我们的是各各不同、千差万别而永远无法统合的万物。然而，当我们“不知耳目之所宜”的时候，也就是“不必定耳听而目视”①、不以我们的官觉来区划万物的时候，我们就会到达另一种境界，这就是“自其同者视之，万物皆一也”② 的境界。这意味着对官觉功能区划的超越，这也就是达致通感或移觉的状态，也可以说是宣颖所说的“浑六用为一源”③ 的境界，在其中，六根并用、浑然一体而不可分割，可以耳视而目听——这个存在层次的本质是“游心于德之和”。刘辰翁说：“世人见不越色，听不越声，故耳目各有所宜。不知耳目之所宜，说得至人之玄冥，所谓‘耳里着得大海水，眼里放得须弥山’，方见是游心于德之和。”④ “游心于德之和”包含两个重要规定：一方面，是“游心”，也就是发生在心的层次，是精神生命的真理而不是自然生命的真理，王骀所以能够“无形而心成”，说到底是其“用心”在于“游心于德之和”；另一方面，“德”指天德，即天在生化、运化过程（天的生化、运化过程即天道）中表现的品质，所谓“以天为宗”在本质上只能是以“天德”为“宗”，就其主宰的意义而称为“宗”，就其运化过程中不随天塌地陷而变化的品质称为“德”。“天德”就是对于人而言的超越性的根据——“宗”。“天德”的本质又是“和”，“和”谓和同，和同彼此而为一体，庄子所谓的“以道观之”说到底就是和同万物的视角。对游心者而言，“天德”之“和”，一方面意味着打破耳目之宜所关联的观物方式及其主体性意识，另一方面则是突破经验中的事物的分划和区隔。正是由于王骀能够打破在内的耳目之宜、在外的万物之别，他才能够在其生存体验中做到视万物无不相同或

---

① 宣颖：《南华经解》，广东人民出版社，2008 年，第 40 页。

② 郭庆藩：《庄子集释》，第 176 页。

③ 宣颖：《南华经解》，第 40 页。

④ 方以智：《药地炮庄校注》，台大出版中心，2017 年，第 412 页。

相通，而无彼此区隔，这就使他转化/遗忘了得失的意识；既然万物一体，那么又哪里有得到与失去的区别呢？如此一来，王骀视自己的丧足犹如遗土，也就十分自然了。泥土来自大地，遗土意味着以土还土，即将土还给它自身，那么人之丧足也不过是“以虚还虚”而已。王骀在他自己的意识中，早已遗忘了自己是个兀者，或者说，是兀者与不是兀者，这些在世人看来很清晰的分别，在王骀那里早已泯除了。这就是王骀凝心于天德反而使其得以超越形而下事物及其分别，对丧足都不着意的原因。

孔子对王骀的理解启发了常季。常季的问题更进一步，从王骀“其用心也，独若之何”进一步上升到“物何为最之哉”：王骀只是自己在内在心性中，“游心于德之和”，然而，为什么那么多人都心悦诚服地归依他呢？“最”有两种理解：一是推崇、尊崇，“物最之”即为众所尊；一是聚，“物最之”即为众所归。常季对孔子所理解的王骀进行了消化，这个消化所得是对王骀的如下理解：“彼为己，以其知得其心，以其心得其常心。物何为最之哉？”“彼为己”是说王骀的学问根本还是“修己”，其修己之学的关键是以下两个步骤：“以其知得其心”“以其心得其常心”。知、心、常心构成三个层次，也是常季所见王骀“用心”之次第（工夫上的先后之序）：知者外发，指向意向性对象，心者内存，是意向活动的主体，“以其知得其心”意味着从知的对象转向主体，这是一种在意识活动中发生的由外而内的转向；心意味着一般意识活动的主体，而常心则关联着超越性的意识体验。郭嵩焘以为“以其心得其常心”，即“体以证道”①，这呼应了上文的守宗之说。常季的问题正在这里，王骀得其常心而忘生忘形，只是在内在精神层面达到了自我超越，而无以及物，况且，超越性意识，人皆可以，何以王骀独能让众人归服？常季之问，本质上涉及一个人在心性层面上的德充，何以有外溢于他人、影响感化他人的符征。这是对生存真理之核心的“大哉问”。

① 郭庆藩：《庄子集释》，第178页。

孔子以两个隐喻予以回答：一是人莫鉴于流水而鉴于止水的隐喻，一是唯松柏在冬夏青青的隐喻。前者是说人不去流动的水面而去静止的水面，才能照见自己的形象，这是因为唯有水面澄清，才能为人所取鉴。然而，问题的关键在于，水之静止的目的并不是为了人的取鉴，而是人求取鉴，是止水而不是流水才能满足人之取鉴的要求。这个隐喻的用意是在强调，王骀内德充实，人自归服，是王骀生命中的道德本身的吸引力，而不是王骀作为具体个人的吸引力。人从游王骀，收获了自己，就好像取鉴止水，只是由于止水照见了自己那样。这就是德的力量，德本身就有一种激发、召唤、引导的精神能量，正是这种能量，才是王骀仅凭以德修己而众人自来归服的奥秘。

孔子给出的第二个隐喻是：一样的根植于大地，只有松柏在寒冬独在，历经冬夏而常青不凋，为万物所取正；一样的秉命于上天，只有尧舜那样的圣人，能够独得其正，以其自正性命，而为众人所取正。无论是松柏还是尧舜，都只是正自己的性命，而能为走在正性命道路上的人们所取法得正。因而，正是贯通于万有之性命中的天德的力量，使得人之“自尽其性”，同时关联着“尽人之性”。换言之，人性、己性、物性在天德那里是本无区隔的，只不过是天德在己、人、物那里的不同显现方式。因而，王骀虽然只是自修其德，自正性命，却能激唤、引发他人的归从。但那本质上是对天德的归从，王骀本人在其生命中展现了天德的存在及其能量，众人便自然而然地归依他。不难看出，这里的关键点是“幸能正生，以正众生”。所谓的“正生”就是“正性”，“正性”就是“守宗”，“守宗”即是“保始”；而这里的“幸”字，按照陆树芝的理解，“言舜非有意于正众生，乃己正而物自正，若有天幸然”①。所谓的“正”，则如《管子·法法》所说：“正者，所以止过而逮不及也。过与不及也，皆非正也。”人物皆秉受天地之命，而为其性。在其性分之内的运作，则为正；超出其性分的活动，则

① 陆树芝：《庄子雪》，华东师范大学出版社，2011年，第59页。

为不正。性命之正，既意味着内在于性分的天德对人的约束，但同时也意味着通过性分而上达天德的超越性体验之路。在止于性分约束的意义上，人物、人人、人己得以区别开来，各有自己的性命；但在上达天德的超越之路上，则上达的是万有的共同根源，因而在那里德的力量是无法被形而下事物所区隔的。

以上两个隐喻已经解答了常季的困惑，但孔子的回答还在继续深入。每一个人在其生命之始，便秉受了天命之德；凡能保始守宗的，必有征验，而无所畏惧就是一种征验，就好像勇者能以一人之身，英勇地闯入九军战阵之中。那种为了求名而要誉的人尚能如战场的勇士那样，更何况那种超越功名乃至超越一切形而下者，直契天德的超越性人格呢？以求英勇之名而约束其惧死之心的人，不是不怕死亡，而是求取功名之心超出、压制了其惧死之心而已。此种人的极致能够“全于气”，其精气神能够持久地聚集于某一焦点，而此焦点对他而言成了世界本身。然而那超越性的人格却能够契于道，他能够“官天地，府万物，直寓六骸，象耳目，一知之所知，而心未尝死”，这是说他的心能够统合天地、包藏万物，视天地万物为同一大生命、大身体的不同部位；能够“直寓六骸，象耳目”，即把自己的形骸视为心灵暂时客居的旅舍，把耳目之官所见皆视为同一个大生命在随时流转变化的迹象。他在其常心中敞开的是“万物皆一”的体验，即《庄子·天地》所谓的“万物一府，死生同状”的体验。“一知之所知”中的“一”是动词，是统一、合一，“一知”之“知”是“智”，“所知”是“境”，则“一知之所知”意味着“智”与“境”不再有分别，这里没有认识主体与认识对象、认识场所的区分，只是超越性的精神（常心）自身，这种超越的精神（心）超越了生灭、流转和变化，正是“死生无变于己”的“一不化”者。王骀之所以为王骀，正在于他的心灵向着这种超越性的精神敞开自身，天地万物在这种超越性的精神——常心——这里都成了流变迁化的形而下事物。气化过程中的形生形死，乃是自然过程，王骀能够心不与之俱化，独立于高蹈遗世的超越之境，面对“化则无常”“惟变所适”的世界，此心则能不与物迁，而守其天德，此其所以为常者。正是由于王骀将自己的生命存在奠基在这种超越性的常心上，故而，他随时将登假于高远的道境，与道为体。“人则从是”，那些跟随他的人所向往的也正是王骀身上与道合真的超越性生存方式，是人们自发地被王骀的生命存在所吸引，是他承载超越性生存的人格感染力量导致了人们的归心，而非王骀有意识地吸引人们来归顺于他。立足于这种超越性生活方式，他又怎么可能把世间事务放在心上呢？

整个故事对王骀的刻画着眼于其冥契形而上天德的超越性体验。具体而言，可以分为三个层次：第一，超越性的向度，《德充符》从“死生亦大矣”到“命物之化而守其宗也”，刻画王骀人格中的超越性；第二，以德忘形的向度，从“自其异者视之”至“视丧其足犹遗土也”，刻画王骀的德全而形无所累，其所以忘其丧足的根本在于德全，自得其德本身就会伴随精神上的快乐，而不会以丧足为意；第三，超越性的感染力量，从“人莫鉴于流水”到“何肯以物为事乎”，刻画王骀内德充溢而人自来归，超越性或天德的力量正在于它有超出寻常的激唤性与感染力，这也正是鲁国何以有那么多人从游王骀的奥秘。

兀者王骀并未直接出场，而是通过常季与孔子的对话出场。从显的线索来看，故事的主角是兀者王骀；但就隐的线索而言，故事的主角则是孔子。孔子口中的王骀是超越性的人格，“游心于德之和”所刻画得正是王骀的超越性生存样式，其本质是在精神（心灵）世界中探寻自由，其方式是与形而上的天德冥契玄合。也就是形而上的道体在王骀那里的显现发生在心灵中，以此为根基的生活则是纯粹超越性的精神生活，这种生活本身是对世间性的政治和伦理机制的超越。王骀的生活形式由心与形的张力界定，他在二者之间将生存坚定地奠基在心而不是形上。他之所以能够忘形，乃是心不在形，而是始终朝向形而上的超越之旅，德充于内然后忘形而不见所丧。孔子在这里作为“德充符”的隐的主体，是他让德于王骀，具体表现是愿率领天下人跟从王骀学习。既然王骀的超越性品格通过孔子得以无隐蔽、无奥秘地呈现，则孔子并不在此种境界之下，然而这一点本身却更加隐蔽；作为圆满性人格的象征，孔子深切地理解王骀之所以为王骀，因为他深刻地理解超越性的存在方式。然而，王骀是否能够深知孔子之所以为孔子，这里并未交代，直到叔山无趾的故事中，才可以看到兀者与孔子交互的第二回合。

三、兀者申徒嘉与子产：超越性人格与方内君子

第二个出场的形残者是申徒嘉，此次与他一并出场的是郑国执政子产。他们同是伯昏无人的学生。伯昏无人这个人名的象征意义，正如成玄英所说，“德居物长，韬光若暗，洞忘物我，故曰伯昏无人”①。“伯昏无人”是道之人格化身，吕惠卿精准地揭示了“伯昏无人”这一符号的象征意义：“道，吾不知谁之子。象帝之先则长于上古，物无以长者也。伯则长者也，昏则吾不知谁之所自出也，吾不知谁则无人也，伯昏无人则道之强名也。”②“伯”意味着最高、最先，“昏”是“明”的反面。然而，对于“玄德”“愚芚”的圣人而言，世俗所肯定的“明”反而是最难化解的“昏”，对“昏”的肯定意味则在于它是对分别智的超越，相应于《齐物论》的“滑疑之耀”，或者老子的“恍惚窈冥”的状态，《道德经》第21章云：“道之为物，惟恍惟惚。惚兮恍兮，其中有象；恍兮惚兮，其中有物。窈兮冥兮，其中有精；其精甚真，其中有信。”“无人”则意味着“人的机制”销尽、“天的机制”尽显；“不知谁之子”，则意味着为“众父父”，即终极根据。而申徒嘉则可以视为与王骀、哀骀它等同一类型的超越性人格在不同情境下的化身或应身。可以说，伯昏无人、申徒嘉、子产三个人物各有其类型学上的象征意义。如果说伯昏无人是道的人格化象征，那么申徒嘉是“游方之外”的变身，或者说是超越性人格的又一侧面，毕竟，全文中所有兀者与恶人共同构筑了一种超越性的人格类型，每一个角色都意在彰显这一类型的不同侧面；而子产则是方内的君子，执着于方内的礼法而不能超拔。

故事通过申徒嘉与子产的对话展开，伯昏无人间接出场。不管是拘泥方内而不能上达的子产，还是游方之外的申徒嘉，都师事伯

---

① 郭庆藩：《庄子集释》，第181页。

② 吕惠卿：《庄子义集校》，中华书局，2009年，第96页。

昏无人，这一“现象”是耐人寻味的，其寓意是，唯有道才是统合各种人格类型的最后根据。不仅如此，由于孔子在上文中被突出的是“仲尼”之名，作为“游方之内”与圆满性人格的代表，也后于“伯昏无人”，二者是“伯”“仲”的次第。游方之外的申徒嘉（以及其变形如王骀、叔山无趾、哀骀它等）、游方之内的孔子、处方之内的君子子产，都是作为道的化身的伯昏无人的学生，这就是一切人都师法道体，以道体为根据。文中的“伯”“仲”“叔”“季”显示了精神境界的位阶，子产本质上是与“常季”同归一个位阶，即世间的君子，“人之君子”；而申屠嘉作为刑余之人，无疑是“人之小人”，然而“人之小人”可以是“天之君子”，“人之君子”却可能是“天之小人”——这就是方内与方外、人爵与天爵、人道与天道的结构性张力。

申徒嘉与子产都是伯昏无人的学生，子产担任郑国的执政大夫，而申徒嘉本是受了刖刑而残足的刑余之人，因而子产以与其同行为耻，就对申徒嘉说：“我先出来，你就留在屋子里；你先出去时，我就留在屋子里。”第二天，他们两人又在同一间屋子里同席而坐，子产很不高兴，就对申徒嘉说了同样的话；这是由于昨日子产所说，申徒嘉并未遵循，才有今日的同堂同席，对同行子产尚且不屑，何况同堂同席呢？正是鉴于昨日之事，子产再次强调：我现在要出去了，你是留下呢还是出去？你看见执政官，也不避讳，难道你要与执政比肩吗？字面上好像子产看到申徒嘉是残足者，而不屑与之为伍；实质上，在方内的世俗社会，子产是执法者，申徒嘉是礼法所判定的罪人，子产作为方内社会有德有位的君子，相对于普通的庶民，无疑是“大写的人”①，他对申徒嘉的不屑，与他对政治社会的礼法的尊重关联在一起。正是礼法赋予了他们二人在世间的不同身份，也正是礼法构成了子产看待自己与申徒嘉的尺度，

① 子产，姓公孙，名侨，字子产，郑之贤大夫也。《论语》《孟子》《左传》对其事迹均有记载。《论语·公冶长》：“子谓子产有君子之道四焉：其行己也恭，其事上也敬，其养民也惠，其使民也义。”《论语·宪问》：“或问子产。子曰：惠人也。”《集解》：“惠，爱也。子产，古之遗爱。”

然而他却不知道还有比世间礼法更高的尺度。

申徒嘉对子产的回应则意在给出比礼法更高的尺度。他首先反诘子产：伯昏无人先生的门下也有这样的执政官吗？伯昏无人以德教人，故而先生之门，乃论德之地，而非论位论势的恰当场域。世俗之位往往与体制化的礼法秩序关联在一起，却未必与德相应；而且，你作为在位者，仗着在位的权势与我说话，不仅拘泥于世俗礼法规定的分别，更显出内德之匮乏。你子产不正是因为无德所以才拘泥于礼法，以执政之位而自视高人一等、轻视他人吗？申徒嘉引用了从伯昏无人那里听到的教诲继续诘难子产：镜子明亮可照，尘垢就不会粘留其上，一旦尘垢粘留其上则镜子就不再明亮；长久地与贤人相处，就会无过。你在先生面前所以取重者，在于求学先生之道，以广大自己的品德；但现在你却出言如此，拘泥礼法而不通，且以势位压人，这难道不是更大的过错吗？申徒嘉之所以为“徒”（学生）之“嘉”（优）者，正在于他明白伯昏无人的教人，与其说在于礼，毋宁说在于德，而子产所执着的名位终究不出礼的范围，子产始终不能逾越方内，正是《庄子·天下》“君子”“百官”的代表：“以仁为恩，以义为理，以礼为行，以乐为和，熏然慈仁，谓之君子；以法为分，以名为表，以参为验，以稽为决，其数一二三四是也，百官以此相齿。”君子拘泥于政治社会的礼法，虽优于百官但不能理解圣人；百官执着于礼法规定的数度，虽上出于庶民，而不能理解礼法的精义。无论是君子，还是百官，都将道德等同于方内的礼法（无论是伦理的还是政治的），因而无法超越方内而理解道德；而申徒嘉则从超越方内的视角理解道德，道德由此而成为个人与天道、天德沟通的内在渠道，且只有通过内在的精神（心灵）来敞开，至于外在的行为以及对行为的规范与制度则不被视为道德显现的恰当通道。

子产羞与刖者并行，在申徒嘉看来是不知进德，然而很大程度上是政治社会礼法秩序的要求，尤其是刑余之人见执政而回避，更是古礼之所要求，但子产只是用错了地方：“执政只可在朝堂上称，先生之门无政，则无执者。”[1] 在同学于伯昏无人的场景下，二人是进德之友，而非政治社会中的礼法规定的尊卑身份。所以，申徒嘉强调同游学于先生之门，取大于先生的本意，在于修学进德，而不在得禄得位；进德的关键在于通过取法先生以广大己德，求为大人——这才是“来学”[2] 之意。子产非不明此理，然而其所理解之大人，则为方内礼法秩序所限：对子产而言，全形之人不与刑余之人同行，自是尊敬其全形的表现，并非贬抑刑余之人，这就好像对罪人的惩罚恰恰是对其人格的尊重；同样道理，庶人与执政身份有别，先出后出而不同时，为的是尊执政，所以尊执政者，礼之别尊卑上下，敬重的是秩序本身。子产作为礼法秩序中的君子，算得上是严谨于礼者。礼以别异，尊卑贵贱之等，由礼而得以分别，正是基于此义，形全之人不与刑余之人同行，为的是别善恶、分刑名，而这正是礼之精神。子产严格地执守礼法。然而，以道观之，则物无贵贱，礼之所别，未必合乎自然天道。礼以别异，尊卑、贵贱、上下之等皆生于礼，然以礼别异而执着于礼，是自其异者观之也，非自其同者观之。自后者而言，则重在物之和同，所谓“德之和”者，乃是对礼法秩序的形而上超越。申徒嘉的意思在于，成为大人，乃是从天德层次而言的大人，不是方内人道礼法界定的大人。人之君子，只是天之小人；是以大人必须与天德相通，而超越方内礼法，在政治社会失序的情境下，尤其如此。

既然申徒嘉以“德”来非子产所执之“礼”，子产则以“德”来反诘申徒嘉：你受刑而残足，还试图与帝尧这样的圣人去争品德的高下；但在我看来，作为一个受过刑罚的人，你的品德还做不到自我反省，不然，你又怎么会因犯罪而受刑，成为现在这个样子呢？换言之，你的品德，尚且不能弥补亏体之过，却又反过来以过责于形全之人，你有何资格空口论德，分明是你本人才有辱先生之

---

① 陶崇道：《拜环堂庄子印》，方勇：《方山子文集》第 17 册《庄子纂要》，学苑出版社，2020 年，第 723 页。

② “来学”与“往教”相对，对于以成就人格、培养精神上的大人为目的的学问，《礼记・曲礼上》云：“礼闻来学，不闻往教。”

门！子产的回应一点也不给同门留情面，更重要的是，似直击兀者的痛点。但子产的诘难预设了德礼的一致，即礼法秩序下的罪人一定是德之有亏者，既然申徒嘉是刑余之人，则其德必亏；然而恰恰是这个在他看来“德亏”之人，反而以“德”来非“礼”，这是站在方内礼法秩序的立场的子产所无法忍受的。与其说他是为了个人，毋宁说其所守护的是礼法秩序。德礼一致的信念，对子产而言，势必暗含着自己作为执政在德上必然高于刑余之罪人申徒嘉，而这一点也正是子产所以傲视申徒嘉的根本。

然而，申徒嘉对子产的回应也是蛇打七寸，他要针对的恰恰是德礼一致的信念。其回应包含三个层面：第一，“自状其过以不当亡者众，不状其过以不当存者寡”。这句话的意思可以有多种解读，但其语境则与子产所说的申徒嘉“与尧争善”，其德“不足以自反”密切相关。申徒嘉的回应紧扣子产所谓的“自反”，并从“自状其过”“不状其过”两个层面实时地展开“自反”。就“自状其过”一层而言，为自己的罪过申辩，自以为不当受刑的人很多；就“不状其过”一面而言，不为自己的罪过申辩，以为自己应当受刑的人少之又少。在个人的层面，前者是推诿其罪过，后者是承担其罪过。然而，申徒嘉通过这句话所试图揭示的问题，绝不能仅仅被限制在个人的层面，“当”与“不当”涉及的是“义”的问题。犯罪受到惩罚，行善受到嘉赏，都是“义”的体现。但在政治社会的方内世界，“义”总是要由人来判断，因而总是落实为“以之为义”；看似客观化的礼法体制总是由具有自己立场、性情、利欲与视角的主观者来承担与实施，因而“义”总是要下落到被指认、被认为的“义”的层面。“当”与“不当”本来指向的是人的行为，“当”则“义”，“不当”则“不义”；然而，由于义与不义、当与不当的判断，总是通过主观性的人来实施，这就会给礼法体制本身带来当否的问题，即礼法秩序本身有可能是“不义”的，这是对子产信念出发点的深刻反思。

当更多的人们为自己的过错申辩以为不当受刑时，这关联着的往往是礼法世界的如下事实：有的人行恶犯过，却未必遭受礼法的惩罚；有的人遭受了礼法的刑罚，却未必是由于犯过。贪官盗贼很多，但受到礼法制度惩罚的总是其中的少数，甚至是礼法制度本身给了贪官盗贼犯罪的空间与条件；事实上，《庄子》一书中的《骈拇》《马蹄》《胠箧》诸篇，已经深刻地意识到这一点。既有应当受到礼法惩罚而没有受到相应的惩罚的情况，也存在着不当受到惩罚而实际上却又受到惩罚的状况，由此而得出的结论便可能是，行恶犯过而受惩罚，相对于大量做了同类行为却没有遭受礼法制度惩罚的人，只是不幸与幸运的不同；而对于那些自以为未尝犯过作恶，却被政治社会认定有罪而遭受礼法惩罚的人们而言，他们所能看到的就是，善恶本身并不能由礼法体制来规定，而是必须从自己内在灵魂与超越方内礼法的天道的直接相通才能界定。这意味着，在现实的政治社会中，道德上的善恶与礼法的赏罚并不总是一致，前者是德，后者是礼。在理想的良序社会中，德礼之间当为一致；然而现实社会中，二者总是充满张力，在失序的社会中，二者之间甚至是冲突或对抗的关系。德礼之间的张力背后，则是更为深层的天人之间的张力。每一个个人都生存在这种张力构筑的方内社会中，个人之行恶犯过，即便不遭礼法体制的人刑，也无以苟免天刑——这是良心的自我谴责带来的“阴阳之患”，即对健康生命的阴阳之和的焚毁。在这种语境下，自我申辩以为自己不应该受刑的人很多，这样的人无视自己的过错，将自己的受刑归结为礼法制度的不义，或者归咎于礼法执行运用时出现的问题；这非但没有看到自己的过，更是没有将自反上升到德的层面，只是在停滞在礼的层面。不为自己的罪过申辩，以为自己应当受刑的人少之又少，这样的人虽然没有受到礼法制度的惩罚，却能够直视其过，并从超越礼法的天德与天道层次来审视善恶。前者的视角，正是子产从礼法或人刑的视角观看申徒嘉，后者正是申徒嘉从天德与天刑的视角来看自己所受的刑法。剧情由此而得以反转：那些全足而未受人刑的众人，却没有足够的理由为自己不当受天刑作申辩；申徒嘉作为人刑的遭遇者，却能经得起天道的考验，而不去为自己所遭受的人刑申辩，因为他在道德上获得了来自天道的支持，因而无惧于不公的人刑，后者尽管关涉的是礼法的正当与否的问题，但对个人而言，在失序的政治社会里，却是一个具有偶然性的命运问题。

第二，申徒嘉对子产的回应是："知不可奈何而安之若命，唯有德者能之。"这也是申徒嘉对子产所谓"计子之德，不足以自反"的回应，只不过这一次回应的重点不在"自反"，而落在"德"之自身。依据子产的说法，申徒嘉之德甚至不足以自我反省，则何德之有？这分明是对申徒嘉自身之德的否定，如此申徒嘉对子产的批评被转换为一个无德之人却以德责人，而不能自省其无德，因而其对子产的指责就会自行瓦解。然而，一旦意识到德礼的张力及其背后的天人张力，由礼法制度所带来的刑罚就会转变为幸运与不幸运的命运问题。一个人即便可以把握自己的行为，也可能无法避免来自礼法体制的刑罚；即便他在行善，也可能被判定为恶而受礼法的人刑。建构美好的良序社会总是人们共同的渴望，但无论一个人如何努力，并怀抱多么美好崇高的理想，人类所生活其中的社会，最好的状态也不过是不乱即治，从来就不存在一个所有的善都得到报偿、所有的恶都受到惩罚的正义秩序。这是方内礼法秩序必然面临的限制，它无法满足人们对秩序的深层要求与渴望，人们不得不以个体的方式去面对以礼法秩序所反显的天道层次上的失序。然而，有限的个体又无法改变这种个人生存环境的失序现实，这就是"知其不可奈何"的命运。作为遭受人刑者，申徒嘉必然深刻地体验到天与人的张力、德与礼的冲突，然而他能够安之若命，直面自己内在的灵魂，以灵魂作为位点沟通天道，以心与天的贯通而获得的天德的力量，来面对失序的礼法社会。这正是他承受人刑而不去为自己申辩的原因。换言之，当对人刑的承受本身成为对命运的承受时，申徒嘉已经不再寄希望于方内礼法的正义性，而是诉求于心灵所连接的超越体验，作为其回应命运的根基，外在身体的遭遇——形残——已经变得不再重要，重要的是自己在内在精神中回应天道与命运的心安与否。兀者申徒嘉由此在天人张力中坚定选择了"与天为徒"，在德礼的张力中毫不犹豫地选择了德，而对出于人刑、出于礼法秩序的不义已经不再系缚于心，这就是方外兀者申徒嘉超越性生存的出发点。因为他将如何回应命运作为自己的根本性挑战，他已经不再求助改变方内世界，但求自己灵魂的完满。故而对他来说，完满的生存必须超越世间及其礼法，宁愿得罪于人，也不能获罪于天。只要不获罪于天，只要不遭受天刑、天谴、天责，那么一切世间的不义、不公都是无可奈何的命运，只要心灵向着天道敞开，对于世间的种种不幸与命运，就可以安之任之。显然，当兀者以王骀的身份第一次出场时，走向超越性体验所要面对的主要问题是心灵对身体的突破，也就是精神生命对形体生命的突破。但当兀者以申徒嘉身份再次出场时，超越性生活指向的不再仅仅是灵魂对身体的突破，还是对方内礼法秩序的突破，是对世间无常命运的超越性回应。

申徒嘉回应子产的第三点是：“游于羿之彀中。中央者，中地也；然而不中者，命也。”这一回应进一步地标识了人在世间不得不面对无常命运的生存处境。当政治社会作为每个人在其中自我表达、追求自我实现的共同场域时，每个人对个人目标的追逐都可能引发对他人的伤害，世间绝非爱与信流溢充满的美好场域，倾轧、斗争、竞合与冲突总是难以避免，其中固然并非没有美善，但暴力、冷酷与无情在历史上从来就没有被消除过。即便一代代人通过自我牺牲的方式试图重建社会，但美好理想到头来还是一种只能存在于内心的乌托邦。庄子通过申徒嘉之口，冷峻而清醒地向人们呈现了世间生存的严酷处境：并不存在那种将所有罪恶终结于一旦或一朝的开端时刻（伊甸园时刻）或终结时刻（末世论终点），生存的真相就是人们不得不随时面临世间秩序与天道的张力，个人总是不得不生活在“阴阳之患”与“人道之患”的双重压力之下，而且必须做出自己的回应。庄子使用了一个令人心惊胆战的隐喻，勾勒出人的这一生存处境：每个人都被环境自发地培养成如后羿那样出色的猎手，随时在猎杀他者，这就好像在某种社会，环境将优秀的精英培育为卓越的机会主义者那样；同时，每一个人也都因此在他人的射程之内，方内的礼法秩序本身就是一个残酷无情的人刑之网，每个人随时都可能成为射手的猎物而被捕杀。

在这种无所不在而又将每一个人卷入其中的人刑之网中，被猎手射中乃是必然，不被射中则纯属偶然与幸运。没有谁能以漏网之鱼的方式逃脱这种命运，即便暂时逃脱，那也不是个人能力与德性的体现，而是纯粹偶然；反过来，不幸被猎手射中，遭受人刑，也并不是德性的亏欠。当申徒嘉刻画了这种冷酷的世间性生存的基本处境时，不仅礼法所关联着的方内秩序彻底地失去了天道意义上的道义根基，反而人道意义上的善恶、是非、道义，不过是经常地蜕变降格为猎手手中的箭矢，它戕害的不只是人的生命，还有天德。申徒嘉对子产的回应引发了一种奇异的翻转：申徒嘉的刖足受刑不再是问题，反而子产的全足本身成了问题。既然“在羿彀中，且当必中之地，然有不中，乃幸免耳。是足之全不全，不关于有德无德，皆命使然也”，那么，“不说己之受刖为不幸，倒说人之不受刖为幸，正见自以为不当亡者，皆不当存者也，把全足人一总骂杀”。① 这里的逻辑是，在人刑之网中，那些没有遭受人刑的人，纯属偶然与幸运，当他们以其全足作为道义论的制高点，去嘲笑那些刖足的兀者时，实则是把自己的幸运等同于道德而去嘲笑他人的不幸，并把这种不幸与不义关联起来，这正是他们缺失天德，并且根本上就无法理解何谓天德的表现。

申徒嘉进一步通过伯昏无人向子产阐发了何谓天德的问题。申徒嘉的刖足受刑，是其在天人张力中宁可获罪于人，不愿得罪于天的结果，其以此为代价而走向超越性的精神生存之路。然而，那些拘执于礼法、生存视野为世间所限的人们总是以自身全足而笑他人足不全，正如子产那样。申徒嘉对此也曾处在长期的困惑与愤怒之中，但是当他到了伯昏无人那里，怒气不知不觉间消除了。不知道是先生洗人以善，还是自己突然醒悟了呢？在伯昏无人门下游学了十九年，以至于自己都达到了精神上的大成之境，但这么多年来，先生似乎从来就不知道申徒嘉是受刑的兀者。这就是先生的“饮人以和”，它在不知不觉中造成申徒嘉的自我转化。申徒嘉表述“怫然而怒”的自己时，用的是“我”；先生“洗我以善”时，被洗去、被转化的也是“我”；“十九年”后，“我”不再存在，而变成了“吾”——所有这些语词的精微选用都显示了申徒嘉在伯昏无人

① 林云铭：《庄子因》，华东师范大学出版社，2011 年，第 56 页。

那里的存在转化。“十九年”，是阴阳之数，象征着精神上的大成之境。① 与伯昏无人游，即心与道游，游十九年之久，意味着大成于道而有真德，从而忘记自己是兀者，正所谓“德有所长而形有所忘”；与道游乃是“游心于德之和”。而伯昏无人的“未尝知吾兀者”，也正是其游于德者忘其形的写照。

再回到子产的问题。申徒嘉给出了二人在生存层次上的对照：“今子与我游于形骸之内，而子索我于形骸之外，不亦过乎？”徐仁甫以为：与我游于形骸之内的人不应是子产，而应该是伯昏无人。因此他主张，在“今”“子”两字之间加个“夫”字，原文就变成了“今夫子与我游于形骸之内，而子索我于形骸之外”，其意思就重在申徒嘉与伯昏无人的交往是交心，是精神上的游心；而子产与申徒嘉却是在形交的层次。② 但这并无文本或版本上的支持。其实，申徒嘉的意思可以理解为，子产与申徒嘉作为同门同学，师从伯昏无人，所贵者乃在游心于德，不在形骸；子产却索人于形骸，这反而没有达到游心于德的层次。申徒嘉本质性地提出了同门者是形交还是德友的问题；更重要的是，他指出子产的混淆，即以索人以形的方式索人以德。而在申徒嘉对德与形在世间方内的给定捆绑进行了分离（这一分离背后关联着德礼分离、天人分离）之后，谨于礼的子产的灵魂受到深深的震荡，子产幡然醒悟，改容更貌，这就是申徒嘉生命人格中那来自德性的力量。

《德充符》第二节展开了以游心于德的申徒嘉与方内君子子产之间的交互对话。如果说在王骀故事中，“游方之内”的孔子能够深刻地理解“游方之外”的兀者王骀，那么，在这里，拘泥于方内礼法秩序的子产无法理解游方之外的申徒嘉。这是方内与方外的第二次交互，其中的不同在于孔子与子产的精神位阶不同，孔子在方内能游，因而并非受制于“方”——礼法，而是内含着超越方内的维度；子产在方内不能游，而执着于方内礼法，错失形而上的天德。如果说在方内与方外的交互中，第一次是方内以隐蔽的方式胜

---

① 陈赟：《论庖丁解牛》，《中山大学学报》2012年第4期。

② 徐仁甫：《诸子辨正》，中华书局，2014年，第71页。

出，即游方之内者可以理解游方之外者，那么第二次则以显明的方式给出，方内者无法理解游方之外。设若在这里与申徒嘉交互的不是子产，而是孔子，即在方内可游又不拘泥于方，同时又能理解游方之外者，那么，申徒嘉的局限就会以另一种方式被呈现：他对方内礼法的放弃本身，虽然有着深刻而充分的理由，但毕竟方内世界是人的居所，因而对于方或礼法的关注，仍然有其更加必要的理由，这种理由则是游方之外者所无视的。进一步，设若申徒嘉的精神生活再行突破，那么被突破的将是对德的执着，只有突破对德的执着，达到真正的忘德，而后德与礼、德与形、天与人之间看似无解的张力才能得以化解，至少是被缓和。这大概正是陈景元对子产与申徒嘉俱有批评的原因："子产师伯昏之道而未能忘我，申徒同出师门而未能忘德。"①

四、叔山无趾与孔子的相遇：超越性人格无法理解圆满性人格

申徒嘉在德与形之间坚定地选择德，构成以德忘形的又一典范，并且将个人修养上的德形问题引入到政治社会中的德刑、德礼问题，其背后则是天人问题，它既呼应了《人间世》以"阴阳之患"与"人道之患"所刻画得人生在世的吊诡性两难，又开启了《大宗师》"天人不相胜"的必要性。只不过这些深层问题仍是引而未发的，而《德充符》以叔山无趾的故事直面这一深层问题。

与兀者王骀一样，兀者叔山无趾被冠以鲁国的国籍；在申徒嘉的故事中，子产被冠以郑国国籍，而申徒嘉则未提及国籍；在后文哀骀它的故事中，其国籍是卫；闉跂支离无脤、瓮盎大瘿则不署国籍。这是颇为耐人寻味的。要知道，对于一个超越性心灵而言，国籍、性别、种族等等一切方内的规定都是形而下的，无与于形而上的超越体验。申徒嘉的例子真正体现了对世间性方内秩序的否弃，其只专注于人的内在精神或心灵，因而其国籍消失了。而对"叔山

① 蒙文通：《重编陈景元〈庄子注〉》，《蒙文通全集》第5册，巴蜀书社，2015年，第456页。

无趾”的刻画有两点值得注意：一是鲁国的国籍，他与游方之内的孔子同处一个国家；另一点他是“叔”字排行，配合孔子的“仲”字排行，以显示二人的精神品秩。在兀者的系列变形中，叔山无趾是排在王骀、申徒嘉之后出场的，这个出场次序也传达了兀者系列内部的排行，王雱以为这大概也是“叔山无趾”以“叔”命名的原因。

“叔山无趾”名为“无趾”，是因为无足。古代所谓趾，指的是足，而不是脚趾，脚趾在古代叫作指。趾是行走所用的足（脚），正常人以脚行走，故而“趾”也可象征人的行止。以“无趾”命名叔山，则叔山之为人也，在形而下层面是受人刑的被刖者，但在形而上层面则是“其行无趾”因而无迹无相的至人。无足而行，犹如“以无翼而飞”，《晋书·隐逸列传·鲁褒传》引鲁褒《钱神论》云：“无翼而飞，无足而走。”《庄子·人间世》云：“绝迹易，无行地难”，“闻以有翼而飞者也，未闻以无翼而飞者也”。叔山之“无趾”，即成为无迹、不着相的象征，亦衬托仲尼的“有迹”“着相”。然仲尼所以为“仲”，叔山所以为“叔”而后于仲尼者，在于表面有相者在更深层次实则无相，而表面无相者在更深层次则或有相的复杂辩证逻辑。

叔山无趾没有趾，故只能以脚后跟走路，去拜见孔子。仲尼对无趾说：你以前行为不谨，才受到刖刑之辱；现在虽来求教，但断足不可复续，又能有什么可以补救呢？叔山无趾的回答却让孔子震惊。第一，自陈其过：我以前不知务德，而轻用吾身，触犯人刑，遭受刖足之辱。第二，区分“形足”与“尊足”：我所以来您这里，乃是由于我形而下的“形足”虽刖，但形而上的“尊足”犹存，我是为了保全“尊足”才来这里的。虽然遭受人刑，但道德上却未受损，因而可以看到叔山无趾本人在“阴阳之患”（天刑）与“人道之患”（人刑）的张力性生存中，宁可获罪于人而不愿得罪于天，为了保存尊足而宁愿牺牲其形足，某种意义上这是在方内性世间面向超越性生存的代价。一个没有精神性追求，只是精心于算计得失与免患的人，无论如何都不会牺牲形足而去保存尊足的；当世间的好人伦理变成了乡愿时，这种伦理只不过是维系世间利益最大化的工具。而叔山无趾坚定地选择了留存尊足：形足虽刖，德实未亏；其所受刖刑，乃是人刑，所以忍受人刑，乃是不愿意违背良心而遭受天刑。此意味着，叔山无趾与申徒嘉、王骀、哀骀它等，都属于这种为了不受天刑而情愿选择遭受人刑的人，故而即便受到人刑的惩罚，其心其神其性反而不伤，是以能泰然处之，怡然自得，忘形而进德不辍。为了做“天之君子”，在世间宁做小人，毅然放弃“人之君子”。庄子哲学作为一种创痛性哲学，它看到了天人之间的深刻张力，当这种张力以某种不可调和的冲突方式存在时，人们只能在其中加以选择，大多数人选择都是苟全于世，即免除在世间的人道之患，但这容易得罪于天，从而导致人心的阴阳交战、天人交战。《德充符》的兀者们宁愿做方内的“小人”，也要成为精神的巨人；宁愿牺牲形足，也不愿失去形而上的尊足。这一方面固然反映了世间生存的艰难，同时也彰显了他们这一选择所具有的崇高性与震动人心的巨大感染力。曹础基指出，叔山无趾的“轻用吾身”其实是在“影射社会黑暗，不知务，不懂世务”①，这无疑是正确的。的确，这是一种反讽的方式。“不知务”，恰恰是因为叔山无趾保持着世间少有的天真，即以人待人的天真，然而人间世却是争名夺利的角斗场，于天道上而言的天真之人，在人人都是射手和靶子的世间只能是幼稚之人，不仅容易吃亏受欺，而且容易沦为牺牲品。这正是叔山即便在形体上“失足”但在道义上没有“失足”，因而“尊足”仍在的深层原因。

叔山无趾回应孔子的第三点则涉及兀者与孔子的交互：“夫天无不覆，地无不载，吾以夫子为天地，安知夫子之犹若是也！”天对于所有的万物没有不覆盖的，地对于万物则没有不承载的；天地之德没有任何偏私，而是面向一切存在者，无一例外，这就是天地的伟大品质。本来，叔山无趾以为孔子之德犹如天地，哪里想到孔子竟然如此看重人的形体，而并不注重人的内在精神。叔山无趾对孔子的批评，意在引出如下看法：孔子之道说到底是世间之道，其

---

① 曹础基：《庄子浅注》（修订重排本），中华书局，2007年，第63页。

精神世界无法承载游方之外的超越性生存。

孔子对叔山无趾的回应是承认自己的固陋，同时诚恳地邀请叔山无趾进门来，向孔子及其弟子们讲以所闻之道。这是再次书写孔子的让德于人、自卑尊人，孔子德性之伟大正是在这种让德于人、自卑尊人上体现出来，他能够承载一切伟大人格之伟大，而不以一种类型的伟大拒绝另一类型的伟大，这就是终极德性的开放性，一如天地之德从来不遮蔽而是突显万物的美善，自己却化身为隐性的背景那样。这里要注意的是孔子对叔山无趾称呼的改变：叔山无趾刚来时被称呼“子”，当叔山讲出“尊足”时，孔子马上改称“夫子”。[①] 孔子已经理解叔山并非普通的世间人，而是非同寻常的游方之外者，虽然不与之同路，却对之表达了最大的敬意。王叔岷注解成玄英疏“无趾恶闻，故默然而出也”时说：“无趾不愿闻孔子所讲也。”[②] 曹础基也说：“孔子请入，无趾不但不入，反而出，表示根本看不起孔丘。”[③] 这其实是一个错误，不少注家都注意到，叔山无趾进到了孔子与弟子所在的住所里，他自己的人生经历，就被孔子视为对门人而言极为生动的一堂课。

叔山无趾进来以后，有没有讲其所闻之道，《德充符》没有记载，只是以“无趾出”一笔带过。从上下文来看，叔山无趾很可能是如郭象所说的“闻所闻而出，全其无为也”[④]，并没有讲任何东西，这才与兀者以王骀身份出场时的“立不教，坐不议”的生存风格相应，故陈景元云：“仲尼请无趾入室讲道，无趾目击意达，不言而出。”[⑤] 孙嘉淦指出：“不叙讲以所闻之语，直接‘无趾出’，

---

① 王叔岷业已看到：“前云‘子不谨前’，称无趾为子，此改称‘夫子’，知其非常人也。”《庄子校诠》，中华书局，2007 年，第 185 页。

② 王叔岷：《庄子校诠》，第 185 页。

③ 曹础基：《庄子浅注》（修订重排本），第 63 页。

④ 郭庆藩：《庄子集释》，第 187 页。

⑤ 蒙文通：《重编陈景元〈庄子注〉》，《蒙文通全集》第 5 册，第 456 页。

而于夫子语弟子、无趾语老聃处补点之，避实取虚也。”① 叔山本人讲或未讲，所讲者何，关键是看叔山无趾走后孔子的反应，以及进一步的叔山无趾与老聃对孔子的评价，这是对孔子反应的回应。

面对弟子，孔子依然将叔山无趾视为教学的案例：如叔山无趾这样的受刑兀者，尚且竭力学习以修补前行之恶，作为全形的弟子们，更是要勤奋勉励。就孔子与常季关于王骀的对话而言，他深切地理解，无论是王骀还是叔山无趾这样的兀者，他们追寻的是外其形骸、超越礼法而专注于内在精神的超越性之路，但是他在自己的学生们面前，完全没有言及这一层面，对于游方之外的生存方式，孔子在学生面前保持高度缄默，而只是从方内生存的视角教育学生向叔山无趾学习。这种错位乃是基于因材施教、“中人以下，不可语上”② 的启发性原则。从这个视角来看，“孔子以无趾之迹，诲门人之心”③，仿佛这里有一种心与迹的错位，然而，这并不是对叔山无趾之道的贬抑或降格，而是考量学生的适应能力，这里也有“下学而上达”④ 不可躐等的为学次序问题。但孔子对弟子所说的叔山无趾，由于那些考量不会被思及，故而反过来被叔山无趾以为孔子拘泥于方内礼法，而无法理解超越性生存真理，这正是叔山无趾和老聃所共有的孔子生命图像。

孔子在以叔山无趾教育弟子的时候，使用了“全德之人”⑤ 的表述，其实质内涵是“全形之人”，即形体完好、没有遭受人刑的人。然而，就是在这里，可以看到孔子与叔山无趾一系的兀者的不

---

① 孙嘉淦：《庄子纂要·德充符》，方勇：《方山子文集》第 17 册，第 730 页。

② 《论语·雍也》：“中人以上，可以语上也；中人以下，不可以语上也。”

③ 蒙文通：《重编陈景元〈庄子注〉》，《蒙文通全集》第 5 册，第 456 页。

④ 据《论语·宪问》，子曰：“不怨天，不尤人。下学而上达。知我者其天乎！”

⑤ 《德充符》中，有两处“全德之人”。在叔山无趾故事中，“全德”兼形质而言，“全”意味着本来自己无缺，是就天之所禀而言；在哀骀它故事中，“全德”离形质而言，全其所禀于天之德，全是就修而完之而言。参见钟泰：《庄子发微》，上海古籍出版社，2002 年，第 120—121 页。

同理解，兀者们追寻心灵的超越性之路，这一道路完全系之于精神，而不系于形体；但在孔子那里，形与心在德上并不必然分离，分离只是精神旅程的某个阶段，但在更高阶段，二者仍然可以合一。孔子所代表的游方之内的道路，不仅要保护“尊足”，还要爱惜“形足”，进一步，在德与形、德与礼、天与人之间取得平衡。至于舍形足而全尊足的超越性生存之路，只是少数卓越精英之士所能走的道路，在世间的众庶必须找到自己的方式，以维系天下有道的局面，否则，即便少数的卓越之士，其心能够纵横六合之外，但其身也无以在此世间立足。对身体和世间的超越，在孔子那里又与保身、保世的问题关联在一起，但对超越性人格而言，身与世则是被克服乃至被超越的病理性存在。

然而，叔山无趾与孔子交互的结果却是，叔山无趾不能理解孔子，将孔子的位阶等同于子产那样拘泥于方内礼法而无法超越的世间性人格，方内之礼似乎构成了对孔子生存高度的限定。所以，无趾以为孔子并非至人，因为其无法达到对世间秩序的突破。但问题是，无趾与老聃的对话都是以疑问结尾的，《德充符》只是留下了疑问，通过无趾语老聃所呈现的孔子，只是他眼中的孔子；至于其视角所不能及的那个孔子的形象，则必须穿透这些疑问，才能抵达。

对于叔山无趾来说，孔子之所以并非与他及老聃同路的至人，根据在于以下两个方面：其一，“彼何宾宾以学子为？”其二，“彼且以蕲以諔诡幻怪之名闻，不知至人之以是为己桎梏邪？”就第一个方面而言，《德充符》是以孔子问礼于老聃的历史故事为底本，孔子请教老聃的是礼，叔山无趾以为孔子学习的是老聃的生存方式，学习的方式则是“宾宾”。“宾宾”，俞樾以为是“频频”，王叔岷从之，实则“宾宾”一词形容的是揖让进退之礼，在这里指习于礼仪，而“学子”即学者，指的是门人弟子。钟泰正确地指出：叔山的意思是，孔子教弟子以礼，叔山无趾师从老子道德之教，以超越方内礼法为进路。① 方内与方外的边界正在于礼，孔子教弟子门人恭敬习礼，正被叔山视为拘于方内而不能超越的体现。孙嘉淦指出：叔山无趾“天资高旷，见孔子之务学守礼，以为拘谨。而不知内外一原，显微无间，动容周旋，即是天命流行，圣人之所以立极千古而无流弊者正在于此”②。第二点，孔子既然被视为不能超越方内礼法者，而礼法又建立在以名定形的名教上，人的社会身份受制于君臣、父子、夫妇之名位，名位不同，礼数也就相应有所不同。因而，叔山以为孔子追求并受制于“名闻”。叔山以“諔诡幻怪”即怪诞不经的“名闻”来揭示礼教之弊，同时也隐含孔子“有心以聚人”，此正与兀者以王骀名义第一次出场时的“无心以动众”③ 构成对比。然而，孔子所追求的与礼相关的“名闻”，对于至人而言，难道不是阻碍心灵内在德性的牢笼、枷锁、桎梏，是精神突破必须冲决的堤坝吗？

对于叔山无趾的以上两个问题，老聃的回答是耐人寻味的：那为什么不让孔子齐一死生、等视是非，从而解除这些桎梏或枷锁呢？显然老聃的回应本身依然基于游方之外的视角，这与《大宗师》中的“孰知生死存亡之一体者，吾与之友矣”是一致的，毕竟老聃在《养生主》中已经被视为“帝之悬解”的代表。这其实是说，何以不引孔子走上游方之外的超越性人生之旅呢？然而，叔山无趾对此表达了否定性的看法：“天刑之，安可解？”孔子所受的是天刑而不是人刑。如果一个人遭受人刑，其形足或许不在，但其尊足却在，因而可以在天道指引下因德而忘形，然而孔子遭受的却是天刑，谁又能逃脱上天的刑网呢？叔山无趾以“天刑”论孔子，其实就是说，孔子在人刑与天刑、人爵与天爵中选择了存人爵与去人刑，但由此失去天爵而获天刑。在天与人发生冲突的时候，叔山

① 钟泰：《庄子发微》，第 116 页。

② 孙嘉淦：《庄子纂要·德充符》，方勇：《方山子文集》第 17 册，第 734 页。

③ 王先谦、刘武：《庄子集解·庄子集解内篇补正》，中华书局，1987 年，第 134 页。

无趾毫不犹豫地选择遭受人刑，而全其天德；在他看来，孔子则是为了全其人而获罪于天。殊不知孔子尝云："获罪于天，无所祷也。"（《论语·八佾》）在天人之际的问题上，孔子既不放弃人，也不放弃天，不做非此即彼的决断，而是站在天人之际的位置，两尽其道。"不以心捐道，不以人助天"。孔子知天人之所为，不去触犯天，也不放弃人的位分，故而其排行仅仅在伯昏无人（道的化身）之后，而先于叔山无趾（王骀、哀骀它、申徒嘉等等只是同一类生命人格的不同变形）。在《庄子·大宗师》中，孔子曰："丘，天之戮民也。虽然，吾与汝共之。"正可视为对游方之外者的回应。诚如吕惠卿所云，"游方内而不必出，安天刑而不必解"①，这是一种"不出之出""不解之解"，即安于方外之人所谓的"天刑"。"方内"虽不完美，却是人的家园，当心安于方内时，方内生存本身即可上升到游的层次。② 这就是何以孔子仍然教弟子礼法，并且在礼法之中超越礼法，而不是在礼法之外另寻超越性的生存之路。

在《庄子》中，不仅"相忘于江湖"的奥义，而且"坐忘""心斋"的奥义，都是通过孔子的故事来呈现，这绝非偶然。依照"相忘于江湖"的奥义，兀者重冥绝迹，选择形而上者，放弃形而下者，在本文中的象征是遗其形足而存其尊足，而孔子则是形足与尊足两存而又两忘。《德充符》后文所谓的"忘其所不忘""不忘其所忘"，唯独孔子可以当之，而兀者则难当之。因为，"忘"首先不是无而忘之，既无，则无须忘之；而是有而忘之。兀者失足，隐喻无而忘之；孔子存足，象征有而忘之。兀者忘其无足，孔子忘其有足。无足而忘其无足，则不以人有足而己无足介怀，以尊足而行，重内而轻外，重冥而轻迹。有足而忘其有足，则失足与不失足，皆无可无不可，因皆可忘之故。形足与尊足，如鱼相忘于江湖，彼此相济而不自知。兀者一流追求的是"无翼而飞""冥而无

---

① 吕惠卿：《庄子义集校》，第 142 页。

② 陈赟：《方内如何可游？——〈庄子〉哲学中的两种生存真理及其张力》，《中国哲学与文化》第 20 辑，上海古籍出版社，2022 年，第 52—78 页。

迹”，故能尘垢糠秕、陶铸尧舜，以人间事业如浮云，以其不足为，亦不屑为。然而在《人间世》中，孔子恰恰说：“绝迹易，无行地难……闻以有翼飞者矣，未闻以无翼飞者也。”孔子恰恰以为绝迹其实是容易的，真正难的是无行地难，这就是说，对于孔子而言，像兀者那样的至人，是容易达到的，更艰难的不是无踪迹，而是有迹而忘迹。这一点关涉着德的内外之辨。王煜指出：“具体的德，应该同时充盈于内以及应物于外；抽象的德仅指‘德之自己’或‘德之在其自身’（virtue-in-itself）。就充于内言，属于‘冥’；就应于外言，属于‘迹’。若果视冥作为至高无上，那末难免视迹为束缚，甚至绝迹而孤冥。但是大成而浑化的至德，不可停滞于孤冥的阶段。孤悬独特的冥表示对冥的顽固黏着以及对迹的轻忽疏略”；“在道的浑沌境界，道的在其自身（冥）与道的对其自身（迹）辩证地圆融为道的‘在且对其自身’（in-and-for-itself）。……儒道佛三家的共理之精粹，正在迹冥圆融的最高境界”；孔子“不以迹为迹，不视桎梏作械杻，而恒保安泰愉悦的心境”①。这一点正是叔山无趾所无法理解的。事实上，对于世间取其超拔的隐者一系，孔子的回应是：“鸟兽不可同群，吾非斯人之徒而谁与？”孔子虽然深刻理解与天为徒的意义，却坚定地不舍人间，坦率而感慨地表明其亦是“与人为徒”者，是一个世间生存者。对天德的保守如果说在兀者那里被引向对形体、世间礼法的超越，那么对孔子则被引向对形体、对世间的滋养。乐天与安土在兀者那里被分离，但在孔子那里则被重新连接。所以孔子所提供的生存方式，既在兀者之前，又在兀者之后；在兀者之前，向庸言庸行开放，在兀者之后，仍然指示了生存真理的更高可能性。

按照李腾芳的看法，这一节兀者与孔子的交互中，突出的是孔子不能理解兀者，其理由是：当叔山无趾见孔子时，孔子的话落在形足上，表明他不能理解兀者；当叔山无趾亮出尊足后，孔子对门

---

① 王煜：《老庄思想论集》，联经出版有限公司，1979年，第344页。

人说的话依然在迹上不在心上，故而仍然不能深解兀者。[①] 但实际上，情况恰恰相反，孔子之能够理解兀者，王骀的故事已经清晰地表达过；但是兀者如何看待孔子，这才是叔山无趾故事中兀者与孔子交会的要点。如果说，通过王骀的故事，彰显的是游方之内的孔子能够很好地理解游方之外的兀者，通过申徒嘉的故事，彰显的是拘泥方内的子产无法理解游方之外的兀者，那么，叔山无趾的故事反过来说，游方之外的兀者无以理解游方之内的孔子。这一次兀者与孔子的交会所突出的是完全不同的另一个面向。

五、哀骀它与孔子：圆满性人格对超越性的超越

申徒嘉的故事彰显的是拘泥方内的子产无法理解游方之外的兀者，叔山无趾的故事反显游方之外的兀者无以理解游方之内的孔子。《德充符》又引入恶人哀骀它的故事，这一次被关注的不再是形之残，而是形之恶，而形之恶与德之美构成巨大反差。形残与德全的张力，凸显德礼张力及其背后的天人张力，因而其归结在阴阳之患与人道之患、人刑与天刑之间的分离与抉择问题。形之美恶相对于是非刑赏，虽然不涉方内的对错问题，不涉礼法体制的刑赏问题，却是浸入生命无意识深处的人情好恶问题，是非对错还要有公共性的礼法加以节制和约束，人之好恶却难有共同的规范。在这个意义上，哀骀它的故事从更深的层面展示形与德的张力，也正是这种张力将超越性生存推进到一个前所未有的高度。

卫国恶人哀骀它之所以被称为恶人，乃是指其容貌极其丑陋。“恶借为亚，《说文》：‘亚：丑也。象人局背之形。’”[②] 显然，与前面的兀者相比，哀骀它四肢健全，却奇丑无比；故事并没有刻画哀骀它究竟是如何的貌丑，而是突出其人格的非同寻常、让人惊讶的感染力：男子与他相处，都不愿离开他；妇人见到他，都请求父母，与其说他人的正房之妻，不如成为哀骀它的偏房小妾。这样的

---

① 李腾芳：《说庄》，方勇：《方山子文集》第 17 册《庄子纂要》，第 732 页。

② 王叔岷：《庄子校诠》，第 188 页。

妇人们多得都不止以十为单位来计数。世人一旦有机会有条件，总想向他人展示自己的个人主张和与众不同之处，譬如即便让同学们不分贫富贵贱穿上整齐划一的校服，可同学们还是会在规范所不及的地方显示自己，如通过耳坠、手表、鞋子等。然而，哀骀它的特点却是“和而不唱”。一般而言，唱先而和后，“哀骀它为至人，其于世也，既无所求，又欲存身，不得已而曲从之，譬诸唱、和，则人先唱，而我后和，盖感之而应，不敢为天下先，《天下》‘推而后行，曳而后往’，‘人皆取先，己独取后’是也。”① 《淮南子·诠言训》：“圣人常后而不先，常应而不唱。”《文中子·事君》：“子之言应而不唱。”应即和。哀骀它总是应和别人，而从未凸显自己；从未试图按照自己预先设定的目标对别人加以引导乃至改造，他总是未尝先人，随感而后应。在别人与他相处时，总是让别人处在中心，处在主位，好像他从来都不把注意力放到自己身上，就好像他自己已经化作衬托鲜花的绿叶，悄无声息地凸显他人的美丽。但正因如此，他本人的魅力却无可遏制地以光而不耀的方式释放出来。他一无权力地位，无法救济别人的苦难；二无资产财富，无以满足人的物质需求；三无惊艳美貌，相反，看起来很不舒服，让人惊骇；四无引人瞩目的才智，其知识所及不出于四境。然而，就是这样一个似乎普通平常但又相貌丑陋到让人惊骇不已的人，却具有不可思议的人格魅力，以至于他身边聚集了很多人。

这让鲁哀公很是惊诧：这究竟是什么样的人呢？想必一定有不同常人的地方。鲁哀公召见哀骀它，一开始的印象就是相貌的丑陋无比；与之相处还不到一个月，就对他产生了好感；不到一年，就对他完全信赖。鲁哀公好不容易将国政交付于哀骀它，但是没过多久，哀骀它就悄然离开了鲁国，不知所踪。这让鲁哀公有一种怅然若失的感觉，他实在无法明白哀骀它究竟是什么样的人物。他将哀骀它的故事讲给孔子，希望孔子解答他的困惑。

孔子的回答使用了这样一个隐喻：在自己去楚国的路上曾经偶

---

① 吴林伯：《庄子新解》，京华出版社，1998年，第82—83页。

见一群小猪，正在吃刚刚死去了的母猪的奶；突然它们发觉母猪已死，便惊讶地弃之而逃。这是由于它们发现母猪已经不再像活着时那样看顾它们自己了，母猪失去了生命力，仿佛与它们自己已经生死两样、不相为类了。“所爱其母者，非爱其形也，爱使其形者也。”小猪们爱它们的母亲，并非爱其形体，而是爱那使得形体具有生命力的精神。精神本身不是形体，而是“使其形者”。郭象指出：“使形者，才德也。”成玄英进而指出：“而才德者，精神也。豚子爱母，爱其精神；人慕骀它，慕其才德者也。”① 小猪隐喻意在揭示：哀骀它的人格吸引力，并不在于他的丑陋的形体，而在于他的精神，即后文所谓的才德。形体再美好，一旦失去了精神的滋养，也就失去了生命力。

孔子又接二连三地以隐喻进一步阐发：在战场上牺牲的人，埋葬他时，不再用棺饰——即翣，垂于棺的两旁——来下葬，因为那个场合连棺椁都没有，又何来棺饰；同样，遭受刖刑而失足者，有足时所穿的鞋子也就不再爱之，因为已经没有了穿鞋子的脚。之所以会有这样的情况，是因为失去了根本。翣以棺为本，鞋以脚为本，棺既不在，翣又何存？脚都不在了，鞋子又穿在哪里呢？这是从反面说哀骀它的魅力来自其才德或精神，而非形体。形体与精神之间，精神为本，而形体为末。生存真理如果不能向作为根据的精神敞开，而以形体为要，那么就不能具有持久的生命活力。

孔子更进一喻：做天子的宫妃们不能剪指甲，不得穿耳孔；刚刚娶妻的男子，官府不再役使，使其形逸，以享新婚之欢。这两个例子，呈现的是“全形”，意在引出的是“全德”：人们对形体的保全都是如此重视，更何况对哀骀它这样的全德之人呢？哀骀它尚未言说，人们已经信服于他，并未立功，人们已经亲附于他，使人心甘情愿地把国家政权交给他，还深怕其不肯接受，这样的人必定是“才全而德不形者”。是他生命中道德的或精神的莫名力量，发出光辉滋养人们，人们才在不知不觉间就为其所化。这里的“才”

① 郭庆藩：《庄子集释》，第 193 页。

并非通常所谓的才能、技能。《庄子·寓言》说："夫受才乎大本，复灵以生。""受才乎大本"与《庄子·天地》"物得以生，谓之德"相通；"才"即本性，本性之内容即天降之德。是故，《庄子》语境中的"才""德"意通，皆秉之于天。陈祥道以为才与德的关系如下："德全则显而为才，才全则入而为德。"① "才全"实即"德全"，"易'德'曰'才'者，以接云'德不形'，不可用两德字，故不得不变其文也"②。"德全"不但意味着精神的饱满，而且意味着绝对自足圆满；在哀骀它这里则是超越一切权力、财富、荣誉、地位、知识、处境的纯粹而绝对的超越精神，即天德之无遮蔽、无遏止的朗现。

哀骀它是超越性人格的典型，而不同于圆满性人格。其"至诚纯出自性情，而非原于学养。宗教性之人格，大皆不由学养知识来。所以谟罕默德原为佣工，耶稣原为木匠，释迦原为王子"，而慧能目不识丁，只是来自其至真之性情、纯粹之本色，故而这种超越性的圣贤不可积学而致，不可模仿也不可以修养的方式超越。然而他们又必然为世俗世界中的人们所崇拜。由于他们体现了绝对无限之精神，故而注定为一切有向上精神之人所崇拜，这种超越性的圣贤，乃相形以见世人之卑狭，故而世人不能不崇拜。哀骀它就是这样一个超越性圣贤，男子见了他，不舍得离开；妇人见了他宁愿与自己的老公离婚，不做男人之妻而更愿做哀骀它的小妾；君主见了他，甚至愿意奉献自己的国君之位……世间一切有抱负、有灵感、有气魄、有才情、有担当之事业家、天才、英雄、豪杰们，在超越性圣贤面前无不自觉自身之渺小，莫不对此等圣贤低头礼拜。人们并非不自知他们自己的长处，这些长处甚至可以震荡一世，驰骋人间世，然而超越的圣贤们却或根本没有这些，并不依赖于此；世人所有的这一切，对他们都用不上。因而，在他们面前，世人一切所有，富贵功名、妻室儿女，乃至抱负才情、灵感气魄、英雄事

① 褚伯秀：《庄子义海纂微》，华东师范大学出版社，2014 年，第 159 页。
② 钟泰：《庄子发微》，第 121 页。

业等，皆成虚无。世人忘不了其自我，超越性圣贤却忘掉世间大地上所有一切，而直与绝对者合一。他们在精神上便超过世人，涵盖世人，世人在其面前更显示一无所有，而又助成他们绝对的伟大与无限之充实，一切世间之人们，皆在此绝对伟大充实面前不能不低头。低头意味着接触其伟大充实而分享之，进于伟大充实；不低头则自满于世俗所有，反成渺小。这就是唐君毅所谓的崇拜超越性的圣贤人格之精神，世人不能不有的道理。① 哀骀它作为超越性的人格——其实也就是庄子所谓的游方之外的天人、神人或至人，方内的任何事物对他而言都没有吸引力，也正因如此，他的人格精神对于那些只能生活在“方内”并不能游的人总是具有根本性的吸引力；人们越是不能超越于方内的礼法秩序，也就越是对哀骀它这样的超越性人格有一种着魔的归服感。

鲁哀公进一步的问题是：何谓才全？何谓德不形？孔子首先列出了一个在人之权能边界之外的畛域，即“死生、存亡、穷达、贫富、贤与不肖、毁誉、饥渴、寒暑”等，孔子称之为“事之变”“命之行”的畛域。这一畛域中的事物，它们如同昼夜那样在我们面前不断地循环交替，迁流无常，我们的智性却无以洞彻其开端；对于它们，我们无法左右而只能接受，因为它们超出了人的权能界限，对于我们而言是典型的“在外者”，是作用于我们而我们又无法改变或消除的运作机制及力量，可将之归属于“无可奈何”的“命”。当然，这里的“贤与不肖”与“毁誉”一样，都是指来自他人对我们的评价，别人如何评价我们也不在我们自己的权界之内。对于这些权界之外的事物，我们虽然不能改变它们，不能改变它们作用于我们的方式，却可以改变我们对它们的态度，即我们唯一所能做的只是改变我们回应它们的方式。“才全”意味着对“命”的如下回应方式，即不让“命”撄乱吾人本性中的和顺，不让“命”惊扰吾人的心灵，使心灵成为精神的安宅。“滑和”即

---

① 对超越性人格与圆满性人格的区分，参见唐君毅：《人文精神之重建》，《唐君毅全集》第 10 卷，九州出版社，2016 年，第 175 页。

“乱和”，“和”上承“游心于德之和”，下接“德者，成和之修也”，这意味着，“和”是德之所以为德者。《庄子·缮性》云：“知与恬交相养，而和理出其性。夫德，和也；道，理也。”由于德即和，和即德，是故“乱和”即“乱德”。如何才能不让主体权界之外的“命”（无法左右、不可测度的事之变、命之行）“乱德”？孔子的回答是使心灵不受“在外者”的影响。对于在外者，虽然心灵不能不有所感，但感而不受，而非拒之门外；以那种简单排斥、抗拒的方式并不能化解在外者对心灵的影响。所以孔子提出一方面“使之和豫通，而不失于兑”，另一方面“使日夜无郤，而与物为春”，此两个方面综合起来就是：“是接而生时于心者也”。而这就是所谓的“才全”——也就是“德全”。

“使之和豫通，而不失于兑”，和谓和顺，豫谓愉悦，通谓流通、通达。对于那些被归属于“命”的“在外者”——事变命行，与我们的心灵接触，心灵对之不能不有所感应。我们虽不能在意识中改变它们，但可以改变我们与之打交道的方式尤其是态度，安于我们对之的无可奈何，不以之影响我们心灵的和顺与愉悦；“兑”的本义是穴，即耳目口鼻等感官，“不失于兑”即不要使心灵的和顺愉悦之气散失于耳目口鼻之官。《庄子·山木》云：“化其万物而不知其禅之者，焉知其所终？焉知其所始？正而待之而已耳。”这表达的也是这种对待“在外者”的态度。万物的流转变化并不能影响其内心的和顺和愉悦，在外与化俱化而在内（精神）不为外化所化，这就是心灵的不失其正。“使日夜无郤，而与物为春”，心灵的和顺、愉悦之气通畅，不受阻碍和时变命行的影响，“无一息罅隙”，与万化交融为一体，虽然与物推移，但其心总是充满生生的喜悦，所谓“随物所在，同游于春和之中”①。以上两个方面，就是所谓的“是接而生时于心者也”，后者意味着至人心灵的和顺、愉悦、通达之所在，即是生生的春意之所在；对于至人的心灵而言，仿佛四时并不在天地，而是接续发生在他的内心。宣颖解释

① 宣颖：《南华经解》，第43—44页。

说："是四时不在天地，而吾心之春无有间断者，乃接续而生时于心也。"① 这就是说，虽然万象变化，一刻不息，我们无法测知也无法驾驭，对于我们而言它就是我们无法左右的命运；然而，我们的心灵在与之交接过程中，在外顺从无常之变化，却不失我们精神之和悦通达，"造化在我胸中一片活泼，《中庸》'浩浩其天'一句注脚，莫过于此"②，这样的心灵状态就是"才全"，其本质是德的完备自足，所谓"德充于内者无假于外，德馁于中者外饰无益"③，独立于变化之流而超拔其上，这也是超越性生存的根据所在。

德虽然完备，但最高的德却是不形的。"何谓德不形？"孔子以隐喻方式加以阐发：天下之平，莫平于静止的水面；静止的水面被视为"平"的最理想化标准。《庄子·天道》："水静则明烛须眉，平中准，大匠取法焉。"事实上，建筑工人使用的"水平仪"（或"水准仪"）就是利用水平原理而制作的仪器。水之所以为求平者所取法，乃在于其能"至平"；而其所以能"至平"，则在于水能够"内保之而外不荡"。所谓"内保之而外不荡"，即平的时候能内保其清明，停的时候不随物而动荡。这是以水喻德，内保其和，含蓄其内，不随外化而动荡。德的本质就是"和"，全其性中之和，就是德的工夫修养。内德而不外荡，无往而非德，物自不能离之，这就是德充之符。也就是说，德不形者如同水之平者那样，可以成为人们自来取法的尺度或标准。

鲁哀公后来告诉孔子的弟子闵子骞说：开始的时候，我以为国君治理天下，只要执掌治理人民的法令，关怀百姓的生死，就已经是治理天下的通途大道了；听到孔子讨论哀骀它的那些话，我才担心自己并无实德，不免于轻用自己的身体而危亡自己的国家。我和孔子，并非君臣，而是进德之路上的道友啊。这里要注意的是，鲁哀公自身存在状态的变化，来自孔子而不是哀骀它。尽管哀骀它对于鲁哀公有让他着魔似的吸引力，那是超越性人格所投射出来的光

---

① 宣颖：《南华经解》，第 44 页。

② 宣颖：《南华经解》，第 44 页。

③ 褚伯秀：《庄子义海纂微》，第 162 页。

辉与能量。在与哀骀它的交往中，鲁哀公只是被其强烈地吸引，不知其然而然；对于哀骀它除了纯粹的仰慕与自我徇失之后，再也没有其他东西，超越性人格只能照见我们作为世间生存者的渺小与卑微，只能激唤起我们放弃自己的世间身位甚至是我们自己。然而，我们的世间维度却又一再地下拉着我们，此与超越性的人格对我们的上拉，形成一种结构性的张力，我们就在这两种力量的摇摆中徘徊不定，时上时下、此消彼长。然而，在孔子这种圆满性人格那里，我们看到的是超越性人格的退隐，孔子的让德于人，使得我们不是面对超越性人格那样失去自己，而是重新获得自己。鲁哀公的存在状态的转变，之所以在孔子这里而不是在哀骀它那里发生，很大程度上是鲁哀公通过孔子而赢获了崭新的自己。

哀骀它的故事是孔子与形残者的第三次交互。第一次交互时意在引出游方之外的王骀完全可以被孔子所理解；第二次交互时意在表明游方之外的叔山无趾本质上并不能理解游方之内的孔子。在前两次交互中，孔子在明的线索中都好像是个配角，只是意在引出游方之外的兀者。但到了第三次交互时，情况发生了改变，哀骀它作为兀者的变形，呈现了新的面相，但同时孔子也获得了“至人”的精神位阶，要知道在第二次交互中，被叔山无趾与老聃否定的正是孔子的“至人”位阶。孔子的至人之位阶的“死”而后“生”，恰恰表明了以孔子为中心的“隐的线索”已经走上前台，而以形残者为中心的“显的线索”则在后撤。

六、超越“超越性”：从“以德忘形”到“上德忘德”

在圆满性人格被视为至人以后，超越性人格的限度反而彰显了。《德充符》云：“闉跂支离无脤说卫灵公，灵公说之；而视全人，其脰肩肩。瓮盎大瘿说齐桓公，桓公说之；而视全人，其脰肩肩。故德有所长而形有所忘。人不忘其所忘，而忘其所不忘，此谓诚忘。”“闉跂支离无脤”并非人名，而是形容一个人的外形特征。在方内的世间，人们总是通过耳目之官所接触的那些特征来定位人的形象，这就有了“闉跂支离无脤”被用来指称人的现象，“瓮盎大瘿”也同样并非人名指称。“闉”谓屈曲，即伛背；“跂”指脚尖点地而行，即脚跟不着地；支离则是形体残缺不全、散乱而无正常的条理；脤通“脣”，即“唇”，“无脤”即没有嘴唇。“闉跂支离无脤”指代一个下体曲屈而总是踮起脚尖、上身驼背，并缺少嘴唇的人。当他去游说卫国国君卫灵公，国君很喜欢他。接触了这个畸形之人，国君再去看那些形体完全的正常人，反而觉得很是异样，毕竟以闉跂支离无脤作为标准，那么正常人的颈项就会显得过于细长——“其脰肩肩”：脰即脖子、颈项，“肩肩”意味着肩膀上肩负着颈项，即他的脖子要用肩膀来托住。“瓮盎大瘿”，刻画得是这样的外形特征，他颈脖上长着巨大的肉瘤，就像悬挂着一个瓮盎那样，瓮盎指的是装东西的陶器。当他去游说齐桓公的时候，齐桓公很高兴，反过来看正常人，也觉得他们颈项太过瘦长，反显丑陋了。闉跂支离无脤和瓮盎大瘿都是相貌丑陋的畸人（形体不正者），《庄子》通过形体的丑陋来反衬他们的内德充实。卫灵公与齐桓公忘其形而悦其德，正见二人内德充溢，而那些没有内德的体形正常者，形貌虽全，但也只不过是以肩负颈的常人罢了。而以肩负颈，人人如此，无所可悦。

闉跂支离无脤和瓮盎大瘿的故事，意在引出“德有所长而形有所忘”，而“德有所长而形有所忘”又是对全文脉络中的六位形残貌丑之人的总结。德与形之间具有某种张力：重视形体则昧于德性，长于德性则忘其形体。因而，问题的关键在于“忘形”。然而，不专注于德，又怎能忘形呢？所以“忘形”的关键还是“全德”。“人不忘其所忘，而忘其所不忘，此谓诚忘。”在世俗人的层次，所忘者是形，所不忘者是德。德有过于常人者，形虽不全不美，人将忘其形；德是不当忘的，如果以忘德为代价去关切形，这就是真正的遗忘，这一遗忘作为拘泥于世间生存的负面价值，是应该被克服或超越的。换言之，人们应当将形体的完整与否、美丑与否抛诸脑后，直面内在德性的召唤而朝向超越性的生存。在超出世俗生存的更高层次，所当忘者不仅是形，更当忘德，“忘形易而忘德难也，故谓形为所忘，德为不忘也。不（但）忘形而（又）忘德者”，这就是另一层次的真正的遗忘，但它是褒义的，因为它正是“德不形”① 的精义所在。所谓的“德不形”并不仅仅是德内守而不外荡，而是“上德不德”式的“忘德”，即真正有德者，并不以德临人，相反总是让德于人，光而不耀，隐德于形，和光同尘，融圣于凡，销圆于方，这就必然导致对超越性圣贤人格的超越。孔子作为《德充符》中的隐的线索，其意义也在这里。

《德充符》提出的问题是：圣人游于何处？圣人之游，是“游心”，是精神的自由，而无涉形体。所游者何？“游心于德之和”。世俗意义上的知、约、德、工都无关于这种精神自由，相反可能为之障碍。“知为孽”，《说文》段注曰：“凡木萌旁出皆曰蘖，人之支子曰孽。”对于游心者而言，智计之巧是进德游心的枝孽，“至知不谋”（《庄子·庚桑楚》），游心于德拒绝谋略化、工具化的智术；约束人的礼仪不过是胶漆的外在黏合，其代价或如《骈拇》所说，“待绳约胶漆而固者，是侵其德者也”，如果不曾砍斫其内在的连接，那又何必使用胶漆；布施恩惠不过是笼络人心的手段，而“至德无得”（《庄子·秋水》），如果大本无丧，又何必以德相互招引和标榜；技巧机关被视为商贾般获利的手段，如果不将自身作为世间的货物，又何须用机巧技艺将自身加工为代售的商品呢。“不谋”“不斫”“无丧”“不货”，才是游心者的“天鬻”——即“天养”而非“人养”，一种由纯粹精神馈赠的食粮。这种精神食粮秉受于天，一切形式的“人为”（知、约、德、工）都无与于这种“天养”。游心者具有常人的形貌，却能超越常人的好恶；具有常人的形貌，所以他与人同群，与人们共同生活在这个世间，但他又没有常人的好恶，因而世间性的是非价值不会扰乱他的身心。他渺小的身体毫无疑问地与常人一样属于世间，属于方内的礼法秩序及其机制；然而他的精神却不属于世间，总是向着天德之和敞开自己的灵魂。游心者当然是在世者，但又有此世所无以穷尽的东西，那就是他向着天道天德敞开的心灵。在此意义上，游心者具有在世而又不

① 郭庆藩：《庄子集释》，第199—200页；王叔岷：《庄子校诠》，第198页。

属于世的双重身位。

无论是超越性的人格，还是圆满性的人格，都是在世而不属于世的。然而超越性的人格，以其在天人之间的张力体验，坚定地选择了绝对超越性的天德，其生活完全是由纯粹精神来界定的，它表现为对形体最大限度的脱离，最终是从人性、从世间社会的共同价值、从宇宙的节律之中的逃离，而以终极的超越性作为生存的根据，这种超越性只能是创造性与自由性本身，也是德之和的绝对展现本身。但是圆满性的人格却要从这种绝对的超越性回转，回到宇宙节律、回到世间、回到人性，因而他将超越性的旅程融在凡俗性、庸常性之中，他与贩夫走卒、渔樵等共同生活，其超越性的光辉融化在平凡普通的日常生活世界的生生之意中。前者以超越性的上拉性力量激唤着对形体的遗忘以及对天德的向往；后者则将德的遗忘本身视为德的展开形式，大德之烂漫光大即是大德之自我隐藏。在前者，世间性的常人徇失了自我，为一种向上的力量所牵引；在后者，世间性的常人重新肯定了自己，自己为自己在社会、世间与宇宙中自我定向。

七、惠施：常人人格的生存论畸变

《德充符》的结尾，从游心的至人回到当下的语境，惠施与庄子出场了。这是一个与《逍遥游》《天下》等具有相似结构的结尾。当庄子意识体验中的游心者以有人之形而无人之情的面貌出场时，这必然引发来自世间者——惠施是其典型的代表——的质疑。惠施的问题是：难道无人之情是人的天性之本然吗？如果是这样，那么人如果没有了世间性的好恶之情，又何以为人呢？难道好恶之情不是人不可泯除的同属自然的规定性吗？从世间性的属人视角来看，惠施的提问及其隐含的信念，没有任何问题。然而，这本质上关涉对人的理解问题。当庄子以反诘的方式提出如下问题——“道与之貌，天与之形，恶得不谓之人？”——时，他显然在追问更为深层的上述问题：人是一个可以被缩减为世间内的生存者吗？退而言之，即便是那些被世间性的常人视为属己性的“貌”“形”，又何尝真正属于我们本己呢？毫无疑问，它们来自“天”——一种我们并不能左右的力量，一种我们无法预知的力量——及其运化方式，即“道”。那通常被视为自我属性的“貌”“形”，其实只是我们被动地接受了来自天道的馈赠而已。然而，它们却又真真切切地构成我们生命的一部分，在此意义上，无论是游心者还是世间人，都是属世性的生存者。

惠施的问题是：既然貌与形来自天道，人之情不也具有同样的来源吗？那你又怎么能说有人之形而无人之情呢？而且，一旦否定了人之情，人就会如同木石那样，这本质上是连人自身都被一同否定了。庄子的回应是：你所说的人之情只是随感而动意义上喜怒哀乐的情感，而我所说的无情并非指没有喜怒哀乐，而是指人不以好恶内伤其身，不为情感所累，不被情感扰乱心灵中的德之和；不以人为的方式去增益天道的运化机制，关键是“循天之理”（《庄子·刻意》），养生而不益生。惠施进一步反诘道：既然不益生，何以有其身呢？庄子的回答是：天道给了人以容貌和形体，性德也就同时被赋予其中，其德未尝不和顺于中，只要不以好恶人为地内伤其身，它就会按照自己的机制自发地运作；问题是，像你这样，终日神驰于外、劳精于内，行走时则倚靠树木而吟咏，坐时则凭据几案而昏睡；尽管天道赋予你全人之形貌，你却用智术末技以自炫，在坚白同异问题上争鸣不已。

惠施构成了拘泥于世间性生存视角的典型，其正是拘泥于方内，而将生存开放在那些非但不能进德，反而执着于形名最终忘德的“诚忘”者。这也是“德充符”的反例，既然无德可充，那也就无符可征。因而，对惠施的如下刻画——行走时则倚靠树木而吟咏，坐时则凭据几案而昏睡，意在彰显其缺失内德之和的枯燥无味的灵魂。正是缺乏对超越性体验及其上拉力量的感应和敏觉，才使得他对人的理解完全缩减为世间性的形、貌、情。惠施拥有生理上健全美好的身体——全人之形，相对于《德充符》中的六位身残貌丑者，可谓幸运中的幸运；然而，真正的不幸却又在惠施身上显现，他那缺失天德之和的灵魂及人生，不正是更大的不幸吗？这种看起来的“不幸”只是他并未理解人的权能边界：将“天之所为”的交付给天，将“人之所为”的交给自己，勇敢地承担起来。由于天道及其机制在惠施的心性中并没显现，他的世间性生存形式也就缺乏对“天之所为”及其力量的感应，他并不清楚，这种感应的器官并不是形体、容貌，也不是指向客体的意向性意识或喜怒哀乐等情感，而是人的总是无法被世间性所拘束的心灵。

惠施构成了常人生命形态的又一亚型。常季作为常人虽然同处方内，但仍有一种上达或超越性的渴慕；子产所象征的则是谨于礼而不达于德的人之君子，方内的礼法秩序制约了他对德的理解，德被下降为与礼的一致性，他看不到德礼之间、天人之间的结构性张力，但在世间性上他仍然是按照世间性礼法尺度而严格要求的生存者。与二者不同，惠施象征的是感受不到来自超越性的上拉力量，生命处在向下沉陷的常人的亚型。如果常季与子产等象征的方内人格仍然有其可以称道之处的话，那么惠施意味着一种生存论的畸变，是人的人性之削减，既不能抵达超越性，又不能安于世俗性，与超越性、世间性两无所当，故而生命处在无定的悬浮状态，失去了精神上游心的可能性，从而成了无根者。惠施是“形全而德不全”者，因为内德不充，甚至德性与精神的匮乏，所以不能有外显之符。与“游方之外”者相比，“惠施们”并不能达到“方外”，只能生存于世俗的方内；游方之外者德全而形不全，因德而忘形，而“惠施们”却不能达到忘形的层次，相反是执着于“形”以及定形之“名”，生命因此被限定而失去了作为“能在”的开放性前景。与“游方之内”者相比，虽同处方内，但“惠施们”却不能“游”，而是被拘系于方内，其生命由被给定的“形全”与未尽人能的“德不全”所界定，“游方之内”者不仅“形全”而且“德全”，其形体也非给定，而是“以德践形”的成就。换言之，“惠施们”既不能“支离其形”，更不能“支离其德”，他们的存在反显“支离其形”的条件是“德全”——德有所长而形有所忘，正如“支离其形”者以正的方式显现了“支离其德”的条件——忘德。

八、结论：《德充符》的多元交响、隐显线索、立体脉络

常季、子产与惠施，构成常人人格的三种亚型的符号化表达。

常季身处在方内而有上达之心，因而其心灵能够感应来自超越性的牵引力量，是朝向形而上者。子产身处方内的礼法秩序，作为“人之君子”，却由于德与礼、天与人之间的张力性结构在他那里反成了一种给定的捆绑，因而他又是“天之小人”；他受限于方内的习俗性伦理与体制化形态，因而无法自拔于方内，但他最终还是从申屠嘉那里感应到了比方内礼法更高的精神力量，以至于“蹴然改容更貌”。而惠施则象征了被方内秩序及其体制所固化、钝化了的心灵，无法感应来自究极之处的超越性声音，因而其生命沉陷于形而下的生存状态中不能自拔。三种亚类型共同刻画了方内生存者的图像，可上可下而又因此处在无定状态，既内蕴对超越性牵引力量有所感应的可能性，也包含了僵化到无法感应超越性的可能性。换言之，三人所象征的是世间性的常人，其人性往往被缩减为世间性生存者，处在一种摇摆不定、上牵下拉、可上可下的状态，这反而使其生命真正成为一种“能在”，即向着可能性开放，而有无法被现成化还原或压缩的开放性前景。常人作为能在，本质上生活在形下与形上的结构性张力中，充分地回应这种张力，必须从常人向上，或者走向超越性人格，或者走向圆满性人格。而在现实层面，我们每一个人几乎都是常人，而超越极与世间极的结构性张力界定了我们作为普通人的生存形式。在这个处处受到限制的世界中，如何能“游”，是生存于方内的常人必须面对的根本性问题。

无论是超越性人格即“支离其形”者，还是圆满性人格即“支离其德”者，都能达到“游”的精神境界，但所游之境不同，前者“游方之外”，后者“游方之内”。“游方之外”者既超越“方内”，又不屑于“方内”，因而“方内”与“方外”仍有间隔而不能沟通，对于“支离其形”者而言，“方外”可游而“方内”不可游。“游方之内”者，在一定意义上超越了“方内”不可游的限制，不再视“方内”为游之障碍；既然道体无间于方内和方外，而人又是有限之人，那么游于方内、安于方内即无隔于方外。就形与德两个维度来看，超越性人格因内德充实而能够忘形（支离其形），在形与德之间坚定地选择了德而否定形，但另一方面，之所以以形残者来作为这类人的符号化象征形式，正是源自他们以方外的超越性向度而否定世间性，以道德的超越向度而否定形体。即便形体并不残缺但仍然对形体、方内予以否定的老聃也理所当然地被归入此一生命类型。这种生命类型是典型的超越性人格，其生命存在完全为超越性统摄。这样，对于形体、对于世间性等形而下的要素，超越性人格显现了一种因否定而“逃离”（exodus）的取向。这种取向的问题，通过卫灵公、齐桓公得到了表达：二人习惯了与身体上的畸形者交往，反而以为正常人不正常了。相比之下，圆满性人格的可贵在于，并不以否定形的方式来肯定德，并不以否定方内的方式来肯定方外，而是以德与形的交织、方内与方外的相即相摄，来克服那种脱离形体的道德、脱离方内的方外，因而实质上达成了对超越性的超越，世间极与超越极两者之间达成了平衡、互融、相化，这也就是何以圆满性人格而非超越性人格才真正可以“践形”的根本。

毕竟，超越性人格的特征是对方内秩序的超越，而“方”在人则是身体，在宇宙则是社会性的世间及其机制——礼法，对方内的超越展开为“游心”的精神生活，这是一种由形而上的自我确证方式，表现对现成性与凝固化的超越。但是，超越性人格之所以仍然不是人性的极致，在于它以方外的超越性向度来否定方内，以道德的超越向度来否定形体。因而方内与方外、世俗与超越之间仍有一种结构性的紧张，与之相应的则是超越极与世间极的相互否定、相互外在，正是这种否定、外在，导致了生命自身的结构性紧张。只有在圆满性人格那里，形上与形下的对峙才真正被消解，超越极与世俗极才能交互支撑、相互肯定、相即相入。然而，通向圆满性生命的道路，并非否定超越性人格，而是沿着超越性生存的进一步上达或超越，这种“超越性”的超越，使得超越性人格继续上升之路，不得不采用下降之路的形式，这就是回到凡俗、回到世间性中，融超越性于凡俗性之中，化圆为方，化规为矩，融圣于凡。这正如通向超越性的道路，不过在于方内的常人对自身、对世间的超越，如此而已。也就是说，从方内性的人格——常人，向着超越性人格，再向着圆满性人格的迈进，不过是超越的展开，但超越性的展开在其极致处，则是“超越性”的超越。

《德充符》对三种人格的定位并不是来自方内的世界性——在世者（be-in-the-world），因为在世者可以完全没有超越性的天道向度，也不是仅仅来自超越性，因为对超越性的单纯肯定可以以脱离世间性的方式来达成，而是以世间性与超越性的平衡，即所谓天人之际的平衡、相即相入作为其判准，而所谓的道就意味着天道与人道的居间交际，天人的彼此融入。三种人格及其多样化变形的隐显交会，构成了《德充符》的复调立体线索，它超出了单一线性的叙事，而更像立体性、复调性的网状意义结构。在其中，不仅多元生命形态的万籁交响得到肯定，而且，复杂脉络所带来的立体性生命场景，活化并充实了作为能在者的人的开放性前景。

原载《杭州师范大学学报》（社会科学版）2022 年第 5 期

图书在版编目(CIP)数据

探骊得珠:第五届华人国学大典国学星斗计划名家集/肖永明,陈仁仁主编.—长沙:岳麓书社,2024.11

(华人国学大典论丛/肖永明,陈仁仁主编)

ISBN 978-7-5538-2036-1

Ⅰ.①探… Ⅱ.①肖… ②陈… Ⅲ.①国学—文集 Ⅳ.①Z126.27-53

中国国家版本馆 CIP 数据核字(2024)第 047006 号

TAN LI DE ZHU:

DI-WU JIE HUAREN GUOXUE DADIAN GUOXUE XINGDOU JIHUA MINGJIA JI

探骊得珠:第五届华人国学大典国学星斗计划名家集

丛书主编:肖永明　陈仁仁

责任编辑:刘　文

助理编辑:许二朋

责任校对:舒　舍

封面设计:罗志义

岳麓书社出版发行

地址:湖南省长沙市爱民路 47 号

直销电话:0731-88804152　0731-88885616

邮编:410006

版次:2024 年 11 月第 1 版

印次:2024 年 11 月第 1 次印刷

开本:710mm×1000mm　1/16

印张:25.25

字数:387 千字

书号:ISBN 978-7-5538-2036-1

定价:100.00 元

承印:长沙超峰印刷有限公司

如有印装质量问题,请与本社印务部联系

电话:0731-88884129